中华经典名著

全本全注全译丛书

王国轩　王秀梅　◎译注

# 孔子家语

中華書局

**图书在版编目(CIP)数据**

孔子家语/王国轩,王秀梅译注.—2版.—北京:中华书局,2022.10(2024.9重印)
(中华经典名著全本全注全译丛书)
ISBN 978-7-101-15914-1

Ⅰ.孔… Ⅱ.①王…②王… Ⅲ.①《孔子家语》-译文②《孔子家语》-注释 Ⅳ.B222.2

中国版本图书馆CIP数据核字(2022)第179673号

---

书　　名　孔子家语
译 注 者　王国轩　王秀梅
丛 书 名　中华经典名著全本全注全译丛书
责任编辑　王守青
装帧设计　毛　淳
责任印制　韩馨雨
出版发行　中华书局
　　　　　(北京市丰台区太平桥西里38号　100073)
　　　　　http://www.zhbc.com.cn
　　　　　E-mail:zhbc@zhbc.com.cn
印　　刷　北京中科印刷有限公司
版　　次　2011年3月第1版
　　　　　2022年10月第2版
　　　　　2024年9月第13次印刷
规　　格　开本/880×1230毫米　1/32
　　　　　印张18½　字数500千字
印　　数　69001-73000册
国际书号　ISBN 978-7-101-15914-1
定　　价　46.00元

# 目　录

# 前言

2009年10月，我们出版了《孔子家语》的选注本，并在前言里指出该书特点是“尽管不是全貌，但四十四篇均有选文，选文尽量着眼于有思想性的章节”，而这里呈献给读者的则是整个《孔子家语》的全译全注本。

《孔子家语》又名《孔氏家语》，或简称《家语》，全书分十卷，四十四篇。它是关于孔子及其弟子言行的资料汇集，是研究孔子及儒家的必备书，是研究古代社会、政治、经济、文物典章制度的重要资料。其书内容广泛，有关于孔子世系、从政、周游、入周考察、问礼老子、与国君问对、与弟子问答，以及关于礼乐制度、历史自然的论述，有七十二弟子事迹等，不仅展现出孔子政治家、思想家、教育家、博物学家的精神风貌，也映衬出先秦儒家的整体形象。

审视《孔子家语》成书及著录的历史，不仅可以看出《家语》的流传情况，而且可以看到众说纷纭的评价，及其历史遭际。

《汉书·艺文志》“六艺略”《论语》类，著录《孔子家语》二十七卷，没有注明编者，这个本子似乎流传不是很广，后来就看不到了。

三国时魏王肃为《孔子家语》作注，从此《孔子家语》就陷入了增加、杂乱和真伪之辨中，乃至蒙上伪书的诟病。

与王肃同时代的马昭提出王肃为《家语》增添了内容。清陆陇其

《读礼志疑》卷六中记载:"昔者舜作五弦之琴,以歌南风。郑注云:其辞未闻。孔疏云:《圣证论》引《尸子》及《家语》难郑云:昔者舜弹五弦之琴,其辞曰:南风之薰兮,可以解吾民之愠兮;南风之时兮,可以阜吾民之财兮。郑云:其辞未闻,失其义也。马昭云:《家语》王肃所增加,非郑所见。"这是说郑玄没有看到南风之歌的歌词,王肃《圣证论》引《家语》的歌词,是他为问难郑玄而自己增添的。

后来唐颜师古在《汉书·艺文志》的"《孔子家语》二十七卷"下注云:"非今所有《孔子家语》。"这是因为他们已经看不到《汉书·艺文志》著录的本子,看到的基本是王肃注本。我们看看隋唐的著录就知道了。如《隋书·经籍志》、《旧唐书·经籍志》、《新唐书·艺文志》著录的都是王肃所注的十卷本。

到宋代,《宋史·艺文志》载"《孔子家语》十卷,魏王肃注"。王尧臣等撰的《崇文总目》、晁公武的《郡斋读书志》、陈振孙的《直斋书录解题》都是著录王肃注的十卷本。《直斋书录解题》卷九认为王肃本《家语》"云博士安国所得壁中书也,亦未必然。其间所载,多已见《左氏传》、《大戴礼》诸书"。这是对王肃本怀疑的声音。这和整个宋代思潮有关。宋代兴起了一股疑经、改经、删经及重新阐释经义的思潮,王柏是最大胆的人物之一,在疑经同时,提出《孔子家语》伪书说,他在《鲁斋集》卷九《家语考》中指出:"今之《家语》十卷,凡四十有四篇,意王肃杂取《左传》、《国语》、《荀》、《孟》、二戴之绪余,混乱精粗,割裂前后,织而成之,托以安国之名,舍珠玉而存瓦砾,宝康瓠而弃商鼎,安国不应如是之疏也。"在他看来,王肃不仅伪造了《孔子家语》,而且还伪造了《孔安国序》。王柏这篇文章实质是针对朱熹《中庸章句》的,因为朱熹在注里引用了《孔子家语》以补《中庸》,而且朱熹明言"《家语》只是王肃古录杂记,其书虽多疵,然非王肃所作","《家语》虽记得不纯,却是当时书"(《朱子语类》卷一百三十七)。这是对《家语》的肯定。

元代,据马端临《文献通考·经籍考》记载,"《孔子家语》十卷,王肃注”，这表明当时流传的是十卷本的《孔子家语》。清黄虞稷《千顷堂书目》卷三云：元“王广谋《孔子家语句解》四卷，延祐三年刊”，这是元代另一刻本。明正德时何孟春评论此注本说“正文漏略”，“注庸陋荒昧，无所发明”，毛晋的评鉴是：“其病在割裂。”

到明代，比较好的王肃注宋本已难得见。明嘉靖三十三年黄鲁曾刻本《孔子家语后序》说：“今考之《艺文志》，有二十一卷。王肃所注，何乃至宋人梓传者止十卷，已亡其太半，如由混简错袠，则又不可分拆。比之王广谋句解者，又止三卷。近何氏孟春所注，则卷虽盈于前本，而文多不齐。余颇惜王肃所注之少播于世，力求宋刻者而校雠之，仅得十之七八，虽宋刻亦有讹谬者也。”这是说《艺文志》著录的是二十一卷，王肃本到宋代只有十卷，大半都亡佚了，元代王广谋注本只有三卷，而明代的何孟春注本虽说卷数多了，但文章已不齐全，力求宋本校勘，也不完善。明末著名藏书家毛晋在《孔子家语》跋语中说自己历尽千辛万苦寻求宋本，而不能见全帙，正德间何孟春注本未见肃注，因此较疏略。后来寻到两个宋版残本，经补缀，才成宋本完璧。

清代校勘、训释，考证、辨伪古籍之风兴起，惠栋、王鸣盛、卢文弨、蒋凤藻、严虞惇、孙诒让、叶德辉、孙淇、王国维等学者对《孔子家语》比较重视，他们或校勘，或注释，或评点，或辨伪。其中陈士珂赞同孔安国整理编订《孔子家语》的说法，认为非王肃伪造。持这种观点的还有陈诗、马国翰、沈钦韩等。但这种说法并没有引起多大反响。而持“伪书说”的学者孙志祖、范家相、姚际恒、崔述、皮锡瑞、王聘珍、丁晏以及四库馆臣等比较受人关注。特别是《四库总目》说：“反覆考证，其出于肃手无疑。特其流传既久，且遗文轶事往往多见于其中，故自唐以来，知其伪而不能废也。”似乎有一锤定音的功效。

近代顾颉刚先生也认为《孔子家语》为王肃伪作，并认为《孔子家语》“无任何取信之价值”。正因为这一派的驳斥、考证，《家语》是伪书几乎成了历史定谳。这样，此书被大多数研究孔子和儒学的学者所冷落就毫不奇怪了。

王肃伪造说也传到海外，如日、韩、越学者中也有持此说者。

上个世纪末期，出土文献中忽现与《家语》类似的原型文字，王肃伪造说不攻自破，从此柳暗花明，诸多考证文章问世，基本都不赞成伪书说。《孔子家语》的学术价值随之也被认知，甚至有认定此书为“研究孔子第一书”的说法，虽说难免有溢美之嫌，但可以看出人们对它的关注程度。

有人会问，此书的原初作者到底是谁呢？对这一问题，古人有各种看法。如有上古资料说，有王肃杂取古书说，有后人不断增删修饰说，但都难以否定其包涵古代文献的价值。我们的基本看法是，此书大体同《礼记》一样，具有相同思想、语言风貌。《汉书·艺文志》礼部著录：“《记》百三十一篇。”小注说：“七十子后学者所记也。”这部书现在已看不到了，估计在《礼记》和《大戴礼记》中保存了一部分。《孔子家语》和上二书风格相类，大概也属于七十子后学者所为。

我们说过，在探索历史人物、古今思想、社会思潮流变时，会发现一个有趣的现象：同一历史人物，同一思想，在不同的时代，常展现不同的思想风貌，不同的语言符号，不同的抑扬褒贬，总是辉映着古今之变。就孔子而言，也是如此。如果我们细心比对，就会发现孔子有各种形象：有《论语》中的孔子，克己重仁，言辞简洁，谦虚礼让，温良恭俭，春风扑面，诲人不倦；有《易传》中的孔子，仰观俯察，哲理深邃，语言概括，道究天人，充满哲人智慧；有《礼记》中的孔子，知识广博，思想宏大，理想高远，吸纳道法，言辞汪洋恣肆，个性极度张扬；此后魏晋把道家的自然论融入孔子思想之中；唐代重振儒学，高扬道统，孔子成了道统谱系中承前启后的关键人物；宋明用本体和工夫探索孔子。时代演进，致使孔子思想风貌，花样翻新，层出不穷。但不管怎样变化，仁义这个主脉还是主导，只是内容不断丰富而已。我们从时代风貌上考察，《家语》中的孔子和上面提到的《礼记》中的孔子大体相类，以儒家思想为主导，兼容了道家和法家思想，人物更加生动形象，有血有肉。书里甚至有些故事穿插其中，增加了许多趣味性。但有些篇章难免有创作的成分，不完全是真实的记录。

关于本书的编者，也有各种说法。《四库全书》版王肃注本有一篇孔安国的后序，其中说荀子曾把大批原始资料带到秦国，其中也有《家语》相关内容。这种说法，也有一定道理，因为本书确有一些法家思想，和荀子思想有相通之处，不过后序中说《家语》是汉武帝时孔子十二(一说十一)世孙孔安国编辑的。其他也有人说是子思编辑的，也有说小戴割裂的，也有说王肃编的，也有说王肃增加的。但现存的王肃所注《孔子家语》，不是刘向的著录本，这个本子流行于民间，不入于经学主流，似乎和孔安国整理孔壁中书不受重视的说法一致，因此我们认为后序中引用的孔安国序，以及孔衍之奏章是可信的。所以说此书为孔安国编辑一说也是可信的，但王肃作注时是否增加了篇幅和内容，这是一个还需进一步研究的课题。

本书整理时，经比较，选择《四库全书》本《孔子家语》为底本，因四库本依据宋抄本，内容较它本丰赡，又经明代藏书家毛晋校补，讹误较少。在译注时，参校《四部丛刊》本，及又见于《史记》、《礼记》、《大戴礼记》、《说苑》、《荀子》、《春秋左传》、《吕氏春秋》、《韩诗外传》、《国语》、《新序》、《晏子春秋》、《淮南子》等书的相关篇章。凡据它本改正底本文字或有参考价值的文字，均在注文中说明。《家语》中的章节又见于它书者，均在每则下标出，这方面工作主要参考了清人陈士珂的《孔子家语疏证》，也有小部分是我们查出的。注释主要参考王肃注，亦不摈弃它书有价值的注文。每篇前还有提要，介绍了基本内容，间或作些简要评论。注释力求详尽准确，译文力求忠实原文，通俗流畅。总之，这里是想真诚地为读者提供可信可读可参之书。但落叶难扫，难免有误，敬祈指正。

王国轩　王秀梅

2010年11月

# 家语序

郑氏学行五十载矣[1]，自肃成童[2]，始志于学，而学郑氏学矣。然寻文责实，考其上下义理，不安违错者多，是以夺而易之。然世未明其款情，而谓其苟驳前师以见异于人。乃慨然而叹曰："岂好难哉？予不得已也。圣人之门，方壅不通；孔氏之路，枳棘充焉。岂得不开而辟之哉？若无由之者，亦非予之罪也。"是以撰《经礼》申明其义，及朝论制度，皆据所见而言。

孔子二十二世孙有孔猛者，家有其先人之书。昔相从学，顷还家，方取已来，与予所论有若重规迭矩。昔仲尼曰[3]："文王既殁，文不在兹乎？天之将丧斯文也，后死者不得与于斯文也；天之未丧斯文，匡人其如予何？"言天丧斯文[4]，故令已传斯文于天下。今或者天未欲乱斯文，故令从予学。而予从猛得斯论，以明相与孔氏之无违也。斯皆圣人实事之论，而恐其将绝，故特为解，以贻好事之君子。

《语》云[5]："牢曰：'子云：吾不试，故艺。'"谈者不知为谁，多妄为之说。《孔子家语》弟子有琴张，一名牢，字子开，亦字张，卫人也。宗鲁死，将往吊，孔子止焉。

《春秋外传》曰[⑥]："昔尧临民以五[⑦]。"说者曰："尧五载一巡狩[⑧]。"五载一巡狩，不得称"临民以五"。《经》曰"五载一巡狩"，此乃说舜之文，非说尧。孔子说论五帝，各道其异事，于舜云"巡狩天下，五载一始"。则尧之巡狩年数未明。周十二岁一巡，宁可言周临民以十二乎？孔子曰："尧以土德王天下，而色尚黄。"黄，土德；五，土之数，故曰"临民以五"，此其义也。

王肃序

**【注释】**

①郑氏：即郑玄，字康成，东汉高密（今山东高密）人。著名经学大师，遍注群经。

②肃：即王肃，字子雍，三国魏东海郡郯（tán，今山东郯城西南）人。官至中领军，加散骑常侍。著名经学家。曾先后为《尚书》、《诗经》、《论语》、《三礼》、《左传》等经典作注，其所注经学在魏晋时期被称作"王学"，在学术界影响很大。

③"昔仲尼曰"一段：此段文字见《论语·子罕》。

④天丧斯文：据上下文意，"天"下当有"未欲"二字。

⑤"《语》云"一段：此段文字见《论语·子罕》。

⑥《春秋外传》：也称《国语》，是中国最早的一部国别史著作。记录了周朝王室和鲁国、齐国、晋国、郑国、楚国、吴国、越国等诸侯国的历史。

⑦临民：治理民众。

⑧巡狩：帝王离开国都巡行境内。

【译文】

郑玄的学说风行天下已五十年了，我从童年开始，就有志于学问，而学习的就是郑玄的学说。但在他的著作中，根据文意来寻求史实，考察他文章前后阐述的道理，发现不妥和违背经典原意的地方很多，因此我就把这些不妥之处改正过来。可世人不明白我的心情，认为我驳斥先师是为了标新立异。我只能感叹说："我难道是喜欢驳难吗？我是不得已啊！通往圣人的大门，已经拥塞不通；学习孔子学说之路，也充满了荆棘。难道不能开辟道路吗？开通了道路，如果没人走的话，那就不是我的过错了。"因此我撰写了《经礼》一书，来申明圣人经典的正确含义，至于当时朝廷上的议论和典章制度，都是根据我所闻所见的资料来说话的。

孔子的二十二代孙有一位叫孔猛的，他家藏有先人的书。他过去曾跟随我学习，不久前从家里回来，把先人的书拿给我看，书中所记载的和我的见解如出一辙。从前孔子说："文王死了以后，一切文化遗产不都在我这里吗？上天如果想要毁灭这些文化，那我也不会掌握这些文化了；上天若是不想毁灭这些文化，匡人又能把我怎么样呢！"这是说上天不想毁灭这些文化，所以让自己将这些文化传播天下。现在上天或许不愿让这些文化混乱吧，所以让孔猛来向我学习。而我从孔猛那里看到他先人的书，证明我的看法和孔子的学说是不违背的。《家语》中记载的都是圣人真实的事迹和言论，我担心这些资料会灭绝不传，所以做了注解，留给那些喜好这些学问的君子。

《论语》记载："牢说：'孔子说：我没受到国君任用，所以学到了一些技艺。'"评论这段话的人不知"牢"是什么人，多数人就无知妄说。《孔子家语》中记载了孔子有个弟子叫琴张，又名牢，字子开，又字子张，卫国人。宗鲁死了，牢想去凭吊，孔子劝止了他。

《春秋外传》记载："昔尧临民以五。"解释的人说："尧五年巡视天下一次。"五年巡视天下一次，不应说成"临民以五"。《春秋经》记载"五载一巡狩”，这是说舜的，不是说尧。孔子论述五帝，论述了各位帝王奇异的事，在讲到舜时说“巡狩天下，五载一始”，即巡视天下，五年一次。而对于尧的巡狩年数没有明说。周天子十二年巡视天下一次，难道能说成“周临民十二”吗？在《孔子家语》中记载：孔子说：“尧以土德统治天下，而崇尚黄色。”黄色，属于土德；五，指土德在五行中居第五位。说“临民以五”，就是用土德治民的意思。

王肃序

# 卷一

## 相鲁第一

**【题解】**

这篇讲了孔子为官的几件事。第一件事是说孔子为中都宰、司空和司寇。孔子这时为官事迹，在本书有比较详细的叙述。为官中都宰时，孔子制定礼仪，培育厚朴风俗，使社会养老爱幼，男女有别，死葬有制，因此受到定公重视，孔子升为司空。在管理土地上，先是辨别土地性质，看哪种土地适合种哪种植物，这说明我们先人早已有了耕种经验。孔子做司空的第二件事，就是坚守礼制，说服权臣，使鲁昭公墓葬并入先祖之墓地。孔子为大司寇，制定了法律，但因风俗美善，竟没有奸诈犯法之民。第三件事是夹谷之会，孔子在会中占尽风光。“有文事者必有武备，有武事者必有文备”，这是孔子的警世名言。“裔不谋夏，夷不乱华，俘不干盟，兵不偪好”，这是华夷之辨。至于斩侏儒，似和儒家思想不符。孔子还建议鲁定公隳毁了季孙、叔孙、孟孙三家大夫不合礼法的都邑，使鲁国的君权得到加强；还制止奸商及其他不法行为，使鲁国社会安定有序。

孔子初仕，为中都宰[①]。制为养生送死之节，长幼异食，强弱异任，男女别涂，路无拾遗，器不雕伪[②]。为四寸之棺，五寸之椁[③]，因丘陵为坟，不封不树[④]。行之一年，而西方之诸侯则焉[5]。

定公谓孔子曰[6]:“学子此法以治鲁国,何如?”

孔子对曰:“虽天下可乎,何但鲁国而已哉!”

于是二年,定公以为司空[7]。乃别五土之性[8],而物各得其所生之宜,咸得厥所。

先时,季氏葬昭公于墓道之南[9],孔子沟而合诸墓焉[10]。谓季桓子曰[11]:“贬君以彰己罪,非礼也。今合之,所以掩夫子之不臣。”

由司空为鲁大司寇[12],设法而不用,无奸民。

(又见于《礼记·檀弓上》、《史记·孔子世家》、《春秋左传·定公元年》)

**【注释】**

①中都:鲁邑,在今山东汶上西。宰:一邑长官。

②器不雕伪:器物无文饰雕画,不作伪。

③椁(guǒ):棺木有二重,里面称棺,外面称椁。

④不封:不聚土以起坟,因山丘为坟,无需聚土建坟。不树:坟周边不种松柏。

⑤西方之诸侯则焉:鲁国在东,其他诸侯国在西。指以鲁国为法则、榜样。则,效法。

⑥定公:鲁国国君,姓姬名宋,定公是谥号。

⑦司空:主管工程、制造和手工业的官。

⑧五土之性:王注:“一曰山林,二曰川泽,三曰丘陵,四曰坟衍,五曰原隰。”坟衍指肥沃平旷的土地。原隰指广平低湿之地。

⑨季氏:指鲁国权臣季平子。葬昭公于墓道之南:鲁昭公二十五年,昭公讨伐季平子,失败流亡于晋,死于晋地乾侯。季平子于

鲁定公元年秋天把昭公葬于鲁先君陵寝墓道以南，不使与先君葬于同一墓域，是一种贬斥行为。

⑩沟：挖沟。合诸墓：表示同一墓域。

⑪季桓子：季平子之子。

⑫大司寇：主管刑狱的官，为六卿之一。

**【译文】**

孔子刚做官时，担任中都邑的邑宰。他制定了使老百姓生有保障、死得安葬的制度，提倡按照年纪的长幼吃不同的食物，根据能力的大小承担不同的任务，男女走路各走一边，在道路上遗失的东西没人拾取据为己有，器物不求浮华雕饰。死人装敛，棺木厚四寸、椁木厚五寸，依傍丘陵修墓，不建高大的坟，不在墓地周围种植松柏。这样的制度施行一年之后，西方各诸侯国都纷纷效法。

鲁定公对孔子说："学习您的施政方法来治理鲁国，您看怎么样?"

孔子回答说："即使是天下也足以治理好，岂只是治理好鲁国呢!"

这样实施了两年，鲁定公任命孔子做了司空。孔子根据土地的性质，把它们分为山林、川泽、丘陵、高地、沼泽五类，各种作物都种植在适宜的环境里，都得到了很好的生长。

早先，季平子把鲁昭公葬在鲁国先公陵寝的墓道南面(使昭公不能和先君葬在一起，以泄私愤)，孔子做司空后，派人挖沟把昭王的陵墓与先王的陵墓圈连到一起。孔子对季平子的儿子季桓子说："令尊以此羞辱国君却彰显了自己的罪过，这是破坏礼制的行为。现在把陵墓合到一起，可以掩盖令尊不守臣道的罪名。"

之后，孔子又由司空升为鲁国的大司寇，他虽然设立了法律，但由于社会秩序良好，也派不上用场，社会上没有犯法的奸民。

定公与齐侯会于夹谷①，孔子摄相事②，曰："臣闻有文事者必有武备，有武事者必有文备。古者诸侯出疆，必具官以从[3]，请具左右司马[4]。”定公从之。

至会所，为坛位，土阶三等。以遇礼相见[5]，揖让而登。献酢既毕[6]，齐使莱人以兵鼓噪[7]，劫定公。孔子历阶而进[8]，以公退[9]，曰：“士，以兵之。吾两君为好，裔夷之俘[10]，敢以兵乱之，非齐君所以命诸侯也[11]！裔不谋夏[12]，夷不乱华，俘不干盟[13]，兵不偪好[14]。于神为不祥，于德为愆义[15]，于人为失礼，君必不然。”齐侯心怍[16]，麾而避之[17]。

有顷，齐奏宫中之乐，俳优侏儒戏于前[18]。孔子趋进，历阶而上，不尽一等[19]，曰：“匹夫荧侮诸侯者[20]，罪应诛。请右司马速加刑焉！”于是斩侏儒，手足异处。齐侯惧，有惭色。

将盟，齐人加载书曰[21]：“齐师出境，而不以兵车三百乘从我者，有如此盟。”孔子使兹无还对曰[22]：“而不返我汶阳之田[23]，吾以供命者[24]，亦如之。”

齐侯将设享礼[25]，孔子谓梁丘据曰[26]：“齐鲁之故，吾子何不闻焉？事既成矣，而又享之，是勤执事。且牺象不出门[27]，嘉乐不野合[28]。享而既具，是弃礼；若其不具，是用秕稗也。用秕稗，君辱；弃礼，名恶。子盍图之？夫享，所以昭德也[29]；不昭，不如其已。”乃不果享。

齐侯归，责其群臣曰：“鲁以君子道辅其君，而子独以夷狄道教寡人，使得罪。”于是乃归所侵鲁之四邑及汶阳之田[30]。

（又见于《春秋左传・定公十年》、《春秋穀梁传》、《史记・孔子世家》）

【注释】

①齐侯:齐国国君。夹谷:即今山东莱芜境内的夹谷山。

②摄:代理。相:司仪。

③具官:配备应有的官员。

④左右:正副。司马:掌管军事的官。

⑤遇礼:王注:"会遇之礼,礼之简略者也。"

⑥献酢:主客互相揖让敬酒。

⑦莱人:齐国东部一个少数民族莱国。鼓噪:喧嚷。王注:"擂鼓曰噪。"

⑧历阶:一步一级地快步登阶。

⑨以公退:保护着鲁定公撤退。

⑩裔夷之俘:边远地区少数民族的俘虏。王注:"裔,边裔。夷,夷狄。俘,军所获虏也。"

⑪非齐君所以命诸侯也:不是齐国国君用来征服天下诸侯国的办法。

⑫裔不谋夏:远方异族不得谋求扰乱我华夏民族。

⑬俘不干盟:俘虏不能干扰盟会。

⑭兵不偪好:士兵不能逼迫友好。

⑮愆(qiān)义:违犯道义。

⑯怍(zuò):愧疚。

⑰麾(huī):指挥用的旗帜。这里作动词用,即指挥。

⑱俳(pái)优:演舞蹈滑稽戏的人。侏儒:身体矮小的杂伎艺人。

⑲不尽一等:盟台有三层台阶,孔子只上到第二层,虽紧急而不违礼。

⑳荧侮:惑乱,侮辱。

㉑载书:指盟书,会盟时所订的誓约文字。

㉒兹无还:人名。王注:"鲁大夫。"

㉓汶阳之田：鲁国汶水以北土地。

㉔供命：指派军队供齐国驱使。

㉕享礼：宴会礼仪。

㉖梁丘据：齐大夫。

㉗牺象：牛形和象形的酒器。门：这里指宫门。

㉘嘉乐：钟鼓之乐。不野合：嘉乐是宴享正礼，应设在宗庙和宫廷，不得违礼而行于野。

㉙昭德：使德行彰显。

㉚四邑及汶阳之田：王注："郓、谨、龟、阴之地也。汶阳之田本鲁界。"

**【译文】**

鲁定公和齐侯在齐国的夹谷举行盟会，孔子代理司仪，孔子对鲁定公说："我听说，举行和平盟会一定要有武力作为后盾，而进行军事活动也一定要有和平外交的准备。古代的诸侯离开自己的疆域，随从的人必须配备应有的文武官员，请您带上正副司马。"定公听从了孔子的建议。

到了举行盟会的地方，筑起盟会的高台，土台设立三层台阶。双方以简略的会遇之礼相见，相互行礼谦让着登上高台。互赠礼品互相敬酒后，齐国一方派莱人军队擂鼓呼叫，威逼鲁定公。孔子快步登上台阶，保护鲁定公退避，说："鲁国士兵，你们去攻击莱人。我们两国国君在这里举行友好会盟，远方夷狄的俘虏竟敢拿着武器行暴，这绝不是齐君用来征服天下诸侯的办法。远方异国不得谋我华夏，夷狄不得扰乱中国，俘虏不可扰乱会盟，甲兵不得威逼友好。否则，这不但是对神明的不敬，从道德上讲是不义，从为人上讲是失礼，齐侯必然不会这么做的。"齐侯听了孔子的话，内心感到愧疚，挥手让莱人军队撤了下去。

过了一会儿，齐国方面演奏宫廷乐舞，歌舞艺人和矮人小丑在国君面前表演歌舞杂伎、调笑嬉戏。孔子快步登上台阶，站在第二阶上说：

“卑贱的人敢戏弄诸侯国君，罪当斩。请右司马迅速对他们用刑。”于是斩杀了侏儒小丑，砍断手足。齐侯心中恐慌，脸上露出惭愧的神色。

正当齐、鲁两国就要歃血为盟时，齐国在盟书上加了一段话说：“将来齐国发兵远征时，鲁国假如不派三百辆兵车从征，就要按照本盟约规定加以制裁。”孔子让鲁大夫兹无还针锋相对地回应道：“你齐国不归还我汶河以北的属地，而要让鲁国派兵跟从的话，齐国也要按本盟约的条文接受处罚。”

齐侯准备设宴款待鲁定公，孔子对齐大夫梁丘据说：“齐、鲁两国的传统礼节，阁下难道没听说过吗？会盟既然已经完成，贵国国君却要设宴款待我国国君，这岂不是徒然烦扰贵国群臣？何况牛形和象形的酒器，按规矩不能拿出宫门，而雅乐也不能在荒野演奏。假如宴席上配备了这些酒器，就是背弃礼仪；假如宴席间一切都很简陋，就如同舍弃五谷而用秕稗。简陋的宴席有伤贵国国君的脸面，背弃礼法贵国就会恶名昭彰，希望您慎重考虑。宴客是为了发扬君主的威德，假如宴会不能发扬威德，倒不如干脆作罢更好。”于是齐国就取消了这次宴会。

齐国国君回到都城，责备群臣道：“鲁国的臣子用君子之道辅佐他们的国君，而你们却偏偏用偏僻蛮荒的少数部族的行为方式误导我，招来这些羞辱。”于是，齐国归还了以前侵占鲁国的四座城邑和汶河以北的土地。

孔子言于定公曰：“家不藏甲[①]，邑无百雉之城[②]，古之制也。今三家过制[③]，请皆损之。”乃使季氏宰仲由隳三都[④]。叔孙不得意于季氏[⑤]，因费宰公山弗扰率费人以袭鲁[⑥]。孔子以公与季孙、叔孙、孟孙入于季氏之宫[⑦]，登武子之台[⑧]。费人攻之，及台侧，孔子命申句须、乐颀勒士众下伐之[⑨]，费人北。遂隳三都之城。强公室，弱私家，尊君卑臣，政化大行。

（又见于《春秋左传·定公十二年》、《春秋公羊传》）

【注释】

①家：指卿大夫。甲：王注："甲，铠也。"即武装。

②邑：卿大夫所居城邑。雉：古代计算城墙面积的单位。一雉之墙长三丈，高一丈。王注："高丈、长丈曰堵，三堵曰雉。"

③三家：指当时鲁国势力很大的权臣季孙、叔孙、孟孙三家。他们都是鲁桓公的后代，又称鲁三桓。

④宰：卿大夫家臣或采邑长官。仲由：字子路，孔子弟子。隳(huī)：毁坏。三都：指鲁三桓的采邑，分别为季孙氏之费、叔孙氏之郈、孟孙氏之成。此时三都之宰又各控制三都以凌三家，三家甚苦之，子路因势利导，故叔孙、季氏能从其言。

⑤叔孙：指叔孙氏庶子叔孙辄。不得意于季氏：季氏当作"叔孙氏"，《春秋左传·定公十二年》杜注："辄不得志于叔孙氏。"即得不到叔孙氏重用。

⑥费宰：费城长官。公山弗扰：人名，费城宰。率费人以袭鲁：此时子路已率兵隳费，鲁国国都空虚，公山弗扰等因而能入鲁。

⑦季氏之宫：季氏住宅。

⑧武子之台：旧说台在季氏宅内。

⑨申句须、乐颀：鲁大夫。

【译文】

孔子对鲁定公说："卿大夫的家中不能私藏兵器铠甲，封地内不能建筑一百雉规模的都城，这是古代的礼制。当前季孙氏、叔孙氏、孟孙氏三家大夫的城邑都逾越了礼制，请您削减他们的势力。"于是派季氏家臣仲由拆除三家大夫的城池——季孙氏的都城费、叔孙氏的都城郈、孟孙氏的都城成。叔孙氏的庶子叔孙辄得不到叔孙氏的器重，联合费城的长官公山弗扰率领费人进攻鲁国都城曲阜。孔子保护着鲁定公，和季孙氏、叔孙氏、孟孙氏三大夫躲入季氏的住宅，登上武子台。费人进攻武子台，攻到鲁定公所居的台的一侧，孔子命令申句须、乐颀两位大夫统领士卒前去抵挡，费人败退。这样，终于削减了三座都邑的城池。这一行动使鲁国国君的权力得到加强，大夫的势力被削减，国君得到尊崇，臣子地位下降，政治教化措施得到执行。

初，鲁之贩羊有沈犹氏者①，常朝饮其羊以诈市人②。有公慎氏者，妻淫不制。有慎溃氏，奢侈逾法。鲁之鬻六畜者③，饰之以储价④。及孔子之为政也，则沈犹氏不敢朝饮其羊，公慎氏出其妻，慎溃氏越境而徙。三月，则鬻牛马者不储价，卖羊豚者不加饰，男女行者别其涂，道不拾遗。男尚忠信，女尚贞顺。四方客至于邑者，不求有司⑤，皆如归焉。

（又见于《荀子·儒效》、《新序·杂事一、五》、《吕氏春秋·先识览·乐成》、《孔丛子·陈士义》）

**【注释】**

①沈犹氏：沈犹氏及下文的公慎氏、慎溃氏，皆鲁人。

②朝饮其羊：早晨在羊肚内灌满水。

③鬻（yù）：卖。

④饰：装饰。储价：抬高价格。

⑤不求有司：王注：“有司常供其职，客不求而有司在焉。”有司，官吏。古代设官分职，事各有专司，故称有司。

**【译文】**

早先，鲁国有一个贩羊的沈犹氏，他经常在早上用水把羊灌饱增加重量欺诈买羊的人。有一个叫公慎氏的人，他的妻子与别人淫乱他也管不了。还有一个人叫慎溃氏，生活豪华奢侈，逾越了礼法规定的限度。鲁国贩卖牲口的商人，在牲口身上做手脚从而抬高售价。到孔子当政时期，沈犹氏不敢在早上卖羊前给羊灌水，公慎氏休了他的妻子，慎溃氏逃出国境迁居到别国去了。过了三个月，贩牛马的商人不敢漫天要价；卖猪羊的商人也不敢在猪羊身上搞小动作谋取不正当的利润；男女走在路上，根据礼法各走路的一边；路上遗失的东西没有人私自占为己有。男子崇尚忠诚信义，女子崇尚贞洁顺从。四方来的客商到鲁国城邑，不用请求主管商旅官员的帮助，就像回到家乡一样安全方便。

# 始诛第二

**【题解】**

这篇第一段记载了孔子诛少正卯的事。孔子认为天下的大恶有五种："一曰心逆而险，二曰行僻而坚，三曰言伪而辩，四曰记丑而博，五曰顺非而泽。"这五恶，如果有人犯了其中一种，则不免君子之诛。而少正卯皆兼有之。他又具体指出少正卯的罪状："其居处足以撮徒成党，其谈说足以饰衺莹众，其强御足以反是独立。此乃人之奸雄。"以此可见，少正卯只是一名不同政见者。后来儒者对此事不常提起，大概因为这里充满杀气，与《论语》中孔子仁爱气象不同吧。

第二段讲法制与教化关系，很深刻。孔子主张先教后诛，他说："上失其道而杀其下，非理也。不教以孝而听其狱，是杀不辜。三军大败，不可斩也；狱犴(àn)不治，不可刑也。上教之不行，罪不在民故也。"又说："夫慢令谨诛，贼也；征敛无时，暴也；不试责成，虐也。"他认为，不教而诛是暴虐行为，国家首先要进行道德教育，然后要树立正面形象加以引导，如果不从，才能加以刑威。

孔子为鲁司寇①，摄行相事②，有喜色。仲由问曰："由闻君子祸至不惧，福至不喜。今夫子得位而喜，何也？"孔子曰："然，有是言也。不曰'乐以贵下人'乎？"

于是朝政七日而诛乱政大夫少正卯[3]，戮之于两观之下[4]，尸于朝三日[5]。

子贡进曰[6]："夫少正卯，鲁之闻人。今夫子为政而始诛之，或者为失乎？"孔子曰："居[7]，吾语汝以其故。天下有大恶者五，而窃盗不与焉。一曰心逆而险[8]，二曰行僻而坚[9]，三曰言伪而辩[10]，四曰记丑而博[11]，五曰顺非而泽[12]。此五者，有一于人，则不免君子之诛，而少正卯皆兼有之。其居处足以撮徒成党[13]，其谈说足以饰褒莹众[14]，其强御足以反是独立[15]。此乃人之奸雄，有不可以不除。夫殷汤诛尹谐[16]，文王诛潘正[17]，周公诛管蔡[18]，太公诛华士[19]，管仲诛付乙[20]，子产诛史何[21]，凡此七子皆异世而同诛者，以七子异世而同恶，故不可赦也。《诗》云[22]：'忧心悄悄[23]，愠于群小[24]。'小人成群，斯足忧矣。"

（又见于《荀子·宥坐》、《说苑·指武》）。

**【注释】**

①司寇：主管刑狱的官。

②摄行相事：代理宰执，相当后世宰相。

③朝政：执政。少正卯：鲁大夫，和孔子同时讲学。

④戮之：杀掉。两观：宫殿门外的两座高台。王注："两观，阙名。"

⑤尸于朝三日：陈列尸首三天，即暴尸以示众。

⑥子贡：端木赐，字子贡，孔子弟子。

⑦居：坐下。

⑧心逆而险：《荀子·宥坐》作"心达而险"，《说苑·指武》作"心辨而险"，译文采用"心达而险"，指心通达古今事物但很凶险。

⑨行僻而坚：行为邪辟而意志坚定。

⑩言伪而辩：言语虚伪但说得头头是道。

⑪记丑而博：王注："丑谓非义。"《荀子》杨倞注："丑，谓怪异之事。"可参看。

⑫顺非而泽：顺着错误言论，而且能够为之润色。一说"泽"当作"释"，即为之解释。

⑬撮(zuō)徒成党：王注："撮，聚。"《荀子》作"聚徒成群"。

⑭饰衺(xié)莹众："衺"同"邪"，邪恶，不正。"莹"一本作"荣"，二字古相通。《荀子·宥坐》作"饰邪荣众"，《说苑·指武》作"足以移众"，译文采用荀子说，即掩饰自己邪恶，迷惑民众。

⑮强御足以反是独立：强暴有势力足以反对正道而独立成家。

⑯殷汤：商朝开国君主。尹谐：《说苑·指武》作"蠋木"。事迹不详。

⑰文王：名姬昌，周武王父，居岐山之下，周朝开始强大，号西伯。潘正：《荀子·宥坐》作"潘止"，《说苑·指武》作"潘阯"。事迹不详。

⑱周公诛管蔡：周公名姬旦，文王子，武王弟。辅助武王灭殷，周成王年幼时曾摄政。周文王子管叔、蔡叔同殷后人武庚作乱，周公平定叛乱，诛管叔，流放蔡叔，参见《史记·管蔡世家》。

⑲太公：即姜太公，姜姓，吕氏，名尚，周文王师。帮助武王灭殷，封于齐。华士：王注："士之为人虚伪以聚党也。而韩非谓华士'耕而后食，凿井而饮'，信其如此而太公诛之，岂所以谓太公者哉？"

⑳管仲：名夷吾，字仲，相齐桓公称霸。付乙：《荀子·宥坐》作"付里乙"，《说苑·指武》作"附里"。

㉑子产：名侨，字子产，郑国著名政治家。史何：《荀子·宥坐》作"邓析、史付"，《说苑·指武》作"邓析"。

㉒《诗》：指《诗经·邶风·柏舟》。

㉓忧心悄悄：忧心忡忡。

㉔愠于群小：为小人所恼怒。

**【译文】**

孔子做鲁国的大司寇，代理行使宰相的职务，表现出高兴的神色。弟子仲由问他："我听说君子祸患来临不恐惧，幸运降临也不表现出欢喜。现在您得到高位而流露出欢喜的神色，这是为什么呢？"孔子回答说："对，确实有这样的说法。但不是有'显贵了而仍以谦恭待人为乐事'的说法吗？"

就这样，孔子执掌朝政七天就诛杀了扰乱朝政的大夫少正卯，在宫殿门外的两座高台下杀了他，还在朝廷暴尸三日。

孔子弟子子贡向孔子进言："这个少正卯，是鲁国知名的人。现在老师您执掌朝政首先就杀掉他，可能有些失策吧？"孔子回答说："坐下来，我告诉你杀他的缘由。天下称得上大恶的有五种，连盗窃的行为也不包括在内。一是通达事理却又心存险恶，二是行为邪辟而又坚定固执，三是言语虚伪却又能言善辩，四是对不义的事知道的过多，五是言论错误还要为之润色。这五种大恶，人只要有其中之一恶，就免不了受正人君子的诛杀，而少正卯五种恶行样样都有。他身居一定的权位就足以聚集起自己的势力结党营私，他的言论也足以伪饰自己迷惑众人而得到声望，他积蓄的强大力量足以叛逆礼制成为异端。这就是人中的奸雄啊！不可不及早除掉。历史上，殷汤杀掉尹谐，文王杀掉潘正，周公杀掉管叔、流放蔡叔，姜太公杀掉华士，管仲杀掉付乙，子产杀掉史何，这七个人生于不同时代但都被杀了头，原因是七个人尽管所处时代不同，但具有的恶行是一样的，所以对他们不能放过。《诗经》中所说的：'忧心如焚，被群小所憎恶。'如果小人成群，那就足以令人担忧了。"

孔子为鲁大司寇[①]，有父子讼者，夫子同狴执之[②]，三月不别。其父请止，夫子赦之焉。

季孙闻之不悦[3]，曰："司寇欺余，曩告余曰[4]：'国家必先以孝。'余今戮一不孝以教民孝，不亦可乎？而又赦，何哉？"

冉有以告孔子[5]，子喟然叹曰："呜呼！上失其道而杀其下，非理也。不教以孝而听其狱，是杀不辜[6]。三军大败，不可斩也；狱犴不治[7]，不可刑也。何者？上教之不行，罪不在民故也。夫慢令谨诛[8]，贼也；征敛无时，暴也；不试责成，虐也。政无此三者，然后刑可即也。《书》云[9]：'义刑义杀[10]，勿庸以即汝心，惟曰未有慎事[11]。'言必教而后刑也。既陈道德以先服之，而犹不可，尚贤以劝之；又不可，即废之；又不可，而后以威惮之。若是三年，而百姓正矣。其有邪民不从化者，然后待之以刑，则民咸知罪矣。《诗》云[12]：'天子是毗[13]，俾民不迷[14]。'是以威厉而不试[15]，刑错而不用[16]。今世则不然，乱其教，繁其刑，使民迷惑而陷焉。又从而制之，故刑弥繁而盗不胜也[17]。夫三尺之限[18]，空车不能登者，何哉？峻故也。百仞之山[19]，重载陟焉[20]，何哉？陵迟故也[21]。今世俗之陵迟久矣，虽有刑法，民能勿逾乎？"

（又见于《荀子·宥坐》、《韩诗外传·三》、《说苑·政理》）

**【注释】**

①大司寇：鲁有三卿，司空兼司寇，孟孙兼职。司空下有小司寇，孔子似乎是小司寇，《荀子·宥坐》作"孔子为鲁司寇"。

②同狴(bì)执之：关在同一监牢。王注："狴，狱牢也。"

③季孙：鲁桓公子季友后裔，又称季孙氏，三卿之一，司徒兼冢宰。自鲁文公后，季孙行父、季孙宿等都是鲁国实权人物。

④曩(nǎng):往昔,从前。

⑤冉有:即冉求,字子有,孔子弟子,季氏家臣。

⑥不辜:没有罪的人。

⑦犾犴:这里指刑狱。

⑧慢令谨诛:法令松弛而刑杀甚严。“诛”,原作“昧”,据《四部丛刊》本《家语》改。

⑨《书》:这里指《尚书·康诰》,文字有出入。

⑩义刑义杀:刑杀要符合正义。

⑪勿庸以即汝心,惟曰未有慎事:王注:“庸,用也。即,就也。刑杀皆当以义,勿用以就汝心之所安,当谨之。自谓未有顺事,且陈道德以服之,以无刑杀而后为顺,是先教而后刑也。”意为不能要求只符合你的心意,假如完全顺从你的意志断案才叫顺当,可以说没有顺当的事。

⑫《诗》:指《诗经·小雅·节南山》。

⑬毗(pí):辅佐。王注:“毗,辅也。”

⑭俾(bǐ):王注:“俾,使也。”迷:迷失。

⑮威厉而不试:严酷的刑罚不使用。

⑯错:放置。

⑰刑弥繁而盗不胜:刑罚繁多而盗贼越多。

⑱限:门槛。这里指险阻。《荀子·宥坐》作“岸”。

⑲仞(rèn):古代长度单位。七尺或八尺为一仞。

⑳陟(zhì):登。

㉑陵迟:这里指坡度斜缓,逐步由低到高。在下一句的陵迟则指衰败、败坏。

**【译文】**

孔子做鲁国的大司寇,有父子二人来打官司,孔子把他们羁押在同一间牢房里,过了三个月也不判决。父亲请求撤回诉讼,孔子就把父子二人都放了。

季孙氏听到这件事，很不高兴，说："司寇欺骗我，从前他曾对我说过：'治理国家一定要以提倡孝道为先。'现在我要杀掉一个不孝的人来教导百姓遵守孝道，不也可以吗？司寇却又赦免了他们，这是为什么呢？"

冉有把季孙氏的话告诉了孔子，孔子叹息说："唉！身居上位不按道行事而滥杀百姓，这违背常理。不用孝道来教化民众而随意判决官司，这是滥杀无辜。三军打了败仗，是不能用杀士卒来解决问题的；刑事案件不断发生，是不能用严酷的刑罚来制止的。为什么呢？统治者的教化没有起到作用，罪责不在百姓一方。法律松弛而刑杀严酷，是杀害百姓的行径；随意横征暴敛，是凶恶残酷的暴政；不加以教化而苛求百姓遵守礼法，是暴虐的行为。施政中没有这三种弊害，然后才可以使用刑罚。《尚书》说：'刑杀要符合正义，不能要求都符合自己的心意，断案不是那么顺当的事。'说的是先施教化后用刑罚。先陈说道理使百姓明白敬服，如果还不行，就应该以贤良的人为表率引导鼓励他们；还不行，才放弃种种说教；还不行，才可以用威势震慑他们。这样做三年，而后百姓就会走上正道。其中有些不从教化的顽劣之徒，对他们就可以用刑罚，这样一来百姓都知道什么是犯罪了。《诗经》说：'辅佐天子，使百姓不迷惑。'能做到这些，就不必用严刑峻法，刑法也可搁置不用了。当今之世却不是这样，教化紊乱，刑罚繁多，使民众迷惑而随时会落入陷阱。官吏又用繁多的刑律来控制约束，所以刑罚越繁盗贼越多。三尺高的门槛，即使空车也不能越过，为什么呢？是因为门槛高的缘故。一座百仞高的山，负载极重的车子也能登上去，为什么呢？因为山是由低到高缓缓升上去的，车就会慢慢登上去。当前的社会风气已经败坏很久了，即使有严刑苛法，百姓能不违犯吗？"

# 王言解第三

**【题解】**

这是孔子与弟子曾参一篇完整的对话。这篇对话又见于《大戴礼记》。清人王聘珍认为:"王肃私定《孔子家语》,盗窃此篇,改为《王言》,俗儒反据肃书,改窜本经,亦作《王言》,非是。"他认为本篇当作《主言》。仔细对照两篇,觉得《大戴礼》本篇多有脱漏,不及《家语》完整。本篇主要说明作为统领天下的王者,如何不出户牖而教化天下,其宗旨是"内修七教,外行三至"。七教就是执政者用敬老推动民众孝顺,用尊齿推动兄弟间的情意,用好施推动民众的宽厚精神,用亲近贤人推动民众选择良友,用推崇道德推动民众的真诚精神,用憎恶贪婪推动民众知耻而不争,用兴廉让之风推动民众知耻而节俭。所谓"三至",就是行"至礼"、"至赏"、"至乐",从而做到"天下治","士悦","民和"。这些都体现了儒家教化第一的思想。

孔子闲居,曾参侍①。孔子曰:"参乎,今之君子,唯士与大夫之言可闻也②。至于君子之言者,希也。於乎!吾以王言之,其不出户牖而化天下③。"

曾子起,下席而对曰:"敢问何谓王者言?"孔子不应。曾子曰:"侍夫子之闲也难④,是以敢问。"孔子又不应。曾子肃然而惧,抠衣而退[5],负席而立[6]。

有顷,孔子叹息,顾谓曾子曰:“参,汝可语明王之道与?”

**【注释】**

①曾参:春秋鲁人,字子舆,孔子弟子。

②唯士与大夫之言可闻也:“可”字原无,据《四部丛刊》本《家语》补。

③户牖(yǒu):门窗。

④侍夫子之闲也难:此句话是说,等到孔子有空闲的时候很难。侍,《大戴礼记》作“得”,意为等到。“难”下原有“对”字,今据《大戴礼记·主言》删。

⑤抠:《大戴礼记·主言》注:“提也。”

⑥负:背靠着。

**【译文】**

孔子在家闲居,弟子曾参在身边陪侍。孔子说:“曾参啊!当今身居高位的人,只能听到士和大夫的言论。至于那些有高尚道德君子的言论,就很少听到了。唉,我若把成就王业的道理讲给居高位的人听,他们不出门户就可以治理好天下了。”

曾参谦恭地站起来,走下座席问孔子:“请问先生,什么是成就王业的道理呢?”孔子不回答。曾参又说:“赶上先生您有空闲的时候也难,所以敢大胆向您请教。”孔子又不回答。曾参紧张而害怕,提起衣襟退下去,站在座位旁边。

过了一会儿,孔子叹息了一声,回头对曾参说:“曾参啊!大概可以对你谈谈古代明君治国之道吧!”

(以下均见于《大戴礼·主言》)

曾子曰:“非敢以为足也,请因所闻而学焉。”

子曰："居，吾语汝！夫道者，所以明德也；德者，所以尊道也。是以非德道不尊，非道德不明。虽有国之良马，不以其道服乘之[①]，不可以取道里[②]。虽有博地众民，不以其道治之，不可以致霸王。是故，昔者明王内修七教[③]，外行三至[④]。七教修，然后可以守；三至行，然后可以征。明王之道，其守也，则必折冲千里之外[⑤]；其征也，则必还师衽席之上[⑥]。故曰内修七教而上不劳，外行三至而财不费。此之谓明王之道也。"

**【注释】**

①服乘：使用，指驾车或骑乘。

②道里：在道路上行进。

③七教：指后文所说的敬老、尊齿、乐施、亲贤、好德、恶贪、廉让七种教化。

④三至：指后文所说的"至礼不让"、"至赏不费"、"至乐无声"。

⑤折冲：使敌人的战车后撤。即击退敌人。

⑥衽席：卧席。

**【译文】**

曾参回答说："我不敢认为自己有了足够的知识能听懂您谈治国的道理，只是想通过听您的谈论来学习。"

孔子说："你坐下来，我讲给你听。所谓道，是用来彰明德行的；德，是用来尊崇道义的。所以没有德行，道义不能被尊崇；没有道义，德行也无法发扬光大。即使有一国之内最好的马，如果不能按照正确的方法来使用骑乘，它就不可能在道路上奔跑。一个国家即使有广阔的土地和众多的百姓，如果国君不用正确的方法来治理，也不可能成为霸主或成就王业。因此，古代圣明的国君在内实行'七教'，对外实行'三至’。‘七教’修成，就可以守卫国家；‘三至’实行，就可以征伐外敌。圣明国君的治国之道，守卫国家，一定能击败千里之外的敌人；对外征伐，也一定能得胜还朝。因此说，在内实行‘七教’，国君就不会因政事而烦劳；对外实行‘三至’，就不至于劳民伤财。这就是所说的古代明王的治国之道。”

曾子曰：“不劳不费之谓明王，可得闻乎？”

孔子曰：“昔者帝舜左禹而右皋陶①，不下席而天下治。夫如此，何上之劳乎？政之不中，君之患也；令之不行，臣之罪也。若乃十一而税②，用民之力岁不过三日，入山泽以其时而无征，关讥市鄽皆不收赋③，此则生财之路而明王节之，何财之费乎？”

**【注释】**

①皋陶：也称咎繇。传说为舜的大臣，掌刑狱之事。

②十一而税：按收成的十分之一收田税。

③关讥市鄽：关，界卡。讥，呵察。指在关口设立界卡检查行旅。市，买卖场所。鄽，市场上供给储存货物的屋舍和场地。王注：“讥，呵也。讥异服识异言。及市鄽皆不赋税，古之法也。”

**【译文】**

曾参问道：“不为政事烦劳，不劳民伤财叫做明君，其中的道理可以讲给我听听吗？”

孔子说：“古代帝舜身边有两个得力臣子禹和皋陶，他不用走下座席天下就治理好了。这样，国君还有什么烦劳呢？国家政局不安，是国君最大的忧患；政令不能推行，是臣子的罪责。如果实行十分之一的税率，民众服劳役一年不超过三天，让百姓按季节进入山林湖泊伐木渔猎而不滥征税，交易场所也不滥收赋税，对这些生财之路，圣明的君主节制使用这些办法，怎么还会浪费民力财力呢？”

曾子曰：“敢问何谓七教？”

孔子曰：“上敬老则下益孝，上尊齿则下益悌[①]，上乐施则下益宽，上亲贤则下择友，上好德则下不隐，上恶贪则下耻争，上廉让则下耻节，此之谓七教。七教者，治民之本也。政教定，则本正矣。凡上者，民之表也[②]，表正则何物不正？是故，人君先立仁于己，然后大夫忠而士信，民敦而俗朴[③]，男悫而女贞[④]。六者，教之致也，布诸天下四方而不怨，纳诸寻常之室而不塞。等之以礼，立之以义，行之以顺，则民之弃恶如汤之灌雪焉。”

**【注释】**

①悌：敬爱兄长。

②表：表率。

③敦：敦厚。朴：淳朴。王注：“朴，悫愿貌。”

④悫(què)：诚实，谨慎。

**【译文】**

曾参问：“敢问什么是‘七教’呢？”

孔子回答说：“居上位的人尊敬老人，那么下层百姓会更加遵行孝道；居上位的人尊敬比自己年长的人，下层百姓会更加敬爱兄长；居上位的人乐善好施，下层百姓会更加宽厚；居上位的人亲近贤人，百姓就会择良友而交；居上位的人注重道德修养，百姓就不会隐瞒自己的观点；居上位的人憎恶贪婪的行为，百姓就会以争利为耻；居上位的人讲廉洁谦让，百姓就会以不讲气节德操为耻。这就是所说的七种教化。

这七教，是治理民众的根本。政治教化的原则确定了，那治民的根本就是正确的。凡是身居上位的人，都是百姓的表率，表率正还有什么不正的呢？因此国君首先能做到仁，然后大夫也就会做到忠于国君，而士也就能做到讲信义，民心敦厚民风淳朴，男人诚实谨慎女子忠贞不贰。这六个方面，是教化导至的结果，这样的教化施行天下四方而不会产生怨恨情绪，用来治理普通家庭而不会遭到拒绝。用礼来区分人的等级尊卑，以道义立身处世，实行仁义没有阻碍，那么百姓放弃恶行就如同用热水浇灌积雪一样了。”

曾子曰：“道则至矣，弟子不足以明之。”

孔子曰：“参以为姑止乎？又有焉。昔者明王之治民也，法必裂地以封之[①]，分属以理之。然后贤民无所隐，暴民无所伏。使有司日省而时考之，进用贤良，退贬不肖，则贤者悦而不肖者惧。哀鳏寡，养孤独，恤贫穷，诱孝悌，选才能。此七者修，则四海之内无刑民矣。上之亲下也，如手足之于腹心矣；下之亲上也，如幼子之于慈母矣。上下相亲如此，故令则从，施则行，民怀其德，近者悦服，远者来附，政之致也。夫布指知寸，布手知尺，舒肘知寻[②]，斯不远之则也。周制，三百步为里，千步而井，三井而埒[③]，埒三而矩，五十里而都，封百里而有国，乃为福积资裘焉[④]，恤行者之有亡[⑤]。是以蛮夷诸夏[⑥]，虽衣冠不同，言语不合，莫不来宾[⑦]。故曰无市而民不乏，无刑而民不乱。田猎罩弋[⑧]，非以盈宫室也；征敛百姓，非以盈府库也。慘怛以补不足[⑨]，礼节以损有余[⑩]。多信而寡貌[⑪]，其礼可守，其言可復，其迹可履。如饥而食[⑫]，如渴而饮。民之信之，如寒暑之必验。故视远若迩，非道迩也，见明德也。是故兵革不动而威，用利不施而亲，万民怀其惠。此之谓明王之守，折冲千里之外者也。”

【注释】

①裂地：划分属地。封：君主把土地或爵位赐给臣子。

②寻：度量单位，两臂伸开为一寻。

③三井而埒(liè)：井，井田。王注：“此说里数，不可以言井，井自方里之。此名疑误。”埒，田间筑起的分界矮墙。旧注：“封道曰埒。《淮南子》曰：‘道有行埒。’又堤也。”

④福积资裘：指积累刍米、禾薪、衣服等生活资料。《大戴礼记·主言》作“畜积衣裘”，较胜。

⑤恤行者之有亡：同情帮助流浪外出的人。

⑥蛮夷：代指四方少数民族。蛮，古代对南方少数民族的泛称。夷，古代对东方少数民族的贬称。诸夏：周王室分封的诸国。指中原民族。

⑦来宾：前来归附朝拜。

⑧罩：捕鱼或鸟的竹器。弋：以绳系箭而射。王注：“罩，掩网。弋，缴射。”

⑨惈怛(dá)：忧愁，悲伤。这里是同情之意。

⑩礼节：以礼来节制。

⑪信：诚信。貌：文饰。

⑫如饥而食：原本脱，据《四部丛刊》本《家语》补。

【译文】

曾参又说：“这样的治国方法确实是最好的了，只是我不足以进一步深入理解它。”

孔子说：“你以为这些就够了吗？还有呢！古代圣明的君主治理百姓，按照法规，一定要把土地分封下去，分别属地来治理。这样，贤良的人不会被埋没，顽劣的暴民也无处隐藏。派主管官员经常视察定时考核，进用贤良的人，罢免贬斥才能品德差的官员，这样一来，贤良的人就会愉快，而才能品德差的官员就会害怕。怜悯无妻或丧妻的老年男子和无夫或丧夫的老年妇女，抚养幼年失父的孤儿和老年无子的人，同情穷苦贫困的人，诱导百姓孝敬父母尊重兄长，选拔有才能的人。一个国家做到这七个方面，那么四海之内就没有犯罪的人了。身居上位的人爱护百姓，如同手足保护腹心；那么百姓爱戴居上位者，也如同幼儿对待慈母。上下能如此相亲，上面的命令百姓就会听从，措施也得以推行，民众会感怀他的德政，附近的人会心悦诚服，远方的人会来归附，这真是政治所达到的最高境界。伸开手指可以知道寸的长短，伸开手掌可以知道尺的长短，展开肘臂可以知道寻有多长，这是近在身边的准则。周代的制度以三百步为一里，一千步见方为一井，三井合为一埒，三埒成为一矩，五十里的疆域可以建大城市，分封百里的土地可以建国都，这是为了积蓄生活所需的物品，让安居的人帮助居无定所的人。因此，偏远地方的少数民族与华夏民族，虽然服装不同，言语不通，没有不归服的。所以说，没有市场交易百姓也不缺乏生活用品，没有严刑峻法社会秩序也不会混乱。捕猎野兽鱼鳖不是为了充盈宫室，征敛赋税也不是为了充实国库。这样精心地准备是为了补救灾年的不足，用礼节来防范淫逸奢靡。多一些诚信少一些文饰，礼法就会得到遵守，国君的话百姓就会听信，国君的行为就会成为百姓的表率。国君和百姓的关系就像饿了要吃饭，渴了要喝水一样。百姓信任国君就像相信寒来暑往的规律一样。国君离百姓虽远，可觉得就像在身边一样，这不是距离近，而是四海之内都可看到圣明的德政。所以不动用武力就有威慑之力，不必赏赐财物臣民自然亲附，天下民众都感受到国君的恩惠。这就是所说的圣明国君守御国家的方法，也是能打败千里之外敌人的原因。”

曾子曰:“敢问何谓三至?”

孔子曰:“至礼不让而天下治,至赏不费而天下士悦,至乐无声而天下民和。明王笃行三至,故天下之君可得而知,天下之士可得而臣,天下之民可得而用。”

【译文】

曾参又问:“敢问什么是‘三至’呢?”

孔子回答说:“最高的礼节是不谦让而天下得到治理,最高的奖赏是不耗费财物而天下的士人都很高兴,最美妙的音乐是没有声音而使百姓和睦。圣明的国君努力做到这三种极致,就可以知道谁是能治理好天下的国君,天下的士人都可以成为他的臣子,天下的百姓都能为他所用。”

曾子曰:“敢问此义何谓?”

孔子曰:“古者明王必尽知天下良士之名,既知其名,又知其实,又知其数及其所在焉。然后因天下之爵以尊之,此之谓至礼不让而天下治。因天下之禄以富天下之士,此之谓至赏不费而天下之士悦。如此,则天下之明名誉兴焉,此之谓至乐无声而天下之民和。故曰:所谓天下之至仁者,能合天下之至亲也。所谓天下之至知者,能用天下之至和者也[①]。所谓天下之至明者,能举天下之至贤者也。此三者咸通,然后可以征。是故仁者莫大乎爱人,智者莫大乎知贤,贤政者莫大乎官能。有土之君修此三者,则四海之内供命而已矣。夫明王之所征,必道之所废者也,是故诛其君而改其政,吊其民而不夺其财。故明王之政,犹时雨之降,降至则民悦矣。是故行施弥博，得亲弥众，此之谓还师衽席之上[②]。”

【注释】

①所谓天下之至知者，能用天下之至和者也：此二句原无，据《大戴礼记·主言》补。

②衽席之上：王注：“言安，安而无忧也。”衽席，座席。

【译文】

曾参问：“敢问这是什么意思呢？”

孔子回答说：“古代圣明的国君必定知道天下所有贤良士人的名字，既知道他们的名字，又知道他们的实际才能，还知道他们的人数，以及他们所住的地方。然后把天下的爵位封给他们使他们得到尊崇，这就是最高的礼节不谦让而天下得到治理。用天下的禄位使天下的士人得到富贵，这就是最高的奖赏不耗费财物而天下的士人都会高兴。如此，天下的人就会重视名声和荣誉，这就是最美妙的音乐没有声音而使百姓和睦。所以说，天下最仁慈的人，能亲和天下至亲的人；天下最明智的人，能任用天下使百姓和睦的人；天下最英明的人，能任用天下最贤良的人。这三方面都做到了，然后可以向外征伐。因此，仁慈者莫过于爱护人民，有智者莫过于知道贤人，善于执政的君主莫过于选拔贤能的官吏。拥有疆土的国君能做到这三点，那么天下的人都可以与他同呼吸共命运了。圣明君主征伐的国家，必定是礼法废弛的国家，所以要惩治他们的国君来改变这个国家的政治，抚慰这个国家的百姓而不掠夺他们的财物。因此圣明君主的政治就像及时雨，降下百姓就欢愉。所以，他的教化施行的范围越广博，得到亲附的民众越多，这就是军队出征能得胜还朝的原因。”

# 大婚解第四

**【题解】**

这篇记载孔子和鲁哀公讨论婚礼的意义，其中涉及孔子的许多政治思想。文中先从人道谈起，孔子认为，人道中政治是第一位的。他说："人道政为大。夫政者，正也。君为正，则百姓从而正矣。君之所为，百姓之所从。君不为正，百姓何所从乎！"首先指出君王要正，要为百姓做出榜样。如何为政，要做到三点，这就是夫妇别，男女亲，君臣信。这里特别讲到婚姻的重要性。孔子说："昔三代明王必敬妻子也。"为什么呢？因为"天地不合，万物不生。大婚，万世之嗣也"，是关系到社稷后继有人的大事。然后提出"爱与敬"是"政之本"，而婚礼正是爱与敬的体现。还要做到"敬身"、"成亲"、"成身"。君主要做到敬重自身，就要做到"言不过辞，动不过则"，要做到成就亲人，就是要做一个能爱人的有道德的君子，孔子说："君子者也，人之成名也。百姓与名谓之君子，则是成其亲为君而为其子也。""成身"，就是做事要合乎天道，不能逾越事物的自然法则，从而使人道与天道合一。

孔子侍坐于哀公[①]，公曰："敢问人道孰为大[②]？"

孔子愀然作色而对曰[③]："君及此言也，百姓之惠也，固臣敢无辞而对。人道政为大。夫政者，正也。君为正，则百姓从而正矣。君之所为,百姓之所从。君不为正,百姓何所从乎!”

公曰:“敢问为政如之何?”

孔子对曰:“夫妇别,男女亲④,君臣信⑤。三者正,则庶物从之⑥。”

公曰:“寡人虽无能也,愿知所以行三者之道,可得闻乎?”

孔子对曰:“古之政,爱人为大;所以治爱人,礼为大;所以治礼,敬为大;敬之至矣,大婚为大。大婚至矣,冕而亲迎者,敬之也。是故君子兴敬为亲,舍敬则是遗亲也。弗亲弗敬,弗尊也。爱与敬,其政之本与?”

**【注释】**

①哀公:鲁定公之子,名将。

②人道:人类社会的道德规范。

③愀(qiǎo)然:忧惧貌。作色:变了脸色。

④男女亲:《礼记·哀公问》、《大戴礼·哀公问于孔子》作“父子亲”。

⑤君臣信:《礼记·哀公问》作“君臣严”。《大戴礼·哀公问于孔子》作“君臣义”。

⑥庶物:指一般的事情。

**【译文】**

孔子陪鲁哀公坐着说话,哀公问道:“请问治理民众的措施中,什么最重要?”

孔子的神色变得严肃起来,回答道:“您能谈到这个问题,真是百姓的幸运了,所以为臣敢不加推辞地回答这个问题。在治理民众的措施中，政事最重要。所谓政，就是正。国君做得正，那么百姓也就跟着做得正了。国君的所作所为，百姓是要跟着学的。国君做得不正，百姓跟他学什么呢？”

哀公问：“请问为政该怎么做呢？”

孔子回答说：“夫妇要有别，男女要相亲，君臣要讲信义。这三件事做好了，那么其他的事就可以做好了。”

哀公说：“我虽然没有才能，但还是希望知道实行这三件事的方法，可以说给我听听吗？”

孔子回答说：“古人治理政事，爱人最为重要；要做到爱人，施行礼仪最重要；要施行礼仪，恭敬最为重要；最恭敬的事，以天子诸侯的婚姻最为重要。结婚的时候，天子诸侯要穿上冕服亲自去迎接，是表示敬慕的感情。所以君子要用敬慕的感情和她相亲相爱，如果没有敬意，就是遗弃了相爱的感情。不亲不敬，双方就不能互相尊重。爱与敬，大概是治国的根本吧！”

公曰：“寡人愿有言也。然冕而亲迎，不已重乎？”

孔子愀然作色而对曰：“合二姓之好，以继先圣之后，以为天下宗庙社稷之主，君何谓已重乎？”

公曰：“寡人实固[①]，不固安得闻此言乎！寡人欲问，不能为辞，请少进。”

孔子曰：“天地不合，万物不生。大婚，万世之嗣也[②]，君何谓已重乎？”孔子遂言曰：“内以治宗庙之礼，足以配天地之神[③]；出以治直言之礼，足以立上下之敬。物耻则足以振之，国耻足以兴之。故为政先乎礼，礼其政之本与！”孔子遂言曰：“昔三代明王，必敬妻子也，盖有道焉。妻也者，亲之主也[④]。子也者，亲之后也。敢不敬与？是故君子无不敬。

敬也者，敬身为大。身也者，亲之枝也，敢不敬与？不敬其身，是伤其亲；伤其亲[5]，是伤其本也；伤其本，则枝从之而亡。三者，百姓之象也[6]。身以及身，子以及子，妃以及妃，君以修此三者，则大化忾乎天下矣[7]，昔太王之道也。如此，国家顺矣。”

【注释】

①固：鄙陋。这是哀公自谦之辞。

②万世之嗣：使朝代延续万代的子孙后代。嗣，后嗣、子孙。

③足以配天地之神：此指宗庙是仅次于天地的神，即能和天地之神相配。王注：“言宗庙，天地神之次。”

④亲之主也：指侍奉宗祧的主人。

⑤伤其亲：此三字原无，据《四部丛刊》本《家语》补。

⑥百姓之象：此指百姓会按照国君的做法去做。象，形貌，样子。王注：“言百姓之所法而行。”

⑦大化：良好的教化。忾(kài)：王注：“忾，满。”

【译文】

哀公说：“我还想问问您，天子诸侯穿冕服亲自去迎亲，不是太隆重了吗？”

孔子脸色更加严肃地回答说：“婚姻是两个不同姓氏的和好，以延续祖宗的后嗣，使之成为天地、宗庙、社稷祭祀的主人，您怎么能说太隆重了呢？”

哀公说：“我这个人很浅陋，不浅陋怎能听到您这番话呢？我想问，又找不到合适的言辞，请慢慢给我讲一讲吧。”

孔子说：“天地阴阳不交合，万物就不会生长。天子诸侯的婚姻，是诞生使社稷延续万代的后嗣的大事，怎么能说太隆重了呢？”孔子接着又说："夫妇对内主持宗庙祭祀的礼仪，足以与天地之神相配；对外掌管发布政教号令，能够确立君臣上下之间的恭敬之礼。事情不合礼足以改变，国家有丧乱足以振兴。所以治理政事先要有礼，礼不就是执政的根本吗？"孔子继续说："从前夏商周三代圣明的君主治理政事，必定敬重他们的妻子，这是有道理的。妻子是祭祀宗祧的主体，儿子是传宗接代的人，能不敬重吗？所以君子对妻儿没有不敬重的。敬这件事，敬重自身最为重要。自身，是亲人的后代，能够不敬重吗？不敬重自身，就是伤害了亲人；伤害了亲人，就是伤害了根本；伤害了根本，支属就要随之灭绝。自身、妻子、儿女这三者，百姓也像国君一样都是有的。由自身想到百姓之身，由自己的儿子想到百姓的儿子，由自己的妻子想到百姓的妻子，国君能做到这三方面的敬重，那么教化就通行天下了，这是从前太王实行的治国方法。能够这样，国家就顺畅了。"

公曰："敢问何谓敬身？"

孔子对曰："君子过言则民作辞[①]，过行则民作则。言不过辞，动不过则，百姓恭敬以从命。若是则可谓能敬其身，敬其身则能成其亲矣。"

公曰："何谓成其亲？"

孔子对曰："君子者，乃人之成名也。百姓与名谓之君子，则是成其亲为君而为其子也。"孔子遂言曰："爱政而不能爱人，则不能成其身；不能成其身，则不能安其土；不能安其土，则不能乐天；不能乐天，则不能成其身。"

公曰："敢问何能成其身？"

孔子对曰："夫其行己不过乎物，谓之成身。不过乎，合天道也。"

公曰："君子何贵乎天道也？"

孔子曰："贵其不已也。如日月东西相从而不已也，是天道也；不闭而能久，是天道也；无为而物成，是天道也；已成而明之，是天道也。"

【注释】

①过言：言辞错误。

【译文】

哀公问："请问什么是敬重自身？"

孔子回答说："国君说错了话民众就跟着说错话，做错了事民众就跟着效法。君主不说错话，不做错事，百姓就会恭恭敬敬地服从国君的号令了。如果能做到这点，就可以说能敬重自身了，这样就能成就其亲人了。"

哀公问："什么是成就其亲人？"

孔子回答道："所谓君子，就是有名望的人。百姓送给他的名称叫作君子，就是称他的亲人为有名望的人，而他是有名望人的儿子。"孔子接着说："只注重政治而不能爱护民众，就不能成就自身；不能成就自身，就不能使自己的国家安定；不能使自己的国家安定，就不能无忧无虑；不能无忧无虑，就不能成就自身。"

哀公问："请问怎么做才能成就自身？"

孔子回答说："自己做任何事都合乎常理不越过界限，就可以说成就自身了。不逾越常理，就是合乎天道。"

哀公问："请问君子为何尊重天道呢？"

孔子回答说："尊重它是因为它不停顿地运行，就像太阳月亮每天东升西落一样，这就是天道；运行无阻而能长久，这也是天道；不见有所作为而万物发育成长，这也是天道；成就了自己而功业也得到显扬，这也是天道。"

公曰："寡人且愚冥，幸烦子之于心。"

孔子蹴然避席而对曰[①]："仁人不过乎物，孝子不过乎亲。是故仁人之事亲也如事天，事天如事亲，此谓孝子成身。"

公曰："寡人既闻如此言，无如后罪何[②]？"

孔子对曰："君之及此言，是臣之福也。"

**【注释】**

①蹴然避席：恭敬地离开坐席。蹴然，恭敬不安的样子。

②无如后罪何：将来出了过错怎么办呢？

**【译文】**

哀公说："我实在愚昧，幸亏您耐心地给我讲这些道理。"

孔子恭敬地离开坐席回答说："仁人不能逾越事物的自然法则，孝子不能超越亲情的规范。因此仁人侍奉父母，就如同侍奉天一样；侍奉天，就如同侍奉父母一样，这就是所说的孝子成就自身。"

哀公说："我既然听到了这些道理，将来还会有过错怎么办呢？"

孔子说："您能说出这样的话，这是臣下的福分啊！"

# 儒行解第五

**【题解】**

这篇记述了孔子和鲁哀公的一段对话。文中生动叙述了儒者应该具有的道德行为。文中称儒者待聘、待问、待举、待取,但人格是自立的,容貌是礼让的,是有待、有为、有准备的。儒者不宝金玉,不祈土地,不求多积,但讲求仁义、忠信。儒者不贪、不淫、不惧、不慑、不亏义、不更守,是刚毅的,是特立的。儒者处贫贱之中,屋小门敝,无衣无食,但不疑不谄。儒者博学不穷,笃行不倦,处必以礼,行必以法。儒者举贤不求回报,利国不求富贵。儒者戴仁而行,抱德而处,虽有暴政,也不逃避,精神是自立的。儒者稽古察今,今世人望,后世楷模,身危而志不夺,忧国忧民,有忧患意识。儒者有各种美德,但能"慕贤而容众,毁方而瓦合",有宽容精神。儒者可以"上不臣天子,下不事诸侯",高尚其志。儒者还有交游之道,讲究尊让。特别提出"温良"为"仁之本","慎敬"为"仁之地","宽裕"为"仁之作","逊接"为"仁之能","礼节"为"仁之貌","言谈"为"仁之文","歌乐"为"仁之和","分散"为"仁之施"的理论。这样一个结构性思维,有利于仁的体系化。这些理论,对今天知识分子的道德修养也有借鉴意义。

孔子在卫[①],冉求言于季孙曰[②]:"国有圣人而不能用,欲以求治，是犹却步而欲求及前人，不可得已。今孔子在卫，卫将用之。己有才而以资邻国，难以言智也，请以重币求之[3]。”季孙以告哀公，公从之。

孔子既至，舍哀公馆焉[4]。公自阼阶[5]，孔子宾阶[6]，升堂立侍。

公曰：“夫子之服，其儒服与？”

孔子对曰：“丘少居鲁，衣逢掖之衣[7]。长居宋，冠章甫之冠[8]。丘闻之，君子之学也博，其服以乡，丘未知其为儒服也。”

**【注释】**

①卫：春秋时国名。周武王弟康叔封地。治所在今河北南部、河南北部一带。

②冉求：即冉有，字子有。春秋时鲁国人，孔子弟子。为季孙氏家臣。季孙：季孙为姓，名肥。鲁桓公弟季有的后代，鲁哀公正卿。

③重币：丰厚的礼物。指贵重的玉、帛、马匹等物品。

④舍：住宿。馆：客舍、宾馆。

⑤阼(zuò)阶：东阶。古代以阼为主人之位。

⑥宾阶：西阶。古时宾主相见，宾自西阶上。

⑦逢掖之衣：宽袖之衣，古代儒者所服。王注：“深衣之褒大也。”

⑧章甫之冠：缁布冠。古代举行冠礼时戴缁布冠。

**【译文】**

孔子在卫国，冉求对季孙氏说：“国家有圣人却不能用，这样想治理好国家，就像倒着走而又想赶上前面的人一样，是不可能的。现在孔子在卫国，卫国将要任用他。我们自己有人才却去帮助邻国，难以说是明智之举，请您用丰厚的聘礼把他请回来吧。”季孙氏把冉求的建议禀告了鲁哀公，鲁哀公听从了这一建议。

孔子回到鲁国，住在鲁哀公招待客人的馆舍里。哀公从大堂东面的台阶走上来迎接孔子，孔子从大堂西面的台阶上来晋见哀公，然后到大堂里，孔子站着陪哀公说话。

鲁哀公问孔子说："先生穿的衣服，是儒者的服装吗？"

孔子回答说："我小时候住在鲁国，穿的是宽袖的衣服；长大后住在宋国，戴的是缁布做的礼冠。我听说，君子学问要广博，穿衣服要随其乡俗。我不知道这是不是儒者的服装。"

公曰："敢问儒行？"

孔子曰："略言之，则不能终其物；悉数之，则留更仆未可以对[①]。"

哀公命席，孔子侍坐，曰："儒有席上之珍以待聘，夙夜强学以待问，怀忠信以待举，力行以待取。其自立有如此者。

"儒有衣冠中，动作顺，其大让如慢，小让如伪。大则如威，小则如愧。难进而易退，粥粥若无能也[②]。其容貌有如此者。

"儒有居处齐难[③]，其起坐恭敬，言必诚信，行必忠正。道涂不争险易之利，冬夏不争阴阳之和。爱其死以有待也，养其身以有为也。其备预有如此者。

"儒有不宝金玉而忠信以为宝，不祈土地而仁义以为土地，不求多积而多文以为富。难得而易禄也[④]，易禄而难畜也[⑤]。非时不见，不亦难得乎？非义不合，不亦难畜乎？先劳而后禄，不亦易禄乎？其近人情有如此者。

“儒有委之以财货而不贪，淹之以乐好而不淫[6]，劫之以众而不惧，阻之以兵而不慑。见利不亏其义，见死不更其守。往者不悔，来者不豫，过言不再，流言不极[7]。不断其威，不习其谋。其特立有如此者。

“儒有可亲而不可劫，可近而不可迫，可杀而不可辱。其居处不过，其饮食不溽[8]，其过失可微辩而不可面数也。其刚毅有如此者。

“儒有忠信以为甲胄，礼义以为干橹[9]，戴仁而行，抱德而处，虽有暴政，不更其所。其自立有如此者。

“儒有一亩之宫[10]，环堵之室[11]，荜门圭窬[12]，蓬户瓮牖[13]。易衣而出，并日而食[14]。上答之，不敢以疑；上不答之，不敢以谄。其仕有如此者。

“儒有今人以居，古人以稽[15]；今世行之，后世以为楷。若不逢世，上所不受，下所不推，谗谄之民有比党而危之，身可危也，其志不可夺也；虽危犹起居，竟身其志，乃不忘百姓之病也。其忧思有如此者。

“儒有博学而不穷，笃行而不倦，幽居而不淫[16]，上通而不困。礼必以和，优游以法[17]，慕贤而容众，毁方而瓦合[18]。其宽裕有如此者。

“儒有内称不避亲，外举不避怨。程功积事[19]，不求厚禄。推贤达能，不望其报。君得其志，民赖其德。苟利国家，不求富贵。其举贤援能有如此者。

“儒有澡身浴德[20]，陈言而伏。静言而正之，而上下不知也。默而翘之[21]，又不急为也。不临深而为高，不加少而为多。世治不轻[22]，世乱不沮[23]。同己不与，异己不非。其特立独行有如此者。

"儒有上不臣天子，下不事诸侯，慎静尚宽，砥厉廉隅[24]。强毅以与人[25]，博学以知服[26]。虽以分国，视之如锱铢[27]，弗肯臣仕。其规为有如此者。

"儒有合志同方，营道同术，并立则乐，相下不厌。久别则闻流言不信，义同而进，不同而退。其交有如此者。

"夫温良者，仁之本也；慎敬者，仁之地也；宽裕者，仁之作也；逊接者，仁之能也；礼节者，仁之貌也；言谈者，仁之文也；歌乐者，仁之和也；分散者，仁之施也。儒皆兼此而有之，犹且不敢言仁也。其尊让有如此者。

"儒有不陨获于贫贱[28]，不充诎于富贵[29]，不溷君王[30]，不累长上，不闵有司，故曰儒。今人之名儒也妄，常以儒相诟疾。"

哀公既得闻此言也，言加信，行加敬，曰："终没吾世[31]，弗敢复以儒为戏矣！"

（又见于《礼记·儒行》）

**【注释】**

①留更仆：让太仆久留。王注："留，久也。仆，太仆。君燕朝，则正位掌傧相更衣之，为久将倦，使之相代者也。"

②粥粥（yù）：谦卑的样子。

③齐难：庄重严肃。王注："齐庄可畏难也。"

④难得：指人才难得。易禄：给俸禄很容易。指给很少就可以了。

⑤难畜：难以留住。畜，容留。

⑥淹：沉迷。淫：过度。

⑦流言不极：对流言不追根问底。极，极点，极限。王注："流言相毁，不穷极也。"

⑧溽(rù)：味道浓厚。

⑨干橹：盾。小盾为干，大盾为橹。王注："干，楯也。橹，大戟。"

⑩宫：房屋。古时无论贵贱，住房都可称作宫。

⑪环堵之室：王注："方丈曰堵，一堵言其小者也。"

⑫荜门圭窬(yú)：极言房屋的简陋。圭窬，门边小洞。王注："荜门，荆竹织门也。圭窬，穿墙为之如圭也。"

⑬蓬户瓮牖：用蓬草编门，以破瓮做窗户。

⑭并日而食：一天就吃一顿饭。王注："并一日之粮以为一食也。"

⑮稽：王注："稽，同。"

⑯幽居：独处。淫：放纵。

⑰优游：平和自在。

⑱毁方而瓦合：指在非原则问题上委屈自己而顺从大众。《礼记·儒行》注："方，谓物之方正，有圭角锋芒也。瓦合，谓瓦器破而相合也。言儒者身虽方正，毁屈己之方正下同凡众，如破去圭角与瓦器相合也。"王注："去己之大圭角，下与众人小合。"

⑲程功积事：度量功绩，积累事实。王注："程，犹效也。言功效而已，不求厚禄也。"

⑳澡身浴德：沐浴身心于道德之中。王注："常自洁净其身，沐浴于德行也。"

㉑默而翘之：默默地翘首等待。

㉒不轻：不自轻。

㉓不沮：不沮丧。

㉔砥厉廉隅：磨炼品德。砥厉，同"砥砺"，磨炼。廉隅，本指棱角，此指品行端方。

㉕强毅：刚强坚毅。

㉖服：旧注："服，力行也。"

㉗锱铢：古代重量单位，六铢为一锱，四锱为一两。王注："视之轻如锱铢，八两为锱。"比喻微小的东西。

㉘陨获：丧失志气。王注："陨获，忧闷不安之貌。"

㉙充诎（qū）：自满而失去节制。王注："充诎，踊跃参扰之貌。"

㉚不溷（hùn）君王，不累长上，不闵有司，故曰儒：王注："溷，辱。闵，疾。言不为君长所辱病。儒者，中和之名。"一说："累，罣碍也。闵，伤也。言不受于君长有司也。"

㉛终没吾世：终我一生。没，死。

**【译文】**

鲁哀公问："请问儒者的行为是什么样的呢？"

孔子回答说："粗略地讲讲，不能把儒者的行为讲完；如果详细地讲，讲到侍御的人换班也难以讲完。"

鲁哀公让人设席，孔子陪坐在旁边，说："儒者如同席上的珍品等待别人来采用，昼夜不停地学习等待别人来请教，心怀忠信等待别人举荐，努力做事等待别人录用。儒者自修立身就是这样的。

"儒者的衣冠周正，行动从容和顺，对大事推让好像很傲慢，对小事推让好像很虚伪。做大事时神态慎重像心怀畏惧，做小事时小心谨慎像不敢去做。难于进取而易于退让，柔弱谦恭像是很无能的样子。儒者的容貌就是这样的。

"儒者的起居庄重严慎，坐立行走恭敬，讲话一定诚信，行为必定中正。在路途不与人争好走的路，冬夏之季不与人争冬暖夏凉的地方。不轻易赴死以等待值得牺牲生命的事情，保养身体以期待有所作为。儒者预先准备就是这样的。

"儒者宝贵的不是金玉而是忠信，不谋求占有土地而把仁义当作土地，不求积蓄很多财富而把学问广博作为财富。儒者难以得到却容易供养，容易供养却难以留住。不到适当的时候不会出现，不是很难得吗？不正义的事情就不合作，不是很难留住他们吗？先效力而后才要俸禄，不是很容易供养吗？儒者近乎人情就是这样的。

“儒者对于别人委托的财货不会有贪心，身处玩乐之境而不会沉迷，众人威逼也不惧怕，用武力威胁也不会恐惧。见利不会忘义，见死不改操守。对过往的事情不追悔，对未来的事情不疑虑，错话不说两次，流言不去追究。时常保持威严，不学习什么权谋。儒者的特立独行就是这样的。

“儒者可以亲近而不可以胁迫，可以接近而不可以威逼，可以杀头而不可侮辱。他们的居处不奢侈，他们的饮食不丰厚，他们的过失可以委婉地指出不可以当面数落。儒者的刚强坚毅就是这样的。

“儒者以忠信作为铠甲，以礼仪作为盾牌，心中想着仁去行动，怀抱着德来居处，即使遇到暴政，也不改变操守。儒者的自立就是这样的。

“儒者有一亩地大小的宅院，居住着一丈见方的房间，荆竹编的院门狭小如洞，用蓬草编做房门，用破瓮作为窗框。外出时才换件遮体的衣服，一天的饭并为一顿吃。君上采纳他的建议，不敢产生怀疑；君上不采纳他的建议，也不敢谄媚求进。儒者做官的原则就是这样的。

“儒者与今人一起居住，而以古人的道德标准要求自己；儒者今世的行为，可以作为后世的楷模。如果生不逢时，上面没人援引，下面没人推荐，进谗谄媚的人又合伙来陷害他，只可危害他的身体，而不可剥夺他的志向；虽然能危害他的生活起居，最终他还要伸展自己的志向，仍将不忘百姓的痛苦。儒者的忧思就是这样的。

“儒者广博地学习而无休止，专意实行而不倦怠，独处时不放纵自己，通达于上时不离道义。遵循以和为贵的原则，悠然自得而有节制，仰慕贤人而容纳众人，有时可消减自己的棱角而依随众人。儒者的宽容大度就是这样的。

“儒者举荐人才，对内不避亲属，对外不避有仇怨的人。度量功绩，积累事实，不谋求更高的禄位。推荐贤能而进达于上，不祈望他们的报答。国君满足了用贤的愿望，百姓依仗他的仁德。只要有利于国家，不贪图个人的富贵。儒者的举贤荐能就是这样的。

“儒者沐身心于道德之中，陈述自己的意见而伏听君命。平静地纠正国君的过失，君上和臣下都难以觉察。默默地等待，不急于去做。不在地位低下的人面前显示自己高明，不把少的功劳夸大为多。国家大治的时候，群贤并处而不自轻；国家混乱的时候，坚守正道而不沮丧。不和志向相同的人结党，也不诋毁和自己政见不同的人。儒者的特立独行就是这样的。

“儒者中有这样一类人，对上不做天子的臣下，对下不事奉诸侯。谨慎安静而崇尚宽厚，磨练自己端方正直的品格。待人接物刚强坚毅，广博地学习而又知所当行。即使把国家分给他，他也看做锱铢小事，不肯做别人的臣下和官吏。儒者规范自己的行为就是这样的。

“儒者交朋友，要志趣相合，方向一致，营求道艺，路数相同。地位相等都高兴，地位互有上下彼此也不厌弃。久不相见，听到对方的流言飞语绝不相信，志向相同就进一步交往，志向不同就退避疏远。儒者交朋友的态度就是这样的。

“温和善良，是仁的根本；恭敬谨慎，是仁的基础；宽宏大量，是仁的开始；谦逊待人，是仁的功能；礼节，是仁的外表；言谈，是仁的文采；歌舞音乐，是仁的和谐；分散财物，是仁的施与。儒者兼有这几种美德，还不敢说已经做到仁了。儒者的恭敬谦让就是这样的。

“儒者不因贫贱而灰心丧气，不因富贵而得意忘形。不沾辱君王，不拖累长上，不给有关官吏带来困扰，因此叫做儒。现今人们对儒这个名称的理解是虚妄不实的，经常把人称作儒来相互讥讽。”

鲁哀公听到这些话后，自己说话更加守信，行为更加严肃，说：“直到我死，再不敢拿儒者开玩笑了。”

# 问礼第六

**【题解】**

这篇虽只有两问，但都是讲礼的重要意义的。答哀公问，说明礼在事天地之神、辨尊卑之位、别亲疏、与万民同利等方面的作用，同时批评现实好利无厌、淫行荒怠、禁锢人民、虐杀刑诛等非礼治现象。答言偃问，讲述了礼的起源。孔子亲身到杞国和宋国去考察礼，通过观察和阅读古代典籍，他认为"夫礼，初也始于饮食"。接着又从人类生活的进步讲到礼制的完备。这说明孔子既重视历史的经验探寻，又重视现实的考察，得出了符合历史实际的结论。

哀公问于孔子曰："大礼何如[①]？子之言礼，何其尊也？"

孔子对曰："丘也鄙人，不足以知大礼也。"

公曰："吾子言焉！"

孔子曰："丘闻之，民之所以生者，礼为大。非礼则无以节事天地之神焉，非礼则无以辨君臣上下长幼之位焉，非礼则无以别男女父子兄弟婚姻亲族疏数之交焉。是故君子此为之尊敬，然后以其所能教顺百姓所能[②]，不废其会节[③]。既有成事，而后治其文章黼黻[④]，以别尊卑上下之等。其顺之也，而后言其丧祭之纪[5]，宗庙之序[6]，品其牺牲[7]，设其豕腊[8]，修其岁时，以敬祭祀。别其亲疏，序其昭穆[9]，而后宗族会宴，即安其居，以缀恩义[10]。卑其宫室，节其服御[11]，车不雕玑[12]，器不雕镂[13]，食不二味，心不淫志，以与民同利。古之明王行礼也如此。"

公曰："今之君子胡莫之行也[14]？"

孔子对曰："今之君子，好利无厌，淫行不倦，荒怠慢游，固民是尽[15]。以遂其心，以怨其政，以忤其众，以伐有道。求得当欲，不以其所；虐杀刑诛，不以其治。夫昔之用民者由前，今之用民者由后，是即今之君子莫能为礼也。"

（又见于《礼记·哀公问》、《大戴礼·哀公问孔子》）

**【注释】**

①大礼：隆重的礼仪。

②教顺：教化引导。

③会节：王注："会谓男女之会。节谓亲疏之节。"又旧注："会指理之所聚而不可遗处，节谓分之所限而不可过处。"意指最重要的礼和最高的界限。译文采用后说。

④文章：车服旌旗等。黼黻（fǔ fú）：古代礼服上所绣的花纹。这里代指礼服。

⑤丧祭：葬后的祭礼。纪：法度规矩。

⑥宗庙之序：宗庙祭祀的礼节。序，次序。这里引申为礼节。

⑦牺牲：供祭祀用的牲畜。

⑧豕腊（shǐ xī）：祭祀用的腌制干肉。豕，猪。腊，干肉。

⑨昭穆：古代宗法制度，宗庙或墓地的辈次排列，以始祖居中，二世、四世、六世位于始祖左方，称昭；三世、五世、七世位于右方，

称穆，用来分别宗族内部的长幼、亲疏和远近。

⑩缀：连结。

⑪节其服御：节省日常用度。服御，衣服车马之类。

⑫雕玑：刻画漆饰成凹凸花纹。

⑬雕镂：雕刻，刻镂。

⑭胡：何，为什么。莫：没有人。

⑮固：坚持，一定。

**【译文】**

鲁哀公向孔子请教说："隆重的礼仪是什么样的？您为什么把礼说得那么重要呢？"

孔子回答道："我是个鄙陋的人，不足以了解隆重的礼节。"

鲁哀公说："您还是说说吧！"

孔子回答道："我听说，在民众的生活中，礼仪是最重要的。没有礼就不能有节制地侍奉天地神灵，没有礼就无法区别君臣、上下、长幼的地位，没有礼就不能分别男女、父子、兄弟的亲情关系以及婚姻亲族交往的亲疏远近。因此君子尊敬重视礼，然后用他所了解的礼尽可能地教化引导百姓，使他们懂得礼的重要和礼的界限。等到礼的教化卓有成效之后，才用文饰器物和礼服来区别尊卑上下。百姓顺应礼的教化后，才谈得上丧葬祭祀的规则、宗庙祭祀的礼节，安排好祭祀用的牺牲，布置好祭神祭祖用的干肉，每年按时举行严肃的祭礼，以表达对神灵、先祖的崇敬之心。区别血缘关系的亲疏，排定昭穆的次序，祭祀以后，亲属在一起饮宴，依序坐在应坐的位置上，以连结彼此的亲情。住低矮简陋的居室，穿俭朴无华的衣服，车辆不加雕饰，器具不刻镂花纹，饮食不讲究滋味，内心没有过分的欲望，和百姓同享利益。古代贤明君王就是这样依礼行事的。"

鲁哀公问："现在的君王为什么没有人这样做了呢？"

孔子回答说："现在的君王贪婪爱财没有满足的时候，放纵自己的行为不感到厌倦，放荡懒散而又态度傲慢，一定要搜刮尽人民的资财。以满足自己的欲望，以招致百姓的怨恨，违背众人的意志，去侵犯政治清明的国家。只求个人欲望得到满足，而不择手段；残暴地对待人民，肆意刑杀，不用正确的方式使国家得到治理。以前的君王统治民众是用前面说的办法，现在的君王统治民众是用后面说的办法。这说明现在的君王不能修明礼教。"

言偃问曰[①]："夫子之极言礼也，可得而闻乎？"

孔子言："我欲观夏道[②]，是故之杞[③]，而不足征也[④]，吾得《夏时》焉[⑤]。我欲观殷道[⑥]，是故之宋[⑦]，而不足征也，吾得《坤乾》焉[⑧]。《坤乾》之义，《夏时》之等[⑨]，吾以此观之，夫礼，初也始于饮食。太古之时，燔黍擘豚[⑩]，汙罇抔饮[⑪]，蒉桴土鼓[⑫]，犹可以致敬鬼神。及其死也，升屋而号告曰："高！某复[⑬]！"然后饮腥苴熟[⑭]，形体则降，魂气则上，是谓天望而地藏也。故生者南向，死者北首[⑮]，皆从其初也。

"昔之王者，未有宫室，冬则居营窟[⑯]，夏则居橧巢[⑰]。未有火化，食草木之实，鸟兽之肉，饮其血，茹其毛[⑱]。未有丝麻，衣其羽皮。后圣有作，然后修火之利，冶金合土[⑲]，以为宫室户牖。以炮以燔[⑳]，以烹以炙[㉑]，以为醴酪[㉒]。治其丝麻，以为布帛，以养生送死，以事鬼神。

"故玄酒在室[㉓]，醴醆在户[㉔]，粢醍在堂[㉕]，澄酒在下[㉖]。陈其牺牲，备其鼎俎[㉗]，列其琴、瑟、管、磬、钟、鼓，以降上神，与其先祖。以正君臣，以笃父子，以睦兄弟，以齐上下，夫妇有所，是谓承天之佑。

"作其祝号[㉘]，玄酒以祭，荐其血毛[㉙]，腥其俎，熟其殽[㉚]。

越席以坐[31]，疏布以幕[32]，衣其浣帛[33]，醴醆以献，荐其燔炙。君与夫人交献，以嘉魂魄[34]。然后退而合亨，体其犬豕牛羊，实其簠簋笾豆铏羹[35]，祝以孝告[36]，嘏以慈告[37]，是为大祥[38]。此礼之大成也。”

（又见于《礼记·礼运》）

**【注释】**

①言偃：字子游，孔子弟子，在孔门以文学见长。

②观夏道：研究夏朝的礼仪风俗。夏，夏朝，相传禹所建立。

③杞：周代诸侯国名。相传开国君主是夏禹后裔东楼公。王注："夏后封于杞也。"

④征：验证。

⑤《夏时》：夏朝历法书。

⑥殷道：殷朝的礼制习俗。

⑦之宋：到宋国去。宋国的开国君主是商纣的庶兄微子启，建都商丘（今河南商丘）。王注："殷后封宋。"

⑧《坤乾》：此指天地阴阳之书，即古《易》书。王注："乾天，坤地，得天地阴阳之书也。"又旧注："得天地阴阳之书，即《易》也。商《易》曰《归藏》，《归藏》，首坤次乾故也。"

⑨等：例。

⑩燔（fán）黍：烧烤黍子。擘（bò）：用手掰开。豚：小猪。王注："古未有釜甑，释米掰肉加于烧石之上而食之。"

⑪汙（wā）樽抔饮：凿地以代酒器，用手掬酒而饮。汙，低陷，同"洼"。抔（póu），用手捧。王注："凿地为罇，以手饮之。"

⑫蒉桴（kuài fū）：祭祀所用以土块捏成的鼓槌。土鼓：古乐器，用瓦作框，以皮革蒙两面，敲打和乐。"蒉桴土鼓"四字原脱，据《四

部丛刊》本《家语》补。

⑬高:通“皋”,大声呼喊的声音。某复:某某你回来。

⑭饮腥苴熟:王注:“始死,含以珠具;将葬,苞苴以遣,奠而送之。”古代葬俗,人刚死时,口中含些珠贝币等物,下葬时,包一些熟食放在身边。苞苴,裹鱼肉的草包。

⑮死者北首:古人认为南属阳北属阴,故死者下葬头要朝北。

⑯营窟:土室。

⑰橧巢:远古人类构木似巢的居处。王注:“掘地而居谓之营窟,有柴谓橧,在树曰巢。”

⑱饮其血,茹其毛:连毛带血地生食鸟兽。茹,吃。旧注:“毛未尽而食曰茹。”

⑲冶金合土:用模子浇铸金属器皿,调和泥土烧制砖瓦器具。王注:“冶金为器,用刑范也。合和以作瓦物。”

⑳炮(páo):把肉等食物包上泥放在火上煨熟。燔(fán):烤肉。王注:“毛曰炮,加火曰燔也。”

㉑以烹以炙:王注:“煮之曰烹,炮之曰炙。”

㉒醴:甜酒。酪:乳浆或果实做的浆。王注:“醴,醴酒。酪,浆酢。”

㉓玄酒:上古祭祀用的水。后引申为薄酒。王注:“玄酒,水也。言尚古在略近。”

㉔醴醆(zhǎn):白酒。王注:“醴,盎齐也。五齐,二曰醴齐,三曰盎齐。”五齐,古代指五种等级的酒,一曰泛齐,二曰醴齐,三曰盎齐,四曰醍齐,五曰沈齐。都是薄酒。

㉕粢醍(zī tī):用谷类做得浅红色的清酒。

㉖澄酒:一种淡酒。王注:“澄,清。漏其酒也。”

㉗鼎:烹调用的锅。俎:割牲肉用的砧板。

㉘祝号:指六祝六号。六祝是祭神的六种祈祷辞,一顺祝,二年祝,三吉祝,四化祝,五瑞祝,六荚祝。六号是古代对三种神祇和三

种祭品各有的美称。王注:“牺牲玉帛祝辞皆异为之号也。”

㉙荐:进献。

㉚殽:煮熟的肉食。

㉛越席:蒲草编的席。

㉜疏布:粗布。幂:覆盖。王注:“羃,覆酒巾也,质故用疏。”

㉝浣帛:经过煮练染色的丝织品,多用作祭服。王注:“练染以为祭服。”

㉞以嘉魂魄:使神灵感到欢愉。嘉,娱乐。王注:“嘉,善乐也。”

㉟实以簠簋(fǔ guǐ)笾豆铏羹:指把礼器盛满。簠簋,瓦器,用来盛黍稷。笾为竹器,豆为木器,用以盛果品。铏羹,羹和五味盛入铏中叫铏羹。铏为盛羹之器。

㊱祝:祭祀时的执事人。王注:“祝,通孝子语于先祖。”

㊲嘏(gǔ):祝为受祭者向主人致福叫嘏。王注:“嘏,传先祖语于孝子。”

㊳祥:善。

**【译文】**

子游问道:“老师您这样极力推崇礼,可以讲给我听听吗?”

孔子说:“我曾想看看夏朝的礼制,因此到杞国去,但因为年代久远,无法得到验证了,我得到了他们的历书《夏时》。我又想去看看殷朝的礼制,所以到宋国去,也同样无法得到验证,我得到他们的天地之书《坤乾》。我从《坤乾》的内容和《夏时》的规则中,可以看出,最初的礼,肇始于饮食。远古时代,人们用火把黍米烤熟,将猪肉撕开烧熟,在地上凿出一个坑当作酒樽,用手当酒杯来捧着饮酒,用土做的鼓槌敲打用瓦框制的鼓当作舞乐,这就可以敬祀鬼神。到他们死后,活着的人们就登上屋顶大声召唤:“哎——某某你回来呀!”然后就举行饭含之礼并在下葬时给死者包裹一些熟食,以防他挨饿,尸体埋在地下,灵魂升到天上,这就是所谓的天望和地葬。南方属阳,所以活着的人以南为尊;北方属阴，所以死人下葬头要朝北。这都是从很早的时代传下来的规矩。

“早先君王没有宫殿房屋，冬天居住在用土垒成的土窟里，夏天就居住在用草木筑成的巢里。当时不知道用火使食物变熟，吃草木的果实和禽兽的肉，喝动物的血，连肉带毛一起吃。当时没有麻布和丝织品，人们就穿羽毛和兽皮。后世有圣人出现，然后利用火烧煮食物，用模子浇铸制作金属器皿，调和泥土烧制砖瓦器具，用来建造宫室门窗。用火来煨烤煮炙食物，酿制出甜酒和果浆。治理丝、麻，把它织成丝绸麻布，供人们穿用和料理丧事，也用来祭祀鬼神。

“祭祀时，把玄酒放在屋内，薄酒放在门里，浅红色的酒放在行礼的堂上，澄清的酒放在堂下。摆列出牲畜祭品，准备好鼎俎，安放好琴、瑟、管、磬、钟、鼓，用来迎接上天神灵和先祖灵魂。举行祭祀活动，使君臣间的尊卑位置得到确立，使父子的慈孝之情笃诚专一，使兄弟友爱亲睦，使上下尊卑同心一致，夫妇各自有自己应处的地位，这就是承受了上天的福佑。

“主祭的人吟诵祝辞，用玄酒来祭神，进献牲血和牲毛，进献生肉放置在砧板上，把鱼肉煮熟献上。祭祀的人坐在蒲草结的席上，端着用粗布覆盖的酒樽，穿着新织的丝绸祭服，献上甜酒和白酒，进献烤肉。主人和主妇相互交替进献，以使祖先的灵魂欢悦。祭祀以后退下，把半生不熟的牺牲合在一起烹煮，再区分猪狗牛羊的牲体，盛入簠簋笾豆铏等祭器之中，执事人读祝辞把主人孝顺的心情告诉先祖，代表受祭人的尸读嘏辞把先祖的慈爱转达给孝子，这就叫大祥。这样，祭礼就全部完成了。”

# 五仪解第七

**【题解】**

本篇是孔子和鲁哀公的对话。第一段主要讲五仪。鲁哀公想了解鲁国的人才,以便任用。孔子告诉他人有五个等次,这五个等次是:庸人、士人、君子、贤人、圣人。他们各有特点,境界也由低向高。最后鲁哀公自称"寡人生于深宫之内,长于妇人之手,未尝知哀,未尝知忧,未尝知劳,未尝知惧,未尝知危,恐不足以行五仪之教"。孔子告诉他如何思哀、思忧、思劳、思惧,很有借鉴意义。此篇最后还讲出了"夫君者,舟也;庶人者,水也。水所以载舟,亦所以覆舟"这千古流传的名言。第二段鲁哀公问取人之法。孔子回答:取人不取贪、乱、诞者,"士必悫而后求智能者焉。不悫而多能,譬之豺狼不可迩"。要取诚实而又有智能的人。品德不好而能力很强,就好像豺狼一样不可接近。第三段鲁哀公问攻守之道。孔子认为如能做到亲民惠民,则进可攻退可守。第四段孔子向鲁哀公讲国君应该恶恶扬善,从而使百姓亲上的道理。第五段孔子提出一个重要论断:"存亡祸福,皆己而已。"反对天命说。并举历史事实,告诉哀公"侧身修行,思先王之政,明养民之道",可以使"灾妖不胜善政"。最后一段是回答寿命问题,孔子肯定了仁者、智者长寿,是因为他们"将身有节,动静以义,喜怒以时,无害其性"。指出疾杀、刑杀、兵杀都是自取的。

哀公问于孔子曰："寡人欲论鲁国之士，与之为治，敢问如何取之？"

孔子对曰："生今之世，志古之道；居今之俗，服古之服。舍此而为非者[①]，不亦鲜乎？"

曰："然则章甫约履、绅带缙笏者[②]，皆贤人也？"

孔子曰："不必然也。丘之所言，非此之谓也。夫端衣玄裳[③]，冕而乘轩者[④]，则志不在于食荤；斩衰菅菲[⑤]，杖而歠粥者[⑥]，则志不在于酒肉。生今之世，志古之道；居今之俗，服古之服，谓此类也。"

公曰："善哉！尽此而已乎？"

孔子曰："人有五仪[⑦]，有庸人，有士人，有君子，有贤人，有圣人。审此五者，则治道毕矣。"

公曰："敢问何如斯可谓之庸人？"

孔子曰："所谓庸人者，心不存慎终之规[⑧]，口不吐训格之言[⑨]，不择贤以托其身，不力行以自定。见小暗大，而不知所务；从物如流[⑩]，不知其所执。此则庸人也。"

公曰："何谓士人？"

孔子曰："所谓士人者，心有所定，计有所守，虽不能尽道术之本[⑪]，必有率也[⑫]；虽不能备百善之美，必有处也。是故智不务多，必审其所知；言不务多，必审其所谓；行不务多，必审其所由。智既知之，言既道之，行既由之，则若性命之于形骸不可易也[⑬]。富贵不足以益，贫贱不足以损。此则士人也。"

公曰："何谓君子？"

孔子曰："所谓君子者，言必忠信而心不怨，仁义在身而色无伐[14]，思虑通明而辞不专。笃行信道，自强不息。油然若将可越[15]，而终不可及者。君子也。"

公曰："何谓贤人？"

孔子曰："所谓贤人者，德不逾闲[16]，行中规绳[17]。言足以法于天下而不伤于身，道足化于百姓而不伤于本。富则天下无宛财[18]，施则天下不病贫。此贤者也。"

公曰："何谓圣人？"

孔子曰："所谓圣人者，德合于天地，变通无方。穷万事之终始，协庶品之自然，敷其大道而遂成情性。明并日月，化行若神。下民不知其德，睹者不识其邻。此谓圣人也。"

公曰："善哉！非子之贤，则寡人不得闻此言也。虽然，寡人生于深宫之内，长于妇人之手，未尝知哀，未尝知忧，未尝知劳，未尝知惧，未尝知危，恐不足以行五仪之教，若何？"

孔子对曰："如君之言，已知之矣，则丘亦无所闻焉。"

公曰："非吾子，寡人无以启其心，吾子言也。"

孔子曰："君子入庙，如右[19]，登自阼阶，仰视榱桷[20]，俯察几筵[21]，其器皆存，而不睹其人。君以此思哀，则哀可知矣。昧爽夙兴[22]，正其衣冠；平旦视朝[23]，虑其危难。一物失理，乱亡之端。君以此思忧，则忧可知矣。日出听政，至于中冥[24]。诸侯子孙，往来为宾。行礼揖让，慎其威仪。君以此思劳，则劳亦可知矣。缅然长思[25]，出于四门，周章远望[26]，睹亡国之墟，必将有数焉。君以此思惧，则惧可知矣。夫君者，舟也；庶人者，水也。水所以载舟，亦所以覆舟。君以此思危，则危可知矣。君既明此五者，又少留意于五仪之事，则于政治何有失矣！”

（又见于《荀子·哀公》、《大戴礼·哀公问五义》、《新序·杂事四》）

【注释】

①舍此：旧注：“舍，读去声，训为‘处’”。意为处于这种境况的人，有此种作为的人。

②章甫：缁布冠，此处指戴缁布冠。絇（qú）履：穿鞋头有装饰的鞋子。絇，古时鞋头上的装饰。绅带：古代有地位和权势的人腰间系的一头垂下的大带。缙笏：插笏于绅。缙，同“搢”，插。笏，古代朝会时大臣所执的手板，其上书写所奏之事，以备遗忘。

③端衣玄裳：指穿着礼服。端衣，古代祭祀时所穿的礼服。玄，黑红色。王注：“端衣玄裳，斋服也。”

④冕而乘轩：头戴冠冕乘着车。轩，古代卿大夫所乘之车。

⑤斩衰：古代丧服，用粗麻布做成，不缝边。菅菲：据《荀子·哀公》当作“菅屦”，草鞋。

⑥杖：拄着丧杖。歠（chuò）粥：喝粥。

⑦五仪：五个等次。

⑧慎终：谨慎小心，始终到底。

⑨训格：规范、典范。王注：“格，法。”

⑩从物如流：凡事随大流，没有主见。

⑪道术：道德学术。

⑫率：遵循。王注：“率犹行也。”

⑬形骸：人的形体、躯壳。

⑭色无伐：脸上没有自夸的神色。伐，自夸。王注：“无伐善之色。”

⑮油然：悠然安闲的样子。王注：“油然，不进之貌也。”越：王注：

“过也。”

⑯逾闲：越出法度。

⑰规绳：指规范、法则。规，校正圆形的用具。绳，木工用的墨线。

⑱宛财：《荀子·哀公》作“怨财”，怨恨他财富多。王注：“宛，积也。”

⑲君子入庙，如右：君子，指国君。如右，《荀子·哀公》作“而右”，指从右边走。古人以右为尊。

⑳榱桷（cuī jué）：房屋的椽子。

㉑几筵：筵席。

㉒昧爽：拂晓，天未全明之时。夙兴：早起。

㉓平旦：清晨。

㉔中冥：午后。王注：“中，日中。冥，昳（dié）中。”日昃曰昳，即午后日偏斜。

㉕缅然：悠思貌。

㉖周章：周游。

**【译文】**

鲁哀公问孔子说：“我想考查一下鲁国的人才，和他们一起治理国家，请问怎么选拔人才呢？”

孔子回答说：“生活在当今的时代，倾慕古代的道德礼仪；依现今的习俗而生活，穿着古代的儒服。有这样的行为而为非作歹的人，不是很少见吗？”

哀公问：“那么戴着殷代的帽子，穿着鞋头上有装饰的鞋子，腰上系着大带子并把笏板插在带子里的人，都是贤人吗？”

孔子说：“那倒不一定。我刚才说的话，并不是这个意思。那些穿着礼服，戴着礼帽，乘着车子去行祭祀礼的人，他们的志向不在于食荤；穿着用粗麻布做的丧服，穿着草鞋拄着丧杖喝粥来行丧礼的人，他们的志向不在于酒肉。生活在当今的时代，却倾慕古代的道德礼仪；依现代的习俗生活，却穿着古代的儒服，我说的是这一类人。”

哀公说：“你说得很好，就仅仅是这些吗？”

孔子回答道：“人分五个等级，有庸人、有士人、有君子、有贤人、有圣人。分清这五类人，那治世的方法就都具备了。”

哀公问道：“请问什么样的人叫作庸人？”

孔子回答说：“所谓庸人，他们心中没有谨慎行事、善始善终的原则，说不出有道理的话，不选择贤人善士作为自己的依靠，不努力行事使自己得到安定的生活。他们往往小事明白大事糊涂，不知自己在忙些什么；凡事随大流，不知自己所追求的是什么。这样的人就是庸人。”

哀公问道：“请问什么是士人？”

孔子回答说：“所谓士人，他们心中有确定的原则，有明确的计划，即使不能尽到行道义治国家的本分，也一定有遵循的法则；即使不能集百善于一身，也一定有自己的操守。因此他们的智慧不一定非常多，但一定要审查自己具有的知识是否正确；话不一定说得很多，但一定要审查说得是否确当；路不一定走得很多，但一定要明白所走的路是不是正道。知道自己具有的知识是正确的，说出的话是确当的，走的路是正道，那么这些正确的原则就像性命对于形骸一样不可改变了。富贵不能对自己有所补益，贫贱不能对自己有所损害。这样的人就是士人。”

哀公问：“什么样的人是君子呢？”

孔子回答说：“所谓君子，说出的话一定忠信而内心没有怨恨，身有仁义的美德而没有自夸的表情，考虑问题明智通达而言辞委婉。遵循仁义之道努力实现自己的理想，自强不息。他那从容的样子好像很容易超越，但终不能达到他那样的境界。这样的人就是君子。”

哀公问：“什么样的人称得上是贤人呢？”

孔子回答说：“所谓贤人，他们的品德不逾越常规，行为符合礼法。他们的言论可以让天下人效法而不会招来灾祸，道德足以感化百姓而不会给自己带来伤害。他虽富有，天下人不会怨恨；他一施恩，天下人都不受贫穷。这样的人就是贤人。”

哀公又问:“什么样的人称得上是圣人呢?”

孔子回答说:“所谓圣人,他们的品德符合天地之道,变通自如。能探究万事万物的终始,使万事万物符合自然法则,依照万事万物的自然规律来成就它们。光明如日月,教化如神灵。下面的民众不知道他的德行,看到他的人也不知道他就在身边。这样的人就是圣人。”

哀公说:“好啊!不是先生贤明,我就听不到这些言论了。虽然如此,但我从小生在深宫之内,由妇人抚养长大,不知道悲哀,不知道忧愁,不知道劳苦,不知道惧怕,不知道危险,恐不足以实行五仪之教。怎么办呢?”

孔子回答说:“从您的话中可以听出,您已经明白这些道理了,我也就没什么可说的了。”

哀公说:“要不是您,我的心智就得不到启发。您还是再说说吧!”

孔子说:“您到庙中行祭祀之礼,从右边台阶走上去,抬头看到屋椽,低头看到筵席,亲人使用的器物都在,却看不到他们的身影。您因此感到哀伤,这样就知道哀伤是什么了。天还没亮就起床,衣帽穿戴整齐;清晨到朝堂听政,考虑国家是否会有危难。一件事处理不当,往往会成为国家混乱灭亡的开端。您以此来忧虑国事,什么是忧愁也就知道了。太阳出来就处理国家大事,直至午后。接待各国诸侯及子孙,还有宾客往来,行礼揖让,谨慎地按照礼法显示自己的威严仪态。您因此想想什么是辛劳,什么是辛劳也就知道了。缅怀远古,走出都门,周游浏览,向远眺望,看到那些亡国的废墟,可见灭亡之国不只一个。您因此感到惧怕,什么是惧怕也就知道了。国君是舟,百姓就是水。水可以载舟,也可以覆舟。国君由此想到危险,那么什么是危险也就知道了。国君明白这五个方面,又稍稍留意国家中的五种人,那么治理国家还会有什么失误呢?”

哀公问于孔子曰："请问取人之法？"

孔子对曰："事任于官，无取捷捷[①]，无取钳钳[②]，无取啍啍[③]。捷捷，贪也；钳钳，乱也；啍啍，诞也[④]。故弓调而后求劲焉，马服而后求良焉，士必悫而后求智能者[⑤]。不悫而多能，譬之豺狼不可迩[⑥]。"

（又见于《荀子·哀公》、《韩诗外传·四》、《说苑·尊贤》）

【注释】

①捷捷：贪得无厌。王注："捷捷而不已食，所以为贪也。"

②钳钳：胡乱妄语，不谨诚。王注："钳钳，妄对不谨诚。"

③啍啍（zhūn）：多言而欺诈。

④诞：王注："诞，欺诈也。"

⑤悫（què）：谨慎诚实。王注："言人无智者，虽性悫信，不能为大恶。不悫信而有智，然后乃可畏也。"

⑥迩：亲近。

【译文】

鲁哀公问孔子说："请问选取官吏的方法是什么呢？"

孔子回答说："按他擅长的事来任用他，不要选取那些有贪心的人，不要选取那些胡乱应付不踏实的人，不要选取那些多言不谨慎的人。捷捷，是贪婪的表现；钳钳，是胡乱应付；啍啍，是多言欺诈。比如弓箭，弓弦调好以后箭射出去才会有力；又如选马，经过使用才能选到好马；选拔人才，必须要求诚实谨慎，然后再看他的聪明才智。不诚实谨慎而精明多智，这样的人就如豺狼一样不可亲近。"

哀公问于孔子曰："寡人欲吾国小而能守，大则无攻，其道如何？”

孔子对曰：“使君朝廷有礼，上下相亲，天下百姓皆君之民，将谁攻之？苟违此道[1]，民畔如归[2]，皆君之仇也，将与谁守？”

公曰：“善哉！”于是废泽梁之禁，弛关市之税，以惠百姓。

（又见于《说苑·指武》）

**【注释】**

①苟：假如。

②畔：通“叛”，背叛。

**【译文】**

鲁哀公问孔子说：“我想让我们的国家做到弱小可以防守，强大也不进攻别国，怎么才能做到这样呢？”

孔子回答说：“让您的朝廷讲礼制，君臣上下相亲相敬，那么天下百姓就都成为您的子民了，谁还会去攻打您呢？假如违背这种做法，百姓背叛您就像回家一样急切，他们都会成为您的仇敌，您与谁一起守御呢？”

哀公说：“您说得很好。”于是废除了禁止百姓上山打柴狩猎和到河流湖泊捕鱼的禁令，减轻关卡和交易场所的税收，以使百姓得到恩惠。

哀公问于孔子曰：“吾闻君子不博[1]，有之乎？”

孔子曰：“有之。”

公曰：“何为？”

对曰：“为其二乘[2]。”

公曰："有二乘，则何为不博？"

子曰："为其兼行恶道也。"

哀公惧焉。

有间，复问曰："若是乎，君子之恶恶道至甚也？"

孔子曰："君子之恶恶道不甚，则好善道亦不甚；好善道不甚，则百姓之亲上亦不甚。《诗》云③：'未见君子，忧心惙惙④。亦既见止，亦既觏止⑤，我心则悦。'《诗》之好善道甚也如此。"

公曰："美哉！夫君子成人之善，不成人之恶。微吾子言焉，吾弗之闻也。"

（又见于《说苑·君道》）

**【注释】**

①不博：知识不广博。

②二乘：指事物的正反、善恶等两个方面。

③诗云：此指《诗经·召南·草虫》。

④惙惙（chuò）：忧郁貌。

⑤觏：见。止：语气词。

**【译文】**

鲁哀公问孔子："我听说君子并不是事事通晓，有这回事吗？"

孔子说："有的。"

哀公问："这是为什么呢？"

孔子回答说："因为知识也分为两个方面。"

鲁哀公问："分为两个方面为什么就不能博通呢？"

孔子回答说："因为知识也可以用来做恶啊！"

哀公有些吃惊。

过了一会儿，哀公又问："如果是这样，君子厌恶恶行是很厉害的吧？"

孔子回答说："如果君子不是十分厌恶恶行，那么他也就不会非常喜好善行。不十分喜好善行，那么百姓也就不会倾心亲附君子了。《诗经》说：'不见君子，忧心忡忡。见了君子，心中高兴。'诗中描写人们对善行追求的迫切就是这样的。"

鲁哀公叹道："说得太好了！君子喜欢成人之善，不成人之恶。如果不是您说了这些话，我怎能听到这些道理呢？"

哀公问于孔子曰："夫国家之存亡祸福，信有天命[1]，非唯人也？"

孔子对曰："存亡祸福，皆己而已，天灾地妖，不能加也。"

公曰："善！吾子之言，岂有其事乎？"

孔子曰："昔者殷王帝辛之世[2]，有雀生大鸟于城隅焉，占之者曰：'凡以小生大，则国家必王，而名必昌。'于是帝辛介雀之德[3]，不修国政，亢暴无极[4]，朝臣莫救，外寇乃至，殷国以亡。此即以己逆天时，诡福反为祸者也[5]。又其先世殷王太戊之时[6]，道缺法圮，以致夭蘖[7]，桑穀生于朝[8]，七日大拱[9]，占之者曰：'桑穀野木而不合生朝，意者国亡乎？'太戊恐骇，侧身修行，思先王之政，明养民之道，三年之后，远方慕义，重译至者[10]，十有六国。此即以己逆天时，得祸为福者也。故天灾地妖，所以儆人主者也[11]；寤梦征怪[12]，所以儆人臣者也。灾妖不胜善政，寤梦不胜善行。能知此者，至治之极也，唯明王达此。"

公曰:“寡人不鄙固此[13],亦不得闻君子之教也。”(又见于《说苑·敬慎》)

【注释】

①信:的确。

②帝辛:即商纣王。

③介雀之德:王注:“介,助也,以雀之德为助也。”介,因,依赖。

④亢暴:非常残暴。

⑤诡:奇异,怪异。

⑥太戊:商王名。太庚子。时商朝衰微,太戊用伊陟、巫咸等贤人,商朝复兴。

⑦夭蘖:反常的树木。

⑧桑穀:古时以桑木、穀木合生于朝为不祥之兆。穀,楮木。

⑨大拱:长大到两手可以围抱。

⑩重译:辗转翻译。指远方国家的使者经过多重翻译才能交流。

⑪儆:告诫,警告。

⑫寤梦:半睡半醒,似梦非梦,恍惚如有所见。征怪:怪异的征兆。

⑬鄙:鄙陋,浅陋。固:鄙陋。

【译文】

鲁哀公问孔子:“国家的存亡祸福,的确是由天命决定的,不是人力所能左右的吗?”

孔子回答说:“国家的存亡祸福都是由人自己决定的,天灾地祸都不能改变国家的命运。”

哀公说:“好!您说的话,有什么事实根据吗?”

孔子说:“从前,殷纣王时代,在国都的城墙边,有一只小鸟生出一只大鸟,占卜者说:‘凡是以小生大,国家必将成为霸主,声名必将大振。’于是,商纣王凭借小鸟生大鸟的好兆头,不好好治理国家,残暴之极，朝中大臣也无法挽救，外敌攻入，殷国因此灭亡。这就是以自己的肆意妄为违背天时，奇异的福兆反而变成灾祸的事例。纣王的先祖殷王太戊时代，社会道德败坏，国家法纪紊乱，以致出现反常的树木，朝堂上长出桑榖，七天就长得两手合抱之粗。占卜者说：‘桑榖野木不应共同生长在朝堂上，难道国家要灭亡吗？’太戊非常恐惧，小心地修养自己的德行，学习先王治国的方法，探究养民的措施，三年之后，远方的国家思慕殷国的道义，偏远之国的使者经过多重翻译来朝见，有十六国之多。这就是以自己的谨身修治改变天时，祸兆反变为福的事例。所以说，天灾地祸是上天来警告国君的，梦见怪异是上天来警告臣子的。灾祸胜不过良好的政治，梦兆也胜不过善良的行为。能明白这个道理，就是治国的最高境界，只有贤明的国君才能做到。”

鲁哀公说：“我如果不是如此浅陋，也就不能听到您这样的教诲了。”

哀公问于孔子曰：“智者寿乎？仁者寿乎？”

孔子对曰：“然。人有三死，而非其命也，行己自取也。夫寝处不时，饮食不节，逸劳过度者，疾共杀之[①]。居下位而上干其君[②]，嗜欲无厌而求不止者，刑共杀之。以少犯众，以弱侮强，忿怒不类[③]，动不量力者，兵共杀之。此三者，死非命也，人自取之。若夫智士仁人，将身有节[④]，动静以义，喜怒以时，无害其性，虽得寿焉，不亦可乎？”

（又见于《韩诗外传·一》、《说苑·杂言》、《文子·符言》）

**【注释】**

①疾：病。

②干：冒犯。

③不类：不合常理。

④将身：立身行事。王注："将，行。"

**【译文】**

鲁哀公问孔子："智者长寿吗？仁者长寿吗？"

孔子回答说："是的。人有三种死，不是命定的，是咎由自取的。生活没有规律，饮食没有节制，过度的安逸或劳碌，就会百病丛生而死。居于下位而冒犯国君，贪欲无厌而攫取不止的人，就会因触犯刑律而死。以少数冒犯多数，以弱小去欺辱强大，愤怒怨恨不合常理，不量力而行，就会在战乱中被杀掉。这三者，死亡不是命中注定的，是人自己招来的。至于那些智士仁人，立身行事有自己的准则，动静合乎道义，喜怒适时，不戕害自己的天性，他们能够长寿，不是应该的吗？"

# 卷二

## 致思第八

**【题解】**

“致思”二字来于篇中“于斯致思”，是集中精神思考的意思。本篇由许多小段落组成，每则都讲出值得深思的道理。“孔子北游”章仿照《论语》“风乎舞雩”事，让子路、子贡、颜渊各言其志，于此孔子表达了“不伤财，不害民，不繁词”的仁政思想。“鲁有俭啬者”章，讲孔子高兴地接受了一位节俭者送的味道差的食品，表现他尊重仁爱而忽视鄙简。“孔子之楚”章从馈鱼说起，可以看出孔子尊重节俭的人。“季羔为卫之士师”章，孔子称赞季羔仁恕树德、“公以行之”的执法精神，有借鉴意义。“季孙之赐”章，孔子从别人馈赠他粟和车，从而使他的道更加推行的事，得出了“道虽贵，必有时而后重，有势而后行”的名言，对后人很有启发。“王者有似乎春秋”章，孔子讲了王者“正其身以正其国，正其国以正天下”的道理。“曾子曰”章，孔子赞扬曾子对人忠信和泽施于百姓的思想。“子路为蒲宰”章，孔子批评子路惠民的做法彰显了国君的不惠，会危及自身。可见孔子有丰富的处世经验。“子路问管仲为人”章，可看出孔子观察和评价人物是从大处着眼。丘吾子有三失的故事，告诫弟子要及早孝敬父母。其中“树欲静而风不停，子欲养而亲不待，往而不来者年也，不可再见者亲也”，成为千古名言。“孔子谓伯鱼”章，教育伯鱼终生要不断地学习。“子路见于孔子”章，赞扬子路对父母“生事尽力,死事尽思”。“孔子之郯”章,送束帛给路途相遇的贤士,可看出孔子对贤者的尊重。“孔子自卫返鲁”章,从一人安渡激流的事,强调忠信的重要。“孔子将行”章,讲子夏为人吝啬,孔子不让门人向他借伞盖,并说与人交往,要推扬他的长处,避开他的短处,这样交情才能长久。看出孔子与人相处的细心与体贴。“楚昭王渡江”章,虽然有些神秘色彩,仍可看出孔子的见多识广。“子贡问死者有知无知”章,孔子的回答是多么巧妙啊!他说:“吾欲言死之有知,将恐孝子顺孙妨生以送死;吾欲言死之无知,将恐不孝之子弃其亲而不葬。赐不欲知死者有知与无知,非今之急,后自知之。”值得我们借鉴。“子贡问治民”章,孔子回答“懔懔焉若持腐索之扞马”,概括得多么深刻,执政者都能以此态度治国,何愁国家不治。“鲁国之法”章,批评子贡为了显示自己廉洁而影响穷人的利益。“子路治蒲”章,孔子强调德治的重要。

孔子北游于农山[①],子路、子贡、颜渊侍侧[②]。孔子四望,喟然而叹曰[③]:“于斯致思[④],无所不至矣。二三子各言尔志,吾将择焉。”

子路进曰:“由愿得白羽若月,赤羽若日,钟鼓之音上震于天,旍旗缤纷下蟠于地[⑤]。由当一队而敌之[⑥],必也攘地千里[⑦],搴旗执聝[⑧]。唯由能之,使二子者从我焉。”

夫子曰:“勇哉!”

子贡复进曰:“赐愿使齐、楚合战于漭漭之野[⑨],两垒相望,尘埃相接,挺刃交兵。赐着缟衣白冠[⑩],陈说其间,推论利害,释二国之患。唯赐能之,使夫二子者从我焉。”

夫子曰:“辩哉[⑪]!”

颜回退而不对。孔子曰:“回,来,汝奚独无愿乎[⑫]?”

颜回对曰:“文武之事,则二子者既言之矣,回何云焉?”

孔子曰[13]："虽然，各言尔志也，小子言之。"

对曰："回闻熏莸不同器而藏[14]，尧桀不共国而治，以其类异也。回愿得明王圣主辅相之，敷其五教[15]，导之以礼乐，使民城郭不修，沟池不越，铸剑戟以为农器，放牛马于原薮[16]，室家无离旷之思[17]，千岁无战斗之患。则由无所施其勇，而赐无所用其辩矣。"

夫子凛然曰[18]："美哉！德也。"

子路抗手而对曰[19]："夫子何选焉？"

孔子曰："不伤财，不害民，不繁词，则颜氏之子有矣。"

（又见于《韩诗外传·九》、《说苑·指武》）

**【注释】**

①农山：山名，在鲁国（今山东）境内。

②侍侧：在旁边陪着。

③喟然：叹息的样子。

④于斯：在这里。致思：集中精力思考。

⑤旍（jīng）旗：即旌旗。皤：盘曲地伏着。王注："皤，委。"

⑥当：掌管，率领。

⑦攘：夺取。或作排斥义。王注："攘，却。"意为使敌人退却。

⑧搴旗执聝（guó）：搴旗，指拔取敌人的军旗。聝，战争中割取敌人的左耳。古代常以获取敌人耳朵的多少来计功。王注："搴，取也，取敌之旍旗。聝，截耳也，以效获也。"

⑨漭漭：广大貌。

⑩缟衣白冠：白衣白帽。战争中穿这样的服装表示奋死一战的决心。王注："兵，凶事，故白冠服也。"

⑪辩：有辩才。

⑫奚独:为何只有。奚,疑问词,为何,如何。

⑬孔子曰:此三字原无,据《丛刊》本《家语》补。

⑭薰:一种香草。莸:一种臭草。

⑮敷:布,施。五教:指父义、母慈、兄友、弟恭、子孝这五种德行。

⑯原:平原。薮(sǒu):水浅草茂的湿地。王注:“广平曰原,泽无水曰薮也。”

⑰离旷:丈夫离家,妇人独处。

⑱凛然:态度严肃,令人敬畏的样子。

⑲抗手:举手。

**【译文】**

孔子向北游览到农山,子路、子贡、颜渊在身边陪着。孔子向四面望了望,感叹地说:“在这里集中精力思考问题,什么想法都会出现啊!你们每个人各谈谈自己的志向,我将从中做出选择。”

子路走上前说:“我希望有这样一个机会,白色的指挥旗像月亮,红色的战旗像太阳,钟鼓的声音响彻云霄,繁多的旌旗在地面盘旋飘舞。我带领一队人马进攻敌人,必会夺取敌人千里之地,拔去敌人的旗帜,割下敌人的耳朵。这样的事只有我能做到,您就让子贡和颜渊跟着我吧!”

孔子说:“真勇敢啊!”

子贡也走上前说道:“我愿出使到齐国和楚国交战的广阔原野上,两军的营垒遥遥相望,扬起的尘埃连成一片,士兵们挥刀交战。在这种情况下,我穿戴着白色衣帽,在两国之间劝说,论述交战的利弊,解除两国的灾难。这样的事只有我能做得到,您就让子路和颜渊跟着我吧!”

孔子说:“真有口才啊!”

颜回后退不说话。孔子说:“颜回,过来,为何只有你没有志向呢?”

颜回回答说:“文武两方面的事,子路和子贡都已经说过了,我还说什么呢?”

孔子说："虽然如此，还是各人说说各人的志向，你就说吧。"

颜回回答说："我听说薰草和莸草不能藏在同一个容器中，尧和桀不能共同治理一个国家，因为他们不是同一类人。我希望得到明王圣主来辅助他们，向人民宣传五教，用礼乐来教导他们，使百姓不修筑城墙，不逾越护城河，剑戟之类的武器改铸为农具，把牛马放牧到平原湿地，妇女不因丈夫长期离家而忧虑，千年无战争之患。这样，子路就没有机会施展他的勇敢，子贡就没有机会运用他的口才了。"

孔子表情严肃地说："这种德行是多么美好啊！"

子路举起手来问到："老师您选择哪种呢？"

孔子说："不耗费财物，不危害百姓，不费太多的言辞，这只有颜回才有这个想法啊！"

鲁有俭啬者①，瓦鬲煮食食之②，自谓其美，盛之土型之器，以进孔子。孔子受之，欢然而悦，如受大牢之馈③。

子路曰："瓦甂④，陋器也。煮食，薄膳也。夫子何喜之如此乎？"

子曰："夫好谏者思其君，食美者念其亲，吾非以馔具之为厚，以其食厚而我思焉。"

（又见于《说苑·反质》）

**【注释】**

①俭：节约。啬：节省。

②瓦鬲：陶制的煮饭炊具。王注："瓦釜。"旧注："曲脚鼎也。"

③大牢：即太牢。盛牲的食具叫牢，大的叫太牢。太牢盛三牲，因此把祭祀或宴会并用牛、羊、豕三牲也叫太牢。

④瓦甂（biān）：粗陋的阔口食盆。

【译文】

鲁国有一个节俭的人，用瓦锅煮食物，吃后，自认为味道很美，就用小瓦盆装了一些进献给孔子。孔子接受了食物，非常高兴，如同接受了牛羊猪这样美味的馈赠。

子路说："小瓦盆是简陋的器物，用它煮出来的食物，也是粗劣的食品，您为什么如此地喜欢呢？"

孔子说："喜好劝谏的人思念国君，吃到美食的人会想到他的父母亲，我不看重盛食物器皿的好坏，而是因为他吃到好东西时想到了我。"

孔子之楚，而有渔者而献鱼焉，孔子不受。渔者曰："天暑市远，无所鬻也[①]，思虑弃之粪壤，不如献之君子，故敢以进焉。"

于是夫子再拜受之，使弟子扫地，将以享祭[②]。门人曰："彼将弃之，而夫子以祭之，何也？"

孔子曰："吾闻诸：惜其腐饪[③]，而欲以务施者，仁人之偶也[④]，恶有受仁人之馈而无祭者乎[⑤]？"

（又见于《说苑·贵德》）

【注释】

①鬻：卖。

②享祭：祭祀。

③腐饪(niè)：腐烂，食物变质。饪：熟食。旧注："同任。"

④偶：同类。

⑤恶有：怎有。

【译文】

孔子到楚国去，有一位打鱼人献给他一些鱼，孔子不接受。打鱼人说:“天热市场又远,已经无法卖了,我想扔到粪堆上,不如献给君子,所以敢于进献给您。”

于是孔子拜了又拜,接受了这些鱼,让弟子将地打扫干净,准备祭祀。弟子说:“打鱼人本来要扔掉这些鱼,而老师却要用来祭祀,这是为什么呢?”

孔子说:“我听说,怕食物变质而想把它送给别人的人,是仁人一类的人,哪有接受了仁人的馈赠而不祭祀的呢?”

季羔为卫之士师①,刖人之足②。俄而,卫有蒯聩之乱③,季羔逃之,走郭门④,刖者守门焉。谓季羔曰:“彼有缺。”季羔曰:“君子不逾。”又曰:“彼有窦⑤。”季羔曰:“君子不隧⑥。”又曰:“于此有室。”季羔乃入焉。

既而追者罢,季羔将去,谓刖者:“吾不能亏主之法而亲刖子之足,今吾在难,此正子之报怨之时,而逃我者三,何故哉?”

刖者曰:“断足,固我之罪,无可奈何。曩者君治臣以法令⑦,先人后臣,欲臣之免也,臣知。狱决罪定,临当论刑,君愀然不乐⑧。见君颜色,臣又知之。君岂私臣哉?天生君子,其道固然。此臣之所以悦君也。”

孔子闻之,曰:“善哉为吏!其用法一也。思仁恕则树德,加严暴则树怨。公以行之,其子羔乎!”

(又见于《说苑·至公》、《韩非子·外储说左》)

**【注释】**

①季羔:即子羔,名高柴。孔子弟子。士师:狱官,主管狱讼之事。

②刖：砍断。

③蒯聩之乱：卫灵公太子蒯聩因犯罪出奔到晋国，卫灵公死后，他的另一个儿子辄被立为国君。蒯聩知道了这个消息，从晋国打回来欲夺取君位，引起一场动乱。

④窦：洞。

⑤隧：地道。这里用作动词，钻地道之意。王注："隧，从窦出。"

⑥曩者：往昔，从前。

⑦愀然：面露忧愁之色。

**【译文】**

季羔担任卫国士师时，执行刑罚时砍掉了一个人的脚。不久，卫国发生了蒯聩发起的动乱，季羔逃跑出城，到了外城门口，正巧遇到被他砍断脚的人在守门。那人对季羔说："那边有个缺口。"季羔说："君子不跳墙。"那人又说："那边有个洞。"季羔说："君子不钻洞。"那人又说："这里有屋子。"季羔这才进了屋。

不久，追捕季羔的人停止了追捕，季羔将要离开，就对被他砍断脚的人说："过去我不能破坏国君的法令而亲手砍断了你的脚，现在我处在危难中，这正是你报仇雪恨的时候，但你三次让我逃命，这是为什么呢？"

那人说："砍断我的脚，本是我罪有应得，这是无可奈何的事。过去您依法行刑时，先对别人用刑而把我放在后面，是想让我免于刑罚，这我是知道的。当判决定罪后，临到对我行刑时，您脸色很忧伤。看到您的脸色，我又了解到您的内心。您并非是偏爱我啊，您天生是位君子，这样的表现完全是发自内心本性。这就是我喜欢您的原因。"

孔子听说这件事，说："季羔做官做得多么好啊！他执行法令标准一致。心怀仁义宽恕就能树立恩德，而严刑暴虐就会结下仇怨。公正地执行法令，就是季羔吧！"

孔子曰："季孙之赐我粟千钟也[①]，而交益亲[②]。自南宫敬叔之乘我车也[③]，而道加行。故道虽贵，必有时而后重，有势而后行。微夫二子之贶财[④]，则丘之道殆将废矣。"

（又见于《说苑·杂言》）

**【注释】**

①季孙：即季康子，名肥，鲁国大夫。赐：此指赠送。钟：古代容量单位，六石四斗为一钟。

②交益亲：孔子得到季孙赠送的粟以后，用来转送给缺粮的人，因此和这些人的关系更亲密了。这里不是指与季孙的关系。王注："得季孙千钟之施以施与众，而交益亲。"

③南宫敬叔之乘我车：南宫敬叔，名阅，孟僖子之子，鲁国大夫。乘我车，孔子想去拜会老聃，顺便到周地看看。南宫敬叔将此事报告了鲁国国君，鲁国国君为孔子提供了车马。孔子这才得以向老聃问礼，并参观了周地庙宇。

④微：如果没有。夫：指示代词，那。贶(kuàng)：赠送。

**【译文】**

孔子说："自从季孙赠给我千钟粟，(我又转送给缺粮的朋友)我和朋友们的关系就更亲密了。自从南宫敬叔为我提供了车马后，我的道就更加流行了。所以，我讲的道虽然很重要，但也必须有一定的时机才会被人看重，有一定的有利条件才能流行。如果没有季孙和南宫敬叔赠财物给我，我的道几乎就要废弛了。"

孔子曰："王者有似乎春秋[①]，文王以王季为父[②]，以太任为母[③]，以太姒为妃[④]，以武王、周公为子[⑤]，以太颠、闳夭为臣[⑥]，其本美矣[⑦]。武王正其身以正其国，正其国以正天下；

伐无道，刑有罪，一动而天下正，其事成矣。春秋致其时而万物皆及，王者致其道而万民皆治。周公载己行化[8]，而天下顺之，其诚至矣。”

（又见于《说苑·有道》）

【注释】

①王者有似乎春秋：春秋，指春种秋收。王注：“正其本而万物皆正。”

②文王：周文王，姬姓名昌，又称西伯、伯昌等。周朝的奠基人。王季：周文王的父亲，名季历。

③太任：又称挚仲氏任，王季之妃，文王之母。

④太姒：周文王之妃，生武王、周公、管叔、蔡叔等。

⑤武王：周武王，名发，周朝的建立者。周公：名旦，武王之弟。

⑥太颠、闳夭：都是周文王的大臣。

⑦本：根本。这里指出身。

⑧载己行化：以自己的行为来教化天下。载，行。王注：“载亦行矣，言行己以行化，其身正不令而行也。”

【译文】

孔子说：“做君王的人如同春种秋收一样，周文王有王季这样的父亲，太任这样的母亲，太姒这样的妃子，武王、周公这样的儿子，太颠、闳夭这样的大臣，他的根本就是很好的。武王先把自身修养好，然后再去治理他的国家；把国家治理好了，再去治理天下。讨伐无道的国家，惩治那些有罪的人，一行动天下就得到治理，他的事业就成功了。春夏秋冬按时变换，万物就能正常生长；做君王的按照正确的方法治理，万民就会安定。周公以身作则来教化天下，天下百姓都顺从他，他的诚心可以说达到了极点。”

曾子曰[①]：“入是国也，言信于群臣，而留可也；行忠于卿大夫，则仕可也；泽施于百姓，则富可也。”

孔子曰：“参之言此，可谓善安身矣。”

（又见于《说苑·说丛》）

【注释】

①曾子：即曾参，孔子弟子。

【译文】

曾子说：“到了这个国家，如果你的言论能取信于这个国家的大臣们，你就可以留在这个国家了；如果你的忠诚能取信于这个国家的卿大夫等高官，你就可以在那里做官了；如果你的恩泽能施予百姓，你就可以过上富裕的生活了。”

孔子说：“曾参能说出这样的话，可以算得上是善于安身了。”

子路为蒲宰[①]，为水备[②]，与其民修沟渎。以民之劳烦苦也，人与之一箪食[③]，一壶浆[④]。

孔子闻之，使子贡止之。子路忿然不悦，往见孔子，曰：“由也以暴雨将至，恐有水灾，故与民修沟洫以备之。而民多匮饿者，是以箪食壶浆而与之。夫子使赐止之[⑤]，是夫子止由之行仁也。夫子以仁教而禁其行，由不受也。”

孔子曰：“汝以民为饿也，何不白于君，发仓廪以赈之[⑥]？而私以尔食馈之，是汝明君之无惠，而见己之德美矣。汝速已则可，不已，则汝之见罪必矣[⑦]。”

（又见于《说苑·臣术》）

【注释】

①蒲:鲁国地名,在今河北长垣。宰:一邑的地方长官。

②为水备:做防止水灾的准备。

③箪:盛饭的竹器。

④浆:稀米汤。或指水。

⑤赐:子贡的名。

⑥发:打开。仓廪:粮仓。赈:救济。

⑦见罪:被认为有罪。见,被,表示被动。

【译文】

子路在蒲地做县令,采取了防备水灾的措施,和民众一起修筑沟渠。考虑到民众劳作过于辛苦,子路就给每人发一箪饭一瓢水。

孔子听到这件事,立刻让子贡阻止子路这样做。子路忿懑不悦,于是去见孔子,说:“我因为暴雨即将来临,恐怕会有水灾,所以和民众一起修筑沟渠来防备。民众中很多人因为缺粮而挨饿,因此发给他们每人一箪食一瓢水。老师您派子贡来阻止我,这是您阻止我行仁啊。您教导我们要有仁爱之心却禁止我行仁,我接受不了。”

孔子说:“你既然知道民众在挨饿,为何不向国君报告,请他发放国家粮仓的粮食来救济呢?而你私下里把你的食物送给他们,这是你彰显国君没有恩惠而表现自己道德的美好。你赶快停止还可以,如不停止,你必定会获罪。”

子路问于孔子曰:“管仲之为人何如①?”

子曰:“仁也。”

子路曰:“昔管仲说襄公②,公不受,是不辩也;欲立公子纠而不能③,是不智也;家残于齐而无忧色④,是不慈也;桎梏而居槛车⑤,无惭心,是无愧也;事所射之君⑥,是不贞也;召忽死之[7]，管仲不死，是不忠也。仁人之道，固若是乎？”

孔子曰：“管仲说襄公，襄公不受，公之暗也[8]；欲立子纠而不能，不遇时也；家残于齐而无忧色，是知权命也[9]；桎梏而无惭心，自裁审也[10]；事所射之君[11]，通于变也；不死子纠，量轻重也。夫子纠未成君，管仲未成臣，管仲才度义[12]，管仲不死束缚而立功名，未可非也。召忽虽死，过与取仁[13]，未足多也。”

（又见于《说苑·善说》）

**【注释】**

①管仲：名夷吾，字仲。为齐桓公之相。主张通货积财，富国强兵。九和诸侯，一匡天下，使桓公成为春秋五霸之首。

②襄公：齐襄公，名诸儿，在位十二年，后被臣下所杀。

③欲立公子纠：管仲曾和召忽一起辅佐公子纠（齐襄公之弟，公子小白之兄），齐襄公被杀后，管仲、召忽领着公子纠从鲁国赶回齐国，想争夺君位。公子小白从莒国先回到齐国做了国君，就是后来称霸一时的齐桓公。后来小白派人杀了公子纠。王注：“齐襄公立无知。鲍叔牙曰：‘君使民慢，乱将作矣。’奉公子小白出奔莒。公孙无知杀襄公，管夷吾、召忽奉公子纠奔鲁。齐人杀无知，鲁伐齐，纳子纠。小白自莒先入，是为桓公。公乃杀子纠，召忽死之也。”

④家残于齐：管仲离开齐国外出求仕时，父母被杀。

⑤桎梏而居槛车：在争夺君位的斗争中，公子纠、管仲、召忽一方失败，公子纠被杀后，管仲被用囚车送回到齐国。桎梏：镣铐。槛车：囚车。

⑥事所射之君：在公子纠和小白争夺君位的斗争中，管仲用箭射中

小白的皮带钩。后来小白当了国君，不计前嫌任用管仲为相，管仲也欣然接受。

⑦召忽死之：召忽在公子纠被杀后，殉职而死。

⑧暗：昏暗，糊涂。

⑨知：原作“和”，据《四部丛刊》本《家语》改。权命：审度时命。

⑩裁审：裁断审度。

⑪通于变：善于权变，灵活处理。

⑫度：超过。

⑬过与取仁：为成仁做得太过分了。

**【译文】**

子路向孔子请教说：“管仲的为人怎么样呢？”

孔子回答说：“是位仁人。”

子路说：“从前管仲游说齐襄公，襄公没有接受，这说明他没有口才；他想立公子纠为国君，但未能成功，这说明他没有智慧；他的家庭在齐国遭到残害却没有表现出忧伤的神色，这说明他不仁慈；他戴着镣铐坐在囚车上，却毫无羞愧之色，可见他没有羞耻之心；侍奉自己曾经用箭射过的国君，这说明他不贞；召忽殉职而死，管仲却不死，这说明他不忠。作为仁人，难道是这样的吗？”

孔子说：“管仲游说襄公，襄公不接受，那是因为襄公昏暗糊涂；欲立公子纠为国君而未能成功，那是因为时运不济；在齐国家庭遭到残害而没有表现忧伤，那是因为他懂得审度时命；戴着镣铐而没有羞愧之心，那是因为他懂得裁断审度；侍奉他曾用箭射过的国君，那是他能通权达变；不为公子纠殉命，那是他权衡了生与死的轻重；公子纠没能成为国君，管仲也就没有成为他的大臣，管仲的才能超过了他对道义的追求，他不被这些道德信条束缚去赴死，而是想建立功名，这无可非议。召忽虽然殉职而死，但为了成仁做得太过分了，不值得称赞。”

孔子适齐[①]，中路闻哭者之声，其音甚哀。孔子谓其仆曰："此哭哀则哀矣，然非丧者之哀矣。"

驱而前，少进，见有异人焉[②]，拥镰带素[③]，哭者不衰。孔子下车，追而问曰："子何人也？"

对曰："吾丘吾子也[④]。"

曰："子今非丧之所，奚哭之悲也[⑤]？"

丘吾子曰："吾有三失，晚而自觉，悔之何及？"

曰："三失可得闻乎？愿子告吾，无隐也。"

丘吾子曰："吾少时好学，周遍天下，后还，丧吾亲，是一失也；长事齐君，君骄奢失士，臣节不遂，是二失也；吾平生厚交，而今皆离绝，是三失也。夫树欲静而风不停，子欲养而亲不待，往而不来者年也，不可再见者亲也，请从此辞。"遂投水而死。

孔子曰："小子识之[⑥]，斯足为戒矣！"

自是弟子辞归养亲者十有三。

（又见于《说苑·敬慎》）

**【注释】**

①适：往，到。

②异人：不同一般的人。

③拥镰带素：拿着镰刀，穿着素衣。

④丘吾子：一作虞丘子，贤者。

⑤奚：为什么。

⑥识：记住。

**【译文】**

孔子到齐国去，在路途中听到有人在哭，哭声很悲哀。孔子对跟随他的人说："这人的哭声悲哀是悲哀，但不是丧失亲人的悲哀。"

于是继续驱车前行，没走多远，看到一个非同一般的人，拿着镰刀，穿着素衣，不停地哭泣。孔子下了车，追上前问道："您是何人啊？"

那人回答说："我是丘吾子。"

孔子说："您现在并不在举办丧事的地方，为什么哭得如此悲伤呢？"

丘吾子说："我有三件过失，到晚年才发现，后悔也来不及了。"

孔子问："您的三件过失可以说来听听吗？希望您毫无隐瞒地告诉我。"

丘吾子说："我年轻时很好学，走遍了天下，后来回了家，父母都已去世，这是第一件过失；年长后侍奉齐国国君，齐君骄奢失去臣民拥护，我作为臣子也没有尽到自己的责任，这是第二件过失；我平生结交了很多朋友，现今都断绝了来往，这是第三件过失。树欲静而风不停，子欲养而亲不待。过去了而不能返回的，是岁月；不能再见到的，是父母。请让我从此辞离人世吧！"于是投水而死。

孔子对弟子们说："你们要记着，丘吾子的事足以为戒了。"

从此以后，弟子中辞别孔子回去奉养父母的有十三个人。

孔子谓伯鱼曰[①]："鲤乎，吾闻可以与人终日不倦者，其唯学乎？其容体不足观也，其勇力不足惮也[②]，其先祖不足称也[③]，其族姓不足道也，终而有大名，以显闻四方，流声后裔者[④]，岂非学之效也？故君子不可以不学，其容不可以不饬[⑤]。不饬无类[⑥]，无类失亲，失亲不忠，不忠失礼，失礼不立。夫远而有光者，饬也；近而愈明者，学也。譬之污池，水潦注焉[7]，雚苇生焉[8]，虽或以观之，孰知其源乎[9]？”

（又见于《说苑·建本》、《尚书大传》）

【注释】

①伯鱼：孔子儿子孔鲤的字。

②惮：畏惧，害怕。

③称：赞扬，称道。

④后裔：后代，后世。

⑤饬：一本作“饰”，指修饰，打扮。

⑥无类：没有礼貌。王注：“类宜为貌，不在饬，故无貌，不得言不饬无类也。礼貌矜庄，然后亲爱可久，故曰无类失亲也。”

⑦水潦：雨水。

⑧雚（huán）苇：芦苇一类。

⑨孰知其源乎：王注：“源，泉源也。水潦注于池而生雚苇，观者谁知其非源泉也？以言学者虽从外入，及其用之，人谁知其非从此出也者乎？”

【译文】

孔子对他的儿子孔鲤说：“鲤啊！我听说可以和人整天不停地谈论而不厌倦的，恐怕只有学问吧。一个人容貌不美不足以让人欣赏，勇力不够不足以让人害怕，先祖没有名声不足以让人称赞，姓氏不显赫不足以让人称道，最终有了名声而显扬四方，流传后世的，难道不是学问的功效吗？因此君子不能不学习，容貌不能不修饰。不修饰就是没礼貌，没礼貌就会失去别人的亲近，失去别人的亲近就没有人对你忠诚，失去忠诚也就没有了礼，失去了礼就不能自立。远看而有光彩的，是修饰的结果；近看更加耀眼的，是学习的功效。这就好像一个烂泥坑，雨水注入，芦苇生长出来，虽然有人来观看，谁能知道水源是从哪里来的呢？”

子路见于孔子曰："负重涉远，不择地而休；家贫亲老，不择禄而仕。昔者由也事二亲之时，常食藜藿之实[1]，为亲负米百里之外。亲殁之后，南游于楚，从车百乘，积粟万钟，累茵而坐[2]，列鼎而食[3]，愿欲食藜藿，为亲负米，不可复得也。枯鱼衔索[4]，几何不蠹[5]？二亲之寿，忽若过隙[6]。"

孔子曰："由也事亲，可谓生事尽力，死事尽思者也。"

（又见于《说苑·建本》）

**【注释】**

①藜藿之实：指粗劣的食物。藜、藿，两种植物名。

②累茵：多层坐垫。言其奢华。

③列鼎而食：吃饭时，各种装饭菜的鼎摆在面前。言饭菜丰盛。鼎，古代一种盛食物的金属器具。

④枯鱼衔索：用绳索串着的干鱼。

⑤几何：若干，多少。指时间。蠹：虫蛀，腐烂。

⑥忽若过隙：比喻光阴迅速。忽，快速。过隙，日影晃过墙壁缝隙。

**【译文】**

子路见到孔子，说："背着沉重的东西，跋涉在漫长的路上，休息时不选择地方的好坏；家庭贫穷，父母年老，做官时不计较俸禄的多少。从前我侍奉父母时，经常吃粗劣的饭菜，为父母到百里之外去背米。双亲去世之后，我南游到了楚国，跟随我的车子多达百辆，积累的粮食多达万钟，铺着多层坐垫而坐，摆列着很多食品吃饭。这时，我即使再想吃粗劣的饭菜，为父母背米，也不可能了。绳索串着的枯鱼，何时不生蛀虫呢？我觉得父母的寿命，短暂得如白驹过隙一样一闪而过。"

孔子说："子路侍奉父母，可以说活着时竭尽了孝心，死后竭尽了思念。"

孔子之郯[①]，遭程子于涂[②]，倾盖而语终日[③]，甚相亲。顾谓子路曰："取束帛以赠先生[④]。"

子路屑然对曰[⑤]："由闻之，士不中间见[⑥]，女嫁无媒，君子不以交，礼也。"

有间，又顾谓子路。子路又对如初。

孔子曰："由，《诗》不云乎[⑦]：'有美一人，清扬宛兮[⑧]。邂逅相遇[⑨]，适我愿兮。'今程子，天下贤士也，于斯不赠，则终身弗能见也。小子行之！"

（又见于《韩诗外传·二》、《说苑·尊贤》）

【注释】

①郯：古国名，相传为少昊氏之后。王注："郯，国名也，少昊之后所封之国也。郯子达礼，孔子故往谘问焉。"

②遭：遇。程子：不详。看来是位贤人。

③倾盖：指行道相遇而停车。王注："倾盖，驻车。"

④束：量词，五匹为一束。

⑤屑然：顾惜，介意。指子路不情愿送束帛。

⑥中间：介绍。王注："中间，谓绍介也。"

⑦诗：此指《诗经·郑风·野有蔓草》。

⑧清扬：眉清目秀。宛：美好。王注："清扬，眉目之间也，宛然美也。"

⑨邂逅：不期而遇。

【译文】

孔子到郯国去，在路上遇到了程子，他们停下车子在一起交谈了一整天，谈得很亲热。孔子回过头对子路说："拿一束帛送给程先生。"

子路不情愿地对孔子说："我听说读书人不经人介绍就与人见面，女子不经过媒人就出嫁，君子是不和这种人交往的，这是礼节。"

过了一会，孔子又将送帛的话对子路说了一遍，子路的回答和原来一样。

孔子说："仲由，《诗》中不是有这样的话吗：'有一位美人，长得很漂亮。没有约会巧相遇，恰巧是我的愿望。'现今这位程先生，是天下的贤士，在这里不赠帛给他，恐怕终身再也不能遇到他了。你赶快拿帛给程先生吧！"

孔子自卫反鲁，息驾于河梁而观焉①。有悬水三十仞②，圜流九十里③，鱼鳖不能导④，鼋鼍不能居⑤。有一丈夫，方将厉之⑥。孔子使人并涯止之⑦，曰："此悬水三十仞，圜流九十里，鱼鳖鼋鼍不能居也，意者难可济也。"

丈夫不以措意⑧，遂渡而出。孔子问之曰："巧乎？有道术乎？所以能入而出者，何也？"

丈夫对曰："始吾之入也，先以忠信；及吾之出也，又从以忠信。忠信措吾躯于波流⑨，而吾不敢以用私，所以能入而复出也。"

孔子谓弟子曰："二三子识之⑩，水且犹可以忠信成身亲之，而况于人乎！"

（又见于《列子·说符》、《说苑·杂言》）

**【注释】**

①息驾：停车。河梁：《说苑·杂言篇》作"吕梁"。王注："河水无梁，庄周书说孔子于吕梁言事者，通渭水为河也。"《水经·泗水注》："泗水之上有石梁焉，故曰吕梁也。悬涛湍濑，实为泗险。孔子所谓鱼鳖不能游。"此河梁，指巨石或山阻挡河水形成瀑布处，据《水经注》，当在泗水上。

②悬水：瀑布。仞：古代长度单位，八尺为一仞。王注："八尺曰仞，悬二十四丈者也。"

③圜流：王注："圜流，廻流也，水深急则然。"

④导：通过。

⑤鼋鼍(yuán tuó)：鳖和鳄鱼。

⑥厉：渡过。王注："厉，渡。"

⑦并涯：到岸边。

⑧措意：放在心上。

⑨措：安置，安放。

⑩二三子：孔子对他的学生们的称呼。

**【译文】**

孔子从卫国返回鲁国的途中，把车停在河梁上观赏风景。有瀑布高达三十仞，流下来翻腾回旋的水流达九十里长，鱼鳖不敢过去，鳄鱼不敢停留。但有一位男子却正准备渡过去。孔子让人到岸边劝阻说："这瀑布高达三十仞，下面翻腾回旋的水流有九十里，鱼鳖不敢过去，鳄鱼不敢停留，想来是难以渡过去的。"

那位男子不把孔子的话放在心上，还是游了过去。孔子问他："你有什么技巧吗？还是有道术呢？所以能在这样的急流中出入，是凭什么呢？"

那男子回答说："我开始入水的时候，先是充满了忠信之心；等我出来的时候，又充满了忠信之心。忠信之心使我置身于急流之中，而我不敢有一点私心，所以能入而复出。"

孔子对弟子们说："你们记着，水尚且可以使人凭忠信之心让人亲近，何况是人呢！"

孔子将行，雨而无盖[①]。门人曰："商也有之[②]。"孔子曰："商之为人也，甚悋于财[③]。吾闻与人交，推其长者,违其短者,故能久也。”

(又见于《说苑·杂言》)

【注释】

①盖:车上的伞盖。

②商:子夏的名,姓卜,孔子弟子。

③甚恡(lìn)于财:王注:“恡,啬甚也。”

【译文】

孔子将要外出,天下起了雨,他却没有伞盖。

门人说:“卜商有伞盖。”

孔子说:“卜商的为人,对财物特别的吝啬。我听说与人交往,要推扬他的长处,避开他的短处,这样才能长久地交往下去。”

楚昭王渡江,江中有物大如斗[①],圆而赤,直触王舟,舟人取之。王大怪之,遍问群臣,莫之能识。

王使使聘于鲁[②],问于孔子。子曰:“此所谓萍实者也[③],可剖而食之。吉祥也,唯霸者为能获焉。”

使者反,王遂食之,大美。久之,使来,以告鲁大夫。大夫因子游问曰[④]:“夫子何以知其然?”

曰:“吾昔之郑,过乎陈之野,闻童谣曰:‘楚王渡江得萍实,大如斗赤如日,剖而食之甜如蜜。’此是楚王之应也。吾是以知之。”

(又见于《说苑·辨物》)

【注释】

①斗：古代盛酒器。

②聘：古代诸侯之间派使者问候。

③萍：一种水草。

④子游：言偃的字，孔子弟子。

【译文】

楚昭王渡江时，江中有个东西大如斗，又圆又红，径直撞上了楚王所乘的船，划船的人把它捞了上来。楚王看了非常奇怪，问遍了大臣，没有人认识。

楚王派使者到鲁国去，向孔子请教。孔子说："这就是所谓的萍食，可以切开来吃。这是吉祥之物，只有诸侯中的霸主才能得到。"

使者回去后，楚王就把萍食吃了，味道非常美。很久之后，楚国使者来到鲁国，把这件事告诉了鲁国大夫。鲁大夫通过子游问道："孔先生怎么知道那是萍食而又能吃呢？"

孔子说："从前我到郑国去，经过陈国野外时，听到小孩说的童谣：'楚王渡江得萍食，大如斗赤如日，剖而食之甜如蜜。'这是应在楚王身上的征兆，我是从这件事知道的。"

子贡问于孔子曰："死者有知乎？将无知乎？"

子曰："吾欲言死之有知，将恐孝子顺孙妨生以送死①；吾欲言死之无知，将恐不孝之子弃其亲而不葬。赐不欲知死者有知与无知②，非今之急，后自知之。"

（又见于《说苑·辨物》）

【注释】

①顺孙：孝顺之孙。

②赐：子贡的名，姓端木。

**【译文】**

子贡问孔子："死去的人有知觉呢？还是无知觉呢？"

孔子说："我要说死者有知觉，恐怕那些孝顺子孙因送别死者而妨害了生者；我要说死者没有知觉，又怕不孝之子抛弃亲人而不埋葬。赐啊！你不必知道死者是有知还是无知，这不是现在急于了解的事，以后你自然会知道。"

子贡问治民于孔子。

子曰："懔懔焉若持腐索之扞马[①]。"

子贡曰："何其畏也？"

孔子曰："夫通达御之，皆人也[②]。以道导之[③]，则吾畜也；不以道导之，则吾仇也。如之何其无畏也？"

（又见于《说苑·政理》）

**【注释】**

①懔懔焉若持腐索之扞马：懔懔，紧张恐惧的样子。扞马，驾驭马。王注："懔懔，戒惧之貌。扞马，突马。"《说苑·政理篇》此句作"懔懔焉如以腐索御奔马"，并有注："《家语》'以'作'持'，'御'作'扞'，皆误也。"

②通达：道路宽阔。

③道：正确的方法。

**【译文】**

子贡向孔子询问治理民众的方法。

孔子说："治民要像手持腐朽的缰绳驾驭奔跑的马那样地小心谨慎就行了。"

子贡说:“有那么可怕吗?”

孔子说:“在交通要道上驾驭马,到处都是人。用正确的方法来引导马,那么这马就像我驯养的家畜一样听话:用不正确的方法引导它,它则会成为我的仇敌。怎么能不畏惧呢?”

鲁国之法,赎人臣妾于诸侯者[①],皆取金于府[②]。子贡赎之,辞而不取金。

孔子闻之曰:“赐失之矣。夫圣人之举事也[③],可以移风易俗,而教导可以施之于百姓,非独适身之行也。今鲁国富者寡而贫者众,赎人受金则为不廉,则何以相赎乎?自今以后,鲁人不复赎人于诸侯。”

(又见于《吕氏春秋·先识览·察微》、《说苑·政理》、《淮南子·齐俗》《道应》)

**【注释】**

①臣:指家臣。

②府:国库。

③举事:做事。

**【译文】**

鲁国的法律规定,向诸侯赎回臣妾的人,赎金都可以从国库中领取。子贡赎回了臣妾,却谢绝拿国库的钱。

孔子听到这件事,说:“赐这事做得不对。圣人做某件事,可以移风易俗,他的教导可以在百姓中施行,不仅仅适合他自身。现在的鲁国,富人少而穷人多,如果赎人拿了国家的钱就是不廉洁,那用什么钱去赎呢?从今以后,鲁国人就不能再向诸侯赎人了。”

子路治蒲，请见于孔子曰："由愿受教于夫子[①]。"子曰："蒲其如何？"对曰："邑多壮士，又难治也。"

子曰："然。吾语尔，恭而敬，可以摄勇[②]；宽而正，可以怀强[③]；爱而恕，可以容困[④]；温而断，可以抑奸。如此而加之，则正不难矣。"

（又见于《说苑·政理》）

**【注释】**

①由：子路的名。

②摄：威慑。

③怀：安抚。

④容困：容纳困穷的人。王注："言爱恕者，能容困穷。"

**【译文】**

子路治理蒲地的时候，请求拜见孔子，说："我想得到老师您的指教。"孔子说："蒲那个地方怎么样呢？"子路回答说："邑中多壮士，又很难治理。"

孔子说："是这样啊！我告诉你，谦恭而又敬重，可以使勇猛的人敬畏；宽厚而又正直，可以安抚强人；友爱而又宽恕，可以容纳困穷的人；温和而又果断，可以抑制奸人。像这样各种办法并用，治理起来就不难了。"

# 三恕第九

**【题解】**

这篇也是由许多小议论组成。“孔子曰”二章，一是说君臣、父子、兄弟间要讲恕道，即“己欲利而利人，己欲达而达人。己所不欲，勿施于人”。一是讲君子要三思：“少而不学，长无能也；老而不教，死莫之思也；有而不施，穷莫之救也。”“伯常骞问”章，孔子言道、言事、言志、言养世。“孔子观于鲁桓公之庙”章，讲“虚则欹，中则正，满则覆”的道理。主张遵守愚、让、怯、谦的损之又损之道，这就是“满招损，谦受益”俗语的来源。“孔子观于东流之水”章，孔子以水的自然形态比喻人的德、义、道、勇、正、察、志、洁等品德，对后世影响很大。“吾有所耻”章，强调幼年要强学，与故旧亲朋要亲近，亲近贤人而远离小人。“子路见于孔子”章，讲知己、爱己；知人、爱人；自知、自爱的道理。“子贡问于孔子”章，孔子主张不盲目从父、君的意志，要“审其所从”，合乎道理的事才能遵从。这与后世的愚忠愚孝有很大区别。“子路盛服见于孔子”章，从衣着谈起，告诉子路说话、做事、做人的道理。“子路问于孔子”章，告诉子路如何保护自己，即“国无道，隐之可也；国有道，则衮冕而执玉”。这也体现孔子因人施教的原则，因子路勇敢，遇事能挺身而出而不详思。最终，子路死于战乱，被剁成肉酱，使孔子悲痛不已。

孔子曰："君子有三恕[1]，有君不能事，有臣而求其使，非恕也；有亲不能孝，有子而求其报，非恕也；有兄不能敬，有弟而求其顺，非恕也。士能明于三恕之本，则可谓端身矣[2]。"

（又见于《荀子·法行》）

【注释】

①恕：儒家的伦礼范畴之一，即推己及人。用孔子的话来说，就是"己所不欲，勿施于人""我不欲人之加诸我也，吾亦欲无加诸人"。

②端身：正身，使行为端正。

【译文】

孔子说："君子有三恕：有国君而不能侍奉，有臣子却要役使，这不是恕；有父母不能孝敬，有儿子却要求他抱恩，这也不是恕；有哥哥不能尊敬，有弟弟却要求他顺从，这也不是恕。读书人能明了这三恕的根本意义，就可以算得上行为端正了。"

孔子曰："君子有三思，不可不察也。少而不学，长无能也；老而不教[1]，死莫之思也；有而不施，穷莫之救也。故君子少思其长则务学，老思其死则务教，有思其穷则务施。"

（又见于《荀子·法行》）

【注释】

①教：指教育自己的孩子。

【译文】

孔子说："君子有三种思虑，是不能不深察的。小时候不爱学习，长大后就没有技能；年老不教导儿子，死后就没人思念；富有时不愿施舍，穷困时就没人救济。所以君子年少时想到长大以后的事就要努力学习，年老了想到死后的事就要好好教导儿孙，富有时想到穷困就要致力于施舍。”

伯常骞问于孔子曰①：“骞固周国之贱吏也，不自以不肖，将北面以事君子②。敢问正道宜行，不容于世③；隐道宜行，然亦不忍④。今欲身亦不穷，道亦不隐，为之有道乎？”

孔子曰：“善哉！子之问也。自丘之闻，未有若吾子所问辩且说也⑤。丘尝闻君子之言道矣，听者无察，则道不入⑥；奇伟不稽，则道不信⑦。又尝闻君子之言事矣，制无度量，则事不成；其政晓察，则民不保⑧。又尝闻君子之言志矣，刚折者不终⑨，径易者则数伤⑩，浩倨者则不亲⑪，就利者则无不弊⑫。又尝闻养世之君子矣，从轻勿为先，从重勿为后⑬，见像而勿强⑭，陈道而勿怫⑮。此四者，丘之所闻也。”

（又见于《晏子春秋·内篇问下》）

**【注释】**

①伯常骞问于孔子曰：《晏子春秋》作“柏常骞去周之齐，见晏子曰”。伯常骞，春秋时齐国人。按：据《晏子春秋·内篇问下》“孔子”当作“晏子”。

②北面以事君子：古代以面向北为卑，面向南为尊。据《晏子春秋》，此指伯常骞将要到齐国去做官。君子指国君。

③“正道宜行”二句：王注：“正道宜行，而世莫之能贵，故行之则不容于世。”“宜行”，《晏子春秋》作“直行”，较胜。

④“隐道宜行”二句：隐道指与正道相反之道。一说指隐居。王注：

“世乱则隐道为行，然亦不忍为隐事。”“宜行”，《晏子春秋》作“危行”，较胜。

⑤辩且说：王注：“辩当其理，得其说矣。”即善于辩论且说的有道理。

⑥听者无察，则道不入：王注：“言听者不明察，道则不能入也。”

⑦奇伟不稽，则道不信：王注：“稽，考也。听道者不能考校奇伟，则道不见信。此言苟非其人，道不虚行。”

⑧其政晓察，则民不保：王注：“保，安也。政太晓了分察，则民不安矣。”

⑨刚折者不终：王注：“刚则折矣，不终其性命矣。”

⑩径易者则数伤：王注：“径，轻也。志轻则数伤于义矣。”

⑪浩倨者则不亲：王注：“浩倨，简略不恭。如是则不亲矣。”

⑫就利者则无不弊：王注：“言好利者不可久也。”

⑬从轻勿为先，从重勿为后：王注：“赴忧患，从劳苦，轻者宜为后，重者宜为先，养世者也。”

⑭见像而勿强：王注：“像，法也。见法而已，不以强世也。”

⑮陈道而勿怫：王注：“怫，诡也。陈道而已，不与世相诡违也。”即所论道不违背世间通行的道理。

**【译文】**

伯常骞问孔子说：“我伯常骞固然是周国地位低贱的小吏，但我不认为自己不贤，我将要去侍奉君王。请问按照正道而行，不能被世道容纳；不按正道而行，却能行得通，然而我不忍心走歪门邪道。现在我既想被世道容纳，又不想违反正道，有什么办法吗？”

孔子说：“好啊！你提的这个问题。从我的听闻，还没有像您提的问题这样好这么有道理的。我曾经听君子谈到‘道’的问题，如果听的人不能理解，‘道’就不会被人接受；如果‘道’奇特而无法查验，就没人相信。我又曾听到君子谈如何做事，如果制度没有限度，事情就做不成;如果制度定的太细,民众就不能安宁。我又听说君子谈论志向,太刚直的人不会善终,简捷平易的人会多次受到伤害,简略傲慢的人无人亲近,追逐利益的人没有不失败的。我又曾听说那些善于安身处世的君子,做容易的事时不抢在前头,做繁重的事时不躲在后面,见到榜样不勉强去学,讲论了'道'就不违反。这四个方面,就是我所听到的。"

孔子观于鲁桓公之庙①,有欹器焉②。夫子问于守庙者曰:"此谓何器?"对曰:"此盖为宥坐之器③。"

孔子曰:"吾闻宥坐之器,虚则欹④,中则正⑤,满则覆。明君以为至诫,故常置之于坐侧。"顾谓弟子曰:"试注水焉!"乃注之。水中则正,满则覆。夫子喟然叹曰:"呜呼!夫物恶有满而不覆哉?"

子路进曰:"敢问持满有道乎⑥?"

子曰:"聪明睿智,守之以愚;功被天下,守之以让;勇力振世,守之以怯⑦;富有四海,守之以谦。此所谓损之又损之之道也⑧。"

(又见于《荀子·宥坐》、《韩诗外传·三》、《说苑·敬慎》、《淮南子·道应训》、《文子·十守》)

【注释】

①鲁桓公:惠公子,名轨,在位十八年,后被杀。

②欹(qī)器:容易倾斜倒下的器物。王注:"欹,倾。"

③宥坐之器:放在座位右边以示警戒的器物,相当于后来的座右铭。

④虚则欹:空虚的时候就倾斜。

⑤中:指水不多不少,恰到好处。

⑥持满：据上下文意，此当指不盈不满，可理解为保守成业。

⑦怯：原作“法”，据《四部丛刊》本《家语》改。

⑧损：减少。

**【译文】**

孔子到鲁桓公的庙里去参观，在那里看到一件容易倾倒的器物。于是他问守庙的人：“这是什么器物啊？”守庙人回答说：“这是国君放在座位右边以示警戒的欹器。”

孔子说：“我听说国君放在座位右边的欹器，没有水时就倾倒，水不多不少时就端正，水满时就倒下。贤明的国君把它作为最高警戒，所以常常把它放在座位边。”说完回头对弟子说：“灌进水试试。”弟子把水灌进欹器，水不多不少时欹器就端正，水满时就倒下。孔子感叹道：“唉，哪有东西盈满了不倒的呢！”

子路走上前去问道：“请问保守成业有什么方法吗？”

孔子说：“聪明睿智的人，用愚朴来保守成业；功盖天下的人，用谦让来保守成业；勇力震世的人，用怯懦来保守成业；富有四海的人，用谦卑来保守成业。这就是退损再退损的方法。”

孔子观于东流之水。子贡问曰：“君子所见大水必观焉，何也？”

孔子对曰：“以其不息，且遍与诸生而不为也[①]，夫水似乎德；其流也，则卑下倨邑必循其理[②]，此似义；浩浩乎无屈尽之期，此似道；流行赴百仞之嵠而不惧，此似勇；至量必平之[③]，此似法；盛而不求概[④]，此似正；绰约微达[⑤]，此似察；发源必东，此似志；以出以入，万物就以化絜，此似善化也。水之德有若此，是故君子见必观焉。”

（又见于《荀子·宥坐》、《说苑·杂言》）

【注释】

①遍与诸生而不为：普遍给予万物却不认为有功。诸生，指万物。

②倨邑：弯曲。

③至量：用水作标准来衡量。

④概：用量器量物时用来刮平的小木条。

⑤绰约：柔弱。微达：很细微的地方都能到达。

【译文】

孔子观赏东流的河水。子贡问道："君子见到大水必定要观赏，这是为什么呢？"

孔子回答说："因为它不停地奔流，滋润万物却不认为自己有什么功劳，这水就像德；水在高下弯曲的地方流动，必定遵循地理，这就像义；水浩浩荡荡地流淌没有穷尽之日，这就像道；水流向百仞深的山谷而无所畏惧，这就像勇；用水来测量必定是平的，这就像法；水盈满时不必用概来刮平，这就像正直端正；水虽柔弱但细微之处都能到达，这就像明察；水从发源地出来后一定向东流，这就像志；经水洗过的东西都干干静静，这就像善于教化。水具有这样的美德，所以君子看到就一定要观赏。"

子贡观于鲁庙之北堂，出而问孔子曰："向也赐观于太庙之堂[①]，未既辍[②]，还瞻北盖[③]，皆断焉[④]。彼将有说耶？匠过之也？"

孔子曰："太庙之堂，官致良工之匠，匠致良材，尽其功巧，盖贵久矣。尚有说也[⑤]。"

（又见于《荀子·宥坐》）

【注释】

①向也：从前，往昔。这里指刚才。赐：子贡的名，姓端木。孔子弟

子。太庙：国君供奉祭祀祖先的地方。

②未及辍：还未看完。辍，停止，完毕。

③盖：梁启雄《荀子简释》曰："盖，音盍，户扇也。"此指两扇门。

④皆断焉：王注："辍，止。观北面之盖，断绝也。"断，《荀子简释》作"继"，梁注："继，谓其材木断绝，相接继也。"

⑤尚有说也：王注："尚犹必也，言必有说。"

**【译文】**

子贡参观鲁国太庙的北堂，出来后向孔子问道："刚才我观看太庙的大堂，还未看完，回头看了看北面的门，都是用截开的木板拼接的。这样的做法有什么说法吗？还是工匠的过失造成的？"

孔子说："建造太庙的大堂，官府选用的是优秀的工匠，工匠选用的是优良的材料，极尽功力和精巧，这是为了使太庙保持长久。用断木拼接做门，必定有独特的原因吧！"

孔子曰："吾有所耻，有所鄙，有所殆[①]。夫幼而不能强学，老而无以教，吾耻之；去其乡，事君而达[②]，卒遇故人，曾无旧言，吾鄙之[③]；与小人处而不能亲贤，吾殆之[④]。"

（又见于《荀子·宥坐》）

**【注释】**

①殆：危险。

②达：显达。指做了大官。

③吾鄙之：王注："事君而达，得志于君，而见故人曾无旧言，是弃其平生之旧交而无进之心者乎！"

④吾殆之：王注："殆，危也。夫疏贤而近小人，是危亡之道。"

【译文】

孔子说："我为有些人感到耻辱，对有些人很鄙视，对有些人感到很危险。年轻时不努力学习，老了无法教育子孙，对这种人，我为他感到耻辱；离开家乡，侍奉国君而做了大官，突然遇到旧日的朋友，没有一句忆旧的话，对这种人，我鄙视他；愿意与小人相处而不能亲近贤人，对这种人，我替他感到危险。"

子路见于孔子。孔子曰："智者若何？仁者若何？"子路对曰："智者使人知己，仁者使人爱己。"子曰："可谓士矣[①]。"

子路出，子贡入，问亦如之。子贡对曰："智者知人，仁者爱人。"子曰："可谓士矣。"

子贡出，颜回入，问亦如之。对曰："智者自知，仁者自爱。"子曰："可谓士君子矣。"

（又见于《荀子·子道》）

【注释】

①士：指有道德修养的读书人。

【译文】

子路来见孔子。孔子问他："有智慧的人是什么样的？仁德的人是什么样的？"子路回答说："有智慧的人让别人了解自己，仁德的人让别人热爱自己。"孔子说："可以算得上是士了。"

子路出去后，子贡进来，孔子也对他提出同样的问题。子贡回答说："有智慧的人理解别人，仁德的人热爱别人。"孔子说："可以算得上是士了。"

子贡出去后，颜回进来，孔子又问了颜回同样的问题。颜回回答说："有智慧的人有自知之明，仁德的人自尊自爱。"孔子说："可以算得上是士君子了。”

子贡问于孔子曰：“子从父命，孝乎[①]？臣从君命，贞乎？奚疑焉？”

孔子曰：“鄙哉！赐，汝不识也。昔者明王万乘之国[②]，有争臣七人[③]，则主无过举；千乘之国，有争臣五人[④]，则社稷不危也；百乘之家，有争臣三人[⑤]，则禄位不替[⑥]。父有争子，不陷无礼；士有争友，不行不义。故子从父命，奚讵为孝[⑦]？臣从君命，奚讵为贞？夫能审其所从[⑧]，之谓孝，之谓贞矣。”

（又见于《荀子·子道》）

【注释】

①孝乎："乎"字原无，据《荀子·子道》补。

②万乘之国：拥有万辆战车的国家。指国家很大。

③有争臣七人：争臣，即诤臣，直言敢谏之臣。王注："天子有三公四辅主谏诤，以救其过失也。四辅，前曰疑，后曰丞，左曰辅，右曰弼也。"

④有争臣五人：王注："诸侯有三卿，股肱之臣，有内外者也，故有五人焉。"

⑤有争臣三人：王注："大夫有臣室老、家相、邑宰凡三人，能以义谏诤。"

⑥不替：不废弃，不丢掉。

⑦奚讵：岂能，何能。

⑧审其所从：王注："当详审所宜从与不。"

【译文】

子贡向孔子问道："儿子听从父命，是孝顺吗？臣子听从君命，是忠贞吗？对此有什么可怀疑的吗？”

孔子说：“多么浅陋啊！赐，你是不知道啊！过去拥有万辆战车之国的贤明君王，有七位直言敢谏的大臣，那么君王就不会有错误的行为了；拥有一千辆战车的诸侯国，有五位直言敢谏的大臣，国家就不会有危险了；拥有一百辆战车的卿大夫之家，有三位直言敢谏的家臣，俸禄和爵位就能保住了。父亲有直言敢谏的儿子，就不会陷入无礼行为之中；读书人有直言敢谏的朋友，就不会做不合道义的事。所以，儿子服从父亲的命令，怎能就是孝顺呢？臣下服从君王的命令，怎能就是忠贞呢？能看清应该服从的才服从，这才叫孝顺，这才叫忠贞。”

子路盛服见于孔子①。子曰：“由，是倨倨者何也②？夫江始出于岷山③，其源可以滥觞④，及其至于江津⑤，不舫舟⑥，不避风，则不可以涉，非唯下流水多耶？今尔衣服既盛，颜色充盈，天下且孰肯以非告汝乎？”

子路趋而出，改服而入，盖自若也⑦。子曰：“由，志之，吾告汝：奋于言者华⑧，奋于行者伐⑨。夫色智而有能者⑩，小人也。故君子知之曰智，言之要也；不能曰不能，行之至也。言要则智，行至则仁。既仁且智，恶不足哉！”

（又见于《荀子·子道》、《韩诗外传·三》、《说苑·杂言》）

**【注释】**

①盛服：穿着华贵的衣服。

②倨倨：《荀子·子道》注：“衣服盛貌。”

③江：指长江。岷山：山名，在今四川境内，古人认为是长江的发源地。

④滥觞:谓水少,只能浮起一个杯子。后来称起源叫滥觞。王注:“觞可以盛酒,言其微。”

⑤江津:地名,即今四川江津。

⑥舫:有舱室的船。

⑦自若:神态自如,保持原样。

⑧奋于言者华:夸夸其谈的人华而不实。王注:“自矜奋于言者,华而无实。”

⑨奋于行者伐:爱自我表现的人常常自夸。王注:“自矜奋行者,是自伐。”

⑩色智而有能:聪明和能力都在脸上表现出来。

**【译文】**

子路穿着华贵的衣服来见孔子。孔子说:“由,你穿得这样华贵是为什么呢?长江刚从岷山流出来的时候,它的水流很小,等到流至江津时,如果不借助有舱室的船,不回避大风,就不可能渡过。这岂不是因为水流太多的缘故吗?今天你穿的衣服这样华贵,颜色又这样鲜艳,天下还会有谁将你的缺点告诉你呢?”

子路快步走出去,换了衣服回来,表现出自如的样子。孔子说:“由,你记着,我告诉你:夸夸其谈的人华而不实,喜欢表现自己的人常常会自吹自擂。那些表面上表现出智慧和才能的人,只是小人罢了。所以,君子知道就说知道,这是说话的原则;做不到就说做不到,这是行动的准则。说话有原则就是智慧,行动按准则就是仁德。既有仁德又有智慧,还有什么不足的呢!”

子路问于孔子曰:“有人于此,被褐而怀玉①,何如?”子曰:“国无道,隐之可也;国有道,则衮冕而执玉②。”

【注释】

①被褐而怀玉：穿着粗布衣裳而怀抱着宝玉。比喻地位低下但有特殊才能。王注："褐，毛布衣。"

②衮冕而执玉：指做官。衮冕，穿戴官服礼帽。玉，玉笏，官员上朝时所执的玉制手板。王注："衮冕，文衣盛饰也。"

【译文】

子路问孔子说："现在有一个人，地位低下却很有才德，他该怎么办呢？"

孔子说："国君暴虐不行德政时，就隐居起来；国君贤明按正道治国时，就穿着礼服，戴着礼帽，拿着玉笏去朝廷当官。"

# 好生第十

**【题解】**

这也是许多小篇章的汇聚，这里只说说重要章节。本篇首章是孔子和鲁哀公对话，哀公不问大事，问舜戴的是什么帽子。孔子不回答，他要说的却是大事：讲舜“好生而恶杀”，“授贤而替不肖”，有德而善任人。这是从政的根本。“孔子读史”章，称赞申叔时之信和楚庄王之贤。“虞芮二国”章，从虞、芮二国争土地的事，赞美周文王的治国之道。“君子三患”章，孔子提出君子要避免“三患五耻”，强调闻、学、行的连带关系，以“五耻”激励士人要做君子。“鲁人有独处室者”的故事，又见《诗经·巷伯》毛传。不过毛传有准许邻之釐妇入室一段，本书做了删节，不准入室，似不近情理，不过孔子这里突出的是男女独处一室无法避嫌，明智的做法是避免引起嫌疑。“《豳诗》曰”章，讲治理国家要未雨绸缪，树根置本，积行累功，这样才能强大，并用周朝兴起为例。总之，此章主要讲如何做人，也兼谈如何为政。

鲁哀公问于孔子曰：“昔者舜冠何冠乎？”孔子不对。

公曰：“寡人有问于子，而子无言，何也？”

对曰：“以君之问不先其大者，故方思所以为对。”

公曰：“其大何乎？”

孔子曰："舜之为君也，其政好生而恶杀，其任授贤而替不肖。德若天地而静虚[①]，化若四时而变物[②]。是以四海承风[③]，畅于异类[④]，凤翔麟至，鸟兽驯德[⑤]。无他也，好生故也。君舍此道而冠冕是问，是以缓对。"

（又见于《荀子·哀公》）

【注释】

①静虚：清静无欲。

②变物：使万物变化。

③承风：接受教化。

④异类：指少数民族。王注："异类，四方之夷狄也。"

⑤驯：顺从。

【译文】

鲁哀公向孔子问道："从前舜戴的是什么帽子啊？"孔子不回答。

鲁哀公说："我有问题问你，你却不说话，这是为什么呢？"

孔子回答说："因为您问问题不先问重要的，所以我正在思考怎样回答。"

鲁哀公说："重要的问题是什么呢？"

孔子说："舜作为君主，他的政治是爱惜生命而厌恶杀生，他用人的原则是以贤能的人替换不贤的人。他的仁德像天地一样广大而又清净无欲，他的教化像四季一样使万物变化。所以，四海之内都接受了他的教化，遍及四方的少数民族，甚至使凤凰飞来，麒麟跑来，鸟兽都被他的仁德感化。这没有别的原因，就是他爱惜生命的缘故。您不问这些治国之道而问戴什么帽子，所以我才迟迟不做回答。"

孔子读史，至楚复陈[①]，喟然叹曰："贤哉楚王！轻千乘之国，而重一言之信。匪申叔之信[2]，不能达其义；匪庄王之贤，不能受其训。”

**【注释】**

①楚复陈：鲁宣公十年，陈国的夏征舒杀了陈灵公。第二年，楚庄王以讨伐夏征舒为名，灭掉了陈国。后来又在楚国大夫申叔时劝说下恢复了陈国。

②申叔之信：申叔，指申叔时。楚庄王灭掉陈国之后，把陈国设置为县。申叔时劝谏说："夏征舒杀死他的国君，罪恶很大，诛戮了他，这是君王您应做的事。现在把陈国设置为县，就是贪图他的富有了。用伐罪号召诸侯，而以贪婪来结束，恐怕不可以吧！"楚庄王听从了他的劝谏，重新封立陈国。

**【译文】**

孔子读史书，读到楚庄王恢复陈国时，感叹地说："楚庄王是多么贤明啊！轻视拥有千乘战车的陈国而看重申叔时一句正确的话。没有申叔时的忠信，就不能把道理讲得清楚明白而又合情合理；没有庄王的贤明，就不会接受申叔时的劝告。"

孔子尝自筮其卦[1]，得《贲》焉[2]，愀然有不平之状。

子张进曰[3]："师闻，卜者得《贲》卦，吉也，而夫子之色有不平，何也？"

孔子对曰："以其离耶[4]！在《周易》，山下有火谓之《贲》[5]，非正色之卦也。夫质也，白宜正白，黑宜正黑[6]，今得《贲》，非吾吉也[7]。吾闻丹漆不文[8]，白玉不雕，何也？质有余不受饰故也。"

（又见于《说苑·反质》、《吕氏春秋·慎行论·壹行》）

【注释】

①自筮其卦：自己给自己卜卦。

②《贲》：《周易》卦名。

③子张：姓颛孙，名师，字子张，孔子弟子。

④离：在《周易》中叫离，而贲卦的卦象是䷕（离上艮下），有一半是离。

⑤山下有火：《周易·贲卦》："象曰山下有火，贲。"王注："离下艮上，离为火，艮为山。"

⑥白宜正白，黑宜正黑：《四部丛刊》本《家语》作"黑白宜正"。意为黑色和白色应该是纯粹无杂色的。

⑦吉：《四部丛刊》本《家语》作"兆"。

⑧丹漆：朱漆，颜色纯红。不文：不文饰。

【译文】

孔子有一次曾经为自己卜卦，得了个《贲》卦，脸上表现出不平之色。

子张走上前问道："我听说，卜卦的人得了《贲》卦，是吉兆，而老师您的脸色却很不平，这是为什么呢？"

孔子说："因为卦象中有离象吧。在《周易》中，山下有火叫做《贲》，这不是纯正颜色的卦。从本质来说，白色应该是正白，黑色应该是正黑，现在得到的《贲》卦，不是我理想的吉兆。我听说朱漆不借助别的颜色就很鲜艳，白玉不用雕琢就很宝贵，为什么呢？因为她们的本质就非常好，不必再修饰了。"

孔子曰："吾于《甘棠》[①]，见宗庙之敬也甚矣。思其人必爱其树，尊其人必敬其位，道也。"

（又见于《说苑·贵德》）

【注释】

①甘棠：树名。召伯曾在甘棠树下断狱听讼，劝农教稼，民受其利。后人思其德，作《甘棠》一诗。王注：“邵伯听讼于甘棠，爱其树，作《甘棠》之诗也。”

【译文】

孔子说：“我从《甘棠》这首诗，看到在宗庙中对召伯是非常尊敬的。人们思念召伯这个人，就必定爱惜这棵树；尊敬召伯这个人，就必定尊敬他的神位。这是符合道理的。”

子路戎服见于孔子[①]，拔剑而舞之，曰：“古之君子以剑自卫乎？”

孔子曰：“古之君子，忠以为质，仁以为卫，不出环堵之室而知千里之外[②]。有不善则以忠化之，侵暴则以仁固之，何持剑乎？”

子路曰：“由乃今闻此言[③]，请摄齐以受教[④]。”

（又见于《说苑·贵德》）

【注释】

①戎服：穿着军装。

②环堵之室：四围皆土墙的方丈之室。堵，长高各一丈为一堵。

③由：指子路，名仲由。

④摄齐：古人穿长袍，上台阶时要提起衣襟，防止跌倒，并表示恭谨有礼。摄，提。齐，衣下之缝，代指衣襟。王注：“齐，裳下不缉也。受教者摄齐升堂。”

【译文】

子路穿着军装来见孔子，拔出剑挥舞着，问道：“古代的君子是用剑自卫吗？”

孔子说：“古代的君子，以忠为本质，以仁为护卫，不出屋子就能知千里之外的事情。有不善的事就用忠来化解，有侵凌和凶暴的事就用仁来限制，哪里用得着持剑呢！”

子路说：“我今天听到您这番话，请让我提起衣襟到您的堂上接受您的教导吧。”

楚恭王出游，亡乌嗥之弓[①]，左右请求之。王曰：“止。楚王失弓，楚人得之，又何求之！”

孔子闻之，惜乎其不大也。不曰“人遗弓人得之而已”，何必楚也！

（又见于《说苑·至公》）

【注释】

①乌嗥：良弓。

【译文】

楚恭王有一次出去打猎，丢失了一张良弓，他的手下人请求去寻找。楚王说：“不必了。楚王丢了弓，楚国人会捡到，又何必去寻找呢！”

孔子听说了这件事，惋惜楚王的胸襟还不够广阔。认为不如说“人丢了弓，人捡到”就可以了，何必非说楚人呢！

孔子为鲁司寇[①]，断狱讼[②]，皆进众议者而问之，曰：“子以为奚若？某以为何若？”皆曰云云，如是，然后夫子曰：“当从某子，几是[③]。”

（又见于《说苑·至公》）

【注释】

①司寇：官名，主管刑狱。

②断狱讼：审断官司。

③几是：接近正确。王注："近也，重狱事，故与众之。"

【译文】

孔子担任鲁国的司寇，在审问判决官司时，都要征求众人的意见，说："你认为怎么样？某某你认为怎么样？"大家都发表了自己的意见，然后孔子才说："应当听从某某的意见，他的看法基本正确。"

孔子问漆雕凭曰①："子事臧文仲、武仲及孺子容②，此三大夫孰贤？"

对曰："臧氏家有守龟焉③，名曰蔡④。文仲三年而为一兆⑤，武仲三年而为二兆，孺子容三年而为三兆。凭从此之见。若问三人之贤与不贤，所未敢识也。"

孔子曰："君子哉，漆雕氏之子！其言人之美也，隐而显；言人之过也，微而著。智而不能及，明而不能见，孰克如此⑥？"

（又见于《说苑·权谋》）

【注释】

①漆雕凭：人名，漆雕为姓。

②臧文仲：即臧孙臣，鲁国大夫，谥文仲。武仲：即臧孙纥，鲁国大夫，谥武仲。孺子容：鲁国大夫。

③守龟：古代天子诸侯用来占卜的龟甲，因有专人掌守，故称守龟。

④名曰蔡：蔡指占卜用的大龟，因此龟出于蔡地，因名蔡。

⑤三年而为一兆：三年占卜一次。兆，占卜时龟骨上出现预示吉凶的裂纹。

⑥孰克如此：王注：“克，能也，而宜为如也。”

**【译文】**

孔子问漆雕凭说：“您曾侍奉臧文仲、武仲及孺子容，这三位大夫谁更贤明呢？”

漆雕凭回答说：“臧家有占卜用的龟甲，名叫蔡。臧文仲三年占卜一次，臧武仲三年占卜两次，孺子容三年占卜三次。我只是从这点看到了他们的作为。如果要问这三个人谁贤谁不贤，这是我不敢判断的。”

孔子说：“漆雕氏家的儿子真是君子啊！他谈论别人的优点时，说法虽隐晦观点却很明显；他谈论别人的缺点时，说法虽隐微观点却很鲜明。他的聪明别人赶不上，他的明智别人看不出，谁能做到这样呢？”

鲁公索氏将祭而亡其牲①。孔子闻之，曰：“公索氏不及二年将亡。”后一年而亡。

门人问曰：“昔公索氏亡其祭牲，而夫子知其将亡，何也②？”

孔子曰：“夫祭者，孝子所以自尽于其亲③。将祭而亡其牲，则其余所亡者多矣。若此而不亡者，未之有也。”

（又见于《说苑·权谋》）

**【注释】**

①公索氏：姓公索的人。亡其牲：丢了祭祀用的牲畜。

②而夫子知其将亡，何也：《四部丛刊》本《家语》作“而夫子曰不及二年必亡，今过期而亡，夫子何以知其然？”

③尽：尽孝心。

【译文】

鲁国的公索氏将要祭祀时，祭祀用的牲畜却丢了。孔子听到这件事，说："不用二年公索氏就会灭亡。"过了一年公索氏就灭亡了。

孔子的门人问孔子："从前公索氏丢了祭祀用的牲畜，老师却知道他将要灭亡，这是为什么呢？"

孔子说："祭祀，这是孝子向亲人表达孝心的方式。将要祭祀却丢了祭祀用的牲畜，可见其他方面所丢失的更多。像这样而不灭亡的，从来是没有的。"

虞、芮二国争田而讼①，连年不决，乃相谓曰："西伯②，仁人也，盍往质之③？"

入其境，则耕者让畔④，行者让路。入其邑，男女异路，斑白不提挈⑤。入其朝，士让为大夫，大夫让为卿。虞、芮之君曰："嘻！吾侪小人也⑥，不可以履君子之庭⑦。"遂自相与而退⑧，咸以所争之田为闲田矣。

孔子曰："以此观之，文王之道，其不可加焉。不令而从，不教而听，至矣哉！"

（又见于《说苑·君道》）

【注释】

①虞、芮：春秋时两个小诸侯国。虞国在今山西平阴，芮国在今山西芮城。讼：打官司。

②西伯：即周文王。

③盍：何不。质：评判。王注："盍，何不。质，正也。"

④畔：指田地的边界。

⑤提挈(qiè)：提着举着，指负重。

⑥吾侪(chái):我等,我辈,我们这类人。

⑦不可以履君子之庭:《四部丛刊》本《家语》“履”作“入”,“庭”作“朝”。

⑧遂:《四部丛刊》本《家语》作“远”。

【译文】

虞国和芮国为了争田而打官司,打了几年也没结果,他们就相互说:“西伯是一位仁人,我们何不到他那里让他给评判呢?”

他们进入西伯的领地后,看到耕田的人互相谦让田地的边界,走路的人互相让路。进入城邑后,看到男女分道而行,老年人没有提着重东西的。进入西伯的朝廷后,士谦让着让他人做大夫,大夫谦让着让他人做卿。虞国和芮国的国君说:“唉!我们真是小人啊!是不可以踏进西伯这样君子的朝廷的。”于是,他们就一起离开西伯的属地,都把所争的田作为闲田。

孔子说:“从这件事看来,文王的治国之道,不可再超过了。不下命令就能服从,不用教导就能听从,这是达到最高的境界了。”

曾子曰:“狎甚则相简[①],庄甚则不亲[②]。是故君子之狎足以交欢,其庄足以成礼。”

孔子闻斯言也,曰:“二三子志之,孰谓参也不知礼也[③]!”

(又见于《说苑·谈丛》)

【注释】

①狎:亲近而不庄重。简:倨傲怠慢。

②庄:庄重严肃。

③谓:原作“为”,据《四部丛刊》本《家语》改。参:即孔子弟子曾参。

**【译文】**

曾子说："和人交往，太亲近了，人家就会怠慢你；太严肃了，人家对你就不亲近。所以君子和人的亲近程度足以使人愉快就可以了，其庄重程度足以让人保持礼貌就可以了。"

孔子听到曾子这些话，对弟子们说："你们大家记着，谁说曾参不知礼呀！"

哀公问曰："绅委章甫①，有益于仁乎？"

孔子作色而对曰："君胡然焉②？衰麻苴杖者③，志不存乎乐。非耳弗闻，服使然也。黼黻衮冕者④，容不亵慢⑤，非性矜庄，服使然也。介胄执戈者⑥，无退懦之气，非体纯猛，服使然也。且臣闻之，好肆不守折⑦，而长者不为市⑧。窃夫其有益与无益⑨，君子所以知。"

（又见于《荀子·哀公》）

**【注释】**

①绅：束在腰间的大带子。委：带子拖下来的样子。章甫：礼帽。王注："委，委貌。章甫，冠。"

②胡然焉：怎么这样问呢。

③衰麻苴杖：穿着麻布丧服拄着丧杖。

④黼黻（fǔ fú）：古代礼服上绣的黑白相间的花纹，此指礼服。衮冕：衮衣和冠冕。古代帝王和大夫的礼服和礼帽。

⑤容：面容，表情。亵（xiè）慢：轻慢，不庄重。

⑥介胄：穿着铠甲。

⑦好肆：喜好做生意的人。肆，店铺。不守折：不能保持廉洁。王注："言市弗能为廉，好肆不守折也。"

⑧长者不为市：王注："言长者之行，则不为市买之事。"

⑨窃：王注："窃宜为察。"即察看。

**【译文】**

鲁哀公问孔子："腰间系着大带子，戴着礼帽，这样的穿戴有益于仁的品德吗？"

孔子变了脸色回答说："您怎么这样问呢？穿着麻布丧服拄着哭丧杖的人，心中不会想着音乐，不是他的耳朵不想听，而是他穿的服装使他这样。穿着礼服戴着礼帽的人，脸上没有轻慢的神色，不是他本性庄重严肃，而是他穿的服装使他这样。穿着铠甲，拿着武器的人，没有后退怯懦之气，不是他身体康健勇猛，而是他穿的服装使他这样。而且我听说，喜欢做生意的人不能保持廉洁，因而德高望重的人不去做生意。仔细想一想服装对仁德的修养是有益还是无益，这是君子应当知道的。"

孔子谓子路曰："见长者而不尽其辞[①]，虽有风雨，吾不能入其门矣。故君子以其所能敬人，小人反是。"

**【注释】**

①长者：指德高望重的人。尽其辞：指尽力称颂关切。

**【译文】**

孔子对子路说："见到德高望重的人而不尽力地关心称颂，即使以后遇到风雨天气，我也不会到他家去躲避。所以君子要竭尽所能地尊敬别人，小人的态度则相反。"

孔子谓子路曰："君子以心导耳目，立义以为勇；小人以耳目导心，不逊以为勇[①]。故曰：退之而不怨[②]，先之斯可从己③。”

【注释】

①逊：谦恭，顺从。

②退之：把自己名位排在后面。指轻视。

③先之：把自己名位排在前面。指重视。王注：“言人退之不怨，先之则可从，足以为师也。”

【译文】

孔子对子路说：“君子用心来引导自己的耳目，把树立义作为勇敢；小人以耳目来引导心，把不谦恭作为勇敢。所以说，如果别人轻视自己，也不要怨恨；如果别人重视自己，就足以向他学习。”

孔子曰：“君子有三患①：未之闻，患不得闻；既闻之，患弗得学；既得学之，患弗能行。有其德而无其言，君子耻之；有其言而以无其行②，君子耻之；既得之而又失之，君子耻之；地有余而民不足③，君子耻之；众寡均而人功倍己焉④，君子耻之。”

（又见于《礼记·杂记下》、《说苑·说丛》）

【注释】

①患：担忧，忧虑。

②有其言而以无其行：“而”下原有“以”字，据《四部丛刊》本《家语》删。

③地有余而民不足：“余”字原无，据《四部丛刊》本《家语》补。

④众寡均：任务和别人相同。人功倍己：别人的功劳比自己多一倍。王注：“凡兴功业，多少与人同，而功殊倍己，故耻之。”

**【译文】**

孔子说:"君子有三种担心:没有听到时,担心听不到;听到以后,担心学不到;学了以后,担心不能实行。有德行而没有相应的言论,君子感到耻辱;有言论而没有行动,君子感到耻辱;既得到了而又失去,君子感到耻辱;土地有余而百姓却不富足,君子感到耻辱;大家的任务相同而别人的功劳比自己多一倍,君子感到耻辱。"

鲁人有独处室者,邻之嫠妇亦独处一室[①]。夜,暴风雨至,嫠妇室坏,趋而托焉。鲁人闭户而不纳。嫠妇自牖与之言[②]:"子何不仁而不纳我乎?"鲁人曰:"吾闻男女不六十不同居[③]。今子幼,吾亦幼,是以不敢纳尔也。"妇人曰:"子何不如柳下惠然[④]?妪不逮门之女[⑤],国人不称其乱。"鲁人曰:"柳下惠则可,吾固不可。吾将以吾之不可,学柳下惠之可。"

孔子闻之曰:"善哉!欲学柳下惠者,未有似于此者。期于至善而不袭其为[⑥],可谓智乎!"

(又见于《诗经·相伯·毛传》)

**【注释】**

①嫠妇:寡妇。

②牖:窗户。

③男女不六十不同居:原作"男子不六十不间居",据《四部丛刊》本《家语》改。

④柳下惠:即春秋鲁国大夫展禽,因食邑柳下,谥惠,故称柳下惠。传说他曾遇一无家女子,怕她冻伤,就让她坐于自己怀中,用衣服把她裹起来,整夜都无淫乱行为。

⑤妪：即妪育之意，此指爱抚。

⑥期：希望。袭：继承，因袭。

**【译文】**

有一位鲁国人独自在家，邻居的一位寡妇也是独居。一天夜里，风雨大作，寡妇的房子坏了，她跑到鲁国人门口，希望能进去躲避风雨。鲁人闭门不让她进去。寡妇在窗外对鲁人说："你为何这样没有仁心而不让我进去呢？"鲁人说："我听说男女不到六十岁不能同处一室。现在你年龄不大，我年龄也不大，因此不敢让你进来。"寡妇说："你为何不能像柳下惠那样呢？爱抚一个无家可归的女子，国人不认为他是淫乱。"鲁人说："柳下惠那样做可以，我却不可以。我将以我的不可以，学柳下惠的可以。"

孔子听说了这件事，说："好啊！想学柳下惠的人，没有像他这样做得好的。期望做得最好而又不沿袭别人的行为，可称得上是智者了。"

孔子曰："小辩害义①，小言破道②。《关雎》兴于鸟而君子美之③，取其雄雌之有别。《鹿鸣》兴于兽而君子大之④，取其得食而相呼。若以鸟兽之名嫌之，固不可行也。"

（又见于《淮南子·泰族训》）

**【注释】**

①小辩：巧言，花言巧语。

②小言：不合道理的言论。

③《关雎》：《诗经》的第一篇，开头以"关关雎鸠，在河之洲"起兴，是有名的爱情诗。

④《鹿鸣》：《诗经·小雅》中的一篇，开头第一句为"呦呦鹿鸣"，是一首歌唱宴饮之乐的诗。

**【译文】**

孔子说："花言巧语会损害义，不合理的言论会破坏道。《关雎》以鸟起兴而君子称赞它，是看重诗中写的雎鸠鸟雌雄有别。《鹿鸣》以野兽起兴而君子夸赞它，是看重诗中写的鹿找到食物就互相呼唤。如果因为它们有鸟兽之名就嫌弃它们，固然是不能那样做的。"

孔子谓子路曰："君子而强气①，则不得其死；小人而强气，则刑戮荐臻②。"

（注：此则与下二则原为一则，今据内容分为三则）

**【注释】**

①强气：意气用事，执拗己见。

②刑戮：杀身。荐臻：重至，再来。

**【译文】**

孔子对子路说："君子桀骜不驯，执拗己见，就会不得善终；小人桀骜不驯，意气用事，杀身之祸就会接连到来。"

《豳诗》曰①："迨天之未阴雨②，彻彼桑土③，绸缪牖户④。今汝下民，或敢侮余？'"孔子曰："能治国家之如此，虽欲侮之，岂可得乎？周自后稷⑤，积行累功，以有爵土⑥。公刘重之以仁⑦。及至大王亶甫⑧，敦以德让⑨，其树根置本，备豫远矣。初，大王都豳⑩，狄人侵之⑪，事之以皮币⑫，不得免焉；事之以珠玉，不得免焉。于是属耆老而告之：'所欲吾土地。吾闻之：君子不以所养而害人⑬。二三子何患乎无君？'遂独与大姜去之⑭。逾梁山⑮，邑于岐山之下⑯。豳人曰：

‘仁人之君，不可失也。’从之如归市焉。天之与周，民之去殷，久矣。若此而不能天下，未之有也。武庚恶能侮[17]？”

【注释】

①豳诗：指《诗经·豳风·鸱鸮》。

②迨：趁着。王注：“迨，及也。”

③彻彼桑土：王注：“彻，剥也。桑土，桑根也。”

④绸缪牖户：修补门窗。王注：“鸱鸮天未雨剥取桑根以缠绵其牖户，喻我国家积累之功乃难成之若此也。”

⑤后稷：相传为周人的祖先，是有邰氏之女姜嫄踏巨人足迹怀孕而生。长大后喜欢农耕，尧举为农官，舜封之与邰，号后稷，姬姓。

⑥爵土：爵位和土地。

⑦公刘：后稷的后裔。公，称号。刘，名。

⑧大王亶甫：即古公亶甫，周文王的祖父。

⑨敦：厚。

⑩都豳：相传公刘为避夏桀之乱，而迁其民于豳。豳在今陕西栒邑西，从公刘到古公亶甫，一直是周人的都邑。

⑪狄人：指昆夷，即《诗经》中所说的猃狁。

⑫皮币：毛皮和缯帛。

⑬所养：指养人的土地。

⑭大姜：古公亶甫的妻子，亦称太姜。

⑮梁山：山名，在陕西乾县西北。

⑯岐山：山名，在今陕西岐山东北。

⑰武庚：商纣王的儿子，名禄父，曾与管叔一起为乱。

【译文】

《豳》诗说：“趁着还没有天阴下雨，赶紧剥些桑树皮，修补好门和窗。如今树下的人们，谁还敢来把我欺？”孔子说：“能够像诗中写的那样治理国家，即使有人想侵害，难道可能吗？周人从后稷开始，一点点地积累功德，因而有了爵位和土地。公刘又进一步施加仁德。到了太王亶甫的时候，更施加了仁德和谦让，培植了根本，事先为将来做了准备。当初，太王以豳为都邑时，狄人经常来侵犯，太王把毛皮和缯帛送给他们，还是不能免于被侵犯；又送上珠玉，还是不能幸免。于是太王亶甫嘱咐族中老人并让他们告诉民众说：'狄人想要的是我们的土地。我听说，君子是不以养人的东西来害人的，你们何必担心没有君主呢？'于是，他和妻子太姜单独离开了豳地，翻越梁山后，在岐山下建立了都邑。豳人说：'这是一位仁君，是不能失去的。'于是跟随到岐山下的人像赶集的一样多。上天帮助周人，人民叛离殷朝，这种情况由来已久。像这样还不能称王于天下的，从来是没有的。武庚哪能危害周人呢？"

《鄁诗》曰①："执辔如组②"，"两骖如儛③。"孔子曰："为此诗者，其知政乎！夫为组者，总纰于此④，成文于彼。言其动于近，行于远也。执此法以御民，岂不化乎？竿旄之忠告⑤，至矣哉！"

**【注释】**

①鄁诗：指《诗经·邶风》，鄁，同"邶"。

②执辔：拉着缰绳。组：丝织的宽带子。

③两骖(cān)如儛：两匹骖马像在舞蹈。骖，指一车四马的两旁的马。王注："骖之以服，和谐中节。"

④总纰(pī)：编织制造。

⑤竿旄：揭旄于竿，以召贤者。引申为礼贤。王注："竿旄之诗者，乐乎善道告人，取喻于素丝良马，如组纰之义。"

**【译文】**

《邶风》诗说："手持缰绳如宽带"，"两匹骖马像舞蹈"。孔子说："写出这样诗句的人，大概懂得政治吧！编制带子的人，在这里编织，却随后在那里形成了花纹。这说的是他在近处行动，结果却流传到了远处。用这种方法治理民众，他们岂能不接受教化吗？揭旄于竿，以召贤者，这样的忠告，是最好不过的了。"

卷三

# 观周第十一

**【题解】**

孔子是中国历史上最好学的人，他喜欢向天下万事万物学习。孔子有没有向老聃学习过，这曾是儒道两家争论的一个焦点。本文记载了这个学习过程。文中首先讲了孔子家族历史，说他的家族是以恭俭出名的。孔子适周，是要“观先王之遗制，考礼乐之所极”。他在周朝问礼于老聃，访乐于苌弘，对郊社之所、明堂之则、庙朝之度都做了考察，真正了解了周公为何是圣人与周之所以王天下的原因，并获得老子赠言。孔子强调明镜察形，往古知今，国家必须往安定路上走，决不能忽视危亡的原因。孔子观后稷之庙，读金人铭，等于学习了《老子》。这大概就是儒家谨言慎行的思想渊源之一。

孔子谓南宫敬叔曰[1]：“吾闻老聃博古知今[2]，通礼乐之原，明道德之归，则吾师也。今将往矣。”对曰：“谨受命。”

遂言于鲁君曰：“臣受先臣之命云[3]：‘孔子，圣人之后也[4]，灭于宋[5]。其祖弗父何[8]，始有国而授厉公[7]。及正考父佐戴、武、宣[8]，三命兹益恭[9]。故其鼎铭曰[10]：“一命而偻[11]，再命而伛[12]，三命而俯[13]。循墙而走[14]，亦莫余敢侮[15]。

饘于是[16]，粥于是，以糊其口。"其恭俭也若此。'臧孙纥有言[17]：'圣人之后，若不当世[18]，则必有明德而达者焉。孔子少而好礼，其将在矣[19]。'属臣：'汝必师之。'今孔子将适周，观先王之遗制[20]，考礼乐之所极[21]，斯大业也。君盍以乘资之[22]，臣请与往。"

公曰："诺。"与孔子车一乘，马二匹，竖子侍御[23]。敬叔与俱。至周，问礼于老聃，访乐于苌弘[24]，历郊社之所[25]，考明堂之则[26]，察庙朝之度[27]。于是喟然曰："吾乃今知周公之圣，与周之所以王也。"

及去周，老子送之，曰："吾闻富贵者送人以财，仁者送人以言。吾虽不能富贵，而窃仁者之号，请送子以言乎：凡当今之士，聪明深察而近于死者，好讥议人者也；博辩闳达而危其身[28]，好发人之恶者也。无以有己为人子者[29]，无以恶己为人臣者[30]。"

孔子曰："敬奉教。"自周反鲁，道弥尊矣。远方弟子之进，盖三千焉。

（又见于《春秋左传·昭公七年》、《史记·孔子世家》）

【注释】

①南宫敬叔：鲁国大夫，即孟僖子之子，原姓仲孙，名阅。

②老聃：即老子。王注："老聃，老子。博古知今而好道。"

③先臣：指南宫敬叔的父亲孟僖子。

④圣人：王注："圣人，殷汤。"即商汤。

⑤灭于宋：王注："孔子之先，去宋奔鲁，故曰灭于宋也。"

⑥弗父何：宋湣公共长子，孔父嘉之高祖，厉公兄。王注："弗父何，

缗公世子，厉公兄也。让国以授厉公。《春秋传》曰：'以有宋而授厉公。'"

⑦始有国而授厉公：厉公，宋湣公之子，弗父何之弟，名鲋祀。王注："有者，始有也。始有宋也。"授，原作"受"，据《丛刊》本《家语》改。

⑧正考父：弗父何的曾孙，曾辅佐戴公、武公、宣公。生孔父嘉，即孔子的祖先。王注："正考父，何之曾孙也。戴、武、宣，三公也。"

⑨三命兹益恭：三命，三次任命。兹益恭，更加恭敬。王注："命为士，一命；为大夫，再命；为卿，三命是也。"

⑩鼎铭：王注："臣有功德，君命铭之于其宗庙之鼎也。"

⑪一命而偻：第一次接受任命时弯着腰。

⑫再命：第二次任命。伛：弯着身子。

⑬三命而俯：王注："伛恭于偻，俯恭于伛。"

⑭循墙而走：沿着墙边走。王注："言恭之甚。"

⑮亦莫余敢侮：王注："余，我也，我考父也。以其恭如此，故人亦莫之侮。"

⑯饘：稠粥。王注："饘，糜也，为糜粥于此鼎，言至俭也。"

⑰臧孙纥：弗父何的后代，即鲁大夫臧武仲，为人有远见。

⑱若不当世：如果不掌管天下。王注："纥、臧武仲、弗父何，殷汤之后，而不继世为宋君。"

⑲其将在矣：王注："将在孔子。"

⑳先王：原作"先生"，据文意改。

㉑极：所达到的最高点。

㉒盍以乘资之：何不资助他一辆车。

㉓竖子：对人的鄙称，犹谓"小子"，指派去为孔子驾车的人。侍：服侍。御：驾车。

㉔苌弘：周敬王大夫。

㉕郊社：祭天地。

㉖明堂：古代帝王宣明政教的地方。则：法。

㉗庙朝之度：王注："宗庙朝廷之法度。"

㉘闳达：宽宏通达。

㉙无以有己为人子者：意为作为人子要想到父母，即孝顺父母。王注："身，父母之有也。"

㉚无以恶己为人臣者：意为作为臣子，既要忠心尽职，还要爱惜生命。王注："言听则仕，不用则退，保身全行，臣之节也。"

**【译文】**

孔子对南宫敬叔说："我听说老子博古知今，通晓礼乐的起源，明白道德的归属，那么他就是我的老师。现在我要到他那里去。"南宫敬叔回答说："谨遵从您的意愿。"

于是南宫敬叔对鲁国国君说："我接受父亲的嘱咐说：'孔子是圣人的后代，他的先祖在宋国消亡了。他的祖先弗父何，最初拥有了宋国，后来给了弟弟厉公。到了正考父时，辅佐戴公、武公、宣公三个国君，三次任命，他一次比一次恭敬。因此在宗庙的鼎上刻的铭文说："第一次任命，他弯着腰；第二次任命，他弯着身子；第三次任命，他俯下身子。他靠着墙根走，也没有人敢欺侮他。在这个鼎里煮稠粥，煮稀粥，用来糊口。"他的恭敬节俭就到了这种地步。'臧孙纥曾说过这样的话：'圣人的后代，如果不能执掌天下，那么必定会有道德高尚而受到君王重用的人。孔子从小就喜好礼仪，他大概就是这个人吧。'我父亲又嘱咐我说：'你一定要拜他为师。'现在孔子将要到周国去，观看先王遗留的制度，考察礼乐所达到的高度，这是大事业啊！您何不提供车子资助他呢？我请求和他一起去。"

鲁君说："好。"送给孔子一辆车，两匹马，派了一个人侍候他给他驾车。南宫敬叔和孔子一起到了周国。孔子向老子询问礼，向苌弘询问乐，走遍了祭祀天地之所，考察明堂的规则，察看宗庙朝堂的制度。于是感叹地说："我现在才知道周公的圣明，以及周国称王天下的原因。"

离开周国时，老子去送他，说："我听说富贵者拿财物送人，仁者用言语送人。我虽然不能富贵，但私下用一下仁者的称号，请让我用言语送你吧：凡是当今的士人，因聪明深察而危及生命的，都是喜欢讥讽议论别人的人；因知识广博喜好辩论而危及生命的，都是喜好揭发别人隐私的人。作为人子不要只想着自己，作为人臣要尽职全身。"

孔子说："我一定遵循您的教诲。"从周国返回鲁国，孔子的道更加受人尊崇。从远方来向他学习的，大约有三千人。

孔子观乎明堂，睹四门墉[①]，有尧舜与桀纣之象，而各有善恶之状，兴废之诫焉。又有周公相成王[②]，抱之负斧扆南面以朝诸侯之图焉[③]。

孔子徘徊而望之，谓从者曰："此周公所以盛也。夫明镜所以察形，往古者所以知今[③]。人主不务袭迹于其所以安存[④]，而忽怠所以危亡[⑤]，是犹未有以异于却走，而欲求及前人也，岂不惑哉！"

**【注释】**

①墉(yōng)：墙壁。

②周公相成王：周公即周公旦。他是周文王的儿子，武王的弟弟，成王的叔父。辅助武王灭商，辅佐成王。相，辅佐。

③负：背对着。斧扆(yǐ)：古代帝王所用的状如屏风的器物，高八尺，上绣斧形图案。扆，屏风。

④往古：古昔，古代的事。

⑤袭迹：沿袭。

⑥忽怠：忽略轻视。原作"急急"，据《四部丛刊》本《家语》改。

【译文】

孔子观看明堂，看到四门的墙上有尧舜和桀纣的画像，画出了每个人善恶的容貌，并有关于国家兴亡告诫的话。还有周公辅佐成王，抱着成王背对着屏风面朝南接受诸侯朝见的画像。

孔子走来走去地观看着，对跟随他的人说："这是周公能使周朝兴盛的原因啊。明亮的镜子可以照出形貌，往昔的事情可以用来了解现在。君主不努力沿着使国家安定的路上走，而忽视国家危亡的原因，这和倒着跑却想追赶上前面的人一样，难道不糊涂吗？"

孔子观周，遂入太祖后稷之庙。庙堂右阶之前，有金人焉[①]，三缄其口[②]，而铭其背曰[③]："古之慎言人也。戒之哉！无多言，多言多败；无多事，多事多患。安乐必戒[④]，无所行悔[⑤]。勿谓何伤，其祸将长；勿谓何害，其祸将大；勿谓不闻，神将伺人。焰焰不灭，炎炎若何？涓涓不壅，终为江河。绵绵不绝，或成网罗[⑥]。毫末不札，将寻斧柯[⑦]。诚能慎之，福之根也。口是何伤？祸之门也。强梁者不得其死[⑧]，好胜者必遇其敌。盗憎主人，民怨其上。君子知天下之不可上也，故下之；知众人之不可先也，故后之。温恭慎德，使人慕之；执雌持下[⑨]，人莫逾之。人皆趋彼，我独守此；人皆或之[⑩]，我独不徙。内藏我智，不示人技。我虽尊高，人弗我害。谁能于此？江海虽左，长于百川，以其卑也[⑪]。天道无亲，而能下人。戒之哉！"

孔子既读斯文也，顾谓弟子曰："小子识之[⑫]，此言实而中，情而信。《诗》曰[⑬]：'战战兢兢，如临深渊，如履薄冰[⑭]。'行身如此，岂以口过患哉？"

（又见于《说苑·敬慎》）

【注释】

①金人：铜铸的人像。

②三缄：用多层封条封闭。“三”原作“参”，据《四部丛刊》本《家语》改。

③铭：铭刻。

④安乐必戒：王注：“虽处安乐，必警戒也。”

⑤无所行悔：王注：“言当详而后行，所悔之事，不可复行。”

⑥绵绵不绝，或成网罗：王注：“绵绵微细若不绝，则有成罗网者也。”

⑦毫末不札，将寻斧柯：王注：“如毫之末，言至微也。札，拔也。寻，用者也。”

⑧强梁者不得其死：强横的人不得好死。

⑨雌：柔弱。

⑩或之：摇摆不定。王注：“或之，东西转移之貌。”

⑪“江海虽左”三句：王注：“水阴长右，海江虽在于其左，而能为百川长，以其能下。”左，处于下游。

⑫小子：指孔子弟子。识(zhì)：记住。

⑬诗：指《诗经·小雅·小旻》。

⑭“战战兢兢”三句：王注：“战战，恐也；兢兢，戒也。恐坠也，恐陷也。”履，踩。

【译文】

孔子在周国观览，进入周太祖后稷的庙内。庙堂右边台阶前有铜铸的人像，嘴被封了三层，还在像的背后刻着铭文：“这是古代说话谨慎的人。警戒啊！不要多言，多言多败；不要多事，多事多患。安乐时一定要警戒，不要做后悔的事。不要以为话多不会有什么伤害，祸患是长远的；不要以为话多没什么害处，祸患将是很大的；不要认为别人听不到，神在监视着你。初起的火苗不扑灭，变成熊熊大火怎么办？涓涓细流不堵塞，终将汇集为江河。长长的线不弄断，将有可能结成网。细小的枝条不剪掉，将来就要用斧砍。如能谨慎，是福的根源。口能造成什么伤害？是祸的大门。强横的人不得好死，争强好胜的人必定会遇到对手。盗贼憎恨物主，民众怨恨长官。君子知道天下的事不可事事争上，所以宁愿居下；知道不可能总居于众人之先，所以宁愿在后。温和谦恭谨慎修德，会使人仰慕；守住柔弱保持卑下，没人能够超越。人人都奔向那里，我独自守在这里；人人都在变动，我独自不移。智慧藏在心里，不向别人炫耀技艺。我虽然尊贵高尚，人们也不会害我。有谁能做到这样呢？江海虽然处于下游，却能容纳百川，因为它地势低下。上天不会亲近人，却能使人处在它的下面。要以此为戒啊！”

孔子读完这篇铭文，回头对弟子说：“你们要记住啊！这些话实在而中肯，合情而可信。《诗经》说：‘战战兢兢，如临深渊，如履薄冰。’立身行事能够这样，哪还能因言语惹祸呢？”

孔子见老聃而问焉，曰：“甚矣，道之于今难行也。吾比执道①，而今委质以求当世之君②，而弗受也。道于今难行也。”

老子曰：“夫说者流于辩③，听者乱于辞④，知此二者，则道不可以忘也⑤。”

（又见于《说苑·反质》）

**【注释】**

①比：近来。执道：推行道。

②委质：古人相见，必献上礼品，称委质。一说指臣拜见君主，屈膝而委体于地。此处有归从、顺从之意。

③流于辩：王注：“流犹过也，失也。”辩，华美的言辞。

④乱于辞：被言辞扰乱。

**【译文】**

孔子见到老子，向他请教说："太难了啊！道在今天太难推行了。我近来推行道，而今行大礼请求当政的君王能够采纳，但他们不接受。道在今天太难推行了。"

老子说："游说的人言辞过于华丽，听的人就会受到扰乱。知道了这两点，道就不会被忘记了。"

# 弟子行第十二

**【题解】**

此篇主要讲子贡向卫将军文子评价孔子的众多弟子的事。如评价颜回“能夙兴夜寐，讽诵崇礼，行不贰过，称言不苟”。冉雍“在贫如客，使其臣如借。不迁怒，不深怨，不录旧罪”。子路“不畏强御，不侮矜寡，其言循性，其都以富，材任治戎”。冉求“恭老恤幼，不忘宾旅，好学博艺，省物而勤”。公西赤“齐庄而能肃，志通而好礼，傧相两君之事，笃雅有节”。曾参“博无不学，其貌恭，其德敦。其言于人也，无所不信；其骄大人也，常以浩浩。是以眉寿”。颛孙师“美功不伐，贵位不善，不侮不佚，不傲无告”。卜商“送迎必敬，上交下接若截”。澹台明灭“贵之不喜，贱之不怒，苟利于民矣，廉于行己，其事上也以佑其下”。言偃“先成其虑，及事而用之，故动则不妄”。宫绍“独居思仁，公言仁义，一日三复白圭之玷”。高柴“自见孔子，出入于户，未尝越礼。往来过之，足不履影，启蛰不杀，方长不折。执亲之丧，未尝见齿”。这些都是子贡亲眼目睹的，所以评价都很中肯。此篇文字不似《论语》简洁，有七十子后学之文风。因篇幅较长，故分为16个小段落。

卫将军文子问于子贡曰①：“吾闻孔子之施教也，先之以《诗》、《书》，导之以孝悌，说之以仁义，观之以礼乐，然后成之以文德。盖入室升堂者[2]，七十有余人，其孰为贤？”子贡对以不知。

文子曰：“以吾子常与学贤者也，何为不知？”

子贡对曰：“贤人无妄[3]，知贤即难。故君子之言曰：‘智莫难于知人。’是以难对也。”

文子曰：“若夫知贤，莫不难。今吾子亲游焉[4]，是以敢问。”

子贡曰：“夫子之门人，盖有三千就焉[5]。赐有逮及焉，未逮及焉，故不得遍知以告也。”

文子曰：“吾子所及者，请闻其行。”

（以下均又见于《大戴礼记·卫将军文子》）

**【注释】**

①文子：卫国公卿，名弥牟。

②入室升堂：指学问渐进于精深的境界。

③无妄：举动不妄，不虚假。

④游：外出求学。

⑤盖有三千就焉：三千，指向孔子学习的有三千人。《大戴礼记·卫将军文子》作“三就”，指在孔子门下求学的弟子，成就有上、中、下三等。

**【译文】**

卫国的将军文子问子贡说：“我听说孔子教育弟子，先教他们读《诗》和《书》，然后教导他们孝顺父母尊敬兄长的道理，讲的是仁义，观看的是礼乐，然后用文才和德行来成就他们。大概学有所成的有七十多人，他们之中谁更贤明呢？”子贡回答说不知道。

文子说：“因为你常和他们一起向贤者学习，怎么能不知道呢？”

子贡回答说："贤能的人没有妄行，了解贤人就很困难。所以君子说：'没有比了解人更困难的了。'因此难以回答。"

文子说："对于了解贤人，没有不困难的。现在您本人亲身在孔子门下求学，所以敢冒昧问您。"

子贡说："先生的门人，大概有三千人就学。有些是与我接触过的，有些没有接触，所以不能普遍地了解来告诉你。"

文子说："请将您所接触到的谈谈，我想听听他们的品行。"

子贡对曰："夫能夙兴夜寐，讽诵崇礼，行不贰过[①]，称言不苟[②]，是颜回之行也。孔子说之以《诗》曰[③]：'媚兹一人，应侯慎德[④]。''永言孝思，孝思惟则。'若逢有德之君，世受显命[⑤]，不失厥名[⑥]，以御于天子，则王者之相也。

**【注释】**

①行不贰过：行动不犯第二次错误。王注："贰，再也。有不善未尝不知，知之未尝复行也。"

②称言不苟：不随便说话。王注："举言典法，不苟且也。"

③诗：指《诗经·大雅·下武》。

④媚兹一人，应侯顺德：王注："一人，天子也。应，当也。侯，惟也。言颜渊之德，足以媚爱天子，当于其心惟慎德。"意指颜渊之德，足以受到天子宠爱。能得到天子喜爱，因为他能慎德。媚，爱。兹，此，这。

⑤显命：指帝王给予的美誉。

⑥厥：代词，他的。

**【译文】**

子贡回答说："能够起早贪黑，背诵经书，崇尚礼义，行动不犯第二次过错，说话有据认真的，是颜渊的品行。孔子用《诗经》的话来形容颜渊说：‘应当受到天子爱，爱他因他能慎德。’‘永远恭敬尽孝道，孝道足以为法则。’如果颜渊遇到有德的君王，就会世代享受帝王给予的美誉，不会失去他的美名；被君王任用，就会成为君王的辅佐。

“在贫如客①，使其臣如借②。不迁怒，不深怨，不录旧罪③，是冉雍之行也④。孔子论其材曰：‘有土之君子也，有众使也，有刑用也，然后称怒焉⑤。匹夫之怒，唯以亡其身⑥。’孔子告之以《诗》曰⑦：‘靡不有初，鲜克有终⑧。’

【注释】

①在贫如客：客，如客人般矜持庄重。王注：“言不以贫累志，矜庄如为客也。”

②使其臣如借：借，借用。“言不有其臣，如借使之也。”

③不录：不记。

④冉雍：字仲弓，孔子弟子。

⑤“有土之君子也”四句：王注：“言有土地之君，有众足使，有刑足用，然后可以称怒。冉雍非有土之君，故使其臣如借而不加怒也。”

⑥匹夫之怒，唯以亡其身：“之”原作“不”，此句原在“鲜克有终”后，均据《大戴礼记·卫将军文子》改、移。王注：“因说不怒之义，遂及匹夫以怒亡身。”

⑦诗：指《诗经·大雅·荡》。

⑧靡：没有。鲜：很少。克：能。

【译文】

“身处贫困能矜持庄重，使用仆人如同借用般客气。不把怒气转移到别人身上，不总是怨恨别人，不总是记着别人过去的罪过，这是冉雍的品行。孔子评论他的才能说：‘拥有土地的君子，有民众可以役使，有刑罚可以施用，而后可以迁怒。普通人发怒，只会伤害自己的身体。’孔子用《诗经》的话告诉他说：‘万事都有开端，但很少有善始善终的。’

“不畏强御①，不侮矜寡；其言循性②，其都以富③，材任治戎④，是仲由之行也。孔子和之以文，说之以《诗》曰⑤：‘受小共大共，而为下国骏庞。荷天子之龙⑥，不戁不悚，敷奏其勇⑦。’强乎武哉，文不胜其质⑧。

【注释】

①强御：强暴，强悍。

②其言循性：王注：“循其性也，而言不诬其情。”

③其都以富：都，赞美之词，指闲雅，美好。富，富于容貌。一说“都”指为官；富，富于才干。王注：“仲由长于政事。”

④材任治戎：王注：“戎，军旅也。”

⑤诗：指《诗经·商颂·长发》。

⑥“受小共大共”三句：王注：“共，法也。骏，大也。庞，厚也。龙，和也。言受大小法，为下国大厚，可任天下道也。”共，《四部丛刊》本《家语》作“拱”。

⑦不戁（rán）不悚，敷奏其勇：王注：“戁，恐。悚，惧。敷，陈。奏，荐。”

⑧强乎武哉，文不胜其质：王注：“言子路强勇，文不胜其质。”

【译文】

“不害怕强暴，不欺辱鳏寡；说话遵循本性，长于治理政事，才能足以打仗带兵，这是子路的品行。孔子用文辞来赞美他，用《诗经》中的话来称赞他：‘接受上天大法和小法，庇护下面诸侯国。接受天子授予的荣宠，不胆怯不惶恐，施神威奏战功。’强力又勇敢啊，文采胜不过他的质朴。

“恭老恤幼，不忘宾旅[①]；好学博艺，省物而勤也[②]，是冉求之行也[③]。孔子因而语之曰：‘好学则智，恤孤则惠，恭则近礼，勤则有继。尧舜笃恭，以王天下。’其称之也，曰‘宜为国老’[④]。

【注释】

①宾旅：旅客。王注：“宾旅，谓寄客也。”

②省物而勤：省物，省事，办事。王注：“省录诸事而能勤也。”

③冉求：即冉有，字子有，孔子弟子。

④国老：古代告老退职的卿大夫。此指应受到国君的尊重，即任用为卿大夫。王注：“国老助宣德教。”

【译文】

“尊敬长辈，同情幼小，不忘在外的旅人；喜好学习，博综群艺，体察万物且勤劳，这是冉求的品行。孔子因此对他说：‘好学就有智慧，同情孤寡就是仁爱，恭敬就近于礼，勤劳就有收获。尧舜忠诚谦恭，所以能称王天下。’孔子很称赞他，说：‘你应当成为国家的卿大夫。’

“齐庄而能肃，志通而好礼，傧相两君之事[①]，笃雅有节，是公西赤之行也[②]。子曰：‘礼经三百，可勉能也[③]；威仪三千，则难也[④]。’公西赤问曰：‘何谓也？’子曰：‘貌以傧礼，礼以傧辞，是谓难焉[⑤]。’众人闻之，以为成也。孔子语人曰：‘当宾客之事，则达矣[⑥]。’谓门人曰：‘二三子之欲学宾客之礼者，其于赤也。’

【注释】

①傧相：古时为主人接待宾客或赞礼的人。

②公西赤：即公西华，孔子弟子。

③礼经三百，可勉能也：王注："礼经三百，可勉学而能知。"勉，努力，勤勉。

④威仪三千，则难也：威仪，礼仪的具体细节。王注："能躬行三千之威仪，则难可为，而公西赤能躬行之。"

⑤"貌以傧礼"三句：王注："言所以为者，当观容貌而傧相其礼，度其礼而傧相其辞，度事制宜，故难也。"

⑥当宾客之事，则达矣：王注："众人闻公西赤能行三千之威仪，故以为成也。孔子曰：当宾客之事则达，未尽达于治国之本体也。"

【译文】

"整齐庄重而又严肃，志向通达而又喜好礼仪，作为两国之间的傧相，忠诚雅正而有节制，这是公西赤的品行。孔子说：'礼经三百篇，可以通过努力学习来了解，三千项威严的礼仪细节就难以掌握了。'公西赤问：'为什么这样说呢？'孔子说：'作傧相要根据人的容貌来行礼，根据不同的礼节来致辞，所以说很难。'众人听孔子说公西赤能行三千之威仪，以为他事业成功了。孔子对大家说：'当傧相这件事，他已经做到了（但治国之本事还没有完全学会）。'孔子又对弟子说：'你们想学习关于宾客礼仪的人，就向公西赤学习吧。'

"满而不盈，实而如虚，过之如不及，先王难之①。博无不学，其貌恭，其德敦；其言于人也，无所不信；其骄大人也，常以浩浩②，是以眉寿③。是曾参之行也④。孔子曰：'孝，德之始也；悌，德之序也⑤；信，德之厚也；忠，德之正也。参中夫四德者也。'以此称之。

**【注释】**

①“满而不盈”四句：王注：“盈而如虚，过而不及，是先王之所难，而参体其行。”

②其骄大人也，常以浩浩：王注：“浩然志大。骄，大貌也。大人，富贵者也。”

③是以眉寿：王注：“不慕富贵，安静虚无所以为之富贵。”眉寿，长寿。因人老会长出长眉毛，故称眉寿。

④曾参：即曾点，孔子弟子。

⑤德之序也：王注：“悌以敬长，是德之次序也。

**【译文】**

“完满却不自我满足，渊博却如同虚空，超过却如同赶不上，古代的君王也难以做到。知识广博无所不学，他的外表恭敬，德行敦厚；他对任何人说话，没有不真实的；他的志向高尚远大，他的胸襟开阔坦荡，因此他长寿。这是曾参的品行。孔子说：‘孝是道德的起始，悌是道德的前进，信是道德的加深，忠是道德的准则。曾参集中了这四种品德。’孔子就以此来称赞他。

“美功不伐，贵位不善，不侮不佚[①]，不傲无告[②]，是颛孙师之行也[③]。孔子言之曰：‘其不伐，则犹可能也；其不弊百姓，则仁也[④]。’《诗》云[⑤]：‘恺悌君子，民之父母[⑥]。’夫子以其仁为大学之深[⑦]。

**【注释】**

①不侮不佚：侮，轻慢。佚，放荡。王注：“侮、佚，贪功慕势之貌。”

②不傲无告：无告，无依无靠之人。王注：“鳏寡孤独，此四者，天民之穷而无告者也。子张之行，不傲此四者。”

③颛孙师：字子张，孔子弟子。

④不弊百姓，则仁也：王注："不弊愚百姓，即所谓不傲之也。"

⑤诗：指《诗经·大雅·洞酌》。

⑥恺悌君子，民之父母：恺悌，和乐简易。王注："恺，乐也。悌，易也。乐以强教之，易以悦安之，民皆有父之尊、母之亲也。"

⑦为大学之深：王注："学而能入其深义也。"

**【译文】**

"有大功不夸耀，处高位不欣喜，不贪功不慕势，不在贫苦无告者面前炫耀，这是颛孙师的品行。孔子这样评价他：'他的不夸耀，别人还可能做到；他在贫苦无告者面前不炫耀，则是仁德的表现。'《诗经》说：'平易近人的君子，是百姓的父母。'先生认为他的仁德是很深的。

"送迎必敬[①]，上交下接若截焉[②]，是卜商之行也[③]。孔子说之以《诗》曰[④]：'式夷式已，无小人殆[⑤]。'若商也，其可谓不险矣[⑥]。

**【注释】**

①送迎必敬：王注："送迎宾客，常能敬也。"

②截：界限分明。

③卜商：即子夏，孔子弟子。

④诗：指《诗经·小雅·节南山》篇。

⑤式夷式已，无小人殆：王注："式，用。夷，平也。言用平则已也。殆，危者。无以小人至于危也。"意为用平和、公平的态度处人处事，不要因为小人使自己处于危险的境地。

⑥若商也，其可谓不险矣：王注："险，危也。言子夏常厉以断之，近小人斯不危。"

【译文】

“送迎宾客必定恭敬，和上下级交往界限分明，是卜商的品行。孔子用《诗经》的话评价他说：‘能够用平和公正的态度处人处事，就不会受到小人的危害。’像卜商这样，可以说不至于有危险了。

“贵之不喜，贱之不怒；苟利于民矣，廉于行己；其事上也，以佑其下①，是澹台灭明之行也②。孔子曰：‘独贵独富，君子耻之，夫也中之矣③。’

【注释】

①其事上也，以佑其下：王注：“言所以事上，乃欲佑助其下也。”佑，保护，护佑。

②澹台灭明：字子羽，孔子弟子。

③夫也中之矣：王注：“夫谓灭明，中犹当也。”

【译文】

“富贵了他也不欣喜，贫贱了他也不恼怒；假如对民众有利，他宁愿行为俭约；他侍奉君王，是为了帮助下面的百姓，这是澹台灭明的品行。孔子说：‘独自一个人富贵，君子认为是可耻的，澹台灭明就是这样的人。’

“先成其虑，及事而用之，故动则不妄，是言偃之行也①。孔子曰：‘欲能则学，欲知则问，欲善则详②，欲给则豫③。当是而行，偃也得之矣。’

【注释】

①言偃：字子游，孔子弟子。

②欲善则详：王注："欲善其事，当详慎也。"详，审慎，详审。

③欲给(jī)则豫：王注："事欲给而不碍，则莫若于豫。"给，丰足，充裕。豫，事先准备。

【译文】

"先考虑好，事情来临就按计划而行，这样行动就不会有错，这是言偃的品行。孔子说：'想要有才能就要学习，想要知道就要问别人，想要把事情做好就要仔细审慎，想要富足就要先有储备。按照这个原则行事，言偃是做到了。'

"独居思仁，公言言义，其于《诗》也①，则一日三覆'白圭之玷'②，是宫绍之行也③。孔子信其能仁，以为异士④。

【注释】

①诗：指《诗经·大雅·抑》。

②三覆白圭之玷：三次去掉白玉上的斑点。覆，回，返。此有擦拭，磨去之意。白圭，白玉。玷，玉上的斑点。王注："玷，缺也。《诗》曰：'白圭之玷，尚可磨也。斯言之玷，不可为也。'一日三覆之，慎之至也。"

③宫绍：即南宫括，字子容，亦称南容，孔子弟子。

④以为异士：王注："殊异之士也。《大戴》引之曰"以为异姓"，婚姻也，以兄之女妻之者也。"即孔子把他哥哥的女儿嫁给了南宫绍。

【译文】

"个人独居时想着仁义，做官时讲话讲的是仁义，对于《诗经》上的'白圭之玷，尚可磨也'的话牢记在心，因此言行极其谨慎，如同一天三次磨去白玉上的斑点，这是宫绍的品行。孔子相信他能行仁义，认为他是与众不同的人。

“自见孔子，出入于户，未尝越礼[①]；往来过之，足不履影[②]；启蛰不杀[③]，方长不折[④]；执亲之丧，未尝见齿，是高柴之行也[⑤]。孔子曰：‘柴于亲丧，则难能也；启蛰不杀，则顺人道；方长不折，则恕仁也。成汤恭而以恕[⑥]，是以日隮[⑦]。’凡此诸子，赐之所亲睹者也。吾子有命而讯赐，赐固不足以知贤。”

**【注释】**

①未尝越礼：礼，原作“履”，据《四部丛刊》本《家语》改。

②足不履影：王注：“言其往来，常迹故迹，不履影也。”

③启蛰不杀：王注：“春分当发，蛰虫启户咸出，于此时不杀生也。”

④方长不折：王注：“春夏，生长养时，草木不折。”

⑤高柴：字子羔，孔子弟子。

⑥成汤：商朝开国之君，子姓，名履。讨伐夏桀，建立商朝，在位三十年传十七代，至纣为周所灭。

⑦是以日隮(jī)：王注：“隮，升也。成汤行恭而能恕，出见博鸟焉，四面施网，乃去其三面。《诗》曰：‘汤降不迟，圣敬日隮。’言汤疾行下人之道，其圣敬之德日升闻也。”

**【译文】**

“自从见到孔子，进门出门，从没有违反礼节；走路来往，脚不会踩到别人的影子；不杀蛰伏刚醒的虫子，不攀折正在生长的草木；为亲人守丧，没有言笑，这是高柴的品行。孔子说：‘高柴为亲人守丧的诚心，是一般人难以做到的；春天不杀生，是遵从做人的道理；不折断正在生长的树木，是推己及物的仁爱。成汤谦恭而又能推己及人，因此威望天天升高。’以上这几个人是我亲自目睹的。您向我询问，要求我回答，我本来也不能够知道谁是贤人。”

文子曰："吾闻之也，国有道，则贤人兴焉，中人用焉[①]，乃百姓归之。若吾子之论，既富茂矣，壹诸侯之相也[②]。抑世未有明君，所以不遇也。"

子贡既与卫将军文子言，适鲁见孔子曰："卫将军文子问二三子之于赐，不壹而三焉[③]。赐也辞不获命，以所见者对矣。未知中否，请以告。"

孔子曰："言之乎。"子贡以其辞状告孔子。

子闻而笑曰："赐，汝次为人矣[④]。"

子贡对曰："赐也何敢知人，此以赐之所睹也。"

孔子曰："然。吾亦语汝耳之所未闻，目之所未见者，岂思之所不至，智之所未及哉？"

子贡曰："赐愿得闻之。"

**【注释】**

①中人用焉：王注："中庸之人为时用也。"

②壹：全，都。王注："壹，皆。"

③不壹而三：这里指再三。

④汝次为人矣：次：编次，排次序。王注："言为知人之次。"

**【译文】**

文子说："我听说，国家按正道行事，那么贤人就兴起来了，遵循中庸之道的人就会被任用，百姓也会归附。至于您刚才的议论，内容已经很丰富了，他们都可以做诸侯的辅佐啊。大概世上没有明君，所以没有得到任用。"

子贡和卫将军文子说过话之后，到了鲁国见到孔子说："卫将军文子向我问同学们的情况，再三地问。我推辞不掉，把我所见到的告诉了他。不知道是否合适，请让我告诉您吧。"

孔子说："说说吧。"子贡把和文子对话的情况告诉了孔子。

孔子听后笑着说："赐啊，你能给人排座次了。"

子贡回答说："我怎敢说知人，这是我亲眼看见的啊！"

孔子说："是这样的。我也告诉你一些你没听到、没看到的事，这些难道是头脑想不到的，智力达不到的吗？"

子贡说："我很愿意听。"

孔子曰："不克不忌①，不念旧怨，盖伯夷叔齐之行也②。

"思天而敬人③，服义而行信，孝于父母，恭于兄弟，从善而教不道④，盖赵文子之行也⑤。

"其事君也，不敢爱其死，然亦不敢忘其身。谋其身不遗其友，君陈则进而用之⑥，不陈则行而退。盖随武子之行也⑦。

"其为人之渊源也⑧，多闻而难诞⑨，内植足以没其世。国家有道，其言足以治；无道，其默足以生。盖铜鞮伯华之行也⑩。

"外宽而内正，自极于隐括之中⑪，直己而不直人，汲汲于仁，以善自终。盖蘧伯玉之行也⑫。

"孝恭慈仁，允德图义⑬，约货去怨⑭，轻财不匮。盖柳下惠之行也⑮。

"其言曰：'君虽不量于其身⑯，臣不可以不忠于其君。'是故君既择臣而任之，臣亦择君而事之。有道顺命⑰，无道衡命⑱。盖晏平仲之行也⑲。

"蹈忠而行信，终日言不在尤之内。国无道，处贱不闷，贫而能乐。盖老莱子之行也⑳。

“易行以俟天命，居下不援其上㉑。其亲观于四方也㉒，不忘其亲，不尽其乐㉓。以不能则学，不为己终身之忧㉔。盖介子山之行也㉕。”

【注释】

①克：苛刻。忌：嫉妒。

②伯夷叔齐：商代孤竹君的两个儿子，相传其父遗命要立次子叔齐为继承人。孤竹君死后，叔齐让位给伯夷，伯夷不接受。二人先后逃到周国。周武王伐纣，二人曾谏阻。武王灭商后，他们耻食周粟，逃到首阳山，采薇而食，饿死在山里。

③思天：《大戴礼记·卫将军文子》作“畏天”，较胜。

④从善而不教道：《四部丛刊》本《家语》无“道”字。

⑤盖赵文子：“盖”字原无，据《四部丛刊》本《家语》补。赵文子，亦称赵孟，春秋晋国人，名武，赵朔之子。父为屠岸贾所杀，赵武被程婴、公孙杵臼搭救。后立为卿，为晋悼公相。

⑥君陈则进而用之：王注：“陈谓陈列于君，为君之使用也。”

⑦随武子：人名。不详。

⑧渊源：指思虑深邃。

⑨诞：欺骗。

⑩铜鞮伯华：即羊舌赤，春秋时晋国人，食邑于铜鞮。

⑪自极于隐括之中：隐括，校正竹木弯曲的器具。这里引申为约束意。王注：“隐括所以自极。”自极，自我约束。

⑫蘧伯玉：春秋时卫国人，名瑗，字伯玉。

⑬允德：修德，涵养德性。图义：考虑义。王注：“允，信也。图，谋也。”

⑭约货去怨：约，少。货，货利。王注：“夫利，怨之所聚，故约省其货，以远去其怨。”

⑮柳下惠：即展禽，食采于柳下，谥惠。

⑯君虽不量于其身：王注：“谓不量度其臣之德器也。”

⑰有道顺命：王注：“君有道则顺从其命。”

⑱无道衡命：王注：“衡，横也，谓不受其命之隐居者也。”意为天下无道即隐居不仕。

⑲晏平仲：即晏婴，春秋时齐国人，以节俭力行著名。

⑳老莱子：原作“老子”，据《大戴礼记·卫将军文子》改。老莱子，春秋时楚国人，与孔子同时。

㉑居下不援其上：王注：“虽在下位，不攀援其上以求进。”

㉒其亲观于四方：《大戴礼记·卫将军文子》无“其亲”二字，是。

㉓不忘其亲，不尽其乐：王注：“虽有观四方之乐，常念其亲，不尽，其归之。”

㉔不为己终身之忧：王注：“凡忧，忧所知，不能则学，何忧之有？”

㉕介子山：即晋大夫介子推。传说晋文公回国后，赏赐流亡时的随从，他没有得到提名，就和母亲一起隐居到绵山。文公想逼他出山，放火烧山，他坚持不出，被烧死。

**【译文】**

孔子说：“不苛刻不忌妒，不计较过去的仇恨，这是伯夷叔齐的品行。

“思考天道而且尊敬人，服从仁义而做事讲信用，孝敬父母，友爱兄弟，从善如流而又教导不按正道而行的人，这是赵文子的品行。

“他侍奉国君，敢于牺牲自己的生命，然而也不敢不爱惜自己的身体。谋求自己的发展，也不忘记朋友。君王任用时他就努力去做，不用则离开而退隐。这是随武子的品行。

“他的为人思虑深邃，见闻广博难以被欺骗，内心修养足以终身受用。国家按正道治理，他的言论足以用来治国；国家不按正道治理，他的沉默足以用来保存自己。这是铜鞮伯华的品行。

“外表宽容而且内心正直，能自己矫正自己的行为；自己正直而不要求别人，努力地追求仁义，终身行善。这是蘧伯玉的品行。

“孝敬谦恭慈善仁爱，涵养德行谋求仁义，少积聚财富消除怨恨，轻视财物又不匮乏。这是柳下惠的品行。

“他说：‘君主虽然不能度量臣子的能力，臣子不能不忠于君主。因此君主选择臣子而任用，臣子也选择君主来侍奉。君主按正道而行就听从他的命令，不按正道就不受其命而隐居。’这是晏平仲的品行。

“行动讲求忠信，即使整天说话，也不会出错。国家混乱，身处低位而不愁闷，生活贫困而能保持快乐。这是老莱子的品行。

“改变自己的行为来等待机遇，身处低位却不攀附高枝。到四处游观，不忘记父母；想到父母，不尽兴就赶快归来。因为才能不足就去学习，不造成终身的遗憾。这是介子推的品行。”

子贡曰：“敢问夫子之所知者，盖尽于此而已乎？”

孔子曰：“何谓其然？亦略举耳目之所及而已。昔晋平公问祁奚曰①：‘羊舌大夫②，晋之良大夫也，其行如何？’祁奚辞以不知。公曰：‘吾闻子少长乎其所，今子掩之，何也？’祁奚对曰：‘其少也恭而顺，心有耻而不使其过宿③；其为大夫，悉善而谦其端④；其为舆尉也⑤，信而好直其功。至于其为容也，温良而好礼，博闻而时出其志。’公曰：‘曩者问子，子奚曰不知也？’祁奚曰：‘每位改变，未知所止，是以不敢得知也。’此又羊舌大夫之行也。”

子贡跪曰：“请退而记之。”

（以上均又见于《大戴礼记·卫将军文子》）

**【注释】**

①祁奚：春秋时晋国人。晋悼公时为中军尉，年老请退，悼公让他

推荐代替者。他先推荐了仇人解狐，又推荐其子祁午，因有“外举不隐仇，内举不隐子”之称。

②羊舌大夫：即羊舌赤。亦即铜鞮伯华。

③心有耻而不使其过宿：王注：“心常有所耻恶，及其有过，不令更宿辄改。”

④悉善而谦其端：悉，尽。端，正。王注：“尽善道而谦让，是其正也。”

⑤舆尉：春秋时晋国主持征役的官。

【译文】

子贡问：“请问老师，您所知道的，就到此为止了吗？”

孔子说：“怎么能这样说呢？我只是大略举出耳闻目睹的罢了。从前晋平公问祁奚：‘羊舌大夫是晋国的优秀大夫，他的品行怎么样？’祁奚推辞说不知道。晋平公说：‘我听说你从小在他家长大，你现在隐藏着不愿说，是为什么呢？’祁奚回答说：‘他小时候谦恭而和顺，心里觉得有过错不会留到第二天来改正；他作为大夫，凡事皆出于善心而又谦虚正直；他做舆尉时，讲信用而不隐瞒功绩。至于他的外表，温和善良而喜好礼节，广博地听取而时出己见。’晋平公说：‘刚才我问你，你怎么说不知道呢？’祁奚说：‘他的职位经常改变，不知他现在做什么官，所以不敢说知道。’这又是羊舌大夫的品行。”

子贡跪下说：“请让我回去记下您的话。”

# 贤君第十三

**【题解】**

这是由孔子回答许多提问组成的一篇，主要谈的是如何做贤君和贤臣。“哀公问贤君”章，孔子赞扬卫灵公知人善用。“子贡问贤臣”章，孔子认为能进贤的人比一般的贤臣更贤能。这也间接批评了那些妒贤嫉能者。“哀公问忘”章，孔子认为夏桀忘记圣祖之道，荒于淫乐，忘记了国家和自身的安危，最后亡国丧身，这是“忘之最甚者”。这样的回答大胆而深刻。“颜渊问”章，孔子除一般道德说教外，特别强调比数、修中、先虑事，反对比疏、修外、临难乃谋。“孔子读诗”章，是总结历史教训，探讨从上依世废道与违上离俗危身的关系。这是个历史性的难题。“子路问治国所先”章，道理深刻，治国在用人，必须做到“尊贤而贱不肖”，如果“尊贤而不能用，贱不肖而不能去。贤者知其不用而怨之，不肖者知其必己贱而仇之”，“怨仇并存于国，邻敌构兵于郊”，必然灭亡。“齐景公问政”章讲治国尊贤之道。“哀公问政”章，孔子回答，最紧要的是让民众富且寿。很有见地。“宋君问”章是比较全面讲了从政原则，即邻国相亲，君惠臣忠，不杀无辜，士益之禄，任能黜否，崇道贵德，尊天敬鬼等。以上都是研究孔子政治思想的宝贵资料。

哀公问于孔子曰：“当今之君，孰为最贤？”

孔子对曰："丘未之见也，抑有卫灵公乎[1]？"

公曰："吾闻其闺门之内无别[2]，而子次之贤，何也？"

孔子曰："臣语其朝廷行事，不论其私家之际也[3]。"

公曰："其事何如？"

孔子对曰："灵公之弟曰公子渠牟，其智足以治千乘，其信足以守之，灵公爱而任之。又有士曰林国者，见贤必进之，而退与分其禄，是以灵公无游放之士[4]，灵公贤而尊之。又有士曰庆足者，卫国有大事，则必起而治之；国无事，则退而容贤[5]，灵公悦而敬之。又有大夫史鰌，以道去卫，而灵公郊舍三日[6]，琴瑟不御[7]，必待史鰌之入，而后敢入。臣以此取之，虽次之贤，不亦可乎。"

（又见于《说苑·尊贤》）

**【注释】**

①抑：或。

②闺门之内无别：家庭之内男女无别。

③私家之际：私人家庭之间。

④游放之士：没被任用的读书人。

⑤退而容贤：自己退位，把位置让给贤能的人。王注："言其所以退者，欲以容贤于朝。"

⑥郊舍：在郊外住宿。

⑦不御：不弹奏、吹奏。

**【译文】**

鲁哀公问孔子："当今的君主，谁最贤明啊？"

孔子回答说："我还没有看到，或许是卫灵公吧！"

哀公说："我听说他家庭之内男女长幼没有分别，而你把他说成贤人，为什么呢？”

孔子说：“我是说他在朝廷所做的事，而不论他家庭内部的事情。”

哀公问：“朝廷的事怎么样呢？”

孔子回答说：“卫灵公的弟弟名叫公子渠牟，他的智慧足以治理拥有千辆兵车的大国，他的诚信足以守卫这个国家。灵公喜欢他而任用他。又有个士人叫林国，他发现贤能的人必定推荐，如果那人被罢了官，林国还要把自己的俸禄分给他，因此在灵公的国家没有不被任用的士人。灵公认为林国很贤明因而很尊敬他。又有个叫庆足的士人，卫国有大事，就必定出来帮助治理；国家无事，就辞去官职而让其他的贤人被容纳。卫灵公喜欢而且尊敬他。还有个大夫叫史鰌，因为道不能实行而离开卫国。卫灵公在郊外住了三天，不弹奏琴瑟，一定要等到史鰌回国，而后他才敢回去。我拿这些事来选取他，即使把他放在贤人的地位，不也可以吗？”

子贡问于孔子曰：“今之人臣，孰为贤？”

子曰：“吾未识也。往者齐有鲍叔①，郑有子皮②，则贤者矣。”

子贡曰：“齐无管仲，郑无子产？”

子曰：“赐，汝徒知其一，未知其二也。汝闻用力为贤乎？进贤为贤乎？”

子贡曰：“进贤贤哉。”

子曰：“然，吾闻鲍叔达管仲③，子皮达子产，未闻二子之达贤己之才者也。”

（又见于《韩诗外传·七》、《说苑·臣术》）

【注释】

①鲍叔:即鲍叔牙,春秋时齐国人。他和管仲是好朋友,推荐管仲做齐桓公的相。

②子皮:郑国人,名罕虎。他推荐子产做郑国的相。

③达:显达。这里指使别人显达。

【译文】

子贡问孔子:“当今的大臣,谁是贤能的人呢?”

孔子说:“我不知道。从前,齐国有鲍叔,郑国有子皮,他们都是贤人啊!”

子贡说:“齐国不是有管仲,郑国不是有子产吗?”

孔子说:“赐,你只知其一,不知其二。你听说自己努力成为贤人的人贤能呢?还是能举荐贤人的人贤能呢?”

子贡说:“能举荐贤人的人贤能。”

孔子说:“这就对了,我听说鲍叔牙使管仲显达,子皮使子产显达,却没有听说管仲和子产让比他们更贤能的人显达。”

哀公问于孔子曰:“寡人闻忘之甚者,徙而忘其妻[①],有诸?”

孔子对曰:“此犹未甚者也,甚者乃忘其身。”

公曰:“可得而闻乎?”

孔子曰:“昔者夏桀贵为天子,富有四海,忘其圣祖之道。坏其典法,废其世祀,荒于淫乐,耽湎于酒。佞臣谄谀,窥导其心[②];忠士折口[③],逃罪不言。天下诛桀而有其国。此谓忘其身之甚矣。”

(又见于《尸子》、《太平御览》引、《说苑·敬慎》)

【注释】

①徙:迁移。这里是搬家的意思。

②窥导:窥测引导。

③折口:闭口,杜口。

【译文】

鲁哀公问孔子说:"我听说忘性大的人,搬了家就忘记了自己的妻子,有这种人吗?"

孔子回答说:"这还不是忘性最大的,更厉害的是忘记了自身。"

鲁哀公说:"可以说给我听听吗?"

孔子说:"从前夏桀贵为天子,富有天下,却忘记了他圣明先祖的治国之道。破坏了先祖设立的典章制度,废除了世代的祭祀活动,放纵地淫逸享乐,沉湎于酒色。奸臣阿谀奉承,窥测迎合夏桀的心意;忠臣闭口不敢说话,逃避罪责不敢建言。天下人杀了夏桀,从而占有了他的国家。这才是忘记了自身的典型啊!"

颜渊将西游于宋,问于孔子曰:"何以为身?"

子曰:"恭敬忠信而已矣。恭则远于患,敬则人爱之,忠则和于众,信则人任之。勤斯四者,可以政国,岂特一身者哉[①]?故夫不比于数而比于疏[②],不亦远乎?不修其中而修外者,不亦反乎[③]?虑不先定,临事而谋,不亦晚乎?"

(又见于《说苑·敬慎》)

【注释】

①特:但。

②比:亲近,靠近。数:亲密,亲近。疏:疏远。

③反:相反。

**【译文】**

颜渊将要到西边的宋国去游学，问孔子说："我应该用什么立身呢？"

孔子说："恭顺端肃忠心诚信就可以了。恭顺就能远离祸患，端肃人们就会爱你，忠心就能使大家和睦相处，诚信别人就会任用你。努力做到这四点，就可以处理国家政事，哪只是能够立身呢？所以那些不和身边的人亲近而去和远方人亲近的人，不是走得远了吗？不修饰内心而去修饰外表的人，不是也相反了吗？不事先做好准备，事到临头才去考虑，不是太晚了吗？"

孔子读《诗》，于《正月》六章[①]，惕焉如惧，曰："彼不达之君子[②]，岂不殆哉？从上依世[③]，则道废；违上离俗，则身危。时不兴善，己独由之，则曰非妖即妄也。故贤也既不遇天，恐不终其命焉。桀杀龙逢[④]，纣杀比干[⑤]，皆是类也。《诗》曰[⑥]：'谓天盖高，不敢不局[⑦]。谓地盖厚，不敢不蹐。'此言上下畏罪，无所自容也。"

（又见于《说苑·敬慎》）

**【注释】**

①正月：《诗经·小雅·节南山》中的一篇。

②不达：不得志。

③从上依世：顺从国君，依从世俗。

④龙逢：即关龙逢，传说为夏朝贤人。夏桀无道，为酒池糟丘，关龙逢极谏，被夏桀囚禁杀害。

⑤比干：殷纣王的叔伯父。传说纣王淫乱，比干犯颜强谏，被纣王剖心而死。

⑥诗:指《诗经·小雅·正月》。

⑦“谓天盖高”四句:王注:“此《正月》六章之辞也。局,曲也。言天至高,己不敢不曲身危行,恐上触忌讳也。蹐,累足也。言地至厚,己不敢不累足,惧陷累在位之罗网也。”

**【译文】**

孔子读《诗经》,读到《正月》第六章时,表现出一副提心吊胆很警惧的样子,说:“那些不得志的君子,岂不是太危险了吗?顺从君主附和世俗,就得废弃道;违背君主远离世俗,自身就有危险。如果当时不提倡善,自己偏要追求善,有人就会说你反常或不和法。所以贤人如果不能遭逢天时,恐怕不能终养天年。夏桀杀害龙逢,商纣杀害比干,都是这一类的事。《诗经》说:‘谁说天很高,走路不敢不弯腰;谁说地很厚,走路不敢不蹑脚。’这是说对上下都怕得罪,没有自己的容身之地。”

子路问于孔子曰:“贤君治国,所先者何?”

孔子曰:“在于尊贤而贱不肖。”

子路曰:“由闻晋中行氏尊贤而贱不肖矣[①],其亡何也?”

孔子曰:“中行氏尊贤而不能用,贱不肖而不能去。贤者知其不用而怨之,不肖者知其必己贱而仇之。怨仇并存于国,邻敌构兵于郊[②],中行氏虽欲无亡,岂可得乎?”

(又见于《说苑·尊贤》)

**【注释】**

①中行氏:即中行文子荀寅。

②构兵:集聚军队。

**【译文】**

子路问孔子说:“贤明的君主治理国家,首先要做的是什么呢?”

孔子说:“在于尊重贤人而轻视不贤的人。”

子路说:“我听说晋国中行氏尊重贤人而轻视不贤的人,他为什么灭亡了呢?”

孔子说:“中行氏尊重贤人却不任用他们,看不起不贤的人却不能撤换他们。贤人知道自己不会被任用而怨恨,不贤的人知道自己被看不起而仇恨。怨恨和仇恨的人同时存在于国内,邻国的军队又集聚于郊外,中行氏即使不想灭亡,能够做得到吗?”

孔子闲处[①],喟然而叹曰:“向使铜鞮伯华无死,则天下其有定矣。”

子路曰:“由愿闻其人也。”

子曰:“其幼也,敏而好学;其壮也,有勇而不屈;其老也,有道而能下人[②]。有此三者,以定天下也,何难乎哉!”

子路曰:“幼而好学,壮而有勇,则可也。若夫有道下人,又谁下哉?”

子曰:“由不知!吾闻以众攻寡,无不克也;以贵下贱,无不得也。昔者周公居冢宰之尊[③],制天下之政,而犹下白屋之士[④],日见百七十人,斯岂以无道也?欲得士之用也。恶有有道而无下天下君子哉?”

(又见于《说苑·尊贤》)

**【注释】**

①闲处:安闲地坐着、呆着。

②下人:屈居人下。实际上指以谦虚的态度待人。

③冢宰:周官名,为百官之长,即后代的宰相。

④白屋:草屋。

【译文】

孔子闲坐时，叹着长气感叹地说："假使铜鞮伯华没死，那么天下可能就安定了。"

子路说："我很愿意听听他的事。"

孔子说："他小的时候，聪敏而好学；壮年的时候，勇敢而不屈服；年老以后，拥有了道而能屈居人下。有了这三种品质，用以安定天下，有什么难的呢？"

子路说："小时候聪敏好学，壮年时勇敢而不屈服，是可以做到的。拥有道又能屈居人下，又能居于谁之下呢？"

孔子说："你不知道。我听说以多攻少，没有攻不克的；处尊贵地位而向低贱地位的人表示谦逊，没有什么得不到的。从前周公居于宰相的高位，掌握着天下的政权，还要向普通的读书人咨询，每天接见一百七十人，这难道是因为他没拥有道吗？这是为了得到有才能的人来任用啊！哪有有道的人却不礼贤下士的呢？"

齐景公来适鲁①，舍于公馆，使晏婴迎孔子②。

孔子至，景公问政焉。孔子答曰："政在节财。"

公悦。又问曰："秦穆公国小处僻而霸③，何也？"

孔子曰："其国虽小，其志大；处虽僻，而其政中。其举也果，其谋也和，法无私而令不偷④。首拔五羖⑤，爵之大夫，与语三日而授之以政。此取之，虽王可，其霸少矣。"

景公曰："善哉！"

（又见于《说苑·尊贤》）

【注释】

①适：到……去。

②晏婴：字平仲，齐景公相，以节俭力行，名显诸侯。

③秦穆公：嬴姓，名任好。他任用百里奚、蹇叔等，励精图治，国势日强。

④愉：王注："愉，宜为偷，偷，苟且也。"

⑤首拔五羖(gǔ)：首先选拔百里奚。五羖，指百里奚，秦穆公之贤相。羖，公羊。

他曾为楚囚，秦穆公闻其贤，用五羖羊皮赎之，称为五羖大夫。王注："首，宜为身。五羖大夫，百里奚也。"

**【译文】**

齐景公到鲁国去，住在宾馆里，让晏婴把孔子迎接来。

孔子到了宾馆，齐景公向他询问如何治理国家。孔子回答说："治理国家在于节省财物。"

齐景公很高兴，又问道："秦穆公的国家很小，处于偏僻之地却能称霸，这是为什么呢？"

孔子说："他的国家虽然很小，他的志向却很大；虽处于偏僻之地，政治却恰到好处。他的举措果断，谋略适当，执法没有偏私，政令能够通行。首先提拔百里奚，授给他大夫的爵位，和他谈了三天就把政事交给他处理。采取这些办法，即使称王也是可以的，称霸还不算什么呢。"

齐景公说："说得好啊！"

哀公问政于孔子。

孔子对曰："政之急者，莫大乎使民富且寿也。"

公曰："为之奈何？"

孔子曰："省力役，薄赋敛，则民富矣；敦礼教，远罪疾，则民寿矣。"

公曰："寡人欲行夫子之言，恐吾国贫矣。"

孔子曰:"诗云[①]:'恺悌君子,民之父母。'未有子富而父母贫者也。"

(又见于《说苑·政理》)

【注释】

①诗:指《诗经·大雅·泂酌》。

【译文】

鲁哀公向孔子询问治理国家的事。

孔子回答说:"治理国家最急迫的事,没有比让民众富裕和长寿更重要的了。"

鲁哀公说:"怎么能做到呢?"

孔子说:"减少劳役,减轻赋税,民众就会富裕;敦促礼仪教化,远离罪恶疾病,民众就会长寿。"

鲁哀公说:"我想按您的话去做,又担心我的国家会贫穷啊!"

孔子说:"《诗经》上说:'平易近人的君子,是民众的父母。'没有儿女富裕而父母却贫穷的。"

卫灵公问于孔子曰:"有语寡人[①]:'有国家者,计之于庙堂之上[②],则政治矣。'何如?"

孔子曰:"其可也。爱人者则人爱之,恶人者则人恶之。知得之己者则知得之人[③]。所谓不出环堵之室而知天下者[④],知反己之谓也[⑤]。"

(又见于《说苑·政理》、《吕氏春秋·季春纪·数尽》)

【注释】

①语:告诉。

②庙堂：指朝廷。

③知得之己者则知得之人：此句《尸子》作“得之身者得之民，失之身者失之民”，《吕事春秋》作“得之于身者得之人，失之于身者失之人”，此文似脱“知失之己者亦知失之人”一句。

④环堵之室：方丈之室，比喻屋子小。环堵，四围都是土墙。

⑤反己：反省自己。

**【译文】**

卫灵公问孔子说：“有人告诉我说：‘拥有国家的君主，在朝堂上策划好国家大事，国家就会得到治理。’您认为怎么样？”

孔子说：“大概可以吧。爱别人的人别人也会爱他，厌恶别人的人别人也会厌恶他。知道自身的好恶也就知道别人的好恶。所说的不走出自己的屋子而能够了解天下大事，说的就是能自我反省。”

孔子见宋君，君问孔子曰：“吾欲使长有国，而列都得之[①]。吾欲使民无惑，吾欲使士竭力，吾欲使日月当时，吾欲使圣人自来，吾欲使官府治理，为之奈何？”

孔子对曰：“千乘之君，问丘者多矣，而未有若主君之问问之悉也。然主君所欲者，尽可得也。丘闻之，邻国相亲，则长有国；君惠臣忠，则列都得之；不杀无辜，无释罪人，则民不惑；士益之禄，则皆竭力；尊天敬鬼，则日月当时；崇道贵德，则圣人自来；任能黜否，则官府治理。”

宋君曰：“善哉！岂不然乎！寡人不佞，不足以致之也。”

孔子曰：“此事非难，唯欲行之云耳。”

（又见于《说苑·政理》）

【注释】

①列都得之：列都，众多都邑。列，众，多。王注："国之列都皆得其道。"意为众多都邑都能按正道治理。

【译文】

孔子拜见宋国国君，宋国国君问孔子："我想长期拥有国土，而且很多都邑都想治理好。我想使民众不困惑，我想使士人尽心竭力，我想使日月正常运行，我想使圣人自己前来，我想使官府得到治理，该怎么做呢？"

孔子回答说："拥有千辆战车的大国君主，问我这个问题的很多，但都没有像您这样问得详细的。然而您想要得到的都可以得到。我听说，和邻国和睦相处，就能长期拥有国土；国君仁爱，臣子尽忠，众多的都邑都能治理好；不杀害无辜的人，不释放有罪的人，民众就不会迷惑；增加士人的俸禄，他们就会尽心竭力；尊奉天道，敬事鬼神，日月就会正常运行；崇尚道，尊崇德，圣人就会自己前来；任用有才能的人，罢免无能之辈，官府就能得到治理。"

宋国国君说："说得好啊，难道不是这样吗？寡人没有才能，不足以达到这样的境界啊！"

孔子说："此事并不难，只要想做就可以达到。"

# 辩政第十四

**【题解】**

这篇集中讲为政之道。“子贡问”章，对同问为政的问题，孔子对齐君、鲁君、叶公三人的回答各有不同。说明孔子能“各因其事”对症下药，很灵活。“五谏”章，对劝谏君王的五种方法，即谲谏、戆谏、降谏、直谏和讽谏，孔子选择委婉的风谏。这样即能达到劝谏的目的又能避罪远害，说明孔子的智慧。“楚王将游荆台”章，讲令尹子西劝谏楚王不要游览荆台，正是用讽谏之法。“子贡问”章，通过孔子对子产和晏子的推崇，可见孔子心中的贤人标准。“齐有一足之鸟”章，看出孔子善于从民间汲取智慧。“孔子谓宓子贱”章，孔子赞扬宓子贱把百姓视为父兄、朋友，向他们学习，以此说明求贤的重要。“子贡为信阳宰”章，孔子的一些名言：“知为吏者，奉法以利民；不知为吏者，枉法以侵民”、“治官莫若平，临财莫如廉”等，十分精彩，值得为官者牢记。“子路治蒲”章，孔子进入蒲地，观察田地沟渠、房屋树木、办公庭堂，就知道了子路的政绩。这给后人提供了观察执政好坏的视角。

子贡问于孔子曰：“昔者齐君问政于夫子[①]，夫子曰政在节财。鲁君问政于夫子，夫子曰政在谕臣[②]。叶公问政于夫子，夫子曰政在悦近而来远。三者之问一也，而夫子应之不同，然政在异端乎[3]？”

孔子曰：“各因其事也。齐君为国，奢乎台榭[4]，淫于苑囿[5]，五官伎乐[6]，不解于时，一旦而赐人以千乘之家者三，故曰政在节财。鲁君有臣三人[7]，内比周以愚其君[8]，外距诸侯之宾以蔽其明[9]，故曰政在谕臣。夫荆之地广而都狭[10]，民有离心，莫安其居，故曰政在悦近而来远。此三者所以为政殊矣。《诗》云[11]：‘丧乱蔑资[12]，曾不惠我师[13]。’此伤奢侈不节以为乱者也。又曰：‘匪其止共，惟王之邛[14]。’此伤奸臣蔽主以为乱也。又曰：‘乱离瘼矣，奚其适归[15]？’此伤离散以为乱者也。察此三者，政之所欲，岂同乎哉！”

（又见于《韩非子·难三》、《尚书大传》）

【注释】

①昔者：“者”原作“哉”，据《四部丛刊》本《家语》改。

②谕臣：了解大臣。谕，知道，了解。一说“谕”当作“论”，意为选择。

③异端：不同方面。

④台榭：楼台水榭。

⑤苑囿：宫室园林。

⑥五官伎乐：指声色享乐。五官，指眼、耳、鼻、舌、身五种感官。伎，歌女。

⑦有臣三人：指孟孙、叔孙、季孙三家。

⑧比周：勾结。愚：愚弄。

⑨距：同“拒”，拒绝。

⑩荆：即楚国。

⑪诗：此指《诗经·大雅·板》。

⑫丧乱蔑资：国家混乱国库空虚。王注：“蔑，无也。资，财也。”

⑬曾不惠我师：曾，副词，可译为竟然。王注："师，众也。夫为亡乱之政，重赋厚敛，民无资财，曾莫肯爱我众。"

⑭ 匪其止共，惟王之邛：出自《诗经·小雅·巧言》。意为臣子不忠于职守，而让君王担忧。止，达到。共，同"恭"，指忠于职守。邛，病。王注："邛音昂。止，止息也。邛，病也。谗人不共所止息，故惟王之病。"

⑮ 乱离瘼矣，奚其适归：出自《诗经·小雅·四月》。意为兵荒马乱心忧苦，何处去栖身呢。瘼，疾苦。奚，何。适，往。王注："离，忧也。瘼，病也。言离散以成忧，忆祸乱于斯，归于祸乱者也。"

**【译文】**

子贡问孔子说："从前齐国国君向您询问如何治理国家，您说治理国家在于节省财物。鲁国国君向您询问如何治理国家，您说在于了解大臣。叶公向您询问如何治理国家，您说治理国家在于使近处的人高兴使远处的人前来依附。三个人的问题是一样的，而您的回答却不同，然而治国有不同的方法吗？"

孔子说："这是按照各国不同的情况来治理。齐国君主治理国家，建造很多楼台水榭，修筑很多园林宫殿，声色享乐，无时无刻。有时一天三次赏赐拥有千辆战车的三个家族。所以说为政在于节财。鲁国国君有三个大臣，在朝廷内相互勾结愚弄国君，在朝廷外排斥诸侯国的宾客，来遮盖君主明察的目光。所以说为政在于了解大臣。楚国国土广阔而都城狭小，民众想离开那里，不安心在此居住，所以说为政在于让近处的人高兴，让远方的人来依附。这三个国家的情况不同，所以施政方针也不同。《诗经》说：'国家丧乱国库空，从不救济我百姓。'这是哀叹奢侈浪费不节约资财而导致国家动乱啊。又说：'臣子不忠于职守，使国君担忧。'这是哀叹奸臣蒙蔽国君而导致国家动乱啊。又说：'兵荒马乱心忧苦，何处才是我归宿？'这是哀叹民众四处离散而导致国家动乱啊。考察这三种情况，根据政治的需要，方法难道能相同吗？"

孔子曰："忠臣之谏君，有五义焉[①]：一曰谲谏[②]，二曰戆谏[③]，三曰降谏[④]，四曰直谏，五曰讽谏[⑤]。唯度主而行之，吾从其讽谏乎。"

（又见于《说苑·正谏》）

**【注释】**

①五义：五种方法。

②谲谏：直接指出问题而委婉地规劝。王注："正其事以谲谏其君 。"

③戆谏：刚直地规劝。王注："戆谏，无文饰也。"

④降谏：低声下气地规劝。王注："卑降其体所以谏也。"

⑤讽谏：以婉言隐语规劝。王注："风谏，依违远罪避害者也。"可参看。

**【译文】**

孔子说："忠臣规劝君主，有五种方法：一是委婉而郑重地规劝，二是刚直地规劝，三是低声下气地规劝，四是直截痛快地规劝，五是用婉言隐语来规劝。这些方法需要揣度君主的心意来采用，我愿意采用婉言隐语的方法来规劝吧。"

子曰："夫道不可不贵也。中行文子倍道失义，以亡其国；而能礼贤，以活其身[①]。圣人转祸为福[②]，此谓是与？"

（又见于《说苑·权谋》）

**【注释】**

①"中行文子倍道失义"四句：王注："此说背道失义，不宜说得道之意。而云'礼贤'，不与上相次配，又文子无礼贤之事。中行文子得罪于晋，出亡至边，从者曰：'谓此啬夫者，君子也。故休马待

骏者。'文子曰:'吾好音,子遗吾琴;好珮,子遗吾玉。是以不振吾过,自容于我者也。吾恐(《四部丛刊》本作"怨",较胜。)其以我求容也。'遂不入。车人闻文子之所言,执而不杀之。孔子闻之曰:'文子倍道失义,以亡其国。然得之由活其身,而能礼贤以为宜,以然后得也。'" 中行文子:即荀寅。

②转祸为福:王注:"若入将死,不入得活,故曰转祸为福。"

**【译文】**

孔子说:"道,不能不重视啊! 中行文子违背道,丧失义,致使国家灭亡。后来他能礼待贤人,又保住了自己的性命。圣人能把祸患转变为福分,说的就是这种情况吧!"

楚王将游荆台①,司马子祺谏②。王怒之。令尹子西贺于殿下③,谏曰:"今荆台之乐不可失也④。"王喜,拊子西之背曰⑤:"与子共乐之矣。"

子西步马十里⑥,引辔而止⑦,曰:"臣愿言有道⑧,王肯听之乎?"王曰:"子其言之。"

子西曰:"臣闻为人臣而忠其君者,爵禄不足以赏也;谀其君者,刑罚不足以诛也。夫子祺者,忠臣也;而臣者,谀臣也。愿王赏忠而诛谀焉⑨。"

王曰:"我今听司马之谏,是独能禁我耳,若后世游之,何也⑩?"

子西曰:"禁后世易耳。大王万岁之后⑪,起山陵于荆台之上,则子孙必不忍游于父祖之墓以为欢乐也。"

王曰:"善。"乃还。

孔子闻之,曰:"至哉! 子西之谏也。入之于十里之上[10]，抑之于百世之后者也。”

（又见于《说苑·正谏》、《战国策》）

【注释】

①楚王：指楚昭王。荆台：楚国著名高台，故址在今湖北监利北。《渚宫旧事》原注：“荆台在章华之东，去江陵一百二十里，台周回百有余丈。”

②司马子祺：“祺”，《说苑·正谏》作“綦”。即楚公子结。

③令尹：官名。春秋时楚国最高的官职。子西：即公子申，楚平王庶长子，字子西。楚昭王时任令尹。

④荆台之乐：“乐”，《四部丛刊》本《家语》作“观”。

⑤拊（fǔ）：抚摸。

⑥步：行走。

⑦引辔（pèi）：拉住马缰绳。

⑧有道：指治国用人的道理。

⑨王：原作“主”，据《四部丛刊》本《家语》改。

⑩何：原作“可”，据《四部丛刊》本《家语》改。

⑪万岁：指去世。

⑫十里：原作“千里”，据《说苑·正谏》改。

【译文】

楚王将要游览荆台，司马子祺劝阻他。楚王大怒。令尹子西在殿下恭贺楚王，进谏说：“今天游览荆台之乐不可以失去啊。”楚王听了很高兴，抚摸着子西的背说：“和你一起去游乐吧。”

子西骑着马走了十里，拉住缰绳停了下来，说：“我希望和您说说治国用人的道理，大王肯听听吗？”楚王说：“你说吧。”

子西说：“我听说作为臣子而能忠于其君，用官爵俸禄也不足以奖赏他；对于阿谀奉承其君的臣子，用刑罚也不足以处罚他。子祺这个人，是位忠臣；而我呢，是个阿谀奉承之臣。希望大王奖赏忠臣而惩罚阿谀奉承之臣。”

楚王说：“我今天听从了司马子祺的劝谏，这只能禁止我一个人游玩罢了，如果后世的人要去游玩，怎么办呢？”

子西说：“禁止后世人游玩很容易。大王万岁之后，将陵墓修建在荆台上，那么子孙必然不忍心在父祖的墓地游览作乐。”

楚王说：“好。”于是就回来了。

孔子听到此事，说：“子西的劝谏太高明了！在进入十里的地方劝谏，却抑制了百世之后人们来游览。”

子贡问于孔子曰：“夫子之于子产、晏子，可为至矣。敢问二大夫之所为，目夫子之所以与之者[①]。”

孔子曰：“夫子产于民为惠主[②]，于学为博物；晏子于君为忠臣，于行为恭敏。故吾皆以兄事之，而加爱敬。”

**【注释】**

①目：品评，评论。

②惠：仁爱。主：主人。

**【译文】**

子贡问孔子说：“您对子产和晏子，可以说推崇到极点了。请问两位大夫的所作所为，您评论一下，赞赏他们的哪些方面呢？”

孔子说：“子产对于民众是位仁爱的治理者，学问广博多知；晏子对于国君是位忠心的臣子，行为谦恭聪敏。所以我都把他们当作兄长来事奉，而且愈来愈喜爱和尊敬。”

齐有一足之鸟，飞集于公朝[①]，下止于殿前，舒翅而跳。

齐侯大怪之[②],使使聘鲁问孔子[③]。

孔子曰:“此鸟名曰商羊,水祥也[④]。昔童儿有屈其一脚,振讯两眉而跳[⑤],且谣曰:‘天将大雨,商羊鼓舞[⑥]。’今齐有之,其应至矣。急告民趋治沟渠,修堤防,将有大水为灾。”

顷之,大霖雨[⑦],水溢泛诸国,伤害民人。唯齐有备,不败。

景公曰:“圣人之言,信而有征矣。”

(又见于《说苑·辨物》)

**【注释】**

①公:《四部丛刊》本《家语》作“宫”。

②齐侯:指齐景公。

③使使:派遣使者。聘:问候致意。此指向孔子请教。

④祥:吉凶的征兆。后指吉兆为祥,凶兆为不详。

⑤振讯:抖动。两眉:一作“两肩”,是。

⑥鼓舞:舞动。

⑦霖:连绵大雨。

**【译文】**

齐国有种一只脚的鸟,飞来落在宫殿朝堂上,后来又飞下来落在宫殿的前面,舒展着翅膀跳跃。齐景公感到非常奇怪,派使者到鲁国去问孔子。

孔子说:“此鸟名叫商羊,预兆着会有水。从前儿童有屈起一只脚,抖动两肩,一边跳一边说着歌谣:‘天将下大雨,商羊跳起舞。’现在齐国有这种鸟,预兆就要应验了。赶快告诉民众挖通沟渠,修好堤防,将会有大水灾。”

不久，大雨倾盆而下，洪水淹没了很多国家，伤害民众。只有齐国因做了准备，没有遭受损害。

齐景公说："圣人的话，确实可信而且应验了。"

孔子谓宓子贱曰[①]："子治单父[②]，众悦，子何施而得之也？子语丘所以为之者。"

对曰："不齐之治也，父恤其子，其子恤诸孤，而哀丧纪[③]。"

孔子曰："善！小节也，小民附矣，犹未足也。"

曰："不齐所父事者三人，所兄事者五人，所友事者十一人。"

孔子曰："父事三人，可以教孝矣；兄事五人，可以教悌矣；友事十一人，可以举善矣。中节也，中人附矣，犹未足也。"

曰："此地民有贤于不齐者五人，不齐事之而禀度焉[④]，皆教不齐之道。"

孔子叹曰："其大者乃于此乎有矣。昔尧舜听天下，务求贤以自辅。夫贤者，百福之宗也，神明之主也。惜乎不齐之以所治者小也。"

（又见于《说苑·政理》、《韩诗外传》）

**【注释】**

①宓子贱：春秋时鲁国人，名不齐，字子贱，孔子弟子。

②单父：地名，鲁国都邑，故址在今山东单县南。

③父恤其子，其子恤诸孤，而哀丧纪：《说苑·政理》作"父其父，子

其子，恤诸孤而哀丧纪”，意为像对待自己的父亲那样对待百姓的父亲，像对待自己的儿子那样对待百姓的儿子，救济所有的孤儿办好丧事。据此，“其子恤诸孤”之“其”字当衍。

④禀度：受教。

**【译文】**

孔子对宓子贱说：“你治理单父这个地方，民众很高兴。你采用什么方法而做到的呢？你告诉我都采用了什么办法。”

宓子贱回答说：“我治理的办法是，像父亲那样体恤百姓的儿子，像顾惜自己儿子那样照顾孤儿，而且以哀痛的心情办好丧事。”

孔子说：“好！这只是小节，小民就依附了。恐怕还不只这些吧。”

宓子贱说：“我像对待父亲那样侍奉的有三个人，像兄长那样事奉的有五个人，像朋友那样交往的有十一个人。”

孔子说：“像父亲那样侍奉这三个人，可以教民众孝道；像兄长那样事奉五个人，可以教民众敬爱兄长；像朋友那样交往十一个人，可以提倡友善。这只是中等的礼节，中等的人就会依附了。恐怕还不只这些吧。”

宓子贱说：“在单父这个地方，比我贤能的人有五人，我都尊敬地和他们交往并向他们请教，他们都教我治理之道。”

孔子感叹地说：“治理好单父的大道理就在这里了。从前尧舜治理天下，一定要访求贤人来辅助自己。那些贤人，是百福的来源，是神明的主宰啊。可惜你治理的地方太小了。”

子贡为信阳宰[①]，将行，辞于孔子。

孔子曰：“勤之慎之，奉天子之时[②]，无夺无伐，无暴无盗。”

子贡曰：“赐也少而事君子，岂以盗为累哉？”

孔子曰:"汝未之详也。夫以贤代贤,是谓之夺;以不肖代贤,是谓之伐;缓令急诛[3],是谓之暴;取善自与,是谓之盗。盗非窃财之谓也。吾闻之,知为吏者,奉法以利民,不知为吏者,枉法以侵民,此怨之所由也。治官莫若平,临财莫如廉,廉平之守,不可改也。匿人之善,斯谓蔽贤;扬人之恶,斯为小人。内不相训[4],而外相谤[5],非亲睦也。言人之善,若己有之;言人之恶,若己受之。故君子无所不慎焉。"

(又见于《说苑·政理》)

**【注释】**

①信阳:地名。故址在今河南信阳南四十里。

②奉天子之时:一本作"奉天之时",是。"子"字衍。

③缓令急诛:命令慢,惩罚快。

④训:训诫,教育。

⑤谤:指责别人的过失。

**【译文】**

子贡要去当信阳宰,临行时,向孔子辞行。

孔子说:"要勤勉谨慎,要顺应天时,不要夺不要伐,不要暴不要盗。"

子贡说:"我从年轻时就侍奉您,难道您还担心我会有偷盗的行为吗?"

孔子说:"你没弄清我的意思。以贤人代替贤人,这叫做夺;以不贤者代替贤人,这叫做伐;法令下达缓慢惩罚却很急迫,这叫做暴;把好处都归于自己,这叫做盗。盗不是窃取财物的意思。我听说,懂得为官之道的人,依法行事来为民造福;不懂为官之道的人,歪曲法律来侵害人民。这就是百姓怨恨官吏的原因。作为官吏最重要的是公正,面对财物最重要的是廉洁。廉洁公正的操守是不能改变的。隐匿别人的优点，这叫蔽贤；宣扬别人的缺点，这是小人。当面不互相告诫，而背后相互诽谤，不会友好和睦。谈到别人的优点，如同自己有这些优点；谈到别人的缺点，如同自己有这些缺点。所以君子对任何事都要谨慎。”

子路治蒲三年[①]，孔子过之。入其境，曰：“善哉由也！恭敬以信矣。”入其邑，曰：“善哉由也！忠信而宽矣。”至庭[②]，曰：“善哉由也！明察以断矣。”

子贡执辔而问曰：“夫子未见由之政，而三称其善，其善可得闻乎？”

孔子曰：“吾见其政矣。入其境，田畴尽易[③]，草莱甚辟[④]，沟洫深治，此其恭敬以信，故其民尽力也；入其邑，墙屋完固，树木甚茂，此其忠信以宽，故其民不偷也[⑤]；至其庭，庭甚清闲，诸下用命[⑥]，此其言明察以断，故其政不扰也[⑦]。以此观之，虽三称其善，庸尽其美矣[⑧]！”

（又见于《韩诗外传·六》）

【注释】

①蒲：地名。春秋时卫地，在今河南长垣。

②庭：官衙。

③田畴：耕熟的田地。易：治理。

④草莱：杂草。辟：除去，清除。

⑤偷：怠惰。

⑥诸下：指官衙中的臣仆人等。用命：听从命令。

⑦不扰：不受干扰。

⑧庸：副词，岂，难道。

【译文】

子路治理蒲地三年，孔子经过蒲地。进入其境内，说："子路做得好啊！以恭敬来取得信用。"进入城里，说："子路做得好啊！忠信而宽大。"进入官衙，说："子路做得好啊！经过明察来做出判断。"

子贡拉着马缰绳问道："您还没有看见子路处理政事，却三次称赞他做得好，他的善政可以说给我听听吗？"

孔子说："我看见他的善政了。进入蒲地境内，田地都整治过了，杂草都清除了，沟渠都挖深了，说明他以恭敬取得了信用，所以老百姓种田很努力；进入城里，看到墙壁房屋都很坚固，树木生长茂盛，这说明他忠信而且宽大，所以老百姓不会磨工偷懒；进入官衙的厅堂，厅堂中清净闲适，下面办事的人都听从他的命令，这说明他能明察做出判断，所以政事有条不紊。以此看来，我虽然三次称赞他做得好，哪能说尽他的优点呢！"

# 卷四

## 六本第十五

**【题解】**

这篇也是由诸多篇章组成,今择其要者介绍。“行己有六本”章,讲立身处世的六个根本原则:立身以孝为本,丧纪以哀为本、战阵以勇为本、治政以农为本、居国以嗣为本、生财以力为本。这些原则对今天也有借鉴作用。“孔子曰”章,“良药苦于口而利于病,忠言逆于耳而利于行”两句话流传甚广,告诫人们要善于听取别人意见。“孔子见齐景公”章,讲孔子拒绝齐景公把廪丘城赠给他作食邑,表达他谋道不谋食的思想。“孔子在齐”章,孔子正确地判断出遭火灾的是釐王之庙,齐景公称赞他“圣人之智,过人远矣”。看似有些神奇,无非是有幸言中而已。“子夏三年之丧”章,讲子贡、闵子、子夏服丧完毕后,弹琴时表现的感情不同,但孔子都认为他们是君子,因为孔子是以礼度为标准的。“无体之礼”章,孔子肯定“无体之礼”、“无服之丧”、“无声之乐”,是强调内容胜于形式。“孔子读《易》”章,讲损、益的辩证关系。反对持满,主张以虚受人,成其满博。“曾子耘瓜”章,孔子不赞同曾参被父暴打而不躲避的做法,和他一向反对愚忠愚孝是一致的。“子夏问于孔子”章,孔子不讳言弟子有超过自己的地方,同时指出他们的不足,讲为人要敏而诎、勇而怯、庄而同,很有些辩证思想。“孔子游于泰山”章,孔子赞扬荣声期知足常乐的人生态度,看出孔子的达观。“孔子曰吾死之后”章,留下“与善人居,如入芝兰之室,久而不闻其香”,“与不善人居,如入鲍鱼之肆,久而不闻其臭”的千古名句。“曾子从孔子之齐”章,赞扬晏子“君子居必择处,游必择方,仕必择君”的处世之道。“以富贵而下人”章还是讲推己及人的恕道。“孔子曰舟非水不行”章,讲水能载舟也能覆舟的道理。“齐高庭问”章,是讲事君之道:“恐惧以除患,恭敬以避难,终身为善。”孔子的这些思想,包含了无穷的智慧,对今人也有启发。

孔子曰:“行己有六本焉[①],然后为君子也。立身有义矣,而孝为本;丧纪有礼矣,而哀为本;战阵有列矣,而勇为本;治政有理矣,而农为本;居国有道矣,而嗣为本[②];生财有时矣,而力为本。置本不固,无务农桑;亲戚不悦,无务外交;事不终始,无务多业;记闻而言,无务多说[③];比近不安,无务求远。是故反本修迩[④],君子之道也。”

(又见于《说苑·建本》)

**【注释】**

①行己:立身处世。本:根本。

②嗣:子孙,这里指选定继位之君。王注:“继嗣不立,则乱之萌。”

③记闻而言,无务多说:王注:“但说所闻而言,言不出说中,故不可以务多说。”

④反本修迩:返回到事物的根本,从近处做起。迩,原作“迹”,据《四部丛刊》本《家语》改。

**【译文】**

孔子说:“立身行事有六个根本,然后才能成为君子。立身有仁义,孝道是根本;举办丧事有礼节,哀痛是根本;交战布阵有战列,勇敢是根本;治理国家有条理,农业是根本;掌管天下有原则,选定继位人是根本;

创造财富有时机，肯下力气是根本。根本不巩固，就不能很好地从事农桑；不能让亲戚高兴，就不要进行人事交往；办事不能有始有终，就不要经营多种产业；道听途说的话，就不要多说；不能让近处安定，就不要去安定远方。因此返回到事物的根本，从近处做起，是君子遵循的途径。”

孔子曰：“良药苦于口而利于病，忠言逆于耳而利于行。汤武以谔谔而昌①，桀纣以唯唯而亡②。君无争臣③，父无争子，兄无争弟，士无争友，无其过者，未之有也。故曰：‘君失之，臣得之；父失之，子得之；兄失之，弟得之；己失之，友得之。’是以国无危亡之兆，家无悖乱之恶，父子兄弟无失，而交友无绝也。”

（又见于《说苑·正谏》）

【注释】

①谔谔：直言进谏的样子。

②唯唯：恭敬顺从的应答声。

③争：同“诤”，直言劝谏。

【译文】

孔子说：“良药苦口利于病，忠言逆耳利于行。商汤和周武王因为能听取进谏的直言而使国家昌盛，夏桀和商纣因为只听随声附和的话而国破身亡。国君没有直言敢谏的大臣，父亲没有直言敢谏的儿子，兄长没有直言敢劝的弟弟，士人没有直言敢劝的朋友，要想不犯错误是不可能的。所以说：‘国君有失误，臣子来补救；父亲有失误，儿子来补救；哥哥有失误，弟弟来补救；自己有失误，朋友来补救。’这样，国家就没有灭亡的危险，家庭就没有悖逆的坏事，父子兄弟之间不会失和，朋友也不会断绝来往。”

孔子见齐景公，公悦焉，请置廪丘之邑以为养[①]。

孔子辞而不受。入谓弟子曰："吾闻君子当功受赏，今吾言于齐君，君未之有行，而赐吾邑，其不知丘亦甚矣。"于是遂行。

（又见于《吕氏春秋·离俗览·高义》、《说苑·立节》）

【注释】

①请置廪丘之邑以为养：景公请孔子接受廪丘城作为食邑。廪丘，在今山东范县。养，赡养。"邑"原作"养"，据《四部丛刊》本《家语》改。

【译文】

孔子去见齐景公，齐景公很高兴，请孔子接受廪丘城作为他赡养的食邑。

孔子推辞不受。回去对弟子说："我听说君子有功才接受奖赏，现在我向齐君进言，他还没有采取什么行动，而要赐给我食邑，他太不了解我了。"于是就离开了齐国。

孔子在齐，舍于外馆，景公造焉[①]。宾主之辞既接，而左右白曰："周使适至，言先王庙灾。"景公覆问："灾何王之庙也？"孔子曰："此必釐王之庙[②]。"公曰："何以知之？"

孔子曰："《诗》云[③]：'皇皇上天，其命不忒[④]。'天之以善，必报其德。祸亦如之。夫釐王变文武之制，而作玄黄华丽之饰，宫室崇峻，舆马奢侈，而弗可振也[⑤]。故天殃所宜加其庙焉，以是占之为然[⑥]。"

公曰："天何不殃其身，而加罚其庙也？"

孔子曰:“盖以文武故也。若殃其身,则文武之嗣,无乃殄乎⑦?故当殃其庙以彰其过。”

俄顷,左右报曰:“所灾者,釐王庙也。”

景公惊起,再拜曰:“善哉!圣人之智⑧,过人远矣。”

(又见于《说苑·权谋》)

**【注释】**

①造:到……去。

②釐王:东周国君,周庄王之子,名胡。

③诗:此诗已佚,今本《诗经》无。旧注:“此逸诗也。皇皇,美貌也。忒,差也。”

④忒:变更,差错。

⑤振:救。王注:“振,拔。”

⑥占:预测,推测。

⑦殄(tiǎn):断绝,灭绝。

⑧圣人之智:原无“人”字,据《四部丛刊》本《家语》增补。

**【译文】**

孔子在齐国,住在旅馆里,齐景公到旅馆来看他。宾主刚互致问候,景公身边的人就报告说:“周国的使者刚到,说先王的宗庙遭了火灾。”景公又问:“哪个君王的庙被烧了?”孔子说:“这一定是釐王的庙。”景公问:“怎么知道的呢?”

孔子说:“《诗经》说:‘伟大的上天啊,它所给予的不会有差错。’上天降下的好事,一定回报给有美德的人。灾祸也是如此。釐王改变了文王和武王的制度,而且制作色彩华丽的装饰,宫室高耸,车马奢侈,而无可救药。所以上天把灾祸降在他的庙上。我因此作了这样的推测。”

景公说："上天为什么不降祸到他的身上，而要惩罚他的宗庙呢？"

孔子说："大概是因为文王和武王的缘故吧。如果降到他身上，文王和武王的后代不就灭绝了吗？所以降灾到他的庙上来彰显他的过错。"

一小会儿，有人报告："受灾的是釐王的庙。"

景公吃惊地站起来，向孔子拜了两拜说："好啊！圣人的智慧，超过一般人太多了。"

子夏三年之丧毕，见于孔子。子曰："与之琴。"使之弦[①]，侃侃而乐[②]。作而曰[③]："先王制礼，不敢不及。"子曰："君子也。"

闵子三年之丧毕[④]，见于孔子。子曰："与之琴。"使之弦，切切而悲。作而曰："先王制礼，弗敢过也。"子曰："君子也。"

子贡曰：'闵子哀未尽，夫子曰君子也；子夏哀已尽，又曰君子也。二者殊情而俱曰君子，赐也惑，敢问之。"

孔子曰："闵子哀未忘，能断之以礼；子夏哀已尽，能引之及礼。虽均之君子，不亦可乎？"

（又见于《诗经·素冠》毛传、《礼记·檀弓上》、《说苑·修文》）

**【注释】**

①弦：弹奏。这里作动词用。古代服丧，除服之日要弹素琴，表示服丧结束，以此节制哀痛之情。

②侃侃：和乐貌。此指乐声。

③作：站起。

④闵子：字子骞，孔子弟子。

【译文】

子夏守丧三年完毕，来见孔子。孔子说："给他琴。"让他弹奏，弹得乐声很和乐。然后子夏站起来说："先王制定的礼仪，不敢不遵守。"孔子说："你真是君子啊。"

闵子骞守丧三年完毕，来见孔子。孔子说："给他琴。"让他弹奏，弹得乐声很悲切。然后闵子骞站起来说："先王制定的礼仪，不敢越过。"孔子说："你真是君子啊。"

子贡说："闵子骞还在悲伤，您说他是君子；子夏已不再悲伤，您又说他是君子。两个人的感情不同，您都说他们是君子，我都糊涂了，大胆问一问这是为什么。"

孔子说："闵子骞没有忘记哀伤，却能够用礼仪来断绝；子夏已不再悲伤，却能够按礼仪行事。即使将他们与君子相提并论，不是也可以吗？"

孔子曰："无体之礼①，敬也；无服之丧②，哀也；无声之乐，欢也。不言而信，不动而威，不施而仁。志，夫钟之音，怒而击之则武，忧而击之则悲。其志变者，声亦随之。故志诚感之，通于金石③，而况人乎！"

（又见于《太平御览》引《尸子》）

【注释】

①无体之礼：没有按程式举行的礼仪。

②无服：指未穿丧服。

③金石：泛指乐器。金，指金属制成的乐器，如钟、锣等。石，指石料乐器，如磬、编钟等。

【译文】

孔子说:"没有仪式的礼仪,却要体现出敬意来;不穿孝服的丧礼,却透出悲情来;没有声音的音乐,却表现出很欢乐。不说话就能得到别人信任,不行动就能显现威严,不施舍就能体现仁爱。记住:钟的声音,愤怒时敲击就发出刚健的声音,忧愁时敲击就发出悲哀的声音。一个人思想感情发生了变化,他敲击的声音也会随之发生变化。所以心意诚恳的感通,能传达到金石制作的乐器上,何况是人呢?"

孔子见罗雀者,所得皆黄口小雀。夫子问之曰:"大雀独不得,何也?"

罗者曰:"大雀善惊而难得,黄口贪食而易得。黄口从大雀则不得,大雀从黄口亦不得[①]。"

孔子顾谓弟子曰:"善惊以远害,利食而忘患,自其心矣。而独以所从为祸福,故君子慎其所从。以长者之虑,则有全身之阶;随小者之戆[②],而有危亡之败也。"

(又见于《说苑·敬慎》)

【注释】

①"黄口从大雀则不得"二句:"从"字原无,据《四部丛刊》本《家语》补。

② 戆(gàng):傻。

【译文】

孔子看到张网捕鸟的人捕到的全是黄嘴小雀,就问捕鸟人:"怎么唯独捉不到大雀,这是为什么呢?"

捕鸟的人说:"大雀容易警觉,所以不容易捉到;小雀贪吃,所以容易捉到。小雀跟着大雀就捉不到,大雀跟着小雀也捉不到。"

孔子回过头对弟子说："容易警觉就能够远离祸害，贪吃就会忘记灾祸，这都是因心里的想法不同。且跟随的对象不同而产生了祸或福，所以君子要慎重选择跟从的人。跟从长者的意见，就有保全自己的凭借；跟从年轻人愚蠢的意见，就有危亡的灾祸。"

孔子读《易》，至于《损》、《益》①，喟然而叹。

子夏避席问曰②："夫子何叹焉？"

孔子曰："夫自损者必有益之，自益者必有决之③，吾是以叹也。"

子夏曰："然则学者不可以益乎？"

子曰："非道益之谓也。道弥益而身弥损。夫学者损其自多，以虚受人，故能成其满博也。天道成而必变，凡持满而能久者，未尝有也。故曰：'自贤者，天下之善言不得闻于耳矣。'昔尧治天下之位，犹允恭以持之④，克让以接下⑤，是以千岁而益盛，迄今而逾彰。夏桀昆吾⑥，自满而无极，亢意而不节⑦，斩刈黎民如草芥焉⑧。天下讨之如诛匹夫，是以千载而恶著，迄今而不灭。观此，如行则让长，不疾先⑨；如在舆，遇三人则下之，遇二人则式之。调其盈虚，不令自满，所以能久也。"

子夏曰："商请志之⑩，而终身奉行焉。"

（又见于《说苑·敬慎》）

**【注释】**

①《损》、《益》：《周易》中的卦名。

②避席：离开席位。表示尊敬。

③决:缺,损失。王注:"《易》损卦,次得益,益次夬。夬,决也。损而不已必益,故受之以益;益而不已必决,故受之以夬。"

④允恭:诚信恭敬。王注:"允,信也。"

⑤克让:能谦让。王注:"克,能也。"

⑥昆吾:夏、商之间部落名。初封于濮阳。夏衰,昆吾为夏伯,后为商汤所灭。此指昆吾之君。王注:"昆吾国与夏桀作乱。"

⑦亢意:恣意妄为。

⑧刈:割。草芥:比喻轻贱,不足珍惜。芥,细微。亦指小草。

⑨观此,如行则让长,不疾先:此三句,原作"满也",据《四部丛刊》本《家语》改。

**【译文】**

孔子读《周易》,读到《损》、《益》二卦时,感慨地叹息着。

子夏离开坐位问道:"老师您为什么叹息啊?"

孔子说:"自己减少的必定会有增加,自己增加的必定会有减少。我因此叹息啊!"

子夏说:"那么学习的人不可以增加知识吗?"

孔子说:"我讲的不是道的增长。道愈增长而身体愈有损耗。学习的人,减损自己本来就多的东西,用虚心的态度接受别人的指教,所以才能成就完满和广博啊!按照规律,事物完成后必定还会变化,完满而能保持长久,是不曾有的。所以说,'自认为贤能的人,天下那些美好的话他是听不到的。'从前尧处在治理天下的位置上,尚且以诚信恭敬的态度处理政事,以谦让的态度和下面的人交往,所以经过千年名声愈来愈盛,到今天更加彰显。夏桀、昆吾自满至极,恣意妄为而不加节制,斩杀百姓如割草一般。天下人讨伐他,如同杀一个平民,所以经过千年恶名愈来愈昭著,至今也没有磨灭。看到这些,如果在路上行走就要让长者先行,不抢先;如果坐在车上,遇到三个人就要下车,遇到两个人就要扶着车前横木致敬。调节盈满和虚空,不自我满足,所以能够长久。"

子夏说："请让我把这些话记下来，而且要终身奉行。"

子路问于孔子曰："请释古之道而行由之意[1]，可乎？"

子曰："不可。昔东夷之子[2]，慕诸夏之礼[3]，有女而寡，为内私婿[4]，终身不嫁。嫁则不嫁矣，亦非贞节之义也。苍梧娆娶妻而美[5]，让与其兄。让则让矣，然非礼之让也。不慎其初，而悔其后，何嗟及矣[6]。今汝欲舍古之道，行子之意，庸知子意不以是为非，以非为是乎？后虽欲悔，难哉！"

（又见于《说苑·建本》）

**【注释】**

①释：放弃。

②东夷：东部的少数民族。

③诸夏：华夏，指汉族。

④为内私婿：为她招个女婿。内，同"纳"，招纳。

⑤苍梧：在今湖南宁远东南。娆：人名，生平不详。

⑥何嗟及矣：王注："言事至而后悔吁嗟，又何及矣！"

**【译文】**

子路问孔子："我请求放弃古代的治理之道而施行我的主张，可以吗？"

孔子说："不可以。从前东方少数民族的一个人，羡慕华夏的礼义，他有个女儿死了丈夫，他想为女儿再招个女婿，女儿终身不嫁。可以改嫁而不改嫁，这并非表现了贞洁。苍梧娆娶了个妻子很美，让给了他的哥哥。让是让了，然而是不符合礼义的让。最初不谨慎，事后又后悔，感叹也来不及了。现在你要舍弃古代的治理之道，来施行你的主张，怎知道你的主张不是以是为非，以非为是呢？事后想要悔改也难啊！"

曾子耘瓜[①]，误斩其根。曾皙怒[②]，建大杖以击其背[③]。曾子仆地而不知人久之。有顷，乃苏，欣然而起，进于曾皙曰："向也参得罪于大人，大人用力教参，得无疾乎？"退而就房，援琴而歌，欲令曾皙而闻之，知其体康也。

孔子闻之而怒，告门弟子曰："参来勿内。"曾参自以为无罪，使人请于孔子。

子曰："汝不闻乎？昔瞽瞍有子曰舜[④]，舜之事瞽瞍，欲使之，未尝不在于侧；索而杀之，未尝可得。小棰则待过，大杖则逃走。故瞽瞍不犯不父之罪，而舜不失烝烝之孝[⑤]。今参事父，委身以待暴怒，殪而不避[⑥]，既身死而陷父于不义，其不孝孰大焉？汝非天子之民也，杀天子之民，其罪奚若[⑦]？"

曾参闻之曰："参罪大矣。"遂造孔子而谢过。

（又见于《韩诗外传·八》、《说苑·建本》）

**【注释】**

①耘瓜：在瓜地锄草。

②曾皙：曾参之父，孔子弟子。

③建：操，拿起。

④瞽叟：舜父亲的别名。传说他溺爱舜的弟弟，多次想害死舜。时人认为他有目不能分辨好坏，故称他为瞽叟。

⑤烝烝：淳厚貌。

⑥殪：死。

⑦奚若：何如。

**【译文】**

曾参在瓜地锄草，错把瓜苗的根锄断了。他的父亲曾晳发了怒，拿起大棍子就打他的背。曾子倒在地上，好长时间都不省人事。后来，曾参苏醒了，高兴地站起来，走上前对曾晳说："刚才我得罪了父亲大人，大人用力来教训我，没有受伤吧？"曾参说完回到屋里，弹着琴唱起了歌，想让曾晳听到，知道他身体没有问题。

孔子听到这件事发了怒，告诉弟子说："曾参来了不要让他进来。"曾参自以为没错，让人告诉孔子他要来拜见。

孔子说："你没有听说过吗？从前瞽瞍有个儿子叫舜，舜侍奉瞽瞍，瞽瞍想使唤他的时候，他没有不在身边的；但要找他把他杀掉时，却怎么也找不到。用小棍子打，他就挨着；用大棍子打，他就逃走。所以瞽瞍没有犯下不遵行父道的罪，而舜也没有失去尽心进孝的机会。现在曾参你侍奉父亲，挺身等待父亲的暴怒，打死也不躲避，这样做，自己死了还要陷父亲于不义，不孝还有比这更大的吗？你不是天子的子民啊！杀天子的子民，有哪样罪比得上呢？"

曾参听后说："我的罪大了。"于是到孔子那里去承认错误。

荆公子行年十五而摄荆相事[①]，孔子闻之，使人往观其为政焉。

使者反[②]，曰："视其朝清净而少事，其堂上有五老焉，其廊下有二十壮士焉。"

孔子曰："合二十五人之智以治天下，其固免矣，况荆乎？"

（又见于《说苑·尊贤》）

【注释】

①荆公子:生平不详。荆,楚国的别称。摄:代理。荆相事:楚国宰相的事务。

②反:同“返”。

【译文】

荆国公子十五岁时就代理荆国宰相的事务。孔子听说了这件事,派人前往观看他是如何处理政事的。

使者返回后,对孔子说:“看到他的朝堂上清净少事,他的堂上有五位老人,廊下有二十位壮士。”

孔子说:“合二十五人的智慧来治理天下,本来就可以免于危亡,何况是治理荆国呢?”

子夏问于孔子曰:“颜回之为人奚若[①]?”

子曰:“回之信贤于丘。”

曰:“子贡之为人奚若?”

子曰:“赐之敏贤于丘。”

曰:“子路之为人奚若?”

子曰:“由之勇贤于丘。”

曰:“子张之为人奚若?”

子曰:“师之庄贤于丘。”

子夏避席而问曰:“然则四子何为事先生?”

子曰:“居[②],吾语汝。夫回能信而不能反[③],赐能敏而不能诎[④],由能勇而不能怯,师能庄而不能同[⑤]。兼四子者之有以易吾,弗与也。此其所以事吾而弗贰也。”

(又见于《列子·仲尼》、《淮南子·人间训》)

【注释】

①奚若：怎么样。

②居：坐下来。

③反：王注："反谓反信也。君子言不必信，唯义所在耳。"

④诎：同"屈"。王注："言人虽敏辩，亦宜有屈折时也。"

⑤同：和同。王注："言人虽矜庄，亦当有和同时也。"

【译文】

子夏问孔子："颜回的为人怎么样？"

孔子说："颜回在诚信上比我强。"

子夏问："子贡的为人怎么样？"

孔子说："子贡在聪敏方面比我强。"

子夏问："子路的为人怎么样？"

孔子说："子路在勇气方面比我强。"

子夏问："子张的为人怎么样？"

孔子说："子张在庄重方面比我强。"

子夏离开座位问道："那么他们四个人为什么要侍奉先生您呢？"

孔子说："坐下来，我告诉你。颜回能诚信却不灵活，子贡很聪敏却不能委屈，子路有勇气却不能示弱，子张庄重却不能随和地与人相处。把四个人的长处加起来和我交换，我也不愿意。这就是他们事奉我而忠心不贰的原因。"

孔子游于泰山，见荣声期行乎郕之野[①]，鹿裘带索[②]，鼓琴而歌[③]。

孔子问曰："先生所以为乐者，何也？"

期对曰："吾乐甚多，而至者三：天生万物，唯人为贵，吾既得为人，是一乐也；男女之别，男尊女卑，故人以男为贵，吾既得为男，是二乐也；人生有不见日月④，不免襁褓者⑤，吾既以行年九十五矣，是三乐也。贫者，士之常；死者，人之终。处常得终，当何忧哉？”

孔子曰：“善哉！能自宽者也。”

（又见于《列子·天瑞》、《说苑·杂言》）

【注释】

①荣声期：《列子·天瑞篇》作“荣启期”，善弹琴。王注：“声宜为启，或曰荣益期也。”郕：春秋时国名，周武王封其弟叔武于此。

②鹿裘带索：穿着粗劣的衣服，系着绳子做成的腰带。鹿裘，旧注：“鹿裘乃裘之粗者，非以鹿为裘也。鹿车乃车之粗者，非以鹿驾车也。麤从三鹿，故鹿有粗义。”

③鼓琴：弹琴。《列子·天瑞篇》作“鼓瑟”。

④不见日月：指胎儿未出生就死于母腹中。

⑤不免襁褓：指幼儿时已亡。

【译文】

孔子游历泰山，看到荣启期走在郕国的郊外，穿着粗劣的衣服，系着绳子做的腰带，弹着琴唱着歌。

孔子问道：“先生您这么快乐，是为什么呢？”

荣启期回答说：“我的快乐很多，最快乐的事情有三件：天生万物，唯有人最尊贵，我既然能成为人，是第一件快乐的事；人有男女之别，男尊女卑，人们以男子为尊贵，我既然成为男人，是第二件快乐的事；人有没出生就死在母腹中的，还有在襁褓中就死亡的，我现在已活到九十五岁，这是第三件快乐的事。贫穷，是士人的常态；死亡，是人的最终结果。处于常态以终天年，还有什么可忧愁的呢？”

孔子说：“好啊！他是能够自我宽慰的人。”

孔子曰："回有君子之道四焉：强于行义，弱于受谏，怵于待禄①，慎于治身。史鳝有君子之道三焉②：不仕而敬上，不祀而敬鬼，直己而曲于人。"

曾子侍，曰："参昔常闻夫子之三言，而未之能行也。夫子见人之一善而忘其百非，是夫子之易事也；见人之有善若己有之，是夫子之不争也；闻善必躬行之，然后导之，是夫子之能劳也。学夫子之三言而未能行，以自知终不及二子者也③。"

（又见于《说苑·杂言》）

**【注释】**

①怵于待禄：王注："怵，怵惕也。待，宜为'持'也。"

②史鳝：春秋时卫国大夫，字子鱼。卫灵公不用贤人蘧伯玉而用奸人弥子瑕，史鳝屡谏不听。史鳝临死前嘱其子，他死后将尸体置于窗下，不要埋葬，以尸劝谏。灵公后来任用了蘧伯玉而黜退了弥子瑕。孔子称赞他"直哉史鱼"。

③二子：王注："二子，颜回、史鳝也。"

**【译文】**

孔子说："颜回具有作为君子的四种品德：努力推行仁义，虚心接受劝告，害怕接受俸禄，谨慎修养身心。史鳝具有作为君子的三种品德：不做官而能尊敬官长，不祭祀而能尊敬鬼神，自己正直而能宽容别人。"

曾子陪在旁边，说："我从前经常听您说三句话，但我没能身体力行。您看见别人的一个优点就忘记他所有的缺点，这是您容易事奉；您看见别人的善行，就如同自己具有一样，这是您不争名利；您听说是善事一定要亲身去做，然后引导别人去做，这是您不怕劳累。学习您的三句话却不能身体力行，所以我自知最终不如颜回和史鳝。

孔子曰："吾死之后，则商也日益[1]，赐也日损[2]。"

曾子曰[3]："何谓也？"

子曰："商也好与贤己者处，赐也好说不若己者。不知其子视其父，不知其人视其友，不知其君视其所使，不知其地视其草木。故曰：与善人居，如入芝兰之室，久而不闻其香，即与之化矣。与不善人居，如入鲍鱼之肆，久而不闻其臭，亦与之化矣[4]。丹之所藏者赤，漆之所藏者黑，是以君子必慎其所与处者焉。"

（又见于《说苑·杂言》）

**【注释】**

①商：即卜商，字子夏，孔子弟子。

②赐：即端木赐，字子贡，孔子弟子。

③曾子：即曾参。

④"与善人居"八句：为曾子语，见《大戴礼记·曾子疾病》篇。《家语》误作孔子语。芝兰之室，有芝兰等香草的屋子。比喻美好的环境。鲍鱼之肆，卖咸鱼的店铺。比喻环境恶劣。

**【译文】**

孔子说："我死之后，子夏会一天比一天进步，子贡会一天比天退步。"

曾子问："为什么这样说呢？"

孔子说："子夏喜欢与比自己贤能的人相处，子贡喜欢不如自己的人。不了解他的儿子，就看看他的父亲；不了解他本人的为人，就看看他的朋友；不了解君主，就看看他任命的大臣；不了解土地，就看看地上生长的草木。所以说：与善人相处，就像进入有香草的屋子，时间长了闻不到香味，说明已与香气融合一起了；与不善的人相处，就如同进入咸鱼铺子，时间长了闻不到臭味，这是被臭味同化了。装丹砂的容器会变成红色，装漆的容器会变成黑色。因此君子要谨慎地选择与自己相处的人。”

曾子从孔子之齐[①]，齐景公以下卿之礼聘曾子[②]，曾子固辞[③]。

将行，晏子送之曰：“吾闻之，君子遗人以财，不若善言。今夫兰本三年[④]，湛之以鹿醢[⑤]，既成噉之[⑥]，则易之匹马。非兰之本性也，所以湛者美矣，愿子详其所湛者。夫君子居必择处，游必择方，仕必择君。择君所以求仕，择方所以修道。迁风移俗，嗜欲移性，可不慎乎？”

孔子闻之，曰：“晏子之言，君子哉！依贤者固不困，依富者固不穷，马蚿斩足而复行[⑦]，何也？以其辅之者众。”

（又见于《晏子春秋·内篇杂上》、《荀子·大略》、《说苑·杂言》）

**【注释】**

①之：原作“于”，据《四部丛刊》本《家语》改。

②下卿：古代官名。天子诸侯设卿，有上卿、中卿、下卿。

③固辞：坚决地推辞。

④兰本三年：生长三年的兰草根。

⑤湛：浸，渍。鹿醢（hǎi）：用鹿肉做的酱。

⑥噉（dàn）：同“啖”，吃。

⑦马蚿（xián）：一种多足多环节的虫子。又称马轴、百足。“蚿”字原无，据《四部丛刊》本《家语》补。

【译文】

曾子跟随孔子去齐国。齐景公用下卿的待遇聘请他，曾子坚决地拒绝了。

将要离开齐国时，晏子送行说："我听说：君子赠人钱财，不如赠人好话。现在有生长三年的兰草根，用鹿肉酱浸泡，泡好可以吃，能用它换一匹马。这并非兰草的本性，而是浸泡的酱味美，希望你能弄清楚那酱的作用。君子居住一定要选择地方，出游要选择方向，做官要选择国君。选择国君是为了做官，选择方向是为了修养道德。风俗能使人转变，喜好能改变人的本性，能不谨慎吗？"

孔子听到这些话后，说："晏子的话，是君子之言啊！跟随贤人就不会困惑，跟随富人就不会困穷，马蚿被斩断了足还可以行走，这是为什么呢？因为辅助它走路的足很多。"

孔子曰："以富贵而下人①，何人不尊②；以富贵而爱人，何人不亲③？发言不逆，可谓知言矣；言而众向之④，可谓知时矣。是故以富而能富人者，欲贫不可得也；以贵而能贵人者，欲贱不可得也；以达而能达人者⑤，欲穷不可得也。"

（又见于《说苑·杂言》）

【注释】

①下人：以谦恭态度待人。

②何人不尊："尊"字原本无，有小字"阙"，据《四部丛刊》本《家语》补"尊"。

③亲：亲近。

④向：响应，赞同。

⑤达：指仕途顺利，与"穷"对言。

【译文】

孔子说："身处富贵而待人谦恭，谁会不尊敬你呢？身处富贵而和人友爱，谁会不亲近你呢？说出话没人反对，可以说懂得该说什么话；说话时众人都拥护，可以说知道说话的时机。所以凭借富有能使别人富裕的人，想贫穷都不可能；凭借尊贵能使别人尊贵的人，想低贱都不可能；凭借仕途发达能使别人发达的人，想困穷都不可能。"

孔子曰："中人之情也①，有余则侈，不足则俭，无禁则淫，无度则逸，从欲则败。是故鞭朴之子不从父之教，刑戮之民不从君之令。此言疾之难忍，急之难行也。故君子不急断，不急制。使饮食有量，衣服有节，宫室有度，畜积有数，车器有限，所以防乱之原也②。夫度量不可不明，是中人所由之令③。"

（又见于《说苑·杂言》）

【注释】

①中人：普通人，一般人。

②原：通"源"，根源，根本。

③由：遵守，遵从。令：王注："教令之令。"

【译文】

孔子说："普通人的情况是这样的：财物有余就会浪费，财物不足则会节省。没有禁令就会超过限度，没有限度就会放纵，随心所欲就会失败。所以被鞭打的儿子不会听从父亲的教育，遭受刑罚的百姓不会听从君王的命令。这说明过分的责难让人难以忍受，过急的要求让人难以实行。所以君子不急于决断，不急于制止。使饮食有定量，衣服有节制，住房有限度，积蓄有定数，车辆器具有限量，这是防止祸乱的根本方法。法规限度不可不明确，这是普通人遵守的规定。”

孔子曰：“巧而好度，必攻[①]；勇而好问[②]，必胜；智而好谋，必成。以愚者反之。是以非其人，告之弗听；非其地，树之弗生。得其人，如聚砂而雨之[③]；非其人，如会聋而鼓之。夫处重擅宠，专事妒贤，愚者之情也。位高则危，任重则崩，可立而待。”

（又见于《荀子·仲尼》、《说苑·杂言》）

**【注释】**

①必攻：王注：“攻，坚。”坚守之义。攻，《说苑·杂言》作“工”，《荀子·仲尼》作“节”。梁启雄按：“节，《说苑·杂言》作‘工’，义较长。”工指精巧。

②问：《荀子·仲尼》、《说苑·杂言》作“同”。

③聚砂而雨之：王注：“言立入也。”指雨水立刻渗入地中。

**【译文】**

孔子说：“机巧而又喜好限度的人，必定精巧；勇敢而又好问的人，必定会胜利；聪明而喜好谋划的人，必定能成功。愚蠢的人则相反。因此不是适当的人，告诉他什么也不会听；不是合适的土地，种上庄稼也不会生长。得到合适的人，如雨水洒落到沙土里一样；得不到合适的人，如同对着聋子敲鼓一样。身处高位受到宠爱，专门嫉妒贤人，这是愚蠢人的本性。地位高则有危险，责任重则会崩溃，这种情况可能会很快出现。”

孔子曰：“舟非水不行，水入舟则没[①]；君非民不治，民犯上则倾。是故君子不可不严也[②]，小人不可不整一也。”

【注释】

①没:沉没。

②严:严谨。

③整一:整肃划一。

【译文】

孔子说:"船没有水就不能行驶,水进入船中船就会沉没;国君离开百姓就不能治理,民众犯上作乱国家就会灭亡。因此君子不可以不严谨,对小人不可以不整肃划一。"

齐高庭问于孔子曰[1]:"庭不旷山[2],不直地[3],衣穣而提贽[4],精气以问事君子之道[5],愿夫子告之。"

孔子曰:"贞以干之[6],敬以辅之,施仁无倦。见君子则举之,见小人则退之,去汝恶心而忠与之。效其行,修其礼,千里之外,亲如兄弟;行不效,礼不修,则对门不汝通矣[7]。夫终日言,不遗己之忧;终日行,不遗己之患,唯智者能之。故自修者必恐惧以除患,恭敬以避难者也。终身为善,一言则败之,可不慎乎?"

(又见于《说苑·杂言》)

【注释】

①高庭:人名。

②不旷山:不以山为阻隔。意为翻山而来。王注:"庭,高庭名也。旷,隔也,不以山为隔,逾山而来。"

③不直地:不根植在原地。指远道而来。王注:"直宜为植,不根于地,而远来也。"

④穣衣提贽:穿着草衣,提着礼物。王注:"穣,蒿草衣。提,持。

贽,所以执为礼也。”

⑤精气:精诚之气。

⑥贞以干之:贞干,同“桢干”,本指筑墙垣的工具,此为辅助之意。王注:“真正以为干植。”

⑦不汝通:即“不通汝”,不和你来往。

**【译文】**

齐国人高庭向孔子请教说:“我越过高山,不停地走,穿着草衣提着礼物,真诚地向您请教事奉君子的方法,希望您能告诉我。”

孔子说:“忠诚地帮助他,恭敬地辅佐他,不厌倦地施行仁义。看见君子就举荐,看见小人就斥退,去掉你不好的心思而抱着忠心支持他。效法他的行为,学习他的礼仪,远隔千里,也亲如兄弟。如果不效法他的行为,不学习他的礼仪,那么住在对门也不会和你往来。终日说话,不给自己留下忧虑;终日行动,不给自己留下后患,这只有智者才能做到。所以修养自身的人,一定要心怀恐惧来消除祸患,恭敬谦逊来躲避灾难。即使终身行善,一句话就能败身,可以不谨慎吗?”

# 辩物第十六

**【题解】**

孔子非常善于学习，不仅靠读书，还要实地去考察访问，因此见多识广。遇到事情，有时只靠推测判断就能得出正确的结论。“季桓子穿井”得羵羊的故事，季桓子以为是狗，孔子没看就知道是羊。“吴伐越，隳会稽，获巨骨”的故事，孔子判断为防风氏的骨头，并讲述了有关史实。“孔子在陈”章，从陈惠公庭上死隼身上的箭，孔子判别为“肃慎氏贡楛矢”，木简上的记载证明了孔子判断的正确。“郯子朝鲁”章，讲了孔子向郯子学习的故事。子钼商打柴获麒麟，孔子对麒麟受伤而伤心流泪，表现出对现实政权和自己命运的担忧。还有对鲁桓公、鲁僖公宗庙遭火灾的正确推测，对赵简子任用阳虎会给国家带来祸患的预测，都看出孔子是位智者。孔子在议论以上事物时，每每不忘讲述自己的治国理念，无时无刻不在推行他的治国之道。

季桓子穿井①，获如土缶②，其中有羊焉。使使问于孔子曰：“吾穿井于费③，而于井中得一狗，何也？”

孔子曰：“丘之所闻者，羊也。丘闻之，木石之怪夔、魍魉④，水之怪龙、罔象⑤，土之怪羵羊也⑥。”

（又见于《说苑·辨物》）

【注释】

①季桓子：鲁国大夫。穿井：打井。

②土缶：《四部丛刊》本《家语》作"玉缶"。缶，一种大腹小口的器皿。

③费：鲁国邑名，故址在今山东费县西北。

④夔：古代传说的山中怪兽。魍魉：山精。

⑤罔象：一种水怪。

⑥羵（fén）羊：土中怪羊，雌雄不分。

【译文】

季桓子打井，得到一个土缶，里面有个像羊的东西。季桓子派人去问孔子说："我在费地打井，在井中得到一只狗，这是怎么回事呢？"

孔子说："就我知道的而言，应该是一只羊。我听说，山林中的精怪有夔和魍魉，水中的精怪有龙和罔象，土中的精怪有羵羊。"

吴伐越，隳会稽[①]，获巨骨一节，专车焉。吴子使来聘于鲁，且问之孔子，命使者曰："无以吾命也。"

宾既将事，乃发币于大夫，及孔子[②]，孔子爵之[③]。

既彻俎而燕客[④]，执骨而问曰："敢问骨何如为大？"

孔子曰："丘闻之，昔禹致群臣于会稽之山[⑤]，防风后至[⑥]，禹杀而戮之，其骨专车焉，此为大矣。"

客曰："敢问谁守为神？"

孔子曰："山川之灵，足以纪纲天下者，其守为神[⑥]。社稷之守为公侯[⑦]，山川之祀者为诸侯，皆属于王[⑧]。"

客曰："防风何守？"

孔子曰："汪芒氏之君守封嵎山者[⑨]，为漆姓，在虞夏商为汪芒氏，于周为长翟氏[⑩]，今曰大人[⑪]。"

客曰："人长之极几何？"

孔子曰："僬侥氏长三尺⑫，短之至也。长者不过十，数之极也。"

（又见于《国语·鲁语下》）

【注释】

①吴伐越，隳(huī)会稽：王注："吴王夫差败越王勾践，栖于会稽，吴人隳之。会稽，山也。隳，毁也。"

②乃发币于大夫，及孔子：王注："赐大夫及孔子。"币，指作为礼物的玉、马、皮、帛等。

③爵：酒杯。这里作动词用。王注："饮酒。"

④彻：同"撤"，撤去。俎：祭祀时盛祭品的祭器。燕客：请客人宴饮。

⑤群臣：《国语·鲁语下》作"群神"，较胜。

⑥防风：汪芒国之君。一说禹时的部落首领。

⑦其守为神：守护山川的为神。王注："守山川之祀者为神。"

⑧社稷之守为公侯：守护社稷的为公侯。王注："但守社稷，无山川之祀者，直为公侯而已。"

⑨汪芒氏之君守封嵎山者：王注："汪芒，国名。封嵎，山名。"

⑩长瞿氏：国名。

⑪今曰大人：王注："周之初及当孔子之时，其名异也。"今，指孔子之时。大人，国名。

⑫僬侥(jiāo yáo)氏：西南部少数民族的别称。

【译文】

吴国攻打越国，毁坏了会稽，获得了一节巨大的骨头，要用一辆车来装。吴国国君派使者问候鲁君，并且向孔子请教骨头的事，吴君对使者说："不要说是我的命令。"

使者问候完鲁君，就分发礼物给鲁国大夫，发到孔子时，孔子给他倒了一杯酒。

问候鲁君的事情完毕，撤去祭器举行宴饮，使者拿着祭品中的骨头问道："请问什么样的骨头算是大的？"

孔子说："我听说，从前大禹召集群臣到会稽山，防风后到，大禹杀了他，他的骨头装了一车，防风的骨头算是大的了。"

使者问："请问谁是守护山川的神？"

孔子说："山川的神灵足以能有利天下的，是守护之神。守护社稷的为公侯，祭祀山川的为诸侯，都隶属于君王。"

使者说："防风氏守在何处呢？"

孔子说："他是汪芒国的国君，守护封嵎山。姓漆，在虞、夏、商时代为汪芒氏，到周朝为长瞿氏，现今称作大人。"

客人问："人的身体最长的，能有多长？"

孔子说："僬侥氏身长三尺，是最短的了。最长的不超过十尺，这个数已达到极限了。"

孔子在陈，陈惠公宾之于上馆[①]。时有隼集于陈侯之庭而死[②]，楛矢贯之石砮[③]，其长尺有咫[④]。惠公使人持隼如孔子馆而问焉。

孔子曰："隼之来远矣，此肃慎氏之矢[⑤]。昔武王克商，通道于九夷百蛮[⑥]，使各以其方贿来贡[⑦]，而无忘职业。于是肃慎氏贡楛矢石砮，其长尺有咫。先王欲昭其令德之致远物也[⑧]，以示后人，使永鉴焉[⑨]，故铭其栝曰'肃慎氏贡楛矢栝'，以分大姬[⑩]。配胡公[⑪]，而封诸陈。古者分同姓以珍玉，所以展亲亲也[⑫]；分异姓以远方之职贡，所以无忘服也[⑬]。故分陈以肃慎氏贡焉。君若使有司求诸故府，其可得也。"

公使人求，得之金椟[14]，如之。

（又见于《国语·鲁语下》）

【注释】

①陈惠公：陈哀公之孙，名吴。在位二十八年卒，谥惠。上馆：上等馆舍。

②隼集于陈侯之庭而死：王注："隼，鸟也。始集庭便死。"隼，又称鹘，一种凶猛的鸟。

③楛（kǔ）矢：楛木做的箭杆。楛为荆类植物，茎可制箭杆。石砮：石头做的箭头。

④咫：长度单位，八寸为一咫。

⑤肃慎氏：古民族名。

⑥九夷百蛮：指各方少数民族。王注："九夷，东方九种。百蛮，夷狄百种。"

⑦方贿：地方所贡的财物土产。

⑧令德：美好的德行。

⑨永鉴：永远作为借鉴。"鉴"原作"监"，据《四部丛刊》本《家语》改。

⑩大姬：周武王之女。

⑪胡公：虞舜的后代。

⑫展亲亲：表示亲近的亲属关系。

⑬服：臣服，服从。

⑭金椟：用金属做的柜子。王注："椟，匮也。"

【译文】

孔子在陈国，陈惠公请他住在上等馆舍里。当时有一只隼鸟倒在陈惠公的厅堂上，已经死了。射穿它的箭的箭杆是楛木制成，箭头是石头的，长度有一尺八寸。陈惠公让人拿着死鸟到孔子的馆舍询问这件事。

孔子说："隼鸟是从很远的地方来的啊！这是肃慎氏的箭。从前周武王攻克商朝，打通了通向各少数民族的道路，让他们以各自的特产来进贡，并要求按职业进贡物品。于是慎肃氏进贡了用楛木作杆石头作箭头的箭，长有一尺八寸。武王欲显示他的美德能使远方来进贡，以此来昭示后人，永远作为借鉴，所以在箭杆的末端刻着'肃慎氏贡楛矢栝'几个字，把它赏给他的女儿大姬。女儿嫁给胡公，封在陈地。古代把珍玉分给同姓，为了表示亲属的亲密关系；把远方的贡物分给异姓，是为了让他们不忘记臣服。所以把肃慎氏的贡物分给陈国。您如果派官员到从前的府库中去找，就可以找到。"

陈惠公派人去找，在一个金属做的柜子里找到了，果然和孔子说的一样。

郯子朝鲁①，鲁人问曰②："少昊氏以鸟名官③，何也？"

对曰："吾祖也，我知之。昔黄帝以云纪官④，故为云师而云名⑤。炎帝以火⑥，共工以水⑦，太昊以龙⑧，其义一也。我高祖少昊挚之立也，凤鸟适至，是以纪之于鸟，故为鸟师而鸟名。自颛顼氏以来⑨，不能纪远，乃纪于近，为民师而命以民事，则不能故也。"

孔子闻之，遂见郯子而学焉。既而告人曰："吾闻之，天子失官，学在四夷⑩，犹信。"

（又见于《春秋左传·召公十七年》）

**【注释】**

①郯子：郯国国君。郯，古国名，少昊之后。

②鲁人：指鲁国大夫叔孙昭子。

③少昊氏:传说中的古部落首领名。也作少皞。名挚,字青阳。黄帝子。王注:"少昊,金天氏也。"

④黄帝:古代部落首领,又号轩辕氏、有熊氏。打败了炎帝和蚩尤,被尊为天子,代替神农氏。有土德之瑞,故号黄帝。

⑤为云师而云名:指百官之长都以云为名。师,长。王注:"师,长也。云,纪其官长而为官名者也。"

⑥炎帝:传说中的古帝。因以火德王,故称炎帝。作耒耜,教人耕种,故又号神农氏。

⑦共工:古代传说中的天神,与颛顼争为帝,有头触不周山的故事。

⑧太昊:古代传说中的部落首领,即伏羲氏。相传他始画八卦,教民捕鱼畜牧,以充庖厨,又称庖牺氏。

⑨颛顼氏:古五帝之一。相传为黄帝之孙。又号高阳氏。

⑩学在四夷:王注:"郯,小国也,故吴伐郯,季文子叹曰:'中国不振旅,蛮夷入伐,吾亡无日矣。'孔子称官学在四夷,疾时之废学也。郯,少昊之后,以其世则远矣,以其国则小矣。鲁公之后,以其世则远矣,以其国则大矣。然其知礼不若郯子,故孔子发此言,疾时之不学也。"

**【译文】**

郯国国君朝拜鲁国,鲁国人叔孙昭子问:"少昊氏用鸟名来命名官职,为什么呢?"

郯子回答说:"少昊氏是我的祖先,我知道这件事。从前黄帝用云来命名官职,所以百官之长都以云为名。炎帝用火命名官职,共工用水命名官职,太昊氏用龙命名官职,意思都是一样的。我的高祖少昊挚继位时,凤鸟正好飞来,因此用鸟来命名,所以称鸟师而以鸟命名。自颛顼氏以来,不能用远来的事物命名,就用身边的事物来命名,设立长官就用民众所做的事来命名,那就不能像原来那样做了。"

孔子听说了这件事,就去拜见郯子向他学习。后来告诉别人说:

“我听说，天子的官学失传，可以向四周的小国学习，这话是真实可信的。”

邾隐公朝于鲁[1]，子贡观焉[2]。邾子执玉高[3]，其容仰。定公受玉卑，其容俯。

子贡曰：“以礼观之，二君者将有死亡焉。夫礼，生死存亡之体，将左右周旋，进退俯仰，于是乎取之；朝祀丧戎，于是乎观之。今正月相朝，而皆不度[4]，心以亡矣。嘉事不体[5]，何以能久？高仰，骄也；卑俯，替也。骄近乱，替近疾。君为主，其先亡乎？”

夏五月，公薨[6]，又邾子出奔。孔子曰：“赐不幸而言中，是赐多言。”

（又见于《春秋左传·定公十五年》）

**【注释】**

①邾(zhū)隐公：邾国国君，即邾子益。邾为春秋时诸侯国名。

②子贡观焉：王注：“子贡时为鲁大夫也。”

③邾子执玉：邾子拿着玉制的献给鲁定公的礼品。王注：“玉所以聘于王。”

④不度：不符合礼仪的规定。王注：“不得其法度也。”

⑤嘉事不体：王注：“朝聘亦嘉事也。不体，不得其体。”嘉事，好事，指朝见鲁君之事。

⑥薨(hōng)：诸侯死称薨。

**【译文】**

邾隐公朝拜鲁君，子贡观看了当时的情况。邾隐公高高地拿着玉，脸是仰着的。鲁定公低身接受玉，脸是低着的。

子贡说："从礼节来看，两位君主中将会有死亡的。礼，是生死存亡的主体，一举一动，或左或右，进退俯仰，是从这里来选取它；朝会祭祀、死丧征战，也是从这里观察它。现今在正月里互相朝见，而都不合法度，两位国君的心中已经没有礼了。朝会这样的好事不合于礼，怎么能够活得长久？高和仰，这是骄纵；卑和俯，这是衰废。骄纵接近动乱，衰废接近疾病。君王是主人，恐怕会先亡吧！"

夏天五月，鲁定公死了，后来邾子也出逃了。孔子说："子贡不幸而言中，这是子贡多言了。"

孔子在陈，陈侯就之燕游焉[①]。行路之人云："鲁司铎灾及宗庙[②]。"以告孔子。

子曰："所及者其桓、僖之庙[③]。"

陈侯曰："何以知之？"

子曰："礼，祖有功而宗有德，故不毁其庙焉。今桓、僖之亲尽矣，又功德不足以存其庙，而鲁不毁，是以天灾加之。"

三日，鲁使至，问焉，则桓、僖也。陈侯谓子贡曰："吾乃今知圣人之可贵。"

对曰："君之知之，可矣，未若专其道而行其化之善也。"

（又见于《春秋左传·哀公三年》）

**【注释】**

①燕游焉：原作"燕焉子游"，据《四部丛刊》本《家语》改。燕，同"宴"，宴饮。

②司铎：官职名，掌管文教。此指司铎官衙。灾：发生了火灾。

③桓、僖：鲁桓公、鲁僖公。

**【译文】**

孔子在陈国,陈国国君陪他一起宴饮游览。路上的行人说:“鲁国司铎的火灾殃及宗庙了。”有人把这话告诉了孔子。

孔子说:“殃及的大概是鲁桓公、鲁僖公的宗庙吧。”

陈国国君问:“您是怎么知道的呢?”

孔子说:“按照礼,祖先有功而且后代有德,就不会毁坏他们的宗庙。如今桓公和僖公的亲属已经没有了,而他们的功劳和德行又不足以保存他们的宗庙,鲁国没有毁掉它们,所以天灾要加在它们上面。”

三天后,鲁国使者来,一问,果然是桓公和僖公的宗庙遭了灾。陈国国君对子贡说:“我如今才知道圣人的可贵。”

子贡回答说:“您知道这点,还不错,但还不如一心推行他的道来实行圣人的教化为好。”

阳虎既奔齐[①],自齐奔晋,适赵氏[②]。

孔子闻之,谓子路曰:“赵氏其世有乱乎?”

子路曰:“权不在焉,岂能为乱?”

孔子曰:“非汝所知。夫阳虎亲富而不亲仁,有宠于季孙[③],又将杀之,不克而奔,求容于齐[④]。齐人囚之,乃亡归晋。是齐、鲁二国已去其疾。赵简子好利而多信,必溺其说而从其谋,祸败所终,非一世可知也。”

(又见于《春秋左传·定公九年》)

**【注释】**

①阳虎:鲁国大夫季孙氏的家臣。

②赵氏:即赵鞅。晋定公时为卿,谥简,故称赵简子。

②季孙:指鲁国大夫季桓子。

③容：收留。

**【译文】**

季孙氏的家臣阳虎逃到齐国后，又从齐国跑到晋国，投奔了赵简子。

孔子听说了这件事，对子路说："赵氏的后代恐怕要有动乱吧？"

子路说："权不在阳虎拿手里，怎能为乱呢？"

孔子说："这不是你能知道的。阳虎亲近富人而不亲近仁人，得宠于季桓子，而又要杀害他，未得逞又逃走，请求齐国接纳他。齐人囚禁了他，他又逃到晋国。这样，齐、鲁两国都去掉了祸根。赵简子贪图利益而又轻信，必定会轻信他的话而听从他的谋划，祸患引起的最终后果，不是这一代能够知道的。"

季康子问于孔子曰[①]："今周十二月，夏之十月，而犹有螽[②]，何也？"

孔子对曰："丘闻之，火伏而后蛰者毕[③]。今火犹西流，司历过也。"

季康子曰："所失者几月也？"

孔子曰："于夏十月，火既没矣。今火见，再失闰也[④]。"

（又见于《春秋左传·哀公十二年》）

**【注释】**

①季康子：即季孙肥，鲁哀公时正卿，"康"为谥号。

②螽(zhōng)：一种蝗虫。

③火伏而后蛰者毕：王注："火，大火，心星也。蛰，蛰虫也。"

④闰：闰月。

**【译文】**

季康子问孔子说："现在是周历十二月，即夏历的十月，却还有蝗虫，为什么呢？”

孔子回答说：“我听说，心星下去以后昆虫潜伏结束。现今火星还经过西方，这是司历官造成的错误。”

季康子说：“错误在哪个月呢？”

孔子说：“夏历十月，心星就隐没了。现今心星还出现，又错在闰月。”

吴王夫差将与哀公见晋侯①。

子服景伯对使者曰②：“王合诸侯，则伯率侯牧以见于王③；伯合诸侯④，则侯率子男以见于伯。今诸侯会而君与寡君见晋君，则晋成为伯矣。且执事以伯召诸侯，而以侯终之，何利之有焉？”

吴人乃止。既而悔之，遂囚景伯。

伯谓太宰嚭曰⑤：“鲁将以十月上辛有事于上帝、先王⑥，季辛而毕。何也世有职焉⑦，自襄已来⑧，未之改也。若其不会，祝宗将曰⑨：‘吴实然⑩。’”嚭言于夫差，归之。

子贡闻之，见于孔子曰：“子服氏之子拙于说矣⑪，以实获囚，以诈得免。”

孔子曰：“吴子为夷德⑫，可欺而不可以实。是听者之蔽，非说者之拙也。”

（又见于《春秋左传·哀公十二年》）

**【注释】**

①吴王夫差将与哀公见晋侯：王注：“吴子、鲁哀公，十二年与晋侯会于黄池。”

②子服景伯：即鲁国大夫子服何，景为谥号，伯为爵位。

③则伯率侯牧以见于王：王注："伯，王官。侯、牧，方伯名。"

④伯合诸侯：王注："伯，侯牧也。"

⑤太宰嚭(pǐ)：即伯嚭，吴国宰相。

⑥上辛：农历每月上旬的辛日。下句"季辛"，指下旬的辛日。有事：指祭祀。王注："有事，祭。所以欺吴也。"

⑦何：王注："何，景伯名。"世有职：世代担任职务。

⑧襄：王注："襄，鲁襄公是也。"

⑨祝宗：古代主持祭祀祈祷者。

⑩吴实然：是吴国造成的结果。指被囚禁不能参加祭祀。

⑪子服氏之子：指子服景伯。

⑫夷德：指少数民族的道德。

**【译文】**

吴王夫差将要和鲁哀公去进见晋国诸侯。

子服景伯对吴国使者说："君王会合诸侯，那么伯爵就应该率侯牧等官去进见君王；伯爵会合诸侯，那么侯爵就应该率领子爵、男爵进见伯爵。如今诸侯会和，而你们吴国国君与我们鲁国国君去见晋君，那么晋国就成为伯爵了。况且你们以伯爵的身份召集诸侯，而以侯爵的身份结束，又有什么好处呢？"

吴人听了子服景伯的话，停止了此事。既而又后悔了，于是囚禁了景伯。

景伯对太宰嚭说："鲁国将在十月上辛这天祭祀上帝、先王，季辛这天结束。我家世代都在祭祀中担任职务，自鲁襄公以来，从未改变。如果我不参加祭祀，在祭祀时，主持人将会说："这是吴国造成的。"伯嚭把此话告诉了夫差，夫差把景伯放回了鲁国。

子贡听说此事，见到孔子说："子服氏之子太不会说话了，因为说实话受到囚禁，又因为说假话而被释放。"

孔子说："吴王信奉边境少数部族的道德，可以欺骗而不可以讲实话。这是听话人的毛病，不是说话人拙劣。"

叔孙氏之车士曰子钼商[①]，采薪于大野，获麟焉[②]，折其前左足，载以归。叔孙以为不祥，弃之于郭外[③]。使人告孔子曰："有麕而角者[④]，何也？"

孔子往观之，曰："麟也。胡为来哉？胡为来哉？"反袂拭面，涕泣沾衿。

叔孙闻之，然后取之。

子贡问曰："夫子何泣尔？"

孔子曰："麟之至，为明王也。出非其时而见害，吾是以伤焉。"

（又见于《春秋左传·哀公十二年》、《春秋公羊传》、《孔丛子记问》）

**【注释】**

①叔孙氏：鲁国大夫。车士：驾驭车子的人。王注："车士，持车者。"子钼商：王注："子，姓也。""钼商"为名。

②采薪于大野，获麟焉：王注："《春秋》经：'鲁哀公十四年，西狩获麟。'传曰'西狩大野'。今此曰'采薪于大野'，若车士子钼商，非狩者采薪西获。麟麟，瑞物。时见狩获，故经书'西狩获麟'也。"

③弃之于郭外：王注："传曰：'以赐虞人。'弃之郭外，将以赐虞人也。"

④麕(jūn)：同"麇"，兽名，即獐子。

**【译文】**

叔孙氏的车夫子钼商，在大野打柴，抓到一只麒麟。他折断了麒麟的左前足，用车子载了回来。叔孙氏认为不吉利，把麒麟抛弃在城外。派人告诉孔子说：“有一只獐子而长着角，这是什么呢？”

孔子前往观看，说：“这是麒麟啊！是从哪里来的呢？是从哪里来的呢？”他把袖子翻过来擦着脸，眼泪把衣襟都弄湿了。

叔孙氏听了孔子的话，就把麒麟取了回来。

子贡问道：“老师为什么哭泣呢？”

孔子曰：“麒麟出现，是圣明君王出现的征兆。但出现的不是时候而被害，我因此伤心啊！”

# 哀公问政第十七

**【题解】**

“哀公问政于孔子”章，是由《礼记·中庸》中的一章改写而成，当中用“哀公问”做衔接，似更合理，文字也更为顺畅，可与《中庸》参看。内容主要讲儒家的施政原则，如：为政在于得人，取人在于修身。提出了政事与人的关系。做人的关键是道德修养，德的内涵是仁、义、礼、智。并认为四者来源于天，是自然的道德法则。从而推导出君臣、父子、夫妇、昆弟、朋友这“五达道”。进而又突出实践这五达道的“三达德”，即智、仁、勇。接着提出了治理天下国家的九条原则：修身，尊贤，亲亲，敬大臣，体群臣，重庶民，来百工，柔远人，怀诸侯，概括为“治国之九经”。这些为政原则对后世影响很大。祭祀可以教民“修本反始崇爱”，增进社会凝聚力。“宰我问于孔子”章，孔子讲了鬼神、生死以及祭祀问题，这一切都围绕治民、仁爱、礼义来论述，是孔子一生的追求。

哀公问政于孔子[①]。

孔子对曰：“文武之政[②]，布在方策[③]。其人存则其政举，其人亡则其政息。天道敏生[④]，人道敏政，地道敏树。夫政者，犹蒲卢也[⑤]，待化以成，故为政在于得人。取人以身，修道以仁。仁者，人也，亲亲为大；义者，宜也，尊贤为大。亲亲之杀[6]，尊贤之等，礼所以生也。礼者，政之本也，是以君子不可以不修身。思修身，不可以不事亲；思事亲，不可以不知人；思知人，不可以不知天。天下之达道有五[7]，其所以行之者三。曰君臣也，父子也，夫妇也，昆弟也，朋友也。五者，天下之达道。智仁勇三者，天下之达德也[8]。所以行之者，一也。或生而知之，或学而知之，或困而知之[9]。及其知之，一也。或安而行之，或利而行之，或勉强而行之。及其成功，一也。”

公曰：“子之言美矣，至矣！寡人实固，不足以成之也。”

孔子曰：“好学近乎智，力行近乎仁，知耻近乎勇。知斯三者，则知所以修身；知所以修身，则知所以治人；知所以治人，则能成天下国家者矣。”

公曰：“政其尽此而已乎？”

孔子曰：“凡为天下国家有九经[10]，曰修身也，尊贤也，亲亲也，敬大臣也，体群臣也，重庶民也[11]，来百工也[12]，柔远人也[13]，怀诸侯也[14]。夫修身则道立，尊贤则不惑，亲亲则诸父兄弟不怨[15]，敬大臣则不眩[16]，体群臣则士之报礼重[17]，重庶民则百姓劝[18]，来百工则财用足，柔远人则四方归之，怀诸侯则天下畏之。”

公曰：“为之奈何？”

孔子曰：“斋洁盛服[19]，非礼不动，所以修身也。去谗远色[20]，贱利而贵德，所以尊贤也。爵其能[21]，重其禄，同其好恶，所以笃亲亲也[22]。官盛任使[23]，所以敬大臣也。忠信重禄，所以劝士也。时使薄敛[24]，所以劝百姓也。日省月试[25]，饩廪称事[26]，所以来百工也。送往迎来，嘉善而矜不能，所以绥远人也[27]。继绝世[28]，举废邦[29]，治乱持危，朝聘以时[30]，厚往而薄来，所以怀诸侯也。治天下国家有九经，其所以行之者，一也。凡事豫则立[31]，不豫则废。言前定则不跲[32]，事前定则不困，行前定则不疚[33]，道前定则不穷。在下位不获于上[34]，民弗可得而治矣。获于上有道：不信于友，不获于上矣。信于友有道：不顺于亲[35]，不信于友矣。顺于亲有道：反诸身不诚[36]，不顺于亲矣。诚身有道：不明于善，不诚于身矣。诚者，天之道也；诚之者[37]，人之道也。夫诚，弗勉而中[38]，不思而得，从容中道[39]，圣人之所以定体也。诚之者，择善而固执之者也[40]。"

公曰："子之教寡人备矣[41]，敢问行之所始？"

孔子曰："立爱自亲始，教民睦也；立敬自长始，教民顺也。教之慈睦，而民贵有亲；教以敬，而民贵用命[42]。民既孝于亲，又顺以听命，措诸天下，无所不可[43]。"

公曰："寡人既得闻此言也，惧不能果行而获罪咎[44]。"

（又见于《礼记·中庸》）

【注释】

①哀公：鲁哀公，姓姬名蒋，"哀"为谥号。

②文武：指周文王、周武王。

③布在方策：记载在木板和竹简上。方，书写用的木板。王注："方，板。"

④敏：勤勉。

⑤蒲卢：王注："蒲卢，蜾蠃也，谓土蜂也。取螟蛉而化之以为子。

为政化百姓,亦如之者也。”一说指芦苇,性柔而生长快速。

⑥亲亲:爱自己的亲人。杀:等差。

⑦达道:天下古今共同遵守的道理。

⑧达德:天下人共同应有的美德。

⑨困:困苦,阻塞。

⑩九经:九条准则。

⑪重庶民:重视平民百姓。《四部丛刊》本《家语》“重”作“子”,即以平民百姓为子。下文同。

⑫来百工:使各种工匠前来。

⑬柔远人:厚待远方来的人。

⑭怀:安抚。

⑮诸父:指父辈的族人,如叔伯等。

⑯不眩:不迷惑。

⑰报礼重:回报的礼重。

⑱劝:勉力向上。

⑲斋洁盛服:斋戒沐浴,使身心洁静,身穿盛服。

⑳去馋远色:不听谗言,远离女色。

㉑爵其能:给有能力的人加官进爵。

㉒笃:笃厚,加厚。

㉓官盛任使:任用官吏多,听凭差遣。王注:“盛其官,委任使之也。”

㉔时使薄敛:劳役不妨碍农时,征收赋税要轻。

㉕日省月试:每天省察,每月考核。试,《四部丛刊》本《家语》作“考”。

㉖饩廪称事:发给百姓的米粮要与他们的工作成绩相称。饩廪,指薪水粮食。王注:“饩廪,食之多寡称其事也。”

㉗绥远人:安抚边远地方的人民。绥,安抚。

㉘继绝世:让被灭的诸侯国后继有人。

㉙举废邦:复兴已经没落的邦国。

㉚朝聘:诸侯定期朝见天子。每年一见叫小聘,三年一见叫大聘,五年一见叫朝聘。

㉛豫:事先准备。

㉜跲(jiá):跌倒。此指说话不顺畅。

㉝疚:惭愧。

㉞不获于上:得不到上级的信任。

㉟不顺于亲:不听从父母的教导。

㊱反诸身:反省自身。

㊲诚之:按诚去做。

㊳弗勉而中:不用费力就能做得合适。

㊴从容:安闲舒缓,不慌不忙。中道:合乎道。

㊵固执:固守,坚持不懈。

㊶备:完备,周详。

㊷用命:听从命令。

㊸措诸:用之于。

㊹罪咎:罪责。

**【译文】**

鲁哀公向孔子询问治国之道。

孔子回答说:"周文王、周武王的治国方略,记载在简册上。这样的贤人在世,他的治国措施就能施行;他们去世,他的治国措施就不能施行了。天之道就是勤勉地化生万物,人之道就是勤勉地处理政事,地之道就是迅速地让树木生长。政治,就像土蜂取螟蛉之子化为自己的儿子一样快速,得到教化就能很快成功,所以治理国家最重要的是得到人才。选取人才在于修养自身,修养道德要以仁为本。仁,就是具有爱人之心,爱亲人是最大的仁。义,就是事事做得适宜,尊重贤人是最大的义。爱亲人要分亲疏,尊重贤人要有等级,这就产生了礼。礼,这是政治的根本,因此君子不可以不修身。想要修身,不能不侍奉父母;要侍奉父母，不能不了解人；要了解人，不能不知天。天下共通的人伦大道有五条，用来实行这五条人伦大道的德行有三种。君臣之道，父子之道，夫妇之道，兄弟之道，朋友之道，这五条是天下共通的大道。智、仁、勇三种品德，是天下共通的道德。实行这些的目标都是一致的。有的人天生就知道，有的人通过学习才知道，有的人经历了困苦才知道，最终都知道了，这是一样的。有的人心安理得地去做，有的人为了名利去做，有的人被迫勉强去做，最终成功了，都是一样的。”

哀公说：“您说得太好了，达到极点了，但我实在鄙陋，不足以成就这些。”

孔子说：“喜欢学习近于有智慧，努力实行近于有仁心，知道耻辱近于有勇气。知道了这三者，就知道了如何修身；知道如何修身，就知道如何治理人；知道如何治理人，就能完成治理国家的事情了。”

哀公问：“治理国家的事到此就完了吗？”

孔子说：“凡是治理天下国家有九条原则，那就是：修养自身，尊重贤人，亲爱亲人，敬重大臣，体恤群臣，爱民如子，招纳工匠，优待远客，安抚诸侯。修养自身就能确立正道，尊重贤人就不会困惑，亲爱族人叔伯兄弟就不会怨恨，敬重大臣遇事就不会迷惑，体恤群臣士人的回报就会更加厚重，爱民如子百姓就会努力工作，招纳百工财物就会充足，优待远客四方之人就会归顺，安抚诸侯天下人就会敬畏。”

哀公问：“怎么做呢？”

孔子说：“像斋戒那样穿着庄重的服装静心虔诚，不符合礼仪的事坚决不做，这就是修养自身的原则。驱除小人，疏远女色，看轻财物而重视德行，这就是尊重贤人的原则。给有才能的人加官进爵，给以丰厚的俸禄，与他们爱憎一致，这就是让亲人更加亲爱的原则。官员众多足供任使，这就是劝勉大臣的原则。真心诚意地任用，给以丰厚的俸禄，这就是奖劝士人的原则。劳役不误农时，减少赋税，这就是爱民如子的原则。每天省察，每月考核，付给的工钱粮米与工作业绩相称，这就是奖劝百工的原则。来时欢迎,去时欢送,嘉奖有善行的人而怜惜能力差的人,这就是优待远客的原则。延续绝嗣的家族,复兴废亡的小国,治理祸乱,扶持危弱,按时接受诸侯朝见聘问,赠送丰厚,纳贡菲薄,这就是安抚诸侯的原则。治理天下国家有九条原则,实行这些原则的方法只有一个。任何事情,事先有准备就会成功,无准备就会失败。说话先有准备,语言就会顺畅;做事先有准备,就不会出现困窘;行动先有准备,就不会愧疚;道路预先选定,就不会阻碍不通。在下位的人得不到在上位人的信任,就不可能治理好民众。得到在上位人的信任是有规则的:得不到朋友的信任,就得不到在上位人的信任。得到朋友的信任是有规则的:不能让父母顺心,就得不到朋友的信任。让父母顺心是有规则的:反省自己不真诚,就不能让父母顺心。使自己真诚是有规则的:不明白什么是善,就不能使自己真诚。真诚,是上天的原则;追求真诚,是做人的原则。如果有诚心,不用勉强就能做到,不用思考就能拥有,从从容容就能符合中庸之道,这是圣人表现出来的形象。真诚的人,就是选择好善的目标执着追求的人。"

哀公说:"您教给我的方法已经很完备了,请问从什么地方开始实施呢?"

孔子说:"树立仁爱从爱父母开始,可以教民众和睦;树立恭敬从尊敬长辈开始,可以教民众顺从。教人慈爱和睦,民众就会认为亲人是最宝贵的;教人恭敬,民众就会认为服从命令是最重要的。民众既能孝顺父母,又能听从命令,让他们做天下的任何事情,没有不行的。"

哀公说:"我既已听到了这些话,很害怕不能果断地实行而犯错误。"

宰我问于孔子曰[①]:"吾闻鬼神之名而不知所谓,敢问焉。"

孔子曰:"人生有气有魂。气者,神之盛也[②]。众生必死，死必归土，此谓鬼。魂气归天，此谓神。合鬼与神而享之[3]，教之至也。骨肉毙于下[4]，化为野土，其气发扬于上，此神之著也。圣人因物之精，制为之极[5]，明命鬼神[6]，以为民之则。而犹以是为未足也，故筑为宫室，设为宗祧[7]，春秋祭祀，以别亲疏，教民反古复始，不敢忘其所由生也。众之服自此，故听且速焉。教以二端[8]，二端既立，报以二礼[9]，建设朝事[10]，燔燎膻芗[11]，所以报气也。荐黍稷，羞肺肝，加以鬱鬯[12]，所以报魄也。此教民修本反始崇爱[13]，上下用情，礼之至也。

"君子反古复始，不忘其所由生，是以致其敬，发其情，竭力从事，不敢不尽也，此之谓大教。昔者文王之祭也，事死如事生，思死而不欲生，忌日则必哀，称讳则如见亲，祀之忠也。思之深，如见亲之所爱。祭欲见亲颜色者，其唯文王与？《诗》云[14]：'明发不寐[15]，有怀二人[16]。'则文王之谓与？祭之明日，明发不寐，有怀二人，敬而致之，又从而思之。祭之日，乐与哀半，飨之必乐，已至必哀[17]。孝子之情也，文王为能得之矣。"

（又见于《礼记·祭义》）

**【注释】**

①宰我：即宰予，字子我，孔子弟子。

②神之盛：指人的精神旺盛。王注："精气者，人神之盛也。"

③合鬼与神而享之：王注："合神鬼而事之者，孝道之至。孝者，教之所由生也。"享，祭祀。

④毙：死亡。

⑤极：标准，此指礼仪规定。王注："极，中。制为中法。"

⑥明命鬼神：尊称为鬼神。王注："明命，犹尊名，使民事其祖祢也。"

⑦宗：宗庙。祧：远庙。王注："宗，宗庙也。祧，远庙也。天子特有二祧，诸侯谓始祖为祧也。"

⑧二端：指生、死。王注："二端，气、魄也。"

⑨二礼：指黍、稷两种祭品。王注："二礼，谓荐黍稷也。"

⑩建设朝事：指设立祭祀的礼仪。王注："荐腥时也。"

⑪燔燎膻芗（fán liáo shān xiāng）：祭祀时祭品的香气。燔燎，烧柴祭天。膻芗，祭祀时烧牛羊肉的香味。王注："谓以萧光取祭脂以合膻香也。"

⑫羞：进献。鬱鬯（yù chàng）：用香草和黍酿造的香酒。王注："欝，香草。鬯，樽也。"

⑬"此教民修本反始崇爱"三句：王注："民能不忘其所由生，然后能相爱也。上下，谓尊卑。用情，谓亲也。"

⑭诗：指《诗经·小雅·节南山·小宛》。

⑮明发不寐：天已亮了，还没睡着。即整夜未眠。

⑯有怀二人：又想起父母。

⑰已至必哀：王注："已至，谓祭事已毕，不知亲飨否，故哀。"

**【译文】**

宰我问孔子说："我听说有鬼神的名称而不知指的是什么，冒昧地问一问。"

孔子说："人生来就有气有魄。气，是指人旺盛的生命力。众生有生必有死，死后必定会回归到土里，这就是鬼。人的魂魄升到天上，这就是神。把鬼和神合起来祭祀，这是教化的极致了。人死骨肉埋于地下，化为野土；人的气向上发扬，就是神的显现。圣人根据物的精神，制定了标准，明确地命名为鬼神，作为民众的规范。但认为还不够，又修筑了宫室，建立了宗庙，春秋都来祭祀，用以区别亲疏远近，教育民众不忘记远古和初始，不忘记自己是怎样出生的。民众从此服从教化，所以能听从命令迅速执行。又教给他们如何对待生和死这两件事，生死的问题解决之后，又献上黍、稷两种祭品报答祖先，设置朝事礼，荐献刚宰杀的牲肉和牲血，烧烤牺牲的脂肪，发出膻味、香味，这是用来报答祖先的气即鬼的。再荐上黍米饭、糜子米饭，进上煮熟的肺、肝，还献上用郁金香草汁和黍米酿制的香酒，这是用来报答祖先的魂魄即神的。这些都是教导民众不忘祖先，崇尚仁爱，从上下两方面相互爱护沟通感情，这是礼的极致。

“君子反思远古和初始，不忘记自己生命的由来，所以要对祖先表示尊敬，表达对祖先的亲情，竭尽全力做事，不敢有丝毫懈怠，这叫做大教。从前文王祭祀时，侍奉死者如同侍奉生者，思念死者而痛不欲生，祭祀的时候必定很悲哀，说起亲人的名字如同看到他们一样，这就是祭祀的忠心。思念之深切，如同看见亲人对自己的爱。祭祀时想看见亲人模样的，恐怕只有文王吧！《诗经》说：‘天亮还睡不着，又想起我的父母。’说得就是文王吧？祭祀的第二天，天亮了还睡不着，想起了父母，尊敬地把他们的魂魄请来，接着又思念他们。祭祀那天，快乐和哀伤各半，向他们敬献贡品必然快乐，敬献完毕不知父母是否享用，又很哀伤。这就是孝子的感情，文王是能够做到这一点的啊。”

## 卷五

# 颜回第十八

【题解】这篇主要是记载颜回言行的。颜回不愧为孔子的高徒，他有智慧，有预见，有修养，善言辞，一言一行都具有孔子的风范。“鲁定公问”章，颜回预料善于御马的东野毕的马会散佚，因为马力已用尽仍驱使不已。并以此告诫鲁定公，御马“不穷其马力”，同样，治民“不穷其民力”，否则就会出现危险。“孔子在卫”章，讲颜回善于观察生活，他从“哭者之声甚哀”，就能正确判断出哭者有双重的悲痛。“颜回问君子”章，孔子回答：“爱近仁，度近智，为己不重，为人不轻。”这样的人就是君子。这也可看作颜回的写照。“仲孙何忌问于颜回”章，仲孙何忌问颜回：有益于仁和智的一个字是什么字？颜回曰：“一言而有益于智，莫如豫；一言而有益于仁，莫如恕。”“豫”和“恕”也是孔子所提倡的，可见也是颜回身体力行的。颜回问于子路：“力猛于德而得其死者鲜矣，盍慎诸焉？”实际是针对子路的弱点，提醒他要爱惜生命。颜回做得何其委婉。可颜回在告诫喜欢揭示别人过错的叔孙武叔时，又是那么直接，他说：“言人之恶，非所以美己；言人之枉，非所以正己。故君子攻其恶，无攻人之恶。”

鲁定公问于颜回曰：“子亦闻东野毕之善御乎[①]？”对曰：“善则善矣，虽然，其马将必佚[②]。”定公色不悦，谓左右曰：

"君子固有诬人也[3]。"

颜回退。后三日,牧来诉之曰:"东野毕之马佚,两骖曳两服入于厩[4]。"公闻之,越席而起,促驾召颜回。回至,公曰:"前日寡人问吾子以东野毕之御,而子曰'善则善矣,其马将佚',不识吾子奚以知之?"

颜回对曰:"以政知之。昔者帝舜巧于使民,造父巧于使马[5]。舜不穷其民力,造父不穷其马力,是以舜无佚民,造父无佚马。今东野毕之御也,升马执辔,衔体正矣;步骤驰骋,朝礼毕矣[6];历险致远,马力尽矣,然而犹乃求马不已。臣以此知之。"

公曰:"善!诚若吾子之言也。吾子之言,其义大矣,愿少进乎?"

颜回曰:"臣闻之,鸟穷则啄,兽穷则攫[7],人穷则诈,马穷则佚。自古及今,未有穷其下而能无危者也。"公悦,遂以告孔子。

孔子对曰:"夫其所以为颜回者,此之类也,岂足多哉?"

(又见于《荀子·哀公》、《吕氏春秋·离俗览·适威》、《韩诗外传·二》《新序·杂事·五》)

**【注释】**

①东野毕:春秋时善于驾车的人,也作东野稷。

②佚:走失,失散。

③诬:欺骗。

④骖(cān):古代驾车时位于两旁的马。服:驾车时居中的马称服。厩:马棚。

⑤造父:西周时期一位善于驾车的人。

⑥朝礼毕矣:指马的步法已调理完毕。旧注:"'朝'与'调'古字通,《毛诗》言'调饥'即'朝饥'。此言马之驰骤皆调习也。"王注:"马步骤驰骋,尽礼之仪也。"

⑦攫:用爪子抓。

**【译文】**

鲁定公问颜回说:"你也听说过东野毕善于驾车的事吗?"颜回回答说:"他确实善于驾车,尽管如此,他的马必定会散失。"鲁定公听了很不高兴,对身边的人说:"君子中竟然也有诬蔑人的人。"

颜回退下。过了三天,养马的人来告诉说:"东野毕的马逃散了,两匹骖马拖着两匹服马进了马棚。"鲁定公听了,越过席站起来,立刻让人驾车去接颜回。颜回来了,鲁定公说:"前天我问你东野毕驾车的事,而你说:'他确实善于驾车,但他的马一定会走失。'我不明白您是怎样知道的?"

颜回说:"我是根据政治情况知道的。从前舜帝善于役使百姓,造父善于驾御马。舜帝不用尽民力,造父不用尽马力,因此舜帝时代没有流民,造父没有走失的马。现在东野毕驾车,让马驾上车拉紧缰绳,上好马嚼子;时而慢跑时而快跑,步法已经调理完成;经历险峻之地和长途奔跑,马的力气已经耗尽,然而还让马不停地奔跑。我因此知道马会走失。"

鲁定公说:"说得好,的确如你说得那样。你的这些话,意义很大啊!希望能进一步地讲一讲。"

颜回说:"我听说,鸟急了会啄人,兽急了会抓人,人走投无路则会诈骗,马筋疲力尽则会逃走。从古至今,没有使手下人陷入困穷而他自己没有危险的。"鲁哀公听了很高兴,于是把此事告诉了孔子。

孔子对他说:"他所以是颜回,就因为常有这一类的表现,不足以过分地称赞啊!"

孔子在卫，昧旦晨兴[1]，颜回侍侧，闻哭者之声甚哀。

子曰："回，汝知此何所哭乎？"

对曰："回以此哭声非但为死者而已，又有生离别者也。"

子曰："何以知之？"

对曰："回闻桓山之鸟生四子焉[2]，羽翼既成，将分于四海，其母悲鸣而送之，哀声有似于此，谓其往而不返也。回窃以音类知之。"

孔子使人问哭者，果曰："父死家贫，卖子以葬，与之长决。"

子曰："回也，善于识音矣！"

（又见于《说苑·辨物》）

**【注释】**

①昧旦：天未全明之时。兴：起床。

②桓山：在今江苏铜山。

**【译文】**

孔子在卫国时，一天天还没亮就起床了，颜回在旁边侍候，这时听到有悲哀的哭声。

孔子说："颜回，你知道这是为什么而哭吗？"

颜回说："我认为这哭声不只是为了死者，还有与亲人生生离别的事。"

孔子说："你怎么知道的呢？"

颜回说："我听说桓山的鸟生了四只小鸟，小鸟羽翼丰满以后，将要飞向四面八方，母鸟悲哀地鸣叫着送小鸟远行，悲哀的叫声和这哭声相似，因为它们飞走再也不回来了。我是根据这种相似的声音知道的。"

孔子让人去问哭者，哭者果然说："我父亲死了，家里贫困，只好卖掉儿子来埋葬父亲，现在要与儿子永远分别。"

孔子说："颜回啊，真善于识别声音呀！"

颜回问于孔子曰："成人之行若何？"

子曰："达于情性之理，通于物类之变，知幽明之故[①]，睹游气之原[②]，若此可谓成人矣。既能成人，而又加之以仁义礼乐，成人之行也。若乃穷神知礼[③]，德之盛也。"

（又见于《说苑·辨物》）

**【注释】**

①幽明：泛指有形和无形的物象，也指天地、阴阳、昼夜、善恶、人鬼等相对立的事物。

②游气：浮游于空中的云气。

③穷神知礼：深究事物的精微道理。王注："礼，宜为'化'。"

**【译文】**

颜回问孔子："成人的智力品行是什么样的呢？"

孔子说："他们能通晓人性人情的道理，知道事物变化的规律，知道天地、阴阳、有形无形等事物变化的缘故，可以看清空中云气变化的本源，这样就可以叫做成人了。既达到了成人的地步，而又学习了仁义礼乐，这就是成人的智力品行。至于能够探索事物精微的道理，那就是具有了高深的德行。"

颜回问于孔子曰："臧文仲、武仲孰贤[①]？"

孔子曰："武仲贤哉。"

颜回曰："武仲世称圣人，而身不免于罪，是智不足称也[②];好言兵讨,而挫锐于邾,是智不足名也[③]。夫文仲,其身虽殁而言不朽,恶有未贤[④]?"

孔子曰:"身殁言立,所以为文仲也。然犹有不仁者三,不智者三,是则不及武仲也。"

回曰:"可得闻乎?"

孔子曰:"下展禽[⑤],置六关[⑥],妾织蒲[⑦],三不仁。设虚器[⑧],纵逆祀[⑨],祠海鸟[⑩],三不智。武仲在齐,齐将有祸,不受其田,以避其难[⑪],是智之难也。夫臧武仲之智而不容于鲁,抑有由焉。作而不顺,施而不恕也夫[⑫]。《夏书》曰[⑬]:'念兹在兹',顺事恕施[⑭]。"

(又见于《春秋左传·文公二年》)

【注释】

①臧文仲:即臧孙辰,春秋时鲁国大夫,卒谥文仲。武仲:即臧孙纥,亦为鲁国大夫,卒谥武仲。

②智不足称也:王注:"武仲为季氏废嫡立庶,为孟氏所谮,出奔于齐。"

③挫锐于邾,是智不足名也:王注:"武仲与邾战而败绩,国人颂之曰:'我君小子侏儒,是使侏儒,侏儒使我败于邾。'"

④恶有未贤:王注:"立不朽之言,故以为贤。"

⑤下展禽:让展禽居于下位。王注:"展禽,柳下惠。知其贤而使在下位,不与立于朝也。"

⑥置六关:王注:"六关,关名。鲁本无此关,文仲置之以税行者,故为不仁。传曰'废六关',非也。"

⑦妾织蒲,王注:"传曰'织蒲'。蒲,席也。言文仲为国为家,在于贪利也。"

⑧设虚器:设立非自己地位应有的器物。此指天子具有的一块蔡地出产的龟板。王注:“居蔡,蔡天子之守龟非文仲所有,故曰虚器也。”

⑨纵逆祀:王注:“夏父弗忌为宋人,跻僖公于闵公之上,文仲纵而不禁也。”

⑩祠海鸟:王注:“海鸟止于鲁东门之上,文仲不知,而令国人祠之,是不知也。”

⑪“武仲在齐”四句:王注:“武仲在齐,齐庄公将与之田,武仲知庄公将有难,辞而不受也。”

⑫作而不顺,施而不恕:王注:“不顺不恕,为废嫡立庶。武仲之所以然,欲为施于季氏也。”

⑬《夏书》:指《尚书》中的《甘誓》、《五子之歌》、《胤征》等。

⑭念兹在兹,顺事恕施:王注:“今此在常,当顺其事,恕其施也。”

**【译文】**

颜回问孔子说:“臧文仲、臧武仲这二人,谁更贤能呢?”

孔子说:“武仲更加贤能些。”

颜回说:“武仲被世人称为圣人,而他自身不免于罪责,这是他的智慧还不足以称道;他喜好说用兵讨伐,而与邾国打仗却失败了,这是他的智慧和名声不相符合。至于文仲,他虽然身死而言不朽,怎能说他不如武仲贤能呢?”

孔子说:“文仲身死而言立,所以被称为文仲。然而他仍然有不仁的事三件,不智的事三件,这方面是不如武仲的。”

颜回说:“可以说给我听听吗?”

孔子说:“他让展禽处于下位,设置六关来收税,让妾织蒲草席赚钱,这是三不仁。他非法拥有天子才能拥有的器物,纵容不合顺序的祭祀,祭祀海鸟,这是三不智。武仲在齐国时,齐国将有灾祸,武仲不接受齐庄公封给他的田地,以此躲避了灾难,这是有智者也难以做到的。臧武仲这样有智慧却不被鲁国宽容,也是有原因的吧。因为他所做的事有的不顺于事理,所为的事有的也不合乎恕道。《夏书》说:‘想着这个,一心在于这个。’这就是要顺于事理还要合乎恕道。”

颜回问君子。

孔子曰:“爱近仁,度近智①,为己不重②,为人不轻,君子也夫。”

回曰:“敢问其次。”

子曰:“弗学而行,弗思而得③,小子勉之。”

**【注释】**

①度近智:王注:“度事而行,近于智也。”

②不重:此指不看重自己。

**【译文】**

颜回问孔子什么样的人才是君子。

孔子说:“能爱人就接近于仁了,度事而行就接近智了,对自己不要太看重,对别人不能轻视,这样的人就可以说是君子了。”

颜回说:“请问差一等的呢。”

孔子说:“不学习就能去做,不思考就能获得。你要努力啊!”

仲孙何忌问于颜回曰①:“仁者一言而必有益于仁智,可得闻乎?”

回曰:“一言而有益于智,莫如豫②;一言而有益于仁,莫如恕③。夫知其所不可由,斯知所由矣。”

【注释】

①仲孙何忌:即孟懿子,春秋时鲁国大夫。

②豫:事先准备。

③恕:推己及人。

【译文】

仲孙何忌问颜回说:"仁者说一个字,必然会有益于仁和智的,可以说来听听吗?"

颜回说:"一个字而有益于智的,没有比得上"豫"字;一个字而有益于仁的,没有比得上"恕"字。只有知道什么是不该做的,才能知道什么是应该做的。"

颜回问小人。

孔子曰:"毁人之善以为辩,狡讦怀诈以为智[①],幸人之有过,耻学而羞不能,小人也。"

【注释】

①狡:狡猾。讦(jié):发人隐私。

②幸:庆幸。

【译文】

颜回问什么样的人是小人。

孔子曰:"把诋毁别人的优点当做能言善辩,心怀狡诈地揭发别人的隐私当做是有智慧,别人有过错就幸灾乐祸,耻于向别人学习而又看不起没有才能的人,这样的人就是小人。"

颜回问子路曰:"力猛于德而得其死者,鲜矣,盍慎诸焉[①]?"

孔子谓颜回曰："人莫不知此道之美，而莫之御也②，莫之为也。何居为闻者，盍日思也夫③！"

**【注释】**

①盍慎诸：何不谨慎对待这件事呢。

②御：王注："御，犹待也。"

③何居为闻者，盍日思也夫：王注："为闻，盍日有闻，而后言者而已。"

**【译文】**

颜回问子路说："一个人勇猛有力胜过他的德行，而能死得其所的很少，何不谨慎地对待这件事呢？"

孔子对颜回说："人们没有不知道谨慎是美德的，但不能很好地对待这件事，没有人认真去这样做。为什么只做一个听众呢？何不每天都好好想一想呢？"

颜回问于孔子曰："小人之言有同乎君子者，不可不察也。"

孔子曰："君子以行言，小人以舌言。故君子于为义之上相疾也①，退而相爱；小人于为乱之上相爱也②，退而相恶。"

**【注释】**

①于为义之上相疾：王注："相疾，急欲相劝，令为仁义。"

②于为乱之上相爱：王注："乐施为乱，是以相爱。小人之情不能久亲也。"

**【译文】**

颜回问孔子说："小人说的话有和君子的话有相同的，不可不仔细分辨啊。”

孔子曰：“君子以自己的行动说话，小人以自己的舌头说话。所以君子在仁义的事上急于互相劝勉，而私下里是相互爱护的；小人在制造动乱的事上互相支持，私下里是相互诋毁的。”

颜回问：“朋友之际如何？”

孔子曰：“君子之于朋友也，心必有非焉，而弗能谓[①]，吾不知其仁人也。不忘久德，不思久怨，仁矣夫。”

**【注释】**

①弗能谓：不能说。

**【译文】**

颜回问：“朋友之间的关系如何处理呢？”

孔子曰：“君子对待朋友，心里必然认为对方有做得不对的地方，但不能对朋友说，我不认为这个人是仁人。不忘记朋友从前对自己的恩德，不记着以前对朋友的怨恨，这才是仁德之人啊。”

叔孙武叔见未仕于颜回[①]，回曰：“宾之[②]。”武叔多称人之过，而己评论之。

颜回曰：“固子之来辱也[③]，宜有得于回焉。吾闻诸孔子曰：‘言人之恶，非所以美己；言人之枉，非所以正己。’故君子攻其恶，无攻人之恶。”

**【注释】**

①叔孙武叔：春秋时鲁国大夫。

②宾之：当做宾客对待。

③固子之来辱：本来会给你带来耻辱。

**【译文】**

叔孙武叔没当官的时候受到颜回的接待，颜回说："以宾客之礼相待。"武叔很喜欢说别人的缺点，自己还要加以评论。

颜回说："这样做是会自取其辱的，你应该从我这里得到一些劝告。我听孔子说：'谈论别人的缺点，并不能美化自己；谈论别人的错误，并不能使自己正确。'所以君子要批评自己的缺点，不要批评别人的缺点。"

颜回谓子贡曰："吾闻诸夫子，身不用礼而望礼于人[①]，身不用德而望德于人，乱也[②]。夫子之言，不可不思也。"

**【注释】**

①望：希望。

②乱：混乱，不合理。

**【译文】**

颜回对子贡说："我听老师说，自身不讲究礼仪而希望别人对自己有礼，自身不实行仁德而希望别人对自己仁德，这种想法是混乱又不合理的。老师的话，不可不思考啊。"

# 子路初见第十九

**【题解】**

这一篇也是由多章组成。“子路见孔子”章，批评学习无益的观点，强调学习的重要性。“子路将行”章，孔子教导子路要做到强、劳、忠、信、恭五点，认为“不强不达，不劳无功，不忠无亲，不信无复，不恭失礼”，这是做人的基本道德。“孔子兄子”章，讲孔蔑与宓子贱二人同仕，一说仕有三失，一说仕有三得，正负相反。孔子赞扬从积极方面看待问题。“孔子侍坐”章，讲鲁哀公赐给孔子桃与黍，本来黍是用来擦拭桃的，孔子却先把黍吃了，闹出笑话。但孔子却不慌不忙地说出了一套贵贱有别的大道理，哀公也不得不称“善哉”。可见孔子是多么机智。我们看了此则故事，也不禁哑然失笑。“子贡曰陈灵公”章，讲臣子劝谏要看对象，不要白白送命。“孔子相鲁”章，讲鲁君因迷于齐人所献歌女舞乐而荒废朝政的事，孔子把罪责归于妇人迷惑君王，是错误的，这是他一贯歧视妇女思想的表现，应予批判。“澹台子羽”章讲不能以貌和辞取人，而要看其行动。“孔蔑问”章，孔子教导孔蔑：知要为，亲要信，乐勿骄，患勿忧。

子路见孔子，子曰：“汝何好乐？”对曰：“好长剑。”孔子曰：“吾非此之问也。徒谓以子之所能，而加之以学问，岂可及哉？”子路曰：“学岂益哉也？”

孔子曰："夫人君而无谏臣则失正，士而无教友则失听。御狂马不释策①，操弓不反檠②。木受绳则直，人受谏则圣。受学重问，孰不顺哉？毁仁恶士，必近于刑③。君子不可不学。"

子路曰："南山有竹，不揉自直。斩而用之，达于犀革④。以此言之，何学之有？"

孔子曰："括而羽之⑤，镞而砺之⑥，其入之不亦深乎？"

子路再拜，敬而受教。

（又见于《说苑·建本》）

【注释】

①不释策：不放下马鞭子。王注："御狂马者，不得释箠策也。"

②操弓不反檠（qíng）：正在拉开的弓箭不能用檠来校正。檠，校正弓的器具。王注："弓不反于檠，然后可持也。"

③毁仁恶士，必近于刑：王注："谤毁仁者，憎怒士人，必主于刑也。"

④达于犀革：射穿犀牛皮。

⑤括而羽之：给箭栝装上箭羽。括：当作"栝"，箭末扣弦的地方。羽，装上羽毛。

⑥镞而砺之：装上磨锋利的箭头。镞，箭头。砺，磨。

【译文】

子路拜见孔子，孔子说："你有什么爱好？"子路回答说："我喜欢长剑。"孔子说："我不是问你这个。我是说以你的能力，再加上努力学习，谁能赶得上你呢！"子路说："学习真的有用吗？"

孔子说："国君如果没有敢谏的臣子就会失去正道，读书人没有敢指正问题的朋友就听不到善意的批评。驾驭正在狂奔的马不能放下马鞭，已经拉开的弓不能用檠来匡正。木料用墨绳来矫正就能笔直，人接受劝谏就能成为圣人。接受知识,重视学问,谁能不顺利呢?诋毁仁义,厌恶读书人,必定会触犯刑律。所以君子不可不学习。”

子路说:“南山有竹子,不矫正自然就是直的。砍下来用作箭杆,可以射穿犀牛皮。以此说来,哪用学习呢?”

孔子说:“做好箭栝还要装上羽毛,做好箭头还要打磨锋利,这样射出的箭不是射得更深吗?”

子路再次拜谢,恭敬地接受孔子的教诲。

子路将行,辞于孔子。子曰:“赠汝以车乎?赠汝以言乎?”子路曰:“请以言。”

孔子曰:“不强不达①,不劳无功,不忠无亲,不信无复②,不恭失礼。慎此五者而已。”

子路曰:“由请终身奉之。敢问亲交取亲若何③?言寡可行若何④?长为善士而无犯若何?”

孔子曰:“汝所问苞在五者中矣⑤。亲交取亲,其忠也;言寡可行,其信乎;长为善士而无犯,其礼也⑥。”

(又见于《说苑·杂言》)

**【注释】**

①不强不达:不努力坚持就达不到目的。王注:“人不能以强力,则不能自达。”

②不信无复:不讲信用别人就不会再相信。王注:“信近于义,言可复也。今而不信,则无可复。”

③亲交取亲:取得新结交朋友的信任。亲交,新接交的人。取亲,取得信任,成为亲近的朋友。

④言寡可行:话说得少但可行。

⑤苞:通“包”。

⑥其:原作“于”,据《四部丛刊》本《家语》改。

**【译文】**

子路将要出行,向孔子辞行。孔子说:“我送给你车呢?还是送给你一些忠告呢?”子路说:“请给我些忠告吧。”

孔子说:“不持续努力就达不到目的,不劳动就没有收获,不忠诚就没有亲人,不讲信用别人就不再信任你,不恭敬就会失礼。谨慎地处理好这五个问题就可以了。”

子路说:“我将终生记在心头。请问取得新结交的人的信任需要怎么做?说话少而事情又能行得通需要怎么做?一直都是善人而不受别人侵犯需要怎么做?”

孔子说:“你所问的问题都包括在我讲的五个方面了。要取得新结识的人的信任,那就是诚实;说话少事情又行得通,那就是讲信用;一直为善而不受别人侵犯,那就是礼仪。”

孔子为鲁司寇,见季康子[①],康子不悦。孔子又见之。

宰予进曰:“昔予也常闻诸夫子曰:‘王公不我聘则弗动。’今夫子之于司寇也日少[②],而屈节数矣[③],不可以已乎?”

孔子曰:“然,鲁国以众相陵,以兵相暴之日久矣,而有司不治,则将乱也。其聘我者,孰大于是哉[④]?”

鲁人闻之曰:“圣人将治,何不先自远刑罚。”自此之后,国无争者。

孔子谓宰予曰:“违山十里[⑤],蟪蛄之声犹在于耳[⑥],故政事莫如应之[⑦]。”

(又见于《说苑·政理》)

【注释】

①季康子:鲁国大夫,即季孙肥,谥“康”。王注:“当为桓子,非康子也。”

②日少:王注:“谓在司寇官少日浅。”

③屈节数矣:王注:“谓屈节数见于季孙。”屈节,折节,不顾面子委屈自己。

④孰大于是哉:王注:“言聘我使在官,其为治岂复可大于此者也。”

⑤违山:距离山。王注:“违,离也。”

⑥蟪蛄(huì gū):会鸣叫的一种昆虫。王注:“蟪蛄,蛁蟟也。蛁蟟之声去山十里犹在于耳,以其鸣而不已。”

⑦政事莫如应之:王注:“言政事须慎听之,然后行之者也。”

【译文】

孔子在鲁国担任司寇时,去拜见季康子,季康子很不高兴。孔子又去拜见他。

宰予劝孔子说:“从前我曾听老师讲过:‘王公贵族要是不以礼聘请我,我不会主动去找他们。’现在您担任司寇的时间不长,但已屈节委屈自己多次了,不可以不去吗?”

孔子说:“是这样的。鲁国国内以多欺少,用兵来侵犯别人的时间已经很久了,而有关官员不管,那将会出大乱子。执政者如果任用我,让我来治理此事,有哪件事比这更大呢?”

鲁国人听到这些话,说:“圣人将要来治理鲁国,我们何不自己先远离刑罚。”自此以后,鲁国没有相互争斗的人。

孔子对宰予说:“距离山十里,蟪蛄的叫声仍然在耳。所以处理政事不如谨慎地听取意见,然后找出相应的办法。”

孔子兄子有孔篾者[①],与宓子贱皆仕[②]。孔子往过孔篾而问之曰:“自汝之仕,何得何亡?”

对曰："未有所得，而所亡者三：王事若龙[③]，学焉得习？是学不得明也；俸禄少，饘粥不及亲戚[④]，是骨肉益疏也；公事多急，不得吊死问疾，是朋友之道阙也。其所亡者三，即谓此也。"

孔子不悦，往过子贱，问如孔篾。

对曰："自来仕者，无所亡，其有所得者三：始诵之，今得而行之，是学益明也；俸禄所供，被及亲戚，是骨肉益亲也；虽有公事，而兼以吊死问疾，是朋友笃也。"

孔子喟然谓子贱曰："君子哉若人！鲁无君子者，则子贱焉取此[⑤]。"

（又见于《说苑·政理》）

【注释】

①孔蔑：孔子的侄子，名孔忠，字子蔑。

②宓（mì）子贱：即宓不齐，字子贱，孔子弟子。

③王事若龙：此句意为：政事一件接一件。龙，《说苑·政理》作"袭"。王注："龙宜为詟（即'袭'字），前后相因也。"

④饘（zhān）：稠粥。粥：稀粥。此指微薄之物。

⑤则子贱焉取此：王注："如鲁无君子者，此人安得而学之？言鲁有君子也。"

【译文】

孔子的哥哥有个儿子叫孔蔑，与宓子贱一起都在做官。孔子去看他，问他说："自从你当了官，得到了什么失去了什么？"

孔蔑回答说："没得到什么，而失去的东西有三件：政事一件接一件，学过的知识哪有时间温习？因此学到的知识也记不清楚了；朝廷给的俸禄太少，连给亲戚一些微薄的礼物都做不到，因此骨肉之间更加疏远了;公事一般都很急迫,不能及时去哀悼死人慰问病人,这样就阙失了朋友之道。我说失去的三种东西就是这些。"

孔子听了很不高兴,又到宓子贱那里去,问了他同样的问题。

宓子贱回答说:"自从做官以来,没有失去什么,所得到的有三样:以前诵读的知识,现在能够依照实行,因此对所学的知识认识得更加清楚了;所得的俸禄,能用来帮助亲戚,因此骨肉之间更加亲密了;虽然有公事,还是能顺便去吊唁死者慰问病人,因此和朋友的关系更亲密了。"

孔子听了感慨地叹息了一声,对宓子贱说:"君子啊!就是你这样的人。如果说鲁国没有君子的话,那么宓子贱是从哪里学来的呢?"

孔子侍坐于哀公,赐之桃与黍焉。哀公曰:"请食[①]。"孔子先食黍而后食桃,左右皆掩口而笑。

公曰:"黍者所以雪桃[①],非为食之也。"

孔子对曰:"丘知之矣。然夫黍者,五谷之长,郊礼宗庙以为上盛[②]。果属有六,而桃为下,祭祀不用,不登郊庙。丘闻之:君子以贱雪贵,不闻以贵雪贱。今以五谷之长雪果之下者,是从上雪下。臣以为妨于教,害于义,故不敢。"

公曰:"善哉。"

(又见于《韩非子·外储说左》)

【注释】

①请食:"食"字原无,据《四部丛刊》本《家语》补。

②雪:擦拭。王注:"雪,拭。"

②上盛:上等祭品。盛,祭祀时放在容器中的祭品叫盛。后引申为盛物的容器。

【译文】

孔子陪哀公坐着，哀公赏赐他桃和黍。哀公说："请吃吧。"孔子先吃黍，而后才吃桃，哀公身边的人都捂着嘴笑。

哀公说："黍是用来擦拭桃的，不是吃的。"

孔子回答说："我知道。但黍是五谷中最好的东西，在郊庙祭祀祖先时作为上等供品。果品有六种，而桃子是最差的一种，祭祀不用，不能摆在郊庙的供桌上。我听说，君子用低贱的东西擦拭珍贵的东西，没听说过用珍贵的东西来擦拭低贱的东西。现在要用五谷中最好的黍去擦拭果品中最下等的桃，是用上等的擦拭下等的。我认为这有害于教，又有害于义，所以不敢这样做。"

哀公说："说得好啊！"

子贡曰："陈灵公宣淫于朝①，泄冶正谏而杀之②，是与比干谏而死同③，可谓仁乎？"

子曰："比干于纣，亲则诸父，官则少师④，忠报之心在于宗庙而已，固必以死争之，冀身死之后，纣将悔悟，其本志情在于仁者也。泄冶之于灵公，位在大夫，无骨肉之亲，怀宠不去，仕于乱朝，以区区之一身，欲正一国之淫昏，死而无益，可谓狷矣⑤。《诗》曰⑥：'民之多辟⑦，无自立辟⑧。'其泄冶之谓乎？"

（又见于《春秋左传·宣公九年》）

【注释】

①陈灵公：陈宣公曾孙，名平国。宣淫于朝：与大夫孔宁、仪行父一起在朝廷和夏姬淫乱。王注："灵公与卿共淫夏姬。"

②泄冶正谏而杀之：陈国大夫泄冶因劝谏陈灵公而被杀。

③比干：商纣王的叔父。谏而死：纣王淫乱，比干以死谏，被纣王剖腹取心而死。

④少师：官名。与少傅、少保合称三孤，以辅天子。

⑤狷：狷介，指性情拘谨自守。

⑥诗：指《诗经·大雅·板》。

⑦民之多辟：民众有很多过失。辟，过失，邪僻行为。

⑧无自立辟：不要再枉自立法。辟，法令。

**【译文】**

子贡说："陈灵公在朝廷干淫乱的事，泄冶直言劝谏而遭到杀害，这和比干劝谏殷纣王而遭杀害是相同的，可以称为仁吗？"

孔子说："比干对于殷纣王，从亲戚关系上说是纣王的叔父，官位则是少师，报国的忠心，在于维护祖宗宗庙，必定会以死进谏，希望身死之后，纣王能够悔悟，他的思想情志都在仁上。泄冶对于陈灵公，官职是大夫，无骨肉之亲，受到宠爱而不愿离去，仍在乱朝做官，以他区区一身而想匡正一个国家淫乱的昏君，死了也对国家无益，可说是性情拘谨耿直。《诗经》说：'如今民间多邪辟，自己立法没有用。'大概说得就是泄冶这样的事吧！"

孔子相鲁[①]，齐人患其将霸，欲败其政，乃选好女子八十人，衣以文饰而舞容玑[②]，及文马四十驷[③]，以遗鲁君[④]。陈女乐[⑤]，列文马于鲁城南高门外。

季桓子微服往观之再三[⑥]，将受焉。告鲁君为周道游观[⑦]。观之终日，怠于政事。

子路言于孔子曰："夫子可以行矣。"

孔子曰："鲁今且郊[⑧]，若致膰于大夫[⑨]，是则未废其常，吾犹可以止也。"

桓子既受女乐，君臣淫荒，三日不听国政，郊又不致膰俎[10]。孔子遂行，宿于郭屯[11]。

师已送曰[12]："夫子非罪也。"

孔子曰："吾歌可乎？"歌曰："彼妇人之口，可以出走；彼妇人之谒(请)，可以死败[13]。优哉游哉，聊以卒岁[14]。"

(又见于《史记·孔子世家》)

【注释】

①相：辅助。

②容玑：齐国的舞曲名。

③文马：毛色有文采的马。驷：四匹马拉的车。也指四匹马。

④遗：赠送。

⑤陈女乐：让舞女排列跳舞。

⑥季桓子：鲁国大夫，名季孙斯，"桓"为谥号。微服：穿着平民的衣服。

⑦周道：官道，大道。

⑧郊：郊祭，祭祀天地。

⑨膰(fán)：祭祀用的烤肉。王注："膰，祭肉也。"

⑩俎：祭祀或宴会时用来载牲的礼器。

⑪郭屯：城外的村庄。

⑫师已：人名，其事不详。

⑬"彼妇人之口"四句：王注："言妇人口请谒，足以使人死败，故可出走。"

⑭优哉游哉：形容从容不迫、闲适自得的样子。

⑮聊以卒岁：姑且这样安度岁月吧。王注："言士不遇，优游以终岁也。"

**【译文】**

孔子在鲁国辅助国君时，齐国人担心鲁国会成为霸主，想要破坏鲁国的政治，于是选了八十名漂亮的女子，让她们穿上华丽的衣服，教她们跳容玑舞，又选毛色有文采的马一百六十匹，准备送给鲁国国君。齐国人让这些女子在鲁国城南门外跳舞，又将那些有文采的马也排列在那里。

季桓子穿着老百姓的衣服偷偷地看了好几次，打算接受这些礼物。他报告了鲁国国君并带他到大道上去观看。这样整日观看，荒废了朝政。

子路对孔子说："您可以离开鲁国了。"

孔子说："鲁国现在马上就要举行郊祭，如果国君还能馈送大夫祭祀用的肉，这样还不算废掉朝中常礼，我还可以呆在这儿。"

后来季桓子接受了齐国赠送的舞女，君臣沉溺于声色之中，三天不理朝政，郊祭也不准备祭肉和礼器。孔子于是离开了鲁城，在城外的村庄住宿。

师已去送他，说："您没有错。"

孔子说："我唱首歌可以吗？"于是唱道："那些妇人的口，可以让你出走；那些妇人的请求，可以让你失败死亡。我还是悠闲自得地生活，以此来安度岁月吧。"

澹台子羽有君子之容①，而行不胜其貌。宰我有文雅之辞，而智不充其辩。

孔子曰："里语云②：'相马以舆③，相士以居④。'弗可废矣。以容取人，则失之子羽；以辞取人，则失之宰予。"

（又见于《韩非子·显学》、《史记·仲尼弟子列传》）

【注释】

①澹台子羽：即澹台灭明，孔子弟子。

②里语：即俚语，俗语。

③相马以舆：相马要看它拉车的情况。

④相士以居：看人要看他平常的表现。

【译文】

澹台子羽有君子那样的容貌，而他的品行却比不上他的容貌。宰我谈吐文雅，而他的智力却不如他的言辞。

孔子说："俗话说：'看马的好坏要看它拉车的情况，看人的品德高下要看他平时的表现。'这个道理不能丢弃啊！以容貌来选择人才，在澹台子羽身上就会失误；以言辞来选择人才，在宰我身上就会出现错误。"

孔子曰："君子以其所不能畏人，小人以其所不能不信人。故君子长人之才[①]，小人抑人而取胜焉。"

【注释】

①长人之才：推崇别人的才干。

②抑人：压制别人。

【译文】

孔子说："君子因为他有的方面不如人而畏惧别人，小人因为他有的方面不如人而不相信别人。所以君子推崇别人的才干，小人则以压抑别人的才干来取胜。"

孔篾问行己之道[①]。

子曰："知而弗为，莫如勿知；亲而弗信，莫如勿亲。乐之方至，乐而勿骄；患之将至，思而勿忧。”

孔篾曰：“行己乎？”

子曰：“攻其所不能②，补其所不备。毋以其所不能疑人，毋以其所能骄人。终日言，无遗己忧；终日行，不遗己患。唯智者有之。”

（又见于《说苑·杂言》）

【注释】

①行己：为人处世。

②攻：学习。

【译文】

孔蔑问孔子为人处世的方法。

孔子说：“知道了不去做，不如不知道；亲近他又不信任他，不如不亲近。快乐的事到来时，要乐而不骄；灾难将要到来时，要有思想准备而不忧愁。”

孔蔑说：“我该怎么做呢？”

孔子说：“学习自己不会做的事情，弥补自己不具备的才能。不要因为自己不能做就怀疑别人，不要用自己能干的事情向别人炫耀。终日说话，不要给自己留下忧虑；终日做事，不要给自己留下祸患。这一点只有智者才能做到。”

# 在厄第二十

**【题解】**

孔子困厄陈、蔡的故事流传很广。在困境中，子路和子贡都对他的道有了微词，子路怀疑孔子的仁、智、信还没有达到被人信任的程度。子贡则认为孔子的道太高，不能被人接受，让孔子降低标准。只有颜回把孔子的不遇归罪于统治者有眼不识泰山，而不是孔子的道有问题。颜回认为“夫子之道至大”，“世不我用，有国者之丑”，“不容然后见君子”。这给了孔子莫大的安慰。同样，孔子也非常赏识和信任颜回，当子贡怀疑颜回偷吃米饭时，孔子坚信颜回不会这样做，并用巧妙的方法解除了别人的疑问。孔子智者的形象凸显出来。这一章写的犹如一齣短剧，孔子及弟子们的音容笑貌跃然纸上，如见其人，如闻其声。

楚昭王聘孔子①，孔子往拜礼焉，路出于陈、蔡②。

陈、蔡大夫相与谋曰：“孔子圣贤，其所刺讥皆中诸侯之病。若用于楚，则陈、蔡危矣。”遂使徒兵距孔子③。

孔子不得行，绝粮七日，外无所通，藜羹不充④，从者皆病。孔子愈慷慨讲诵，弦歌不衰⑤。乃召子路而问焉，曰：“《诗》云⑥：‘匪兕匪虎⑦，率彼旷野⑧。’吾道非乎，奚为至于此？”

子路愠，作色而对曰：“君子无所困。意者夫子未仁与？人之弗吾信也[9]；意者夫子未智与？人之弗吾行也[10]。且由也昔者闻诸夫子：‘为善者天报之以福，为不善者天报之以祸。’今夫子积德怀义，行之久矣，奚居之穷也？”

子曰：“由未之识也，吾语汝。汝以仁者为必信也，则伯夷、叔齐不饿死首阳[11]；汝以智者为必用也，则王子比干不见剖心[12]；汝以忠者为必报也，则关龙逢不见刑[13]；汝以谏者为必听也，则伍子胥不见杀[14]。夫遇不遇者，时也；贤不肖者，才也。君子博学深谋而不遇时者，众矣，何独丘哉？且芝兰生于深林，不以无人而不芳；君子修道立德，不为穷困而败节。为之者，人也；生死者，命也。是以晋重耳之有霸心[15]，生于曹卫[16]；越王勾践之有霸心[17]，生于会稽[18]。故居下而无忧者，则思不远；处身而常逸者，则志不广。庸知其终始乎？”

子路出，召子贡，告如子路。子贡曰：“夫子之道至大，故天下莫能容夫子，夫子盍少贬焉？”

子曰：“赐，良农能稼，不必能穑[19]；良工能巧，不能为顺[20]；君子能修其道，纲而纪之[21]，不必其能容。今不修其道而求其容，赐，尔志不广矣，思不远矣。”

子贡出，颜回入，问亦如之。颜回曰：“夫子之道至大，天下莫能容。虽然，夫子推而行之，世不我用，有国者之丑也，夫子何病焉？不容，然后见君子。”

孔子欣然叹曰：“有是哉，颜氏之子！吾亦使尔多财，吾为尔宰㉒。"

（又见于《荀子·宥坐》、《韩诗外传》、《史记·孔子世家》）

【注释】

①楚昭王：楚平王之子，名壬，谥昭。

②陈、蔡：春秋时诸侯国名。

③徒兵：步兵。距：同"拒"，阻拦。

④藜羹：菜汤。此指粗劣的食物。

⑤弦歌：以琴瑟伴奏而歌。不衰：不停止。

⑥诗：指《诗经·小雅·何草不黄》。

⑦匪兕匪虎：不是野牛不是老虎。

⑧率彼旷野：来到旷野。率，沿着。王注："率，循也。言非兕虎而循旷野。"循即沿着的意思。

⑨意者夫子未仁与，人之弗吾信也：王注："言人不使通行而困穷者，岂以吾未智也。"意，想来。

⑩意者夫子未智与，人之弗吾行也：王注："言人不使通行而困穷者，岂以吾未智也。"

⑪伯夷、叔齐不饿死首阳：伯夷、叔齐为商朝孤竹国国君的两个儿子，二人都不愿继承王位，先后逃到周国。周武王伐纣灭商，二人耻食周粟，逃到首阳山，采薇而食，饿死山中。

⑫王子比干不见剖心：比干为殷纣王叔父，他见纣王淫乱，犯颜劝谏，纣怒，剖其心而死。不见，不被。

⑬关龙逄：关龙逄为夏朝的贤臣，夏桀无道，他极力劝谏，被桀杀害。

⑭伍子胥：春秋时楚国人，名员。父兄均被楚平王杀害，他逃到吴国。与孙武共佐吴王阖闾伐楚，五战攻入郢都，掘楚平王墓，鞭尸三百。吴王夫差打败越国，越王勾践请和，夫差允诺。伍子胥

劝谏不听,被迫自杀。见杀:被杀。

⑮重耳:春秋时晋献公次子,即春秋五霸的晋文公。

⑯生于曹卫:王注:"重耳,晋文公也。为公子时,出奔,困于曹卫。"生,指困于曹卫而后生,即重新兴盛。

⑰越王勾践:春秋时越王,也作句践。他被吴王夫差打败后,困于会稽,屈膝求和。其后卧薪尝胆,发愤图强,经过十年,终于灭掉吴国。

⑱生于会稽:王注:"言越王之有霸心,乃坐困于会稽之时也。"

⑲良农能稼,不必能穑:王注:"种之为稼,敛之为穑。言良农能善种之,未必能敛获之也。"穑,收获。

⑳良工能巧,不能为顺:王注:"言良工能巧,不能每顺人意也。"

㉑纲而纪之:抓住关键来治理。

㉒宰:王注:"宰,主财者也。为汝主财,言志同也。"

**【译文】**

楚昭王聘请孔子到楚国去,孔子前去拜见楚昭王,途中经过陈国和蔡国。

陈国、蔡国的大夫一起谋划说:"孔子是位圣贤,他所讥讽批评的都切中诸侯的弊病,如果被楚国聘用,那我们陈国、蔡国就危险了。"于是派兵阻拦孔子。

孔子不能前行,断粮七天,也无法和外边取得联系,连粗劣的食物也吃不上,跟随他的人都病倒了。这时孔子更加慷慨激昂地讲授学问,用琴瑟伴奏不停地唱歌。就找来子路问道:"《诗经》说:'不是野牛不是虎,却都来到荒野上。'我主张的治国之道难道有什么不对吗?为什么到了这个地步啊?"

子路一脸怨气,不高兴地回答说:"君子是不会被什么东西困扰的。想来老师的仁德还不够吧,人们还不信任我们;想来老师的智慧还不够吧,人们不愿推行我们的主张。而且我从前就听老师讲过:'做善事的人上天会降福于他，做坏事的人上天会降祸于他。’如今老师您积累德行心怀仁义，推行您的主张已经很长时间了，怎么处境如此困穷呢？”

孔子说：“由啊，你还不懂得啊！我来告诉你。你以为仁德的人就一定被人相信？那么伯夷、叔齐就不会被饿死在首阳山上；你以为有智慧的人一定会被任用？那么王子比干就不会被剖心；你以为忠心的人必定会有好报？那么关龙逢就不会被杀；你以为忠言劝谏一定会被采纳？那么伍子胥就不会被迫自杀。遇不遇到贤明的君主，是时运的事；贤还是不贤，是才能的事。君子学识渊博深谋远虑而时运不济的人多了，何只我呢！况且芝兰生长在深林之中，不因为无人欣赏而不芳香；君子修养身心培养道德，不因为穷困而改变节操。如何做，在于自身；是生是死，在于命。因而晋国重耳的称霸之心，产生在困于曹卫的时候；越王勾践的称霸之心，产生在困于会稽的时候。所以说居于下位而无所忧虑的人，是思虑不远；安身处世总想安逸的人，是志向不大。怎能知道他的终始呢？”

子路出去了，孔子叫来子贡，又问了同样的问题。子贡说：“老师您的道实在博大，因此天下容不下您，您何不把您的道降低一些呢？”

孔子说：“赐啊，好的农夫会种庄稼，不一定会收获；好的工匠能做精巧的东西，不一定能顺遂每个人的意愿；君子能培养他的道德学问，创立政治主张，别人不一定能采纳。现在不修养自己的道德学问而要求别人能采纳，赐啊，这说明你的志向不远大，思想不深远啊。”

子贡出去以后，颜回进来了，孔子又问了他同样的问题。颜回说：“老师的道太广大了，天下也不能容纳。虽然如此，您还是竭力推行。世人不用您，那是当权者的耻辱，您何必为此忧虑呢？不被容纳，才看出您是君子。”

孔子听了高兴地感叹说：“你说得真对呀，颜家的儿子！假如你有很多钱，我就来给你当管家。”

子路问于孔子曰："君子亦有忧乎？"

子曰："无也。君子之修行也，其未得之，则乐其意[1]；既得之，又乐其治[2]。是以有终身之乐，无一日之忧。小人则不然，其未得也，患弗得之；既得之，又恐失之。是以有终身之忧，无一日之乐也。"

（又见于《荀子·子道》、《说苑·杂言》）

【注释】

①乐其意：为有这种想法而高兴。

②乐其治：为成功而高兴。

【译文】

子路问孔子："君子也有忧愁的时候吗？"

孔子说："没有。君子修养品德，在没成功之时，为他的想法而快乐；修养成功之后，又为他的成功而快乐。因此终身都是快乐的，没有一天是忧愁的。小人则不是这样，在他没有得到的时候，发愁得不到；得到以后，又恐怕会失去。所以终身都是忧愁的，没有一天是快乐的。"

曾子弊衣而耕于鲁，鲁君闻之而致邑焉[1]，曾子固辞不受。或曰："非子之求，君自致之，奚固辞也？"

曾子曰："吾闻受人施者常畏人，与人者常骄人。纵君有赐，不我骄也，吾岂能勿畏乎？"

孔子闻之曰："参之言足以全其节也。"

（又见于《说苑·立节》）

【注释】

①致邑:送给城邑,以供生活之用。

【译文】

曾子穿着破旧的衣服在鲁国种地,鲁国国君知道了这件事,送给他供给衣食的食邑。曾子坚辞不受。有人说:“这不是你自己主动要的,是国君自己要给你的,为什么非要推辞呢?”

曾子说:“我听说接受了别人的施舍就会畏惧人家,施舍者也会以此对人炫耀。纵然国君赏赐给我,也不向我炫耀,我以后怎么能无所畏惧呢?”

孔子听后说:“曾参的话,足以保全他的名节了。”

孔子厄于陈、蔡[①],从者七日不食。子贡以所赍货[②],窃犯围而出[③],告籴于野人[④],得米一石焉。颜回、仲由炊之于坏屋之下,有埃墨堕饭中[⑤],颜回取而食之。

子贡自井望见之,不悦,以为窃食也。入问孔子曰:“仁人廉士,穷改节乎?”

孔子曰:“改节即何称于仁廉哉?”

子贡曰:“若回也,其不改节乎?”

子曰:“然。”

子贡以所饭告孔子。

子曰:“吾信回之为仁久矣,虽汝有云,弗以疑也,其或者必有故乎?汝止,吾将问之。”

召颜回曰:“畴昔予梦见先人[⑥],岂或启佑我哉[⑦]?子炊而进饭,吾将进焉。”

对曰："向有埃墨堕饭中，欲置之，则不洁；欲弃之，则可惜。回即食之，不可祭也。"

孔子曰："然乎，吾亦食之。"

颜回出，孔子顾谓二三子曰："吾之信回也，非待今日也。"二三子由此乃服之。

（又见于《吕氏春秋·审分览·任数》）

【注释】

①厄：受困。

②赍：携带。

③窃：私下，偷偷地。犯围：冲出包围。

④籴：买米。野人：乡野之人，农民。

⑤埃墨：烟薰的黑尘。

⑥畴昔：往日。

⑦启佑：开导保佑。

【译文】

孔子受困于陈、蔡之地，跟随的人七天吃不上饭。子贡带着随身的物品，偷偷跑出包围，请求村民让他换些米，得到一石米。颜回、仲由在一间破屋下煮饭，有块薰黑的灰土掉到饭中，颜回把弄脏的饭取出来吃了。

子贡在井边望见了，很不高兴，以为颜回在偷吃。他进屋问孔子："仁人廉士在困穷时也会改变节操吗？"

孔子说："改变节操还称得上仁人廉士吗？"

子贡问："像颜回这样的人，他不会改变节操吧？"

孔子说："是的。"

子贡把颜回吃饭的事告诉了孔子。

孔子说："我相信颜回是仁德之人已经很久了，虽然你这样说，我还是不怀疑，他那样做或者一定有原因吧。你待在这里，我去问问他。"

孔子把颜回叫进来说："前几天我梦见了祖先，这难道是祖先在启发我们保佑我们吗？你做好饭赶快端上来，我要进献给祖先。"

颜回说："刚才有灰尘掉入饭中，如果留在饭中则不干净；假如扔掉，又很可惜。我就把它吃了，这饭不能用来祭祖了。"

孔子说："这样的话，我也会吃掉。"

颜回出去后，孔子看着弟子们说："我相信颜回，不是在今天啊！"弟子们由此叹服颜回。

# 入官第二十一

**【题解】**

孔子在回答子张问如何做官的问题时，不仅详细叙述为官要注意的诸多方面，如以身作则、选贤任能、重民爱民、取信于民等，而且表达了及其精辟的思想。他说："六马之乖离，必于四达之交衢；万民之叛道，必于君上之失政。上者尊严而危，民者卑贱而神，爱之则存，恶之则亡。长民者必明此之要。"在两千多年前就有如此深刻的认识，真让人惊叹。他又说："水至清则无鱼，人至察则无徒。枉而直之，使自得之；优而柔之，使自求之；揆而度之，使自索之。民有小过，必求其善以赦其过；民有大罪，必原其故以仁辅化。如有死罪，其使之生，则善也。是以上下亲而不离，道化流而不蕴。故德者，政之始也。"孔子爱民、亲民的仁政思想，在任何时代都是可行的。

子张问入官于孔子[①]。

孔子曰："安身取誉为难[②]。"

子张曰："为之如何？"

孔子曰："己有善勿专[③]，教不能勿怠[④]，已过勿发[⑤]，失言勿掎[⑥]，不善勿遂[⑦]，行事勿留[⑧]。君子入官，自此六者，则身安誉至而政从矣[9]。

“且夫忿数者[10]，官狱所由生也；拒谏者，虑之所以塞也；慢易者[11]，礼之所以失也；怠惰者，时之所以后也；奢侈者，财之所以不足也；专独者，事之所以不成也。君子入官，除此六者，则身安誉至而政从矣。

“故君子南面临官，大域之中而公治之[12]，精智而略行之[13]，合是忠信，考是大伦[14]，存是美恶，进是利而除是害，无求其报焉，而民之情可得也。夫临之无抗民之恶[15]，胜之无犯民之言[16]，量之无佼民之辞[17]，养之无扰于其时，爱之无宽于刑法[18]。若此，则身安誉至而民得也。

“君子以临官，所见则迩，故明不可蔽也[19]。所求于迩，故不劳而得也[20]。所以治者约，故不用众而誉立。凡法象在内，故法不远而源泉不竭[21]。是以天下积而本不寡[22]，短长得其量，人志治而不乱政。德贯乎心，藏乎志，形乎色，发乎声。若此，而身安誉至民咸自治矣。

“是故临官不治则乱，乱生则争之者至。争之至，又于乱。明君必宽裕以容其民，慈爱优柔之[23]，而民自得矣。行者，政之始也[24]；说者，情之导也[25]。善政行易则民不怨[26]，言调说和则民不变[27]。法在身则民象之[28]，明在己则民显之。若乃供己而不节，则财利之生者微矣[29]；贪以不得，则善政必简矣[30]。苟以乱之，则善言必不听也；详以纳之[31]，则规谏日至。言之善者，在所日闻[32]；行之善者，在所能为。故君上者，民之仪也[33]；有司执政者，民之表也；迩臣便僻者，群仆之伦也[34]。故仪不正则民失，表不端则百姓乱，迩臣便僻则群臣污矣。是以人主不可不敬乎三伦。

“君子修身反道，察里言而服之[35]，则身安誉至，终始在焉。故夫女子必自择丝麻，良工必自择完材[36]，贤君必自择左右。劳于取人，佚于治事。君子欲誉，则必谨其左右。

“为上者，譬如缘木焉[37]，务高而畏下滋甚。六马之乖离[28]，必于四达之交衢[39]；万民之叛道，必于君上之失政。上者尊严而危，民者卑贱而神。爱之则存，恶之则亡。长民者必明此之要。故南面临官，贵而不骄，富而能供[40]，有本而能图末，修事而能建业[41]，久居而不滞，情近而畅乎远，察一物而贯乎多。治一物而万物不能乱者，以身本者也。

“君子莅民，不可以不知民之性而达诸民之情。既知其性，又习其情，然后民乃从命矣。故世举则民亲之，政均则民无怨。故君子莅民，不临以高，不导以远，不责民之所不为，不强民之所不能。以明王之功，不因其情，则民严而不迎[42]；笃之以累年之业，不因其力，则民引而不从[43]。若责民所不为，强民所不能，则民疾，疾则僻矣[44]。

“古者圣主冕而前旒[45]，所以蔽明也；纮紞充耳[46]，所以掩聪也。水至清则无鱼，人至察则无徒。枉而直之[47]，使自得之；优而柔之，使自求之[48]；揆而度之，使自索之[49]。民有小过，必求其善以赦其过；民有大罪，必原其故以仁辅化。如有死罪，其使之生，则善也。是以上下亲而不离，道化流而不蕴[50]。故德者，政之始也。

“政不和，则民不从其教矣。不从教，则民不习。不习，则不可得而使也。君子欲言之见信也，莫善乎先虚其内[51]；

欲政之速行也，莫善乎以身先之；欲民之速服也，莫善乎以道御之。故虽服必强[52]。自非忠信，则无可以取亲于百姓者矣。内外不相应，则无可以取信于庶民者矣。此治民之至道矣，入官之大统矣[53]。”

子张既闻孔子斯言，遂退而记之。

（又见于《大戴礼记·子张问入官》）

**【注释】**

①入官：入仕，做官。王注：“入官谓当官治民之职也。”

②安身取誉：地位稳定，取得声誉。

③己有善勿专：王注：“虽有善，当与下共之，勿专以为己有者也。”

④勿怠：不要怠懈。

⑤已过勿发：已犯过的错误不要再发生。王注：“言人已过误，无所伤害，勿发扬。”即不要揭发。可参考。

⑥失言勿掎：说错了话，不要曲为回护。掎，《大戴礼记·子张问入官》作“踦”，曲护，曲为之说。王注：“有人失言，勿掎角之。”可参考。

⑦不善勿遂：王注：“已有不善，不可遂行。”遂，行，继续做下去。

⑧行事勿留：王注：“宜行之事，勿令留滞。”

⑨政从：王注：“众从其政，无违教也。”

⑩忿数：忿疾，忿怒憎恶。

⑪慢易：轻慢，不庄重。

⑫大域之中而公治之：此句《大戴礼记·子张问入官》作“大城而公治之”，注：“‘城’当作‘诚’，形声之误也。诚，信实也。无私曰公。”意为用诚信和无私之心去治理。王注：“大域，犹大较也。”大较，即大略之意。可参看。

⑬精智而略行之：王注："以精知之略，举其要而行之。"

⑭大伦：伦常大道。指人与人之间关系的根本准则。

⑮临之无抗民之恶：王注："治民无抗扬之志也。"抗：《周书·谥法》曰："逆天虐民曰抗。"

⑯胜之无犯民之言：王注："以慎胜民，言不犯民。"犯指欺凌压迫。

⑰量之无佼民之辞：佼，《大戴礼记·子张问入官》作"狡"，意为狡诈。王注："佼，犹周也，度量而施，政辞不周民也。"一说佼：夸耀，矜夸。周，比周，此指俯就民众。可为一说。

⑱爱之无宽于刑法，王注："言虽爱民，不可宽于刑法。威克其爱，故事无不成也。"

⑲所见则迩，故明不可蔽：王注："所见迩，谓察于微也。"迩，近。

⑳所求于迩，故不劳而得：王注："所求者近，故不劳而得也。"

㉑凡法象在内，故法不远而源泉不竭：王注："法象近在于内，故不远，而源泉不竭尽。"法象，效法、模仿的准则、榜样。

㉒是以天下积而本不寡：王注："言天下之事，皆积聚而成，如源泉之本，非徒不竭乃不寡。"

㉓优柔：宽舒，从容。

㉔行者，政之始也：王注："行为政始，言民从行不从言也。"

㉕说者，情之导也：王注："言说者，但导达其情。"

㉖善政行易则民不怨：王注："言善政，行简易，而民无怨者也。"

㉗言调说和则民不变：王注："调，适也。言适于事，说和于民，则不变。"不变，没有二心。

㉘法在身则民象之：自身用法度来约束，百姓就会效法而遵守法纪。王注："言法度常在身，则民法之。"

㉙供己而不节，则财利之生者微：王注："言自供不节于财，财不可供，生财之道微矣。"

㉚贪以不得，则善政必简：王注："言徒贪于不得财，善政则简略而

不修也。”

㉛详以纳之：王注：“纳善言也。”纳，采纳。

㉜言之善者，在所日闻：王注：“日闻善言，可行于今日也。”

㉝仪：榜样，表率。

㉞迩臣便僻者，群仆之伦：迩臣，近臣，君王身边的大臣。便僻，当做“便辟”，此指君王身边受宠幸的臣子。王注：“僻，宜为‘辟’。便辟，执事在君之左右者。伦，纪也，为众之纪。”下文“便辟”，指逢迎谄媚之臣。

㉟理言：有道理的话。服：行。

㊱完材：良好的材料。

㊲缘木：爬树。

㊳乖离：离散，不合。

㊴交衢：四通八达的交通要道。

㊵供：通“恭”。恭敬。

㊶修事而能建业：王注：“既能修治旧事，又能建立功业也。”

㊷民严而不迎：王注：“迎，奉也。民严畏其上，而不奉迎其教。”

㊸民引而不从：王注：“引，导也。教之以非其力之所堪，则民引而不从其教者矣。”

㊹疾则僻矣：王注：“民疾其上，即邪僻之心生。”疾，憎恨。僻，偏，邪。

㊺冕：古代帝王、诸侯及卿相大臣等所戴的礼帽。旒：冕冠前后悬垂的玉饰。

㊻纮統(hóng dǎn)：垂于冠冕两旁悬瑱的带子。充耳：塞耳。

㊼枉而直之：使弯曲的东西变直。

㊽优而柔之，使自求之：王注：“优，宽也。柔，和也。使自求其宜也。”

㊾揆而度之，使自索之：遇事要估量揣度，让自己思索得出结论。

王注:“揆度其法以开示之,使自索得之也。”

㊿蕴:王注:“蕴,滞积也。”

51莫善乎先虚其内:王注:“虚其内,谓直道而行,无情欲也。”

52故虽服必强:王注:“言民虽服,必以威强之,非心服也哉。”《大戴礼记·子张问入官》“故虽服必强”作“故不先以身,虽行必邻矣;不以道御之,虽服必强矣。”《家语》似漏前三句。

53大统:最重要的纲领、原则。

**【译文】**

子张向孔子询问做官的事。

孔子说:“做到官位稳固又能有好的名声很难。”

子张说:“那该怎么办呢?”

孔子说:“自己有长处不要独自拥有,教别人学习不要懈怠,已发生的过错不要再犯,说错了话不要为之辩护,不好的事不要继续做下去,正在做的事不要拖延。君子做官能做到这六点,就能使地位稳固声名大振从而政事也会顺利。

“况且,怨恨太多,牢狱之灾就会发生;拒绝劝谏,思虑就会受到阻塞;行为不庄重谨慎,就会失礼;做事松懈懒惰,就会丧失时机;办事奢侈,财物就不充足;专断独权,事情就办不成。君子做官,去掉这六种毛病,就能使地位稳固声名大振从而政事也会顺利。

“因此君子一旦做了官,就要以诚信和公心来治理,精心地思考而简要地推行,再加上以上所讲的六点忠信品德,考虑哪些是伦理道德的最高准则,把好事和坏事合并考察,推广有利的,除去有害的,不追求别人的报答,这样就可以得到民情了。治理民众没有逆天虐民的恶行,自己有理也不说冒犯民众的话,处理政事没有欺骗百姓的狡诈之辞,为了百姓安居乐业劳役不要违背农时,即使爱护百姓也不能比刑法更宽。如果能做到这样,就能使地位稳固声名大振从而得到民心。

“君子做官,身边的事看得清楚,就会心明眼亮不受蒙蔽。先从近处寻找自己需要的东西,这样不用费很大力气就可以得到。治理国家抓住了主要问题,不用兴师动众就可以获得好名声。自身作为准则、榜样,那么准则、榜样离百姓不远,就如同源泉不会枯竭一样。因此天下人才汇聚而不会缺乏,根据才能的不同都得到任用,人才各得其用,政治就不会混乱。良好的德行贯穿于内心,藏在心志之中,显露在表情上,发表于言谈上。这样,就能使官位稳固,好名声随之而至,民众自然就会得到治理。

"由此看来,身居官位不善于治理就会发生混乱,混乱发生竞争的人就会出现。竞争的局面发生,政治会更加混乱。英明的君主必须宽容地对待百姓,用慈爱之心去安抚他们,自然就会得到民众的拥护。身体力行,是执好政的前提;百姓高兴,他们的情绪就可以得到疏导。良好的政治措施易于执行而民众也不会有怨言,言论说法符合民心而民众就不会有二心。自己以身作则遵守法律,民众就会以你为榜样;自己正大光明,民众则会颂扬你。如果自己贪图享受而不节俭,那么生产财富的人就不努力生产了。贪图财物又胡乱花费,那么好的政治措施也简约不用了。假如政治出现了混乱,那么好的意见必然听不进去。如果仔细审慎地采纳别人的建议,那么天天都会有人进谏。能说出美好的语言,在于每天能听取别人的意见;能有美好的行为,在于能亲身去做。所以说统治民众的君王,是民众的榜样;各级政府的官员,是民众的表率;君王身边的侍御大臣,是臣仆们的样板。所以说榜样不正,百姓就失去了方向;表率不正,百姓就会混乱;侍御大臣不正,群臣就会变坏。因此治国的君主不可不谨慎地遵守各种伦理道德。

"君子遵循道来修身,仔细辨别和遵循正确的道理来行事,地位就可巩固,名望也随之而至,终生受用无穷。所以女子织布一定要亲自挑选丝麻,优秀的工匠一定要亲自挑选好的材料,贤明的君主一定要亲自挑选身边的大臣。选拔人才辛苦一些,治理政事时就轻松一些。君子要想得到美誉,也要谨慎选择交往的人。

“在上位的人，就好像爬树一样，爬得越高越害怕掉下来。拉车的六匹马分散乱跑，一定是在四通八达的交叉路口；百姓造反，必定是因为君王政治措施的错误。在上者虽然尊严却是有危险的，民众虽然卑贱却是有神力的。民众热爱你，你就能存在；民众厌恶你，你就要灭亡。治理民众的人必须要明了这个道理的重要。因此在上为官，地位虽然高贵也不要骄横，富有了也要谨慎恭敬，有了根本还要考虑细微末节，做好了事还要建功立业，有了长时间的安定局面仍然要不停地努力，近处的感情沟通了还要畅达到远处，观察一件事物要能联想多种事物。治理一件事而万事都能不乱，是因为能够以身作则的缘故。

“君子统治民众，不可不了解民众的性情，进而了解民众的感情。既已知道了民性，而又熟悉了民情，然后民众才能服从你的管理。因此国家安定民众就会爱戴国君，政策公平合理民众就无怨言。所以君子治国，不能只是高高在上，不能做远不可及的事，不责备民众做不愿做的事，不强求民众做不能完成的事。为了达到贤明君王那样的功业，不顾民情，那么民众表面恭敬实际却不愿迎合；为了增加已有的业绩，不顾民力，那么民众就会逃避而不服从。如果强迫民众做他们不愿做的事，强迫他们做不能完成的事，民众就会痛恨，痛恨就会做出一些不当的事。

“古代的圣明君主戴着前面悬垂着玉的帽子，是用来遮蔽亮光的；垂于冠冕两边悬瑱的带子挡住耳朵，是用来遮蔽听觉的。水太清就没有鱼了，人太明察就没有追随者了。百姓做错了事需要改正，要使百姓自己有所认识；宽厚柔和地对待百姓，让他们自己去发现错误；度量百姓的情况来教育他们，让他们自己明白对错。百姓犯了小错，一定要找出他们的长处，赦免他们的过错；百姓犯了大罪，一定要找出犯罪的原因，用仁爱的思想教育他们，使他们改过从善。如果犯了死罪，惩治后使他们得到新生，那就更好了。所以君臣百姓上下亲和而不离心离德，治理国家的措施就能够推行而不阻塞。所以说执政者的道德，是政治好坏的前提。

“政令不切合实际，民众就不会服从教导。不服从教导，民众就不习惯遵守法令法规。不习惯遵守法令法规，就不能很好地役使和统治他们了。君子要想使自己的话被别人相信，最好的办法是虚心听取意见；要想政治措施迅速推行，最好的办法是身体力行；要想使民众迅速服从，最好的办法是以正确之道来治理国家。不以正确之道治理，民众即使服从也是勉强的。不依靠忠信，就不可能取得百姓的亲近和信任。朝廷和民众不能相互了解沟通，就不能取信于平民百姓。这是治理民众的最重要的原则，也是入仕做官者最重要的纲领。”

子张听了孔子这番话，就回去记录下来。

# 困誓第二十二

**【题解】**

此篇都是讲遇到困境应如何对待。“子贡问于孔子”章，孔子引诗说明事君、事亲、处家、交友、耕田都是很难的事，人只有死后才能得到休息。“孔子自卫将入晋”章，讲孔子本准备到晋国去，听到赵简子杀害贤人窦犨鸣犊及舜华的事，遂还。认为“鸟兽之于不义，尚知避之，况于人乎?”可看出孔子是位智者。“子路问于孔子”章，孔子讲不怕贤名不彰，认为“行修而名自立”，交贤而名自彰。“孔子遭厄”章，孔子讲了“君不困不成王，烈士不困行不彰”的道理，对于在陈、蔡遭厄之事，激励弟子说:“庸知其非激愤厉志之始，于是乎在?”说明坏事可以变为好事的道理。“孔子之宋”章，将孔子身处险境的从容镇定描绘得极为生动。孔子说:“不观高崖，何以知颠坠之患;不临深泉，何以知没溺之患;不观巨海，何以知风波之患。”告诫人们要慎重对待风险，爱惜生命。“孔子适郑”章，讲孔子与弟子散失后，被人视为“丧家之犬”时的乐观态度。“孔子适卫”章，看出孔子处理事情的灵活性，不遵守被人要挟订立的盟誓，看到卫灵公不采纳自己的意见，就赶快离开卫国。“卫蘧伯玉贤”章，赞扬史鱼尸谏胜过死谏的正直品格。

子贡问于孔子曰:“赐倦于学，困于道矣，愿息而事君，可乎？”

孔子曰：“《诗》云[1]：‘温恭朝夕，执事有恪[2]。’事君之难也，焉可息哉！”

曰：“然则赐愿息而事亲。”

孔子曰：“《诗》云[3]：‘孝子不匮，永锡尔类[4]。’事亲之难也，焉可以息哉！”

曰：“然则赐请愿息于妻子。”

孔子曰：“《诗》云[5]：‘刑于寡妻，至于兄弟，以御于家邦[6]。’妻子之难也，焉可以息哉！”

曰：“然则赐愿息于朋友。”

孔子曰：“《诗》云[7]：‘朋友攸摄，摄以威仪[8]。’朋友之难也，焉可以息哉！”

曰：“然则赐愿息于耕矣。”

孔子曰：“《诗》云[9]：‘昼尔于茅，宵尔索绹，亟其乘屋[10]，其始播百谷。’耕之难也，焉可以息哉！”

曰：“然则赐将无所息者也？”

孔子曰：“有焉，自望其广[11]，则睪如也[12]；视其高，则填如也[13]；察其从，则隔如也[14]。此其所以息也矣。”

子贡曰：“大哉乎死也！君子息焉，小人休焉。大哉乎死也！”

（又见于《荀子·大略》）

**【注释】**

①诗：此指《诗经·商颂·那》。

②温恭朝夕，执事有恪：朝夕都要温和谦恭，行事要恭敬谨慎。王

注："恪，敬也。"

③诗：此指《诗经·大雅·既醉》。

④孝子不匮，永锡尔类：孝子孝心永不竭，上天赐给你善道。王注："匮，竭也。类，善也。孝子之道不匮竭者，能以类相传，长锡尔以善道也。"

⑤诗：此指《诗经·大雅·思齐》。

⑥"刑于寡妻"三句：给妻子做出典范，进而至于兄弟，以此来治理国家。刑，典范。寡妻，指嫡妻。御，治理。家邦，国家。王注："刑，法也。寡，适（嫡）也。御，正也。文王以正法接其寡妻，至于同姓兄弟，以正治天下之国家者矣。"

⑦诗：此指《诗经·大雅·既醉》。

⑧朋友攸摄，摄以威仪：朋友要互相帮助，使礼仪合度。攸，语助词。摄，佐助。

⑨诗：此指《诗经·豳风·七月》。

⑩昼尔于茅，宵尔索绹，亟其乘屋：白天去割茅草，晚上搓绳子，急急忙忙盖屋顶。尔，语助词。于，取，引申为割。亟，急切。乘，覆盖。

⑪广：通"圹"，坟墓。

⑫睪如：高高的样子。如，形容词词尾，表示"……的样子"。王注："睪，高貌。墉而高冢是也。"

⑬填：填塞充实。王注："填，塞实貌也。冢虽高而塞实也。"

⑭隔：隔开。王注："言其隔而不得复相从也。"

**【译文】**

子贡向孔子问道："我对学习已经厌倦了，对于道又感到困惑不解，想去侍奉君主以得到休息，可以吗？"

孔子说："《诗经》里说：'侍奉君王从早到晚都要温文谦恭，做事要恭敬小心。'侍奉君主是很难的事情，怎么可以休息呢？"

子贡说："那么我希望去侍奉父母以得到休息。"

孔子说："《诗经》里讲：'孝子的孝心永不竭，孝的法则要永远传递。'侍奉父母也是很难的事，怎么可以休息呢？"

子贡说："我希望在妻子儿女那里得到休息。"

孔子说："《诗经》里说：'要给妻子作出典范，进而至于兄弟，推而治理宗族国家。'与妻子儿女相处也是很难的事，怎么可以休息呢？"

子贡说："我希望在朋友那里得到休息。"

孔子说："《诗经》里说：'朋友之间要互相帮助，使彼此举止符合威仪。'和朋友相处也是很难的，怎么可以休息呢？"

子贡说："我希望去种庄稼来得到休息。"

孔子说："《诗经》里说：'白天割茅草，晚上把绳搓，赶快修屋子，又要开始去播谷。'种庄稼也是很难的事，怎么可以休息呢？"

子贡说："那我就没有可休息的地方了吗？"

孔子说："你从这里看那个坟墓，样子高高的；看它高高的样子，又填的实实的；从侧面看又是一个个隔开的。这就是休息的地方了。"

子贡说："死的事是这样重大啊！君子在这里休息，小人也在这里休息。死的事是这样重大啊！"

孔子自卫将入晋，至河[①]，闻赵简子杀窦犨鸣犊及舜华[②]，乃临河而叹曰："美哉水，洋洋乎！丘之不济此，命也夫！"

子贡趋而进曰："敢问何谓也？"

孔子曰："窦犨鸣犊、舜华，晋之贤大夫也。赵简子未得志之时，须此二人而后从政。及其已得志也，而杀之。丘闻之，刳胎杀夭[③]，则麒麟不至其郊；竭泽而渔，则蛟龙不处其渊；覆巢破卵[④]，则凰凰不翔其邑。何则？君子违伤其类者也[5]。鸟兽之于不义,尚知避之,况于人乎!”

遂还,息于邹[6],作《槃操》以哀之[7]。

(又见于《史记·孔子世家》)

【注释】

①至河:到了黄河。

②窦犨(chōu)鸣犊:窦犨,字鸣犊,晋国贤大夫。舜华:晋大夫,亦有贤名。二人均被赵简子所杀。

③刳(kū)胎杀夭:剖腹取胎。刳,剖开。夭,正在成长的幼小生命。

④覆巢破卵:弄翻鸟巢打破卵。

⑤违:忌讳。王注:“违,去也。违或为讳也。”

⑥邹:地名。《史记·孔子世家》作“陬”。在今山东曲阜东南。

⑦槃(pán)操:琴曲名。

【译文】

孔子将要从卫国进入晋国,来到黄河边,听到赵简子杀了窦犨鸣犊和舜华的消息,就面对黄河叹息着说:“黄河的水这样的美啊,浩浩荡荡地流淌,我不能渡过这条河,是命中注定的吧!”

子贡快步走向前问道:“请问老师您这话是什么意思啊?”

孔子说:“窦犨鸣犊、舜华都是晋国的贤大夫啊,赵简子未得志的时候,依仗他们二人才得以从政。到他得志以后,却把他们杀了。我听说,如果对牲畜有剖腹取胎的残忍行为,那么麒麟就不会来到这个国家的郊外;如果有竭泽而渔的行为,蛟龙就不会在这个国家的水中居住;捅破鸟巢打破了卵,凤凰就不会在这个国家的上空飞翔。为什么呢?这是因为君子也害怕受到同样的伤害啊!鸟兽对于不仁义的事尚且知道躲避,何况是人呢!”

于是返了回来,回到邹地休息,作了《槃操》一曲来哀悼他们。

子路问于孔子曰："有人于此，夙兴夜寐[①]，耕芸树艺[②]，手足胼胝[③]，以养其亲。然而名不称孝，何也？"

孔子曰："意者身不敬与？辞不顺与？色不悦与？古之人有言曰：'人与己与不汝欺[④]。'今尽力养亲，而无三者之阙[⑤]，何谓无孝之名乎？"

孔子曰："由，汝志之，吾语汝：虽有国士之力，而不能自举其身，非力之少，势不可矣。夫内行不修，身之罪也；行修而名不彰，友之罪也。行修而名自立。故君子入则笃行，出则交贤，何为无孝名乎？"

（又见于《荀子·子道》）

【注释】

①夙兴夜寐：早起晚睡。

②耕芸树艺：耕地锄草种庄稼。

③手足胼胝(pián zhī)：手脚长茧。

④人与己与不汝欺：王注："言人与己事实相通，不相欺也。"不汝欺，不欺骗你。

⑤阙：缺点。

【译文】

子路问孔子说："这里有一个人，早起晚睡，耕种庄稼，手掌和脚底都磨出了茧子，以此来养活父母。然而却没有得到孝子的名声，这是为什么呢？"

孔子说："想来自身有不敬的行为吧？说话的言辞不恭顺吧？脸色不温和吧？古人有句话说：'别人的心与你自己的心是相通的，是不会欺骗你的。'现在这个人尽力养亲，如果没有上面讲的三种过错，怎么能没有孝子的名声呢？"

孔子又说："仲由啊，你记住，我告诉你：一个人即使有全国著名勇士那么大的力量，也不能把自己举起来，这不是力量不够，而是情势上做不到。一个人不很好地修养自身的道德，这是他自己的错误；自身道德修养好了而名声没有彰显，这就是朋友的过错。品行修养好了自然会有名声。所以君子在家行为要淳厚朴实，出外要结交贤德的人。这样怎会没有孝子的名声呢？"

孔子遭厄于陈、蔡之间，绝粮七日，弟子馁病，孔子弦歌。

子路入见曰："夫子之歌，礼乎？"

孔子弗应，曲终而曰："由，来！吾语汝：君子好乐，为无骄也[①]；小人好乐，为无慑也[②]。其谁之子，不我知而从我者乎[③]？"

子路悦[④]，援戚而舞[⑤]，三终而出。

明日，免于厄。子贡执辔曰："二三子从夫子而遭此难也，其弗忘矣！"

孔子曰："善。恶何也[⑥]？夫陈、蔡之间，丘之幸也。二三子从丘者，皆幸也。吾闻之，君不困不成王，烈士不困行不彰。庸知其非激愤厉志之始，于是乎在？"

（又见于《说苑·杂言》）

**【注释】**

①无骄：不骄傲放纵。

②无慑：不畏惧。

③其谁之子，不我知而从我者乎：王注："其谁之子，犹言以谁氏子，

谓子路，曰虽从我而不知我也。”

④子路悦：《说苑·杂言》作“子路不悦”，较胜。

⑤援：执，持。戚：兵器名，形似大斧。

⑥善。恶何也：王注：“善，子贡言也。恶何，犹言是何也。”

**【译文】**

孔子被困在陈国和蔡国之间，断粮七天，弟子因饥饿而病倒了。但孔子仍在弹琴唱歌。

子路进去见孔子说：“老师这时还在歌唱，这符合礼吗？”

孔子没有回答，一曲终了才说：“仲由，来！我告诉你：君子爱好音乐，是为了不骄傲放纵；小人爱好音乐，是为了消除畏惧。你是谁的儿子啊，这样不了解我而跟随着我呢？”

子路听了很不高兴，拿起兵器舞将起来，三曲结束才出去。

第二天，危难过去了。子贡拉着马缰绳说：“我们跟随老师遭受了此次危难，大概永远不会忘记了。”

孔子说：“说得好。为什么这么说呢？我们在陈、蔡之间遭受的危难，是我的幸运。你们跟随着我，也是你们的幸运。我听说，君王不遭受困厄就不能成就王业，仁人志士不遭受困厄行为就不会彰显。怎知奋发励志的开始，不在于这次危难呢？”

孔子之宋，匡人简子以甲士围之①。子路怒，奋戟将与战。

孔子止之曰：“恶有修仁义而不免俗者乎？夫《诗》、《书》之不讲，礼乐之不习，是丘之过也。若以述先王好古法而为咎者，则非丘之罪也。命夫！歌，予和汝。”

子路弹琴而歌，孔子和之。曲三终，匡人解甲而罢。

（又见于《说苑·杂言》）

【注释】

①匡人：匡地人。简子：人名。生平不详。

【译文】

孔子到宋国去，匡地人简子用兵围住了他们。子路大怒，举起戟要与他们奋战。

孔子制止说："哪有遵循仁义而不原谅俗人过错的呢？没有让他们学习《诗》、《书》，没有学习礼乐，这是我的过错啊。若把宣扬古代圣王爱好古法称为罪责，那就不是我的过错了。这大概就是命吧！你唱歌吧，我应和你。"

子路弹琴而歌，孔子与他合唱。唱完三曲之后，匡人解除了武装而离去。

孔子曰："不观高崖，何以知颠坠之患；不临深泉[①]，何以知没溺之患；不观巨海，何以知风波之患。失之者，其不在此乎[②]？士慎此三者，则无累于身矣。"

（又见于《说苑·杂言》）

【注释】

①临：靠近。深泉：深渊。

②其不在此乎：王注："不在此三者之域也。"

【译文】

孔子说："不观看高耸的悬崖，怎能知道从悬崖坠落的灾难；不临近深渊，怎能知道溺水淹没的灾难；不观看辽阔的大海，怎能知道风涛汹涌的灾难。失去生命，不就在这些方面吗？士人能慎重地对待这三者，就不会使身体受到伤害了。"

子贡问于孔子曰："赐既为人下矣[①]，而未知为人下之道，敢问之？"

子曰："为人下者，其犹土乎[②]？汩之深则出泉[③]，树其壤则百谷滋焉[④]，草木植焉，禽兽育焉。生则出焉，死则入焉。多其功而不意[⑤]，恢其志而无不容[⑥]。为人下者以此也。"

（又见于《荀子·尧问》）

**【注释】**

①人下：指对人谦逊。

②土：原作"上"，据《四部丛刊》本《家语》改。

③汩(gǔ)：治理，疏通。《荀子·尧问》作"扣"。挖，掘。

④滋：生长，繁殖。

⑤多其功而不意：王注："功虽多而无所意也。"不意，不在意。

⑥恢其志而无不容：王注："为人下者，当恢弘其志，如地无所不容也。"

**【译文】**

子贡问孔子说："我既已做到对人谦逊了，但不知道对人谦逊应遵循的原则，想向您请教。"

孔子说："对人表示谦逊，就好像土地一样吧！挖掘得深就会流出泉水，在土壤上种植就会长出各种庄稼。草木在土地上生长，禽兽在土地上繁育。生时在土地上出生，死后则归入土地。土地功劳很大自己却不在意，胸怀广阔而无所不容。对人谦逊的态度，就应该像土地一样。"

孔子适郑，与弟子相失[①]，独立东郭门外。

或人谓子贡曰[②]："东门外有一人焉，其长九尺有六寸，河目隆颡[③]，其头似尧，其颈似皋繇，其肩似子产，然自腰已下，不及禹者三寸，累然如丧家之狗[④]。"

子贡以告，孔子欣然而叹曰："形状未也，如丧家之狗，然乎哉！然乎哉！"

（又见于《韩诗外传》、《史记·孔子世家》）

**【注释】**

①相失：相互失散。

②或人：有人。

③河目：眼眶上下平而长的眼睛。隆颡（sǎng）：高额头。王注："河目，上下匡平而长。颡，颊也。"

④累然如丧家之狗：王注："丧家狗，主人哀荒，不见饭食，故累然不得意。孔子生于乱世，道不得行，故累然是不得意之貌也。"

**【译文】**

孔子到郑国去，和弟子相互失散了，独自一人站在东城门外。

有人对子贡说："东门外有一个人，身高有九尺六寸，眼睛平正而长，额头突出，他的头好像尧，脖子像皋陶，肩膀像子产，但是从腰以下比禹短了三寸，狼狈不堪如一条丧家狗。"

子贡把此话告诉了孔子，孔子欣然自得地感叹说："形貌未必像他说的那样，但说如丧家之狗，那倒是真像啊！那倒是真像啊！"

孔子适卫，路出于蒲，会公叔氏以蒲叛卫[①]，而止之。

孔子弟子有公良儒者[②]，为人贤长，有勇力，以私车五乘从夫子行。喟然曰："昔吾从夫子遇难于匡，又伐树于宋[③]。今遇困于此，命也夫！与其见夫子仍遇于难，宁我斗死。"挺剑而合众，将与之战。

蒲人惧，曰："苟无适卫，吾则出子。"乃盟孔子，而出之东门。

孔子遂适卫。

子贡曰："盟可负乎④？"

孔子曰："要我以盟⑤，非义也。"

卫侯闻孔子之来，喜而于郊迎之，问伐蒲。

对曰："可哉。"

公曰："吾大夫以为蒲者，卫之所以恃晋、楚也，伐之无乃不可乎？"

孔子曰："其男子有死之志⑥，吾之所伐者，不过四五人矣。"

公曰："善！"卒不果伐⑤。

他日，灵公又与夫子语，见飞雁过而仰视之，色不悦。孔子乃逝⑥。

（又见于《史记·孔子世家》）

【注释】

①会：遇上。公叔氏：名不详。

②公良儒：字子正，陈国人，孔子弟子。

③伐树于宋：孔子在宋国，与弟子习礼大树下，宋国司马桓魋欲杀孔子，命人砍倒大树。王注："孔子与弟子行礼于大树之下，桓魋欲害之，故先伐其树焉。"

④盟：盟约。负：违背。

⑤要我以盟：要挟我订下盟誓。

⑥其男子有死之志：王注："公叔氏欲蒲适他国，故男子欲死之，不乐适也。"

⑦不过四五人矣：王注："本与叔孙同叛者也。"

⑧逝：离开。王注："逝，行。"

**【译文】**

孔子到卫国去，路过蒲地时，正巧遇到公叔氏占据蒲地背叛了卫国，只好停止行进。

孔子弟子中有个叫公良儒的人，为人贤能厚道，勇武有力，他带着自己的五辆私车跟随孔子出行。这时叹息道："从前我跟随老师在匡地遭到围困，后来在宋国又有伐树之难。现在又受困于此，这是命啊！与其看老师仍处于难中，我宁愿与他们拼一死战。"说完拔出剑来，集合众人，将要与蒲人战斗。

蒲人害怕了，说："如果你们不到卫国去，我就放你们走。"于是和孔子订立了盟誓，放他们从东门出去。

孔子他们还是到了卫国。

子贡问："盟誓可以违背吗？"

孔子说："他们要挟我订的盟誓，是不符合道义的。"

卫灵公听说孔子来到卫国，高兴地到郊外迎接，询问讨伐蒲地的事。

孔子回答说："可以讨伐。"

卫灵公说："我国的大夫认为，蒲地是我们卫国对付晋国、楚国的屏障，恐怕不可以讨伐吧？"

孔子说："蒲地男子有宁死不愿叛乱之志，我们所要讨伐的，不过只是四五个人而已。"

卫灵公说："好吧。"但最终还是没有讨伐。

有一天，卫灵公又与孔子谈话，见大雁飞过就仰头观看，面上有不悦之色。于是孔子就离开了卫国。

卫蘧伯玉贤，而灵公不用；弥子瑕不肖，反任之。史鱼骤谏而不从[①]。

史鱼病将卒，命其子曰："吾在卫朝，不能进蘧伯玉，退弥子瑕，是吾为臣不能正君也。生而不能正君，则死无以成礼[②]。我死，汝置尸牖下[③]，于我毕矣[④]。"其子从之。

灵公吊焉，怪而问焉。其子以其父言告公。公愕然失容曰[⑤]："是寡人之过也。"于是命之殡于客位。进蘧伯玉而用之，退弥子瑕而远之。

孔子闻之曰："古之列谏之者[⑥]，死则已矣，未有若史鱼死而尸谏。忠感其君者也，可不谓直乎？"

（又见于贾谊《新书》、《韩诗列传·七》、《新序·杂事》、《大戴礼记·保傅》）

**【注释】**

①骤谏：屡次进谏。

②无以成礼：难以完成安葬之礼。

③牖下：窗下。旧注："礼，饭含于牖下，小敛于户内，大敛于阼，殡于客位也。"

④毕：指完成心愿。

⑤愕然失容：惊愕地变了脸色。

⑥列谏：坚持不懈地进谏，用各种方法劝谏。

**【译文】**

卫国的蘧伯玉是位贤人，而卫灵公不任用他；弥子瑕不贤，反而受到任用。史鱼多次进谏而卫灵公不听。

史鱼得病将死，嘱咐其子说："我在卫国为官，不能使蘧伯玉受到任用，也不能使弥子瑕被罢免，这是我作为臣子不能匡正君主啊！我活着的时候不能匡正君主，那么我死了以后也难以礼安葬。我死以后，你把我的尸首放在窗下，让我完成我的心愿。”其子听从了父亲的嘱托。

卫灵公前来吊唁，感到很奇怪，就询问怎么回事。其子把他父亲的话告诉了卫灵公。卫灵公惊讶地变了脸色，说：“这是我的过错啊！”于是下令将史鱼的尸体停放到正堂，招进蘧伯玉而任用他，斥退弥子瑕而疏远他。

孔子听到这件事，说：“古代特别敢于进谏的人，到死的时候也就为止了，没有像史鱼这样死了以后还要以尸劝谏的。他的忠诚感动了君主，这样的人能说不是正直的吗？”

# 五帝德第二十三

**【题解】**

孔子一直称颂古代先王的政治，推崇治国者要有高尚的道德修养。此篇孔子用尽美好的词语，赞颂黄帝、颛顼、帝喾、尧、舜、禹的美德、美政。他赞美黄帝"幼齐叡庄，敦敏诚信"，"治民以顺天地之纪，知幽明之故，达生死存亡之说。播时百谷，尝味草木，仁厚及于鸟兽昆虫"。赞美颛顼"静渊而有谋，疏通以知远，养财以任地，履时以象天。依鬼神而制义，治气性以教众，洁诚以祭祀，巡四海以宁民。北至幽陵，南暨交趾，西抵流沙，东极蟠木。动静之类，小大之物，日月所照，莫不砥属"。赞美帝喾"聪以知远，明以察微。仁以威，惠而信，以顺天地之义。知民所急，修身而天下服。取地之财而节用之，抚教万民而诲利之"。赞美尧"其仁如天，其智如神。就之如日，望之如云。富而不骄，贵而能降"。赞美舜"孝友闻于四方，陶渔事亲。宽裕而温良，敦敏而知时，畏天而爱民，恤远而亲近"。赞美禹"敏给克齐，其德不爽，其仁可亲，其言可信。声为律，身为度。亹亹穆穆，为纪为纲。其功为百神主，其惠为民父母"。这些赞颂之词虽有溢美之嫌，但也多见于史书记载，从中也可看出孔子对美好政治的无比向往和追求。

宰我问于孔子曰："昔者吾闻诸荣伊曰'黄帝三百年'①。

请问：黄帝者，人也，抑非人也？何以能至三百年乎？”

孔子曰：“禹、汤、文、武、周公，不可胜以观也，而上世黄帝之问，将谓先生难言之故乎[②]！”

宰我曰：“上世之传，隐微之说[③]，卒采之辩[④]，暗忽之意[⑤]，非君子之道者，则予之问也固矣[⑥]。”

孔子曰：“可也，吾略闻其说。黄帝者，少典之子，曰轩辕。生而神灵，弱而能言，幼齐叡庄，敦敏诚信。长聪明，治五气[⑦]，设五量[⑧]，抚万民，度四方[⑨]。服牛乘马，扰驯猛兽，以与炎帝战于阪泉之野[⑩]，三战而后克之。始垂衣裳[⑪]，作为黼黻[⑫]。治民以顺天地之纪，知幽明之故，达死生存亡之说。播时百谷，尝味草木，仁厚及于鸟兽昆虫。考日月星辰，劳耳目，勤心力，用水火财物以生民。民赖其利，百年而死；民畏其神，百年而亡；民用其教，百年而移。故曰黄帝三百年。”

（以下均又见于《大戴礼记·五帝德》）

**【注释】**

①荣伊：人名。即《书·序》所说之“荣伯”，周朝同姓诸侯，为卿大夫。

②先生难言之故乎：王注：“言禹、汤以下不可胜观，乃问上世黄帝，将为先生长老难言之，故问。”

③隐微之说：隐约微妙的说法。

④卒采之辩：王注：“采，事也。辩，说也。卒，终也。其事之说也。”意思是：对事情最终结论的辩说。

⑤暗忽之意：久远不明的说法。王注：“暗忽，久远不明。”

⑥固:王注:“固,陋,不得其问。”意为宰我说自己知识浅薄,问题提得不得要领。

⑦五气:指五行之气。

⑧五量:度量衡名。王注:“五量:权衡,升斛,尺丈,里步,十百。”《汉书·律历志上》:“量者,龠、合、升、斗、斛也,所以量多少也。”

⑨度四方:王注:“商度四方而安定之。”

⑩炎帝:王注:“神农氏之后也。”阪泉:古地名。其地所在有三说,一说在山西阳曲东北,一说在河北涿鹿东南,一说在山西运城南。

⑪垂衣裳:原意是说穿着长大的衣服,形容无所事事的样子。后来专指帝王无为而治。

⑫黼黻(fǔ fú):古代礼服上所绣的花纹。王注:“白与黑谓之黼,若斧文。黑与青谓之黻,若两已相戾。”

**【译文】**

宰我问孔子说:“从前我听荣伊说‘黄帝统治三百年’,请问黄帝是人呢?抑或不是人呢?怎么能达到三百年呢?”

孔子说:“大禹、商汤、周文王、周武王、周公旦的事都已经说不完道不尽,而问上古黄帝的事,恐怕这是先生前辈也难以说清的吧!”

宰我说:“上古的传言,隐晦的说法,对过去事情最终结论的辩说,暗忽不清的含义,君子是不说的,那么我的问题就显得固陋不合时宜了。”

孔子说:“我可以说说,我也略微听到一些说法。黄帝是少典的儿子,名叫轩辕,出生就很神灵,很小就能说话。幼年时敏捷睿智端庄,敦厚诚信。长大后很聪明,能治理五行之气,设置了五种量器,抚治万民,安定四方。驾牛乘马,驯服猛兽,和炎帝在阪泉的野外交战,三战就打败了炎帝。这时天下太平,无为而治,制作了有花纹的礼服。他遵循天地的规律治理民众,明白幽明阴阳的道理,通晓死生存亡的规律。按时播种百谷，亲尝各种草木药材，仁德施及鸟兽昆虫。他观察日月星辰，耳目疲劳，心力费尽，用水火财物养育百姓。民众依赖他的恩惠，足足有一百年；他死了以后，民众敬服他的神灵，也足有一百年；此后，民众遵循他的教令，也足有一百年。所以说黄帝统治了三百年。”

宰我曰：“请问帝颛顼[①]？”

孔子曰：“五帝用说[②]，三王有度[③]。汝欲一日遍闻远古之说，躁哉予也！”

宰我曰：“昔予也闻诸夫子曰‘小子毋或宿’[④]，故敢问。”

孔子曰：“颛顼，黄帝之孙，昌意之子[⑤]，曰高阳。洪渊而有谋[⑥]，疏通以知远，养财以任地，履时以象天。依鬼神而制义，治气性以教众，洁诚以祭祀，巡四海以宁民。北至幽陵[⑦]，南暨交趾[⑧]，西抵流沙[⑨]，东极蟠木[⑩]。动静之类，小大之物，日月所照，莫不砥属[⑪]。”

**【注释】**

①颛顼：传说中的古代部族首领。号烈山氏，亦作历山氏。

②用说：只有传说。

③有度：有法度。王注：“五帝久远，故用说也。三王迩，则有成法度。”

④毋或宿：不要隔夜。毋，不要。王注：“有所问，当问，勿令更宿也。”

⑤昌意：相传黄帝娶西陵之女，名嫘祖，为正妃。生二子，一为玄嚣，二为昌意。

⑥洪渊而有谋：“洪”字原无，据《大戴礼记·五帝德》补。洪，大。渊，深。《四部丛刊》本《家语》作“静”，较逊。

⑦幽陵：即幽州，古代十二州之一。

⑧暨：到，及。交趾：古地名，指五岭以南一带地方。

⑨抵：到达。原作“陷”，据《四部丛刊》本《家语》改。流沙：指我国古代西北的沙漠地区。

⑩蟠(pán)木：古代传说中的山名。

⑪砥属：王注：“砥，平。四远皆平而来服属之也。”

**【译文】**

宰我说：“请问颛顼是怎样的人？”

孔子说：“五帝的事只有传说，三王的事则有法度。你想一天就听遍这些远古的传说，宰予你太急躁了吧！”

宰我说：“以前我听老师说过：‘你们有问题不要过夜。’所以敢问。”

孔子说：“颛顼是黄帝的孙子，昌意的儿子，名叫高阳。他深沉而有计谋，通达而有远见，聚集财富靠因地制宜，按照时节效法天象。依照天地鬼神的法则来制订适宜的政策，调播五行之气使民知适时播种百谷，洁净虔诚地举行祭祀，巡行全国各地以安定民心。因此那时的国土北至幽陵，南到交趾，西抵流沙，东及蟠木。所有动的或静的物类，大大小小的东西，日月照到的地方，没有不是归属于他的。”

宰我曰：“请问帝喾①？”

孔子曰：“玄枵之孙②，乔极之子③，曰高辛。生而神异，自言其名。博施厚利，不于其身。聪以知远，明以察微。仁而威，惠而信，以顺天地之义。知民所急，修身而天下服。取地之财而节用之，抚教万民而诲利之。历日月之生朔而迎送之④，明鬼神而敬事之。其色也和，其德也重，其动也时，其服也哀⑤。春夏秋冬，育护天下。日月所照，风雨所至，莫不从化。”

【注释】

①帝喾:传说中的古代部族首领,号高辛氏。

②玄枵(xiāo):即玄嚣,黄帝之子。

③乔极:一作"蟜极",玄枵之子。

④历:相,察。日月之生朔:月球运行到太阳和地球之间,和太阳同时出没,地面上看不见月球,这种现象称朔。这天为农历的每月初一。

⑤其服也哀:服,指用民。"哀",原作"衷",据《四部丛刊》本《家语》改。哀怜、爱惜之意。《大戴礼记·五帝德》作"其服也士",士指有道德的人。可参阅。

【译文】

宰我说:"请问帝喾是怎样的一个人?"

孔子说:"他是玄枵的孙子,乔极的儿子,名叫高辛。他生下来就很神异,能说出自己的名字。他广泛地施行厚利,不考虑自身的利益。他聪明而有远见,明敏而能体察细微的事物。仁慈而有威望,恩惠而又诚信,以顺应天地的规律。他知道民众急需什么,修养自身而天下信服。从土地中获取财物而节俭省用,安抚教育民众而使他们受益。观察日月的出没来迎送它,明白鬼神的存在来恭敬地侍奉它。他神情和悦,品德高尚,使民有时,用民怜爱。春夏秋冬,培育护卫着天下万物。日月照到的地方,风雨所及的地方,没有不被感化的。"

宰我曰:"请问帝尧①?"

孔子曰:"高辛氏之子,曰陶唐。其仁如天,其智如神。就之如日,望之如云。富而不骄,贵而能降。伯夷典礼②,夔、龙典乐③。舜时而仕,趋视四时,务先民始之④。流四凶而天下服⑤。其言不忒,其德不回。四海之内,舟舆所及,莫不夷说。"

【注释】

①帝尧：传说中父系氏族社会后期的部落联盟首领。陶唐氏，名放勋，史称唐尧。

②典礼：掌管礼仪的事。

③夔、龙：都是尧舜时的乐官。王注："舜时夔典乐，龙作纳言；然则尧时龙亦典乐者也。"

④务先民始之：王注："务先民事以为始也。"即把民众的事放在首位。

⑤流：流放。四凶：古代传说中的四个凶人，指不服从舜的四个部族首领。《尚书·尧典》："流共工于幽州，放驩兜于崇山，窜三苗于三危，殛鲧于羽山。四罪而天下皆服。"

【译文】

宰我说："请问帝尧是怎样的人？"

孔子说："他是高辛氏的儿子，名叫陶唐。他仁慈如天，智慧如神。靠近他如太阳般温暖，望着他如云彩般柔和。他富而不骄，贵而能谦。他让伯夷主管礼仪，让夔、龙执掌舞乐。推举舜来做官，到各地巡视四季农作物生长情况，把民众的事放在首位。他流放了共工、驩兜、三苗，诛杀了鲧，天下的人都信服。他的话从不出错，他的德行从不违背常理。四海之内，车船所到之处，人们没有不喜爱他的。"

宰我曰："请问帝舜①？"

孔子曰："乔牛之孙②，瞽瞍之子也，曰有虞舜。孝友闻于四方，陶渔事亲③。宽裕而温良，敦敏而知时，畏天而爱民，恤远而亲近。承受大命，依于二女④。叡明智通，为天下帝。命二十二臣，率尧旧职，恭己而已⑤。天平地成，巡狩四海，五载一始。三十年在位，嗣帝五十载。陟方岳⑥，死于苍梧之野而葬焉[⑦]。”

【注释】

①帝舜：传说中父系氏族社会后期的部落联盟首领。有虞氏，名重华，史称虞舜。

②乔牛：一作“桥牛”，虞舜之祖父。

③陶渔事亲：制陶捕鱼来养活父母。王注：“为陶器，躬捕鱼，以养父母。”

④二女：指舜的两位妻子。她们都是尧的女儿。王注：“尧妻舜以二女，舜动静谋之于二女。”

⑤恭己：以端正严肃的态度结束自己。

⑥陟：登，升。方岳：四方高大的山。

⑦苍梧：山名，又名九疑，在今湖南宁远南。

【译文】

宰我说：“请问帝舜是怎样的人？”

孔子说：“他是乔牛的孙子，瞽瞍的儿子，名叫有虞舜。他因孝顺父母善待兄弟而闻名四方，用制陶和捕鱼来奉养双亲。他宽容而温和，敦敏而知时，敬天而爱民，抚恤远方的人民而亲近身边的人。他承受重任，依靠两位妻子的帮助。圣明睿智，成为天下帝王。任命二十二位大臣，都是帝尧原有的旧职，他只是严格地约束自己而已。天下太平，地有收成，巡狩四海，五年一次。他三十岁被任用，接续帝位五十年。登临四岳，死在苍梧之野并安葬在那里。”

宰我曰：“请问禹？”

孔子曰：“高阳之孙，鲧之子也[①]，曰夏后。敏给克齐[②]，其德不爽[③]，其仁可亲，其言可信。声为律，身为度[④]。亹亹穆穆[5]，为纪为纲。其功为百神主[6]，其惠为民父母。左准绳，右规矩[7]，履四时[8]，据四海。任皋繇、伯益以赞其治[9]，兴六师以征不序[10]。四极之民[11]，莫敢不服。"

孔子曰："予，大者如天，小者如言，民悦至矣。予也非其人也[12]。"

宰我曰："予也不足以戒敬承矣。"

他日，宰我以语子贡，子贡以复孔子。

子曰："吾欲以颜状取人也，则于灭明改之矣；吾欲以言辞取人也，则于宰我改之矣；吾欲以容貌取人也，则于子张改之矣。"宰我闻之，惧，弗敢见焉。

【注释】

①鲧：传说中我国原始社会的部落首领。

②敏给：敏捷。克：能。齐：通"济"，成。

③不爽：没有差错。

④身为度：王注："以身为法度也。"

⑤亹亹（wěi）：勤勉不倦貌。穆穆：仪态美好，容止庄敬貌。

⑥其功为百神之主，王注："禹治水，天下既平，然后百神得其所。"

⑦左准绳，右规矩：王注："左右，言帝用也。"

⑧履四时：王注："所行不违四时之宜。"

⑨皋繇：亦作"皋陶"、"咎繇"，舜时贤臣，掌管刑狱之事。

⑩六师：犹"六军"，这里泛指军队。不序：不臣服。

⑪四极之民："之"字原无，据《四部丛刊》本《家语》补。

⑫予也非其人也：王注："言不足以明五帝之德也。"意为孔子说自己也不足以说明禹的功德。

【译文】

宰我说："请问禹是怎样一个人？"

孔子说："他是高阳的孙子，鲧的儿子，名叫夏后。他机敏能成就事业，行为没有差失，仁德可亲，言语可信。发声合乎音律，行事合乎度数。勤勉不倦，容止庄重，成为人们的榜样。他的功德使他成为百神之主，他的恩惠使他成为百姓父母。日常行动都有准则和规矩，不违背四时，安定了四海。任命皋繇、伯益帮助他治理百姓，率领军队征伐不服从者，四方的民众没有不服从的。"

孔子又说："宰予啊，禹的功德大的像天一样广阔，小的方面即使是一句话，民众都非常喜欢。我也不能完全说清他的功德啊。"

宰我说："我也不足以敬肃地接受您这样的教导。"

第二天，宰我把这话告诉了子贡，子贡又告诉了孔子。

孔子说："我想根据人的外貌来取人，灭明使我改变了这种做法；我想根据人的言辞来取人，宰我使我改变了这种做法；我想根据人的容貌来取人，子张使我改变了这种做法。"

宰我听到这话，很害怕，不敢去见孔子。

# 五帝第二十四

【题解】

这一篇通过孔子和季康子的对话，论证木、火、金、水、土这五行和太皞、炎帝、黄帝、少皞、颛顼这五帝的关系。孔子认为："天有五行，木火金水土，分时化育，以成万物，其神谓之五帝。古之王者，易代而改号，取法五行。五行更王，终始相生，亦象其义。故其为明王者，而死配五行。是以太皞配木，炎帝配火，黄帝配土，少皞配金，颛顼配水。"事实上，后代帝王换朝代、改年号、定国号，就是依据他们崇尚的五行来定的，循环不息，周而复始。虽然将五帝和五行糅合在一起有些牵强，但也体现了孔子朴素的唯物哲学思想。汉代出现了"五德终始"说，可能就源于孔子。

季康子问于孔子曰①："旧闻五帝之名，而不知其实，请问何谓五帝？"

孔子曰："昔丘也闻诸老聃曰②：'天有五行，木火金水土，分时化育，以成万物③。其神谓之五帝④。古之王者，易代而改号⑤，取法五行，五行更王，终始相生⑥，亦象其义。故其为明王者，而死配五行。是以太皞配木，炎帝配火，黄帝配土，少皞配金，颛项配水。”

（又见于《吕氏春秋》、《礼记·月令》）

【注释】

①季康子：鲁国大夫。

②老聃：即老子。

③分时化育，以成万物：王注：“一岁三百六十日，五行各主七十二日也。化生长育，一岁之功，万物莫敢不成。”

④其神谓之五帝：王注：“五帝，五行之神，佐天生物者。后世谶纬皆为之名字，亦为妖怪妄言。”

⑤易代而改号：改换朝代、年号。

⑥五行更王，终始相生：按照五行循环的顺序更换帝王年号，相互转承。王注：“法五行更王，终始相生。始以木德王天下，其次以生之行转相承。而诸说乃谓五精之帝下生王者，其为敝惑无可言也。”

【译文】

季康子问孔子说：“以前听说过‘五帝’的名称，但不知道它的实际含义，请问什么是五帝？”

孔子说：“从前我听老聃说：‘天有五行：木、火、金、水、土。这五行按不同的季节化生和孕育，形成了万物，那万物之神就叫作五帝。’古代的帝王，因改朝换代而改换国号、帝号，就取法五行。按五行更换帝号，周而复始，终始相生，也遵循五行的顺序。因此那些贤明的君王，死后也以五行相配。所以太皞配木，炎帝配火，黄帝配土，少皞配金，颛顼配水。”

康子曰：“太皞氏其始之木何如？”

孔子曰："五行用事[①]，先起于木。木，东方，万物之初皆出焉，是故王者则之[②]，而首以木德王天下。其次则以所生之行转相承也[③]。"

（又见于《吕氏春秋》、《礼记·月令》）

**【注释】**

①用事：运行。

②则：效法。

③转相承：王注："木生火，火生土之属。"

**【译文】**

季康子问："太皞氏从木开始是什么缘故呢？"

孔子回答说："五行的运行，先是从木开始的。木属东方，万物开始都是从这里产生的，因此帝王以此为准则，首先以木德称王于天下。然后依据自己所生的'行'，依次转换承接。"

康子曰："吾闻勾芒为木正[①]，祝融为火正[②]，蓐收为金正[③]，玄冥为水正[④]，后土为土正[⑤]，此则五行之主而不乱，称曰帝者，何也？"

孔子曰："凡五正者，五行之官名，五行佐成上帝，而称五帝。太皞之属配焉，亦云帝，从其号[⑥]。昔少皞氏之子有四叔[⑦]，曰重，曰该，曰修，曰熙，实能金木及水，使重为勾芒，该为蓐收，修及熙为玄冥。颛顼氏之子曰黎，为祝融。共工氏之子曰勾龙，为后土。此五者，各以其所能业为官职[⑧]。生为上公，死为贵神，别称五祀，不得同帝[⑨]。"

（又见于《春秋左传·昭公二十九年》）

【注释】

①勾芒:传说中木神之名。正:正中,不偏。

②祝融:传说中火神之名。

③蓐(rù)收:传说中金神之名。

④玄冥:传说中水神或雨神之名。

⑤后土:传说中土地神之名。

⑥“五行佐成上帝”五句:王注:“天至尊,物不可以同其号,亦兼称上帝,上得包下,上天以其五行佐成天事,谓之五帝。以地有五行,而其精神在上,故亦为之上帝。上帝黄帝之属,故亦称帝,盖从天五帝之号。故王者虽号称帝,而不得曰天帝。而曰天子者,而天子与父,其尊卑相去远矣。曰天王者,言乃天下之王也。

⑦四叔:四位弟兄。旧时兄弟排行以伯、仲、叔、季为序。

⑧各以其所能业为官职:王注:“各以一行之官,为职业之事。”

⑨别称五祀,不得同帝:王注:“五祀,上公之神,故不得称帝也。其序则五正,不及五帝,五帝不及天地。而不知者,以祭社为祭地,不亦失之远矣。且土与火水俱为五行,是地之子也。以子为母,不亦颠倒失尊卑之序。”

【译文】

季康子说:“我听说句芒是木正,祝融是火正,蓐收是金正,玄冥是水正,后土是土正,这些掌管五行的神没有混乱,都称为帝,为什么呢?”

孔子说:“这五正,是五行的官名。五行辅佐他们成为上帝,因而也称作五帝。太皞之属也与之相配,也叫做帝,跟从这个称号。从前少皞氏有四个儿子,一个叫重,一个叫该,一个叫修,一个叫熙,能够管理金、木和水,派重做勾芒,该做蓐收,修和熙做玄冥。颛顼氏的儿子叫黎,做祝融。共工氏的儿子叫勾龙,做后土。这五个人,各以自己的才能为官职。活着时称为上公,死了以后成为贵神,另外称为五祀,不能与帝位等同。”

康子曰："如此之言，帝王改号，于五行之德各有所统[1]，则其所以相变者，皆主何事？"

孔子曰："所尚则各从其所王之德次焉。夏后氏以金德王，色尚黑[2]，大事敛用昏[3]，戎事乘骊[4]，牲用玄。殷人以水德王，色尚白[5]，大事敛用日中[6]，戎事乘翰[7]，牲用白。周人以木德王，色尚赤，大事敛用日出[8]，戎事乘騵[9]，牲用骍[10]。此三代之所以不同。"

康子曰："唐虞二帝，其所尚者何色？"

孔子曰："尧以火德王，色尚黄。舜以土德王，色尚青。"

（又见于《礼记·檀弓上》）

**【注释】**

①各有所统："有"字原无，据《四部丝刊》本《家语》补。

②色尚黑："色"原作"而"，据《四部丛刊》本《家语》改。

③大事敛用昏：王注："大事，丧昏时，亦黑也。"敛，指殡殓。

④戎事乘骊：王注："黑马也。"

⑤色尚白："色"字原无，据《四部丛刊》本《家语》补。下"色尚赤"同。

⑥日中：王注："日中，白也。"

⑦翰：王注："翰，白色马。"

⑧日出：王注："日出时，亦赤也。"

⑨騵：王注："騵，骝马白腹。"

⑩骍（xīng）：王注："骍，赤色也。"

**【译文】**

季康子问："如此说来，帝王改变年号，是因为五行的德行各有不同的统属，那么这样相继变化，都主什么事呢？"

孔子曰："所崇尚的与他们各自称所王所依据的德行有关。夏后氏以金德称王，崇尚黑色，丧事入敛用日落的时刻，军事行动乘驾黑马，祭祀杀牲用黑毛的。殷人用水德王，崇尚白色，丧事入敛用太阳正中的时刻，军事行动乘驾白马，祭祀杀牲用白毛的。周人以木德王，崇尚红色，丧事入敛用太阳刚出的时刻，军事行动乘驾红马，祭祀杀牲用红毛的。这就是三代不相同的地方。”

季康子说：“唐尧、虞舜二帝，他们崇尚的是什么颜色？”

孔子说：“尧以火德称王，崇尚黄色。舜以土德称王，崇尚青色。”

康子曰：“陶唐、有虞、夏后、殷、周，独不得配五帝，意者德不及上古耶？将有限乎？”

孔子曰：“古之平治水土，及播殖百谷者众矣。唯勾龙氏兼食于社①，而弃为稷神②，易代奉之，无敢益者，明不可与等。故自太皞以降，逮于颛顼，其应五行而王数非徒五，而配五帝，是其德不可以多也。”

（又见于《吕氏春秋》、《礼记·月令》）

**【注释】**

①兼食于社：王注：“兼犹配也。”

②弃：即后稷，名弃。稷神：五谷之神。

**【译文】**

季康子说：“陶唐、有虞、夏后、殷、周，独不与五帝相配，想来他们的德行不及上古呢，还是有什么限制呢？”

孔子说：“古代治理水土和播种百谷的人很多。只有勾龙氏配享土地神，而弃为五谷之神，换代供奉，不敢增加，是表明他不可与帝等列。所以从太皞以来，直到颛顼，顺应五行而称王的数目不只五个，而与五帝相配，是因为他们的德行别人还不能超过。”

# 执辔第二十五

**【题解】**

在孔子回答闵子骞问政的对话中，孔子把治理民众比喻为驾驭马。御马的关键是掌握好衔勒，治民的关键是掌握好德治与法制。“善御民者，壹其德法，正其百官，以均齐民力，和安民心”，“善御马者，正衔勒，齐辔策，均马力，和马心”。治民“无德法而用刑，民必流，国必亡”，御马“无衔勒而用棰策，马必伤，车必败”。接着又讲六官犹如马缰绳，天子控制好六官，并定期对他们进行整饬、考核，这是“治国之要”。孔子的比喻虽不尽妥当，但论述深入浅出，提出德法并用的原则，是很深刻的。在“子夏问于孔子”章中，子夏从阴阳变化产生人及万物，论述了万物形态的不同。根据人及动物生活环境以及饮食的不同，论述了他们不同的习性。赞美天地之美，万物之众。最后得出“王者动必以道，静必顺理，以奉天地之性，而不害其所主，谓之仁圣焉”的结论，可见古人对自然界观察得非常仔细，并具有朴素的唯物辩证思维。

闵子骞为费宰①，问政于孔子。

子曰：“以德以法。夫德法者，御民之具，犹御马之有衔勒也。君者，人也；吏者，辔也；刑者，策也。夫人君之政，执其辔策而已。”

子骞曰:“敢问古之为政?”

孔子曰:“古者天子以内史为左右手[2],以德法为衔勒,以百官为辔,以刑罚为策,以万民为马,故御天下数百年而不失。善御马者,正衔勒,齐辔策,均马力,和马心。故口无声而马应辔,策不举而极千里。善御民者,壹其德法[3],正其百官,以均齐民力,和安民心。故令不再而民顺从,刑不用而天下治。是以天地德之[4],而兆民怀之[5]。夫天地之所德,兆民之所怀,其政美,其民而众称之[6]。今人言五帝三王者,其盛无偶,威察若存[7],其故何也?其法盛,其德厚,故思其德,必称其人,朝夕祝之,升闻于天[8]。上帝俱歆,用永厥世,而丰其年。

“不能御民者,弃其德法,专用刑辟。譬犹御马,弃其衔勒,而专用棰策,其不制也,可必矣。夫无衔勒而用棰策,马必伤,车必败。无德法而用刑,民必流,国必亡。治国而无德法,则民无修;民无修,则迷惑失道。如此,上帝必以其为乱天道也。苟乱天道,则刑罚暴[9],上下相谀,莫知念患,俱无道故也。今人言恶者,必比之于桀纣,其故何也?其法不听[10],其德不厚。故民恶其残虐,莫不吁嗟,朝夕祝之,升闻于天。上帝不蠲[11],降之以祸罚。灾害并生,用殄厥世。故曰德法者御民之本。

**【注释】**

①闵子骞:即闵损,字子骞,孔子弟子。费:古地名,春秋鲁邑。旧址在今山东鱼台西南费亭。宰:官吏的通称。此指采邑的长官。

②内史为左右手:内史,官名,协助天子管理爵禄废置等政务。王

注："内史，掌政八柄及叙事之法，受纳以诏王听治命，孤卿大夫则策命以四方之事，书而读之。王制禄则书之策，赏则亦如之。故王以为左右手。"

③壹：统一，使一致。

④是以天地德之：王注："天地以为有德。"

⑤兆民：众百姓，极言其多。怀：王注："怀，归。"

⑥其民而众称之：王注："其民为众所称举也。""众"字原无，据《四部丛刊》本《家语》补。

⑦其盛无偶，威察若存：王注："其盛以明察帝若存。"

⑧升闻：上闻。

⑨暴：暴虐。

⑩不听：不能治理。

⑪不蠲(juān)：不减免。

**【译文】**

闵子骞任费地长官时，问孔子治理民众的方法。

孔子说："用德政和法制。德政和法制是治理民众的工具，就好像驾驭车马用勒口和缰绳一样。国君好比驾马的人，官吏好比勒口和缰绳，刑罚好比马鞭。君王执政，只要掌握好缰绳和马鞭就可以了。"

闵子骞说："请问古人是怎样执政的呢？"

孔子说："古代的天子把内史作为帮助自己执政的左右手，把德政和法制当做马勒口，把百官当做缰绳，把刑罚当做马鞭，把万民当做马，所以统治天下数百年而没有失误。善于驾驭马，就要安正马勒口，备齐缰绳马鞭，均衡使用马力，让马齐心合力。这样不用吆喝马就应和缰绳的松紧前进，不用扬鞭就可以跑千里之路。善于统治民众的人，要统一道德和法制，端正百官，均衡地使用民力，使民心安定和谐。所以法令不用重复申告民众就会服从，刑罚不用再次施行天下就会得到治理。因此天地也认为他有德，万民也乐于服从。天地之所以认为他有德，万民之所以乐于服从，因为各种政令美好，民众就会交口称赞。现在人说起五帝、三王，他们的盛德无人能比，他们的威严和明察好像至今还存在，这是什么缘故呢？因为他们的法制完备，他们的德政深厚，所以一想起他们的德政，必然会称赞他们个人，朝夕为他们祝祷，上天都听到了这些声音。天帝知道了都很高兴，因此让他们国运长久而年成丰收。

“不善于治理民众的人，他们丢弃了德政和法制，专用刑罚。这就好比驾驭马，丢弃了勒口和缰绳而专用棍棒和马鞭，事情做不好是必然的。驾驭马没有勒口和缰绳而用棍棒和马鞭，马必然会受伤，车必然会毁坏。没有德政和法制而用刑罚，民众必然会流亡，国家必然会灭亡。治理国家而没有德政和法制，民众就没有修养，民众没有修养，就会迷惑不走正道。这样，天帝必然认为这是扰乱了天道。如果天道混乱，就会刑罚残暴，上下相互奉承讨好，没人再考虑会有祸患，这都是没有遵循道的缘故。现在人们说到恶人，必定会把他比作夏桀、商纣，这是为什么呢？因为他们制定的法令不能治理国家，他们的德政不厚。所以民众厌恶他们的残暴，没有不叹息的，朝夕诅咒他们，上天都听到了这些声音。天帝不会免除他们的罪过，降下灾祸来惩罚他们。灾难祸害一起发生，因此灭绝了他们的朝代。所以说德政和法制是治理民众的根本方法。

“古之御天下者，以六官总治焉①。冢宰之官以成道②，司徒之官以成德③，宗伯之官以成仁④，司马之官以成圣⑤，司寇之官以成义⑥，司空之官以成礼⑦。六官在手以为辔，司会均仁以为纳⑧。故曰御四马者执六辔，御天下者正六官。是故善御马者，正身以总辔，均马力，齐马心，回旋曲折，唯其所之。故可以取长道，可赴急疾。此圣人所以御天地与人事之法则也。天子以内史为左右手，以六官为辔，已而与三公为执六官，均五教[⑨]，齐五法[⑩]，故亦唯其所引，无不如志。以之道则国治，以之德则国安[⑪]，以之仁则国和，以之圣则国平[⑫]，以之礼则国定，以之义则国义[⑬]，此御政之术。

“过失，人之情莫不有焉。过而改之，是为不过。故官属不理，分职不明，法政不一，百事失纪，曰乱。乱则饬冢宰[⑭]。地而不殖，财物不蕃，万民饥寒，教训不行，风俗淫僻，人民流散，曰危。危则饬司徒。父子不亲，长幼失序，君臣上下，乖离异志，曰不和。不和则饬宗伯。贤能而失官爵，功劳而失赏禄，士卒疾怨，兵弱不用，曰不平。不平则饬司马。刑罚暴乱，奸邪不胜，曰不义。不义则饬司寇。度量不审，举事失理，都鄙不修，财物失所，曰贫。贫则饬司空。故御者，同是车马，或以取千里，或不及数百里，其所谓进退缓急异也。夫治者，同是官法，或以致平，或以致乱者，亦其所以为进退缓急异也。

“古者天子常以季冬考德正法[⑮]，以观治乱。德盛者，治也；德薄者，乱也。故天子考德，则天下之治乱可坐庙堂之上而知之。夫德盛则法修，德不盛则饬，法与政咸德而不衰[⑯]。故曰王者又以孟春论吏之德及功能[⑰]，能德法者为有德，能行德法者为有行，能成德法者为有功，能治德法者为有智。故天子论吏而德法行，事治而功成。夫季冬正法，孟春论吏，治国之要。”

（以上又见于《大戴礼记·子张问入官》）

【注释】

①六官：指下文所讲的冢宰、司徒、宗伯、司马、司寇、司空。

②冢宰：周官名，为百官之长。成道：王注："治官所以成道也。"

③司徒：官名。主管教化。成德：王注："教官所以成德。"

④宗伯：官名。主管宗庙祭祀等。成仁：王注："祀官所以成仁。"

⑤司马：官名。主管兵事。成圣：王注："治官所以成圣，圣通征伐，所以通天下也。"

⑥司寇：官名。主管刑狱。成义：王注："刑官所以成义。"

⑦司空：官名。主管建筑工程，制造车服器械等。成礼：王注："事官所以成礼，礼非事不立也。"

⑧司会：官名。主管财政经济，及对群臣的政绩考核。纳：通"軜"，骖马的内侧缰绳。王注："纳，骖马辔，辔系轼前者。司会掌邦之六典八法之戒，以周知四方之治，冢宰之副。故不在其六辔，而当纳故位。"

⑨五教：指父义、母慈、兄友、弟恭、子孝这五种封建人伦准则。

⑩五法：王注："仁、义、礼、智、信之法也。"

⑪以之德则国安：王注："德教成，以之仁，则国和；礼之用，和为贵，则国安。"

⑫以之圣则国平：王注："通治远近则国平也。"

⑬以之义则国义：王注："义，平也。刑罚当罪则国平。"

⑭饬：整饬。王注："饬谓整摄之也。"

⑮季冬：冬末。

⑯法与政咸德而不衰：王注："法与政皆合于德，则不杀。"

⑰孟春：初春，即春季的第一个月。

【译文】

"古代统治天下的帝王，用六官来总理国家。冢宰之类的官来成就道，司徒之类的官来成就德，宗伯之类的官来成就仁，司马之类的官来成就圣，司寇之类的官来成就义，司空之类的官来成就礼。六官控制在手就如同有了缰绳，司会使仁义均齐就如同有了内侧缰绳。所以说：驾驭四马的人要控制好六条缰绳，治理天下的人要掌握好六官。因此，善于驾驭马的人，端正身体揽好缰绳，使马均匀用力，让马齐心一致，即使走曲折婉转之路，到何处都随心所欲。可以走长道，可以赴急难。这是圣人用来掌握天地和治理民众的法则。天子把内史作为左右手，把六官作缰绳，然后和三公一起来控制六官，使五教均齐，使五法齐备，只要你有所指引，没有不如愿的。遵从道，国家就能治理；遵从德，国家就能安定；遵从仁，国家就能和平；遵从圣贤，国家就能平安；遵从礼，国家就能长治久安；遵从义，国家就会有信义。这就是施政的方法。

“过错和失误，是人之常情，人不可能没有过失。有了过错而能改正，就不为过。因此，官属不理清，职责不分明，法律政策不统一，百事失去纲纪，这叫做混乱。混乱就整饬冢宰。田地没有种好，财物没有增加，万民饥寒，教令不行，风俗淫乱邪僻，人民流离失散，这叫做危险。危险就整饬司徒。父子不亲，长幼失序，君臣上下离心离德，各有其志，这叫做不和。不和就整饬宗伯。贤能的人失去官爵，有功劳失去奖赏利禄，士卒心怀怨恨，兵力虚弱不勘使用，这叫做不平。不平就整饬司马。刑罚暴乱，奸邪不能被制服，这叫做不义。不义就整饬司寇。度量不详审，举事失去条理章法，城邑不修，财物流散，这叫做贫穷。贫穷就整饬司空。所以驾御着同样的车马，有的可以行走千里，有的不到数百里，这就是所谓进退缓急不同啊。各级官员执行的是同样的官法，有的人治理得很好，有的人却导致了混乱，这也是因为进退缓急不同造成的。

“古时候天子常在冬末考察德政，调整法令，用以观察治乱。德政深厚，世道就安定；德政浅薄，世道就混乱。所以天子只要考察德政，那么天下的治乱，坐在朝堂之上就可以知道了。德政深厚，法令就会得到修治，德政不深厚就要整饬，法令和政治都合乎德就不会衰败。所以天子又在春季的第一个月评论官吏的德行及功劳才能，能够遵守德政和法治的为有德行，能够施行德政和法治的为有才干，施行德政和法治有成效的为有功劳，能运用德政和法治来管理政事者的为有智谋。因此天子评定官吏而德政和法治能得到推行，政事就会得到治理而大功告成。冬末调整法律，初春评定官吏，这是治国的关键。”

子夏问于孔子曰：“商闻易之生人及万物、鸟兽昆虫，各有奇耦，气分不同[①]。而凡人莫知其情，唯达道德者能原其本焉。天一，地二，人三。三三如九，九九八十一。一主日，日数十，故人十月而生[②]。八九七十二，偶以从奇，奇主辰[③]，辰为月，月主马，故马十二月而生。七九六十三，三主斗[④]，斗主狗，故狗三月而生。六九五十四，四主时[⑤]，时主豕，故豕四月而生。五九四十五，五为音[⑥]，音主猿，故猿五月而生。四九三十六，六为律，律主鹿，故鹿六月而生。三九二十七，七主星[⑦]，星主虎，故虎七月而生。二九一十八，八主风，风为虫，故虫八月而生[⑧]。其余各从其类矣。鸟鱼生阴而属于阳，故皆卵生。鱼游于水，鸟游于云，故立冬则燕雀入海化为蛤。蚕食而不饮，蝉饮而不食，蜉蝣不饮不食，万物之所以不同。介鳞夏食而冬蛰[⑨]，龁吞者八窍而卵生[⑩]，龃嚼者九窍而胎生[⑪]，四足者无羽翼，戴角者无上齿，无角无前齿者膏，有角无后齿者脂[⑫]。昼生者类父，夜生者似母，是以至阴主牝，至阳主牡。敢问其然乎？”

孔子曰：“然，吾昔闻老聃亦如汝之言。”

子夏曰：“商闻《山书》曰：‘地东西为纬，南北为经。山为积德，川为积刑。高者为生，下者为死。丘陵为牡，溪谷为牝。蚌蛤龟珠，与日月而盛虚[13]。是故坚土之人刚，弱土之人柔，墟土之人大，沙土之人细，息土之人美[14]，秏土之人丑[15]。食水者善游而耐寒，食土者无心而不息[16]，食木者多力而不治[17]，食草者善走而愚，食桑者有绪而蛾，食肉者勇毅而捍，食气者神明而寿，食谷者智惠而巧，不食者不死而神。故曰羽虫三百有六十，而凤为之长；毛虫三百有六十，而麟为之长；甲虫三百有六十，而龟为之长；鳞虫三百有六十，而龙为之长；裸虫三百有六十，而人为之长。此乾坤之美也[18]。殊形异类之数，王者动必以道，静必顺理，以奉天地之性，而不害其所主，谓之仁圣焉。'"

子夏言终而出，子贡进曰："商之论也何如？"孔子曰："汝谓何也？"对曰："微则微矣，然则非治世之待也。"孔子曰："然，各其所能。"

（又见于《大戴礼记·易本命》）

【注释】

①"商闻易之生人"三句：《易·系辞》曰："生生之谓易。"奇：单数。耦（ǒu）：双数。王注："《易》主天地以生万物，言受气各有分数，不齐同。"

②"一主日"三句：王注："一主日，日从一而生。日者阳，从奇数。日数十，从甲至癸也。"

③偶以从奇，奇主辰：王注："偶以承奇，阴以承阳，辰数十二，从子至亥也。"

④三主斗：王注："斗次日月，故以主斗。"

⑤四主时：王注："时以次斗。"

⑥五为音:王注:“音不过五,故五为音。”

⑦七主星:王注:“星二十八宿,为四方,方有七度,七主星也。”

⑧“八主风”三句:王注:“风之数尽于八,凡虫为风,风为主也。”《说文》:“风动虫生,故虫八日而化。”“八月”疑为“八日”之误。

⑨介:甲虫。

⑩八窍:王注:“八窍,鸟属。”

⑪九窍:王注:“九窍,人及兽属。”《周礼》郑玄注:“九窍,谓阳窍七,阴窍二也。”

⑫无角无前齿者膏,有角无后齿者脂:“后”字原无,据《四部丛刊》本《家语》补。王注:“《淮南》取此义曰:无角者膏而无前,有角者脂而无后。膏,豚属;而脂,羊属。无前后,皆谓其锐小者也。”

⑬蚌蛤龟珠,与日月而盛虚:王注:“月盛则蚌蛤之属满,月亏则虚也。”

⑭息土:肥沃的土地。王注:“息土,细致。”

⑮秏(hào)土:贫瘠的土地。王注:“秏,耗字也。秏土,麤疏者也。”

⑯食土者无心而不息:王注:“螟属,不气息也。”无心,没有心脏。不息,不会呼吸。

⑰食木者多力而不治:王注:“血气不治。《淮南子》曰:‘多力而弗戾,亦不治之貌者也。’”不治,不治理。

⑱乾坤:王注:“乾天坤地。”

**【译文】**

子夏问孔子说:“我听说《易》讲人、万物及鸟兽昆虫的出生,各有单数,双数,气分不同。而普通人不知其中的具体实情,只有通晓道德的人能推求他们的本原。天为一,地为二,人为三。三乘三得九,九乘九得八十一。一代表日,数有十个,因此人怀胎十个月而生。八乘九得七十二,偶与奇相从,奇代表辰,辰为月,月代表马,因此马怀胎十二个月出生。七乘九得六十三,三为斗,斗代表狗,因此狗怀胎三个月出生。

六乘九得五十四,四为时,时代表猪,因此猪怀胎四个月出生。五乘九得四十五,五为音,音代表猿,因此猿怀胎五个月出生。四乘九得三十六,六为律,律代表鹿,因此鹿怀胎六个月出生。三乘九得二十七,七主星,星代表虎,因此虎怀胎七个月出生。二乘九得一十八,八主风,风代表虫,因此虫八日而生。其余各从其类。鸟鱼生于阴而属于阳,因此都是卵生。鱼游于水中,鸟翔于云中,因此立冬季节燕雀入海化为蛤蜊。蚕吃食而不饮水,蝉饮水而不吃食,蜉蝣不饮不食,万物各有不同。介虫鳞虫夏天吃食,冬天蛰伏。用咬吞方法吃食的动物有八窍而且是卵生,用咀嚼方法进食的动物有九窍而且是胎生。四足的动物没有羽翼,头上长角的动物没有上面的牙齿,没有角没有前齿的动物身上有膏状油脂,有角无后齿的动物有脂状油脂。白天出生的动物像父亲,夜里出生的动物像母亲,因此阴的极点代表雌性,阳的极点代表雄性。请问是这样吗?"

孔子说:"是这样。我从前听老聃也说过你这样的话。"

子夏说:"我听说《山书》讲:'大地东西方向为纬,南北方向为经。山为积聚道德之地,江河为积聚刑罚之所。处高者为生,处低下为死。丘陵为雄性,溪谷为雌性。蚌蛤龟珠因日月的变化而有满和虚的不同。因此生长在坚硬土地上的人刚强,生长在软弱土地上的人柔弱;生长在丘陵地方的人高大,生长在沙土地上的人矮小;生长在肥沃土地上的人美丽,生长在贫瘠土地上的人丑陋。食水的动物善于游泳而且耐寒,食土的动物没有心脏而且不呼吸,食木的动物力气大而且不容易驯服,食草的动物善于奔跑而且愚蠢,食桑叶的动物会吐丝而且会变为飞蛾,食肉的动物勇敢果毅而且强捍,食气的动物神明而且长寿,食谷的动物有智慧而且灵巧,不食东西的不死而且能成神。所以说有羽毛的动物有三百六十种,而凤凰为第一;有毛的动物有三百六十种,而麒麟为第一;有甲的动物有三百六十种,而龟为第一;有鳞的动物有三百六十种,而龙为第一;无羽毛鳞甲的动物有三百六十种,而人为第一。这就是天地的美妙之处，殊形异类各有其数。作为君王，行动必须遵循道，安静必须顺从理，奉行天地的本性，而不伤害其所代表的事物，这叫做仁圣。'"

子夏说完就出去了，子贡上前问道："子夏的议论怎么样？"孔子说："你认为怎样？"子贡回答说："说得精微是精微了，但不是治理世事能用得上的。"孔子说："是这样，各自说说自己所知道的罢了。"

# 本命解第二十六

**【题解】**

在本篇，孔子讲了性与命、生与死的关系。“分于道谓之命，形于一谓之性。化于阴阳，象形而发谓之生，化穷数尽谓之死。故命者，性之始也；死者，生之终也。有始则必有终矣。”可见我国古人很早就开始探索这一人生的重大哲学问题，而且得出较为正确的结论。但孔子也有他的局限性，他从论述男女的不同，特别强调礼在男女之间的区别，认为男子是“任天道而长万物”的，而女子则“无专制之义，而有三从之道”，孔子这种重男轻女、男尊女卑的思想，在长期的封建社会一直存在，成为束缚妇女的枷锁。孔子还详细论述了丧葬制度的规则。鉴于恩、义的不同，对不同的人实行不同的哀悼礼仪，对父母，“生事之以礼，死葬之以礼，祭之以礼”。对君主，“资于事父以事君”。对母亲，“资于事父以事母”，但父在母死，要为母服低一等的齐衰，以示家无二尊。这些繁复的丧葬制度一直流行了两千多年。

鲁哀公问于孔子曰：“人之命与性，何谓也？”

孔子对曰：“分于道谓之命①，形于一谓之性②。化于阴阳，象形而发谓之生，化穷数尽谓之死。故命者，性之始也；死者，生之终也。有始则必有终矣。

"人始生而有不具者五焉：目无见，不能食，不能行，不能言，不能化。及生三月而微煦[3]，然后有见。八月生齿，然后能食。三年囟合[4]，然后能言。十有六而精通，然后能化。阴穷反阳，故阴以阳变；阳穷反阴，故阳以阴化。是以男子八月生齿，八岁而龀[5]。女子七月生齿，七岁而龀，十有四而化。一阳一阴，奇偶相配，然后道合化成。性命之端，形于此也。"

公曰："男子十六精通，女子十四而化，是则可以生民矣。而礼男必三十而有室，女必二十而有夫也，岂不晚哉？"

孔子曰："夫礼，言其极，不是过也。男子二十而冠，有为人父之端。女子十五许嫁，有适人之道。于此而往，则自婚矣。群生闭藏乎阴，而为化育之始[6]。故圣人因时以合偶，穷天数也[7]。霜降而妇功成，嫁娶者行焉。冰泮而农桑起[8]，婚礼而杀于此[9]。男子者，任天道而长万物者也。知可为，知不可为；知可言，知不可言；知可行，知不可行者也。是故审其伦而明其别[10]，谓之知，所以效匹夫之德也。女子者，顺男子之教而长其理者也，是故无专制之义[11]，而有三从之道。幼从父兄，既嫁从夫，夫死从子，言无再醮之端[12]。教令不出于闺门，事在供酒食而已。无阃外之非义也[13]，不越境而奔丧。事无擅为，行无独成，参知而后动，可验而后言。昼不游庭，夜行以火，所以效匹妇之德也。"

孔子遂言曰："女有五不取：逆家子者[14]，乱家子者[15]，世有刑人子者[16]，有恶疾子者[17]，丧父长子者[18]。妇有七出，三不去。七出者：不顺父母者，无子者，淫僻者，嫉妒者，恶疾者[19],多口舌者,窃盗者。三不去者:谓有所取而无所归,一也。与共更三年之丧[20],二也。先贫贱后富贵,三也。凡此,圣人所以顺男女之际,重婚姻之始也。”

(又见于《大戴礼记·本命》)

**【注释】**

①分于道谓之命:王注:“分于道,谓始得为人。”意思是说从“道”中分离出来,成了独立的人。

②形于一谓之性:王注:“人各受阴阳以刚柔之性,故曰形于一也。”意思是说人各自秉受阴阳之气,而有了刚柔不同的性格。

③微煦:眼珠能微微转动。王注:“煦,睛转也。”

④囟(xìn)合:囟门长好了,合住了。囟,在婴儿头顶前部,刚出生时还没长好。

⑤龀(chèn):指儿童换乳牙。

⑥群生闭藏乎阴,而为化育之始:王注:“阴为冬也,冬藏物,而为化育始。”

⑦“故圣人因时以合偶”三句:疑有误,《大戴礼记·本命》作“故圣人以合阴阳之数也”。

⑧冰泮(pàn):冰溶解。王注:“泮,散也。正月农事起,蚕者采桑。”

⑨婚礼而杀于此:王注:“婚礼始杀,言未止也。至二月农事始起,会男女之无夫家者、奔者,期尽此月故也。《诗》云:‘士如归妻,迨冰未泮。’言如欲使妻归,当及冰未泮散之盛时也。”杀,结束,停止。

⑩审:明察。伦:人伦。别:辨别。

⑪专制:擅自做主,独立自主。

⑫再醮(jiào):改嫁。王注:“始嫁言醮。礼无再醮之端,统言不改事人也。”

⑬无阃外之非义也:王注:“阃,门限。妇人以贞专,无阃外之仪。

《诗》云：'无非无仪，惟酒食是议。'"按：此为《诗经·小雅·斯干》文，意为妇女在家中不议论是非，在家外质朴不文饰，不受人非议，只要做好家务事就行了。

⑭逆家子者：逆，悖逆。王注："谓其逆德。"

⑮乱家子者：王注："谓其乱伦。"

⑯世有刑人子者：王注："谓其弃于人也。"弃于人，指被人抛弃的人。刑人，《大戴礼记·本命》注："谓以罪受墨、劓、宫、刖、髡刑者。"

⑰有恶疾子者：王注："谓其弃于天也。"恶疾，《大戴礼记·本命》注："谓瘖、聋、盲、疠、秃、跛、伛，不逮人伦之属也。"

⑱丧父长子：王注："谓其无受命也。"无受命，指父已死，婚姻得不到父亲的允许。《大戴礼记·本命》作"丧妇长子"，注："谓父丧其妇，其女子年长愆期者也。"

⑲恶疾者：王注："谓其不可供粢盛也。"粢盛，指祭品，即盛在祭器中的黍稷。患恶疾的女子不能准备供品。

⑳共更三年之丧：指为公婆服孝三年。

**【译文】**

鲁哀公问孔子："人的命和性是怎么回事呢？"

孔子回答说："根据天地自然之道而化生出来的就是命，人秉受阴阳之气而形成不同的个性就是性。由阴阳变化而来，有一定形体发出来，叫做生；阴阳变化穷尽之后，叫做死。所以说，命就是性的开始，死就是生的终结。有始则必有终。

"人刚出生时有五种能力不具备：目不能见，嘴不能食，腿不能行，口不能言，不能生育。出生三个月以后眼珠微能转动，然后才能看见；八个月长牙，然后能吃东西；三年囟门闭合，然后才能说话；十六岁精气畅通，然后才能生育。阴达到极点就要返阳，故阴因阳而变化；阳达到极点就要返阴，故阳因阴才能变化。所以男子八个月长牙，八岁换牙；女子七个月长牙，七岁换牙，十四岁能够生育。一阳一阴，奇偶相配，然后阴阳化合才能生育。性命的开始,就从这里形成了。”

鲁哀公说:“男子十六岁精气通畅,女子十四岁能生育,这时就可以生小孩了。而根据礼,男子三十岁娶妻,女子二十岁嫁人,岂不是晚了吗?”

孔子说:“礼说的是最迟限度,不要超过这个限度。男子二十岁举行加冠之礼,就可以开始做父亲了。女子十五允许出嫁,有出嫁的道理了。从此之后,就可以结婚。众生闭藏于阴,就成为化育的开始。因此圣人依据时节让男女成婚,穷尽了天数的极限。霜降时妇女该做的家务事都完成了,男婚女嫁的事就开始操办了。冰雪融化后农耕养蚕的事就开始了,举行婚礼的事到此停止。男子,是担当天下大任而助长万物生长的人,知道什么可做,什么不可做;知道什么可说,什么不可说;知道什么可行,什么不可行。因此审察清楚人伦和事物的类别,叫做知,这就是一般男人的品德。女子,是顺从男子的教导而经常按此道理去做的人,因此没有自作主张的道理,只有三从的责任。年幼时服从父兄,出嫁后服从丈夫,丈夫死后服从儿子,没有改嫁的理由。家内的命令不由妇女发出,她们的事只是供应饮食酒菜而已。在家门外不要被人非议,不能到超过规定的地方去奔丧。事情不能擅自做主,有事不能独自出行,三思后再行动,验证后再说话。白天不在庭院中游逛,夜里走路要举着灯火。这就是一般妇女的品德。”

孔子又接着说:“有五种女子不能娶:悖逆道德家庭的女子,淫秽乱伦家庭的女子,受过刑罚家庭的女子,有不治之病家庭的女子,早年丧父家庭的长女。妇人有七种情况可以被休弃,三种情况不可以休弃。七种情况是:不孝顺父母的,没有儿子的,有淫乱邪僻行为的,爱嫉妒的,有难治之病的,多口多舌的,有偷盗行为的。三种情况是:娶时有家休弃后无家可归的,这是第一种。为公婆服过三年丧的,这是第二种。夫家先贫贱后富贵的,这是第三种。所有这些,是圣人根据男女之间的关系,重视婚姻的开始。”

孔子曰："礼之所以象五行也，其义四时也，故丧礼有举焉。有恩，有义，有节，有权。其恩厚者其服重，故为父母斩衰三年[①]，以恩制者也。门内之治恩掩义，门外之治义掩恩。资于事父以事君，而敬同。贵贵尊尊[②]，义之大也。故为君亦服衰三年，以义制者也。三日而食[③]，三月而沐，期而练[④]。毁不灭性，不以死伤生，丧不过三年。苴（齐）衰不补[⑤]，坟墓不修[⑥]。除服之日鼓素琴[⑦]，示民有终也。凡此，以节制者也。

"资于事父以事母，而爱同。天无二日，国无二君，家无二尊，以一治之。故父在为母齐衰期者，见无二尊也。

"百官备，百物具，不言而事行者，扶而起[⑧]；言而后事行者，杖而起[⑨]；身自执事行者，面垢而已[⑩]。此以权制者也。

"亲始死，三日不怠，三月不懈，期悲号，三年忧，哀之杀也。圣人因杀以制节也。"

（又见于《礼记·丧服四制》）

【注释】

①斩衰（cuī）：服丧名。"五服"中最重的一种，其服用最粗的麻布做成，不缝边，以示无饰，故称"斩衰"，服期三年。

②贵贵尊尊：原作"贵尊贵尊"，据《礼记·丧服四制》改。意为尊重高贵者，尊崇位尊者。

③三日而食："食"原作"浴"，据《四部丛刊》本《家语》及《礼记·丧服四制》改。

④期：规定的期限。练：古代祭名。

⑤苴（jū）衰：粗麻布做的丧服。《四部丛刊》本《家语》作"齐衰"。齐

衰也为丧服名，五服之一，仅次于斩衰。因丧服缝边，故称齐衰，服期有一年、五个月、三个月。

⑥坟墓不修："墓"字原无，据《四部丛刊》本《家语》补。

⑦素琴：不加装饰的琴。

⑧扶而起：搀扶着起来。指天子诸侯。王注："谓天子诸侯也。"

⑨杖而起：扶持着起来。指卿大夫士。王注："卿大夫士也。"

⑩面垢：脸上有污垢。指普通百姓。王注："谓庶人也。"

**【译文】**

孔子说："礼的根据是天地五行，取法于四季变换，因此举行丧礼，有恩，有义，有节制，有权变。对恩情厚重的人丧礼就隆重，所以为父母要服斩衰三年，这是受恩情制约的。家庭内部恩情重于道义，家庭以外道义重于恩情。以对待父亲的态度来对待国君，尊敬的程度是相同的。尊敬高贵者，尊崇位尊者，这是最大的道义。所以对国君也服丧三年，这是按照道义来制约的。服丧时，三天后才吃饭，三个月后才洗澡，周年而行练祭，改穿白练做的丧服。哀痛而不伤害性命，不因死人而伤害活人，服丧不超过三年。粗麻丧服破了不需缝补，坟墓也不再培土。服丧期满这天要弹素琴，向人们表示服丧结束。所有这些都是有礼节制约的。

"用对待父亲的礼仪来对待母亲，爱的程度是相同的。天上没有两个太阳，国家没有两个国君，家里没有地位相同的两位尊长，都按照有一位尊长的规矩来办理。如果父亲健在，为母亲服齐衰的人，要体现出没有两个尊长。

"百官在场，百物齐备，不用说话事情就能办到的人，是天子诸侯；只要动口事情就能办到的人，是卿大夫士；需要自己亲身去办事情的人，是平民百姓。这是受权力规定的。

"亲人刚去世，三天不懈怠，三个月不松懈，一年都悲痛号哭，三年都忧愁不乐，然后哀痛才结束。圣人就是按照哀情逐渐减弱来制定节限的。"

# 论礼第二十七

**【题解】**

春秋时代，礼崩乐坏，社会混乱。孔子想用礼、乐来恢复社会的正常秩序。“孔子闲居”篇讲的就是孔子对礼的一些重要见解，他认为礼是社会生活的准则，只有依礼行事，以礼待人，国家才能井然有序。他全面地论述了礼的功用：“郊社之礼，所以仁鬼神也；禘尝之礼，所以仁昭穆也；馈奠之礼，所以仁死丧也；射飨之礼，所以仁乡党也；食飨之礼，所以仁宾客也。”认为“治国而无礼，譬犹瞽之无相，伥伥乎何所之？譬犹终夜有求于幽室之中，非烛何以见？故无礼则手足无所措，耳目无所加，进退揖让无所制”。“子夏侍坐于孔子”章，还进一步讲了《诗》、礼、乐三者的关系，即“《诗》礼相成，哀乐相生”，并讲到为官要了解礼乐的根源，做到“五至”和“三无”，才能称得上民的父母官。表达了孔子一贯的仁政爱民思想。

孔子闲居，子张、子贡、言游侍①，论及于礼。

孔子曰：“居！汝三人者，吾语汝以礼周流无不遍也②。”

子贡越席而对曰：“敢问如何？”

子曰：“敬而不中礼谓之野，恭而不中礼谓之给③，勇而不中礼谓之逆。”子曰：“给夺慈仁④。”

子贡曰："敢问将何以为中礼者？"

子曰："礼乎，夫礼，所以制中也。"

子贡退。言游进曰："敢闻礼也，领恶而全好者与[5]？"

子曰："然。"

子贡问："何也？"

子曰："郊社之礼[6]，所以仁鬼神也；禘尝之礼[7]，所以仁昭穆也；馈奠之礼[8]，所以仁死丧也；射飨之礼[9]，所以仁乡党也；食飨之礼[10]，所以仁宾客也。明乎郊社之义，禘尝之礼，治国其如指诸掌而已。是故居家有礼，故长幼辨；以之闺门有礼，故三族和；以之朝廷有礼，故官爵序；以之田猎有礼，故戎事闲；以之军旅有礼，故武功成。是以宫室得其度，鼎俎得其象，物得其时，乐得其节，车得其轼，鬼神得其享，丧纪得其哀，辩说得其党，百官得其体，政事得其施。加于身而措于前，凡众之动，得其宜也。"

言游退。子张进曰："敢问礼何谓也？"

子曰："礼者，即事之治也，君子有其事必有其治。治国而无礼，譬犹瞽之无相[11]，伥伥乎何所之[12]？譬犹终夜有求于幽室之中，非烛何以见？故无礼则手足无所措，耳目无所加，进退揖让无所制。是以其居处长幼失其别，闺门三族失其和，朝廷官爵失其序，田猎戎事失其策，军旅失其势，宫室失其度，鼎俎失其象，物失其时，乐失其节，车失其轼，鬼神失其享，丧纪失其哀，辩说失其党，百官失其体，政事失其施。加于身而措于前，凡动之众失其宜。如此，则无以祖洽四海[13]。"

子曰："慎听之，汝三人者。吾语汝，礼犹有九焉[14]，大飨有四焉。苟知此矣，虽在畎亩之中[15]，事之，圣人矣。两君相见[16]，揖让而入，入门而悬兴[17]。揖让而升堂，升堂而乐阕。下管《象》舞[18]，夏籥序兴[19]。陈其荐俎，序其礼乐，备其百官。如此而后君子知仁焉。行中规，旋中矩，銮和中《采荠》[20]。客出以《雍》[21]，彻以《振羽》[22]。是故君子无物而不在于礼焉。入门而金作，示情也；升歌《清庙》[23]，示德也；下管《象》舞，示事也[24]。古之君子，不必亲相与言也，以礼乐相示而已。夫礼者，理也；乐者，节也。无理不动，无节不作。不能《诗》，于礼谬；不能乐，于礼素；于薄德，于礼虚。"

子贡作而问曰："然则夔其穷与？"

子曰："古之人与？上古之人也。达于礼而不达于乐谓之素，达于乐而不达于礼谓之偏。夫夔达于乐而不达于礼，是以传于此名也。古之人也，凡制度在礼，文为在礼，行之其在人也。"

三子者，既得闻此论于夫子也，焕若发蒙焉[25]。

（又见于《礼记·仲尼燕居》）

【注释】

①子张：即颛孙师，字子张。子贡：即端木赐，字子贡。言游：即言偃，字子游。三人均为孔子弟子。

②周流：普遍流传。

③给：言语便捷。此指言语不得体。

④给夺慈仁：王注："巧言足恭捷给之人，似仁非仁，故言给夺慈仁。"

⑤领：王注："领，理。"

⑥郊社之礼：祭天地之礼。

⑦禘：宗庙四时祭之一，每年夏季举行。尝：古代秋祭名。

⑧馈奠之礼：向鬼神献上祭品。

⑨射：指乡射礼，即卿大夫举士后举行的射礼。飨：以酒食款待。

⑩食飨：以饮食招待宾客。

⑪瞽：盲人。相：搀扶，帮助。

⑫伥伥：迷茫不知所措。

⑬祖洽：倡导和协。王注："祖，始也；洽，合。无礼则无以为众法，无以合聚众。"

⑭礼犹有九焉，大飨有四焉："礼"字原无，据《四部丛刊》本《家语》补。王注："语汝有九，其四大飨，所以待宾客之礼，其五动静之威仪。"

⑮畎亩：田间。王注："在畎亩之中犹焉为圣人。"

⑯两君相见："君"原作"军"，据《礼记·仲尼燕居》改。

⑰悬：悬挂。兴：作。指奏乐。王注："兴，作乐也。"

⑱下管：堂下吹管乐。象舞：一种武舞。王注："下管，堂下吹管。象，武舞也。"

⑲夏籥(yuè)：大夏之舞，执籥以舞。序兴：指文武之舞依次而舞。王注："夏，文舞也。执籥，籥如笛。"

⑳銮、和：皆为车铃声。中：应和。指铃声和乐声相和。采荠：乐曲名。指车出迎宾时，奏采荠之乐。王注："采荠，乐曲名，所以为和銮之节。"

㉑客出以《雍》：宴会完毕，客人出来时奏《雍》。《雍》，乐曲名。王注："雍，乐曲名，在《周颂》。"

㉒彻：同"撤"，宴罢撤席。以振羽：歌振羽。"振羽"即"振鹭"，《诗经·周颂》篇名。

㉓升歌《清庙》:登堂时唱《清庙》之诗。《清庙》为《诗经·周颂》篇名。王注:"清庙所以颂文王之德也。"

㉔《象》舞:周初之乐,童子舞之。示事:王注:"凡舞象事也。"

㉕焕:豁然开朗。发蒙:拨开了眼翳。

**【译文】**

孔子在家休息,弟子子张、子贡、子游陪侍,说话时说到了礼。

孔子说:"坐下,你们三人,我给你们讲讲礼。礼周详地运用到各处,无所不遍。"

子贡站起来离席回话说:"请问礼该如何?"

孔子说:"虔敬而不合乎礼,叫做土气;谦恭而不合乎礼,叫做巴结;勇敢而不合乎礼,叫做乖逆。"孔子又说:"巴结混淆了慈悲和仁爱。"

子贡说:"请问怎么做才能做到合乎礼呢?"

孔子说:"礼吗?礼,就是用来节制行为使之适中的。"

子贡退下来。子游上前说:"我听说,所谓礼是不是为了治理恶劣习性而保全良好品行的呢?"

孔子说:"是的。"

子贡问:"那该怎么做呢?"

孔子说:"祭天祭地之礼,是用以致仁爱于鬼神的;秋尝夏禘之礼,是用以致仁爱于祖先的;馈食祭奠之礼,是用以致仁爱于死者的;举行乡射礼、乡饮酒礼,是用以致仁爱于乡亲邻里的;宴会饮酒的礼仪,是用以致仁爱于宾客的。明白了祭天祭地的礼仪,秋尝夏禘的礼仪,那么治理国家就很容易了。因此,用这些礼仪,居家处事有礼,长幼就分辨清楚了;家族内部有礼,一家三代就和睦了;在朝廷上有礼,官职爵位就井然有序了;田猎时有礼,军事演习就熟练了;军队里有礼,就能建立战功了。因为有了礼,宫室得以有了制度,祭器有了样式,各种器物符合时节,音乐符合节拍,车辆有了定式,鬼神得到了该有的祭享,丧葬有了适度的悲哀,辩说得以拥有支持的人,百官得以各守其职分,政事得以顺利施行。加在每人身上的，摆在面前的，人们的种种行为举动都能够适宜得当。”

子游退下去，子张上前问道：“请问什么是礼呢？”

孔子说：“所谓礼，就是对事物的治理。君子有什么事务，必有相应的治理手段。治理国家假如没有礼，就好像盲人没有扶助的人，茫然不知该往哪走。又如整夜在暗室中找东西，没有烛光怎么能看得见呢？所以说没有礼就会手足无措，耳目也不知该听什么该看什么，进退、作揖、谦让这些待客礼节都失去了尺度。这样一来，居家处事就会长幼无别，家族之内祖孙三辈就失去了和睦，朝廷官爵就失去了秩序，田猎练武就失去了策略，军队攻守就失去了控制，宫室建造就失去了制度，祭器就失去了式样，各种事物就失去了合适的时间，音乐就失去了节拍，车辆就失去了定式，鬼神就失去了祭享，丧事就失去了合度的哀伤，辩说就失去了支持的人，百官就会失职，政事就不能施行。凡加在每个人身上的，摆在面前的，人们的种种行为举动都失其所宜。这样就无法协调民众一致行动了。”

孔子说：“仔细听着，你们三人！我告诉你们，礼还有九件事，其中四件是大飨礼所特有的。如果知道了这些，哪怕是个种田人，只要依礼而行，他也是圣人了。两位国君相见，互相作揖谦让后进入大门，入门后钟鼓等乐器齐奏，两人又互相作揖谦让后登上大堂，登上大堂之后乐声就停止了。这时在堂下又用管乐奏起《象》的乐曲，接着执龠的人又跳起《大夏》之舞和各种舞蹈，摆设笾豆与牲俎，按序安排礼乐，备齐各种执事人员。这样，来访的国君就感受到了主人的盛情厚意。在这里，人们来往走动都符合规定，周旋时步子都合乎规矩，车子的铃声也合着《采荠》乐曲的节拍。客人出去时，堂下奏起《雍》的乐章；撤去席上食具时，奏起《振羽》的乐章。由此可见，君子的行动没有一件事不在礼节之中。客人进门时钟声响起，是表示欢迎之情；登堂时演奏《清庙》诗章，表示赞美其功德；堂下演奏《象》舞，表示象征各种事物。古代的大人君子相见，不必互相说话，只凭礼乐就可以传达情意了。礼，就是理；乐，就是节。没有道理的事不做，没有节制的事不为。不懂得赋《诗》言志，礼节上就会出差错；不能用音乐来配合，礼节就显得单调枯燥；道德浅薄，礼就会显得虚假。”

子贡站起来问道：“按这么说，夔对礼精通吗？”

孔子说：“夔不是古代的人吗？他是上古时代的人啊！精通礼而不精通乐，叫做质朴；精通乐而不精通礼，叫做偏颇。夔大概只精通乐而不精通礼，所以传下精通音乐的名声。不过古代的人，各项制度都存在于礼中，制度也靠礼来修饰，实行起来大概还是靠人吧。”

三个弟子听了孔子这番话，眼前豁然一亮，好像拨开了迷雾。

子夏侍坐于孔子，曰：“敢问《诗》云[①]：‘恺悌君子[②]，民之父母’，何如斯可谓民之父母？”

孔子曰：“夫民之父母，必达于礼乐之源，以致五至而行三无，以横于天下。四方有败，必先知之。此之谓民之父母。”

子夏曰：“敢问何谓五至？”

孔子曰：“志之所至，《诗》亦至焉；《诗》之所至，礼亦至焉；礼之所至，乐亦至焉；乐之所至，哀亦至焉。《诗》礼相成，哀乐相生。是以正明目而视之，不可得而见；倾耳而听之，不可得而闻；志气塞于天地，行之充于四海，此之谓五至矣。”

子夏曰：“敢问何谓三无？”

孔子曰：“无声之乐，无体之礼，无服之丧，此之谓三无。”

子夏曰:“敢问三无,何《诗》近之?”

孔子曰:“‘夙夜基命宥密’,无声之乐也[3];‘威仪逮逮[4],不可选也’,无体之礼也;‘凡民有丧,扶伏救之’,无服之丧也。”

子夏曰:“言则美矣大矣,言尽于此而已乎?”

孔子曰:“何谓其然?吾语汝!其义犹有五起焉。”

子夏曰:“何如?”

孔子曰:“无声之乐,气志不违[5];无体之礼,威仪迟迟[6];无服之丧,内恕孔哀[7];无声之乐,所愿必从;无体之礼,上下和同;无服之丧,施及万邦。既然,而又奉之以三无私而劳天下,此之谓五起。”

子夏曰:“何谓三无私?”

孔子曰:“天无私覆[8],地无私载,日月无私照。其在《诗》曰[9]:‘帝命不违,至于汤齐[10]。汤降不迟[11],圣敬日跻[12]。昭假迟迟[13],上帝是祇[14],帝命式于九围[15]。’是汤之德也。”

子夏蹶然而起[16],负墙而立曰[17]:“弟子敢不志之!”

(又见于《礼记·孔子闲居》)

**【注释】**

①诗:此指《诗经·大雅·泂酌》。

②恺悌:性情随和,平易近人。

③夙夜基命宥密,无声之乐:此句意为早早晚晚受命多勉力。为《诗经·周颂·昊天有成命》中的诗句。夙夜,早晚,朝夕。基,通“其”。宥,有,又。密,读为“勉”,努力。王注:“夙夜,恭也。基,始也。命,信也。宥,宽也。密,宁也。言己行与民信五教,

在宽民以安宁,故谓之无声之乐也。"可参阅。

④威仪:庄严的容止。逮逮:雍容娴雅的样子。此为《诗经·邶风·柏舟》中的诗句。

⑤气志不违:"志"原作"至",据《四部丛刊》本《家语》改。

⑥迟迟:从容不迫的样子。

⑦内恕:存心宽厚。孔:很,非常。哀:《四部丛刊》本《家语》作"悲"。

⑧覆:掩蔽,遮盖。

⑨诗:指《诗经·商颂·长发》。

⑩至于汤齐:王注:"至汤与天心齐。"

⑪汤降不迟:王注:"不迟言疾。"

⑫圣敬日跻:王注:"跻,升也。汤疾行下人之道,其圣敬之德日升闻也。"

⑬昭假迟迟:王注:"汤之威德,昭明遍至,化行宽舒,迟迟然。"

⑭上帝是祇:注:"故上帝敬其德。"

⑮帝命式于九围:王注:"九围,九州也。天命用于九州,谓以为天下王。"

⑯蹶然:急忙,迅速。

⑰负墙:背靠墙。

**【译文】**

子夏陪坐在孔子旁边,说:"请问《诗经》里说:'和悦可亲的君子,好比民众的父母。'怎么样才能称得上民的父母呢?"

孔子说:"作为民的父母,必须懂得礼乐的来源,达到'五至'实行'三无',以此精神扩充于天下。四方出现祸患,必定预先知道。这样的人就可以称得上民的父母了。"

子夏说:"请问什么叫'五至'?"

孔子说:"情意所至之处,《诗经》中的诗句就随之而至;诗句所至的同时，礼也随之而至；礼所至之处，乐也随之而至；乐所至之处，哀也随之而至。《诗》和礼是相辅相成的，哀和乐是相互引发的。所以这种情景，擦亮眼睛来看，也不可能看见；侧着耳朵来听，也不可能听见。然而这种意志充满天地之间，流行起来会充满四海，这就叫做五至。”

子夏问：“请问什么叫‘三无’呢？”

孔子说：“无声的音乐，无仪式的礼节，不穿丧服而哀的丧礼，这叫做三无。”

子夏说：“请问什么诗句接近三无的意思呢？”

孔子说：“‘日夜谋划治国以安民’，这句诗就接近无声的音乐。‘仪容庄严和易，让人无可挑剔’，这句诗就接近无仪式的礼节。‘凡是民众有急难，全力救助不迟缓’，这句诗就接近不穿丧服而哀的丧礼。”

子贡说：“您的话太美了、太伟大了，话说到此就到尽头了吧？”

孔子说：“怎么会这样呢？我告诉你，其中的含义还要从五个方面来说明。”

子夏说：“如何说呢？”

孔子说：“无声的音乐，不违背心意；无仪式的礼节，威仪从容；不穿丧服而哀的丧礼，内心同情而悲伤。无声的音乐，心想事成；无仪式的礼节，上下和睦同心；不穿丧服而哀的丧礼，得以抚育万邦。这样，又用三无私的精神来治理天下，这就叫做五起。”

子夏说：“请问什么叫三无私呢？”

孔子说：“上天覆盖万物没有偏私，大地承载万物没有偏私，日月普照天下没有偏私。这种精神在《诗经》中是这样说的：‘上帝命令不违背，至于成汤登了位。汤王降世正适时，盛德敬慎日累积。虔诚祈祷久不息，无限崇敬事上帝，上帝命他统理九州域。’这就是商汤的德行。”

子夏听到这里急忙站起来，背靠墙站着，说：“弟子岂敢不记下先生这番教导。”

卷七

# 观乡射第二十八

【题解】

孔子很重视基层礼仪乡射礼，并亲自带领弟子们去练习。在习射的同时，不失时机地对民众进行礼的教育，对遵守礼法者进行鼓励，并用淘汰的方法教育那些礼义欠缺的人。孔子很欣赏乡饮酒礼，他亲自去观看，详细阐述他看到的礼仪过程，认为它长幼有序，贵贱分明，欢乐而有节制。从观察这个礼仪过程，孔子认为依礼办事“足以正身安国”，推行王道是很容易的事。

孔子观于乡射[1]，喟然叹曰：“射之以礼乐也，何以射，何以听。循声而发，不失正鹄者[2]，其唯贤者乎？若夫不肖之人，则将安能以求饮？《诗》云[3]：‘发彼有的[4]，以祈尔爵[5]。’祈，求也。求所中以辞爵[6]。酒者，所以养老、所以养病也。求中以辞爵，辞其养也。是故士使之射而弗能，则辞以病，悬弧之义[7]。”

于是退而与门人习射于矍相之圃[8]，盖观者如墙堵焉。试射至于司马[9]，使子路执弓矢，出列延[10]，谓射之者曰：“奔军之将，亡国之大夫，与为人后者[11]，不得入，其余皆入。”盖去者半。又使公罔之裘、序点扬觯而语曰[12]:“幼壮孝悌,耆老好礼,不从流俗,修身以俟死者,在此位。”盖去者半。序点又扬觯而语曰:“好学不倦,好礼不变,耄期称道而不乱者[13],在此位。”盖仅有存焉。

射既阕[14],子路进曰:“由与二三子者之为司马,何如?”孔子曰:“能用命矣。”

(又见于《礼记·郊特牲》、《礼记·射义》)

【注释】

①乡射:指州长于春秋两季以礼会民,习射于州之学校。

②正鹄(hú):箭靶的中心。

③诗:指《诗经·小雅·宾之初筵》。

④发彼有的:发射你的箭射中目标。

⑤以祈尔爵:祈求你免被罚酒。王注:“祈,求也,言发中者以求饮尔爵也。胜者饮不胜者。”

⑥辞爵:辞谢罚酒,即不被罚酒。王注:“饮彼则已不饮,故曰以辞爵也。”

⑦悬弧之义:古代风俗,家中生了男孩,便在门左首悬挂一张木弓以示庆贺。此处暗示射箭是男子从事的事。王注:“弧,弓也。男子生则悬弧于其门,明必有射事也。而今不能射,唯疾可以为辞也。”

⑧矍相:古地名,在今山东曲阜市内阙里西。孔子曾习射于此。圃:园地。

⑨司马:官名,掌管军政和军赋。子路此时官为司马,此即指子路。王注:“子路为司马,故射至,使子路出延射。”

⑩列:队列。延:邀请。

⑪人后者：指过继给别人作后嗣。王注："人已有后，而又为人后，故曰与为人后也。""者"字原无，据《四部丛刊》本《家语》补。

⑫公罔之裘：姓公罔，名之裘。序点：姓序名点。二人均为孔子弟子。扬觯（zhì）：举起酒杯。王注："先行射乡饮酒，故二人扬觯。"

⑬耄（mào）期：王注："八十、九十曰耄，言虽老而能称，解道而不乱。"称，陈述。

⑭阕（quē）：终了，结束。

**【译文】**

孔子观看乡射礼，感叹地说："射箭时配上礼仪和音乐，射箭的人一边考虑如何射中目标，一边聆听是什么乐声。根据乐声的节奏发出箭，并能射中目标，只有贤德的人才能做到。如果是不肖之人，他怎能射中而罚别人喝酒呢？《诗经》说：'发射你的箭射中目标，祈求你免受罚酒。'祈，就是求。祈求射中而免受罚酒。酒，是用来养老和养病的。祈求射中而辞谢罚酒就是推辞别人的奉养。所以如果让士人射箭，假如他不会，就应当以有病来辞谢，因为男子生来就应该会射箭。"

于是回来后和弟子们在矍相的园圃中学习射箭，观看的人们好像一堵围墙。当射礼行至子路时，孔子让子路手执弓箭出来邀请比射的人，说："败军之将、丧失国土的大夫、求做别人后嗣的人，一律不准入场，其余的人进来。"听到这话，人走了一半。孔子又让公罔之裘、序点举起酒杯说："幼年壮年时能孝敬父母，友爱兄弟，到老年还爱好礼仪，不随流俗，修身以待终年的人，请留在这个地方。"结果又走掉一半。序点又举杯说："好学不倦，好礼不变，到老还宣解道而言行不乱的人，请留在这里。"结果只有几个人留下没走。

射箭结束后，子路走上前对孔子说："我和序点他们这些人做司马，如何？"孔子回答说："可以胜任了。"

孔子曰："吾观于乡，而知王道之易易也[①]。主人亲速宾及介[2]，而众宾从之。至于正门之外，主人拜宾及介，而众宾自入。贵贱之义别矣。三揖至于阶，三让以宾升[3]，拜至[4]，献酬辞让之节繁[5]。及介升，则省矣。至于众宾，升而受爵，坐祭立饮[6]，不酢而降[7]，隆杀之义辨矣[8]。工入[9]，升歌三终[10]，主人献宾。笙入三终[11]，主人又献之。间歌三终[12]，合乐三阕[13]，工告乐备而遂出[14]。一人扬觯，乃立司正焉[15]，知其能和乐而不流也。宾酬主人，主人酬介，介酬众宾，少长以齿，终于沃洗者焉[16]。知其能弟，长而无遗矣。降脱履，升座，修爵无算[17]。饮酒之节，旰不废朝，暮不废夕[18]。宾出，主人拜送，节文终遂焉[19]，知其能安燕而不乱也。贵贱既明，降杀既辨，和乐而不流，弟长而无遗，安燕而不乱。此五者，足以正身安国矣，彼国安而天下安矣。故曰：'吾观于乡，而知王道之易易也。'"

（又见于《荀子·乐论》）

【注释】

①吾观于乡，而知王道之易易也：乡，指乡饮酒礼。乡射时，乡大夫、州长党正把民众集合起来，教他们乡饮酒礼，是让民众懂得在家孝顺父母，尊敬兄长，在外尊重老人的道理。《礼记·乡饮酒义》注："乡，乡饮酒也。易易，谓教化之本，尊贤尚齿而已。"王道，和"霸道"对言，指以仁义治国，以德服人的统治方法。易易，极其容易。

②速：召请。王注："速，召。"宾：来宾，宾客。介：陪客。

③让：谦让。升：登阶。

④拜至：拜谢客人的到来。

⑤献酬：主人向客人献酒、劝酒。节繁：礼节繁多。

⑥祭：祭酒，是一种礼仪。立饮：站着饮酒。

⑦酢(zuò)：宾客以酒回敬主人。

⑧隆：隆重。杀：降等，减少。

⑨工入：乐工进入。

⑩升歌：宴会时宾客登堂时所奏的歌。三终：古乐章以奏《诗》一篇为一终，每次奏乐共三终，即奏升堂歌《鹿鸣》、《四牡》、《皇皇者华》。

⑪笙入三终：王注："吹《南陔》、《白华》、《华黍》三篇终，主人献之。"笙，吹笙。

⑫间歌：指乐工与吹笙人轮流演奏。三终：王注："乃歌《鱼丽》，笙《由庚》；歌《南有嘉鱼》，笙《崇丘》；歌《南山有台》，笙《由仪》也。"

⑬合乐三阕：乐工与吹笙人配合演奏。王注："合笙声同其音，歌《周南》、《召南》三篇也。"

⑭工告乐备而遂出：王注："乐正既告备而降言，遂出。自此至去，不复升也。"乐备，乐工演奏完毕。

⑮一人扬觯，乃立司正：王注："宾将欲去，故复使一人扬觯，乃立司正主威仪，请安宾也。"司正，指监察饮酒的人。

⑯沃洗者：侍奉宾客盥洗的人。

⑰修爵：指彼此劝酒。无算：不计杯数。

⑱旰(gàn)不废朝，暮不废夕：《荀子·乐论》作"朝不废朝，莫不废夕"。意为早上饮酒不耽误早晨的事，傍晚饮酒不耽误晚上的事。《家语》作"旰"，恐误。

⑲节文终遂：礼仪结束。

**【译文】**

孔子说："我观看乡饮酒礼，知道推行王道是很容易的事。主人亲自召请宾客和陪客，而其他宾客跟随在后。到了主人的正门之外，主人拜迎宾客和陪客，而其他宾客自己跟随进入。这样尊贵的客人和一般的客人就有差别了。三次揖让后走到堂阶前，又三次谦让，主人引导宾客来到厅堂。然后拜谢宾客的到来，斟酒献给宾客，宾客又回敬主人，酬谢辞让的礼节繁多。等到陪客来到厅堂，礼节就减少了很多。至于其他宾客，到了厅堂接受献酒，坐着祭酒，站立饮酒，不回敬主人就可以下阶，礼节的隆重与简单就很清楚了。乐工进来，奏登堂歌《鹿鸣》、《四牡》、《皇皇者华》三首，于是主人给宾客献酒。吹笙人进来又吹奏了《南陔》、《白华》、《华黍》三首乐曲，这时主人又给宾客献酒。乐工与吹笙人轮流演奏，乐工歌《鱼丽》，笙人吹《由庚》；乐工歌《南有嘉鱼》，笙人吹《崇丘》；乐工歌《南山有台》，笙人吹《由仪》。接着乐工和吹笙人合奏《周南》、《召南》中的三首乐曲，乐工报告说乐曲已演奏完毕，就退下堂去。这时一名管事人对宾客举起酒杯，并设立司正来监察饮酒礼仪，这样就能知道乡饮酒能使大家和乐而不至于失礼。宾客向主人劝酒，主人又向陪客劝酒，陪客又向众宾劝酒，宾客各按年龄大小依次饮酒，最后轮到侍奉宾客盥洗的人饮酒。这样就知道年龄大小的人都不会遗漏。之后，众人走下堂来，脱下鞋子，坐到座位上，彼此不计杯数地劝酒。饮酒的限度，以早上不耽误早晨的事，傍晚不耽误晚上的事为准。饮酒结束，宾客离去，主人拜送，所有礼仪全部结束。这就知道乡饮酒能使大家安乐而不混乱了。尊卑贵贱能够分明，礼节隆重简单区别清楚，和谐欢乐而不失礼，年长年少的都不会遗漏，快乐地宴饮而不混乱。此五种行为，足以正身安国，国家安定，天下就安定了。所以我说：‘我观看乡饮酒礼，就知道推行王道是很容易的事。’”

子贡观于蜡[①]。

孔子曰：“赐也，乐乎？”

对曰：“一国之人皆若狂，赐未知其为乐也。”

孔子曰：“百日之劳，一日之乐[②]，一日之泽，非尔所知也。张而不弛，文武弗能；弛而不张，文武弗为。一张一弛[3]，文武之道也。”

（又见于《礼记·杂记下》）

【注释】

①蜡：祭祀名。古代年终祭祀群神称蜡。王注：“蜡，索也。岁十有二月，索群神而祀之，今之腊也。”

②百日之劳，一日之乐：王注：“古民皆勤苦稼穑，有百日之劳，喻久也。今一日使之饮酒焉乐之，是君之恩泽也。”

③一张一弛：开弓叫张，松弓叫弛，以喻治国之道必须宽严相济。

【译文】

子贡观看年终的蜡祭。

孔子说：“端木赐，你快乐吗？”

子贡回答说：“一国的人都像疯了一样，我不知这有什么可快乐的。”

孔子说：“百姓辛苦劳累了一年，才得以享受一天的快乐，这一天快乐的恩泽，不是你能理解的。只是紧张而不松弛，文王、武王都做不到；只是松弛而不紧张，文王、武王也不会这样做。一张一弛，有劳有逸，这才是文王、武王治理天下的办法。”

# 郊问第二十九

**【题解】**

古代的帝王在郊外祭祀祖先时，同时要祭天。鲁定公问孔子为何这样做。孔子认为世间万物都由上天所生，人又来源于其祖先，郊祭就是“报本反始”，感谢上天和祖先。孔子在回答鲁定公关于郊祭的问题时，详细讲了天子郊祭的全部过程和礼仪，郊祭的地点、祭品等。讲解周代和鲁国的郊祭为什么不同。可见孔子对各种礼仪是多么熟悉和精通。

定公问于孔子曰[①]：“古之帝王必郊祀其祖以配天[②]，何也？”

孔子对曰：“万物本于天，人本乎祖。郊之祭也，大报本反始也[③]，故以配上帝。天垂象[④]，圣人则之，郊所以明天道也。”

公曰：“寡人闻郊而莫同，何也？”

孔子曰：“郊之祭也，迎长日之至也[⑤]。大报天而主日，配以月。故周之始郊，其月以日至，其日用上辛[⑥]。至于启蛰之月[⑦]，则又祈穀于上帝[⑧]。此二者，天子之礼也。鲁无冬至大郊之事，降杀于天子[9]，是以不同也。”

公曰：“其言郊，何也？”

孔子曰：“兆正于南[10]，所以就阳位也。于郊，故谓之郊焉。”

曰：“其牲器何如[11]？”

孔子曰：“上帝之牛角茧栗[12]，必在涤三月[13]。后稷之牛唯具[14]，所以别事天神与人鬼也。牲用骍[15]，尚赤也；用犊，贵诚也[16]。扫地而祭，贵其质也[17]，器用陶匏，以象天地之性也[18]。万物无可称之者，故因其自然之体也。”

公曰：“天子之郊，其礼仪可得闻乎？”

孔子对曰：“臣闻天子卜郊[19]，则受命于祖庙，而作龟于祢宫[20]，尊祖亲考之义也。卜之日，王亲立于泽宫，以听誓命，受教谏之义也[21]。既卜，献命库门之内[22]，所以戒百官也。将郊，则供天子皮弁以听报[23]，示民严上也。郊之日，丧者不敢哭，凶服者不敢入国门，汜扫清路[24]，行者毕止。弗命而民听，敬之至也[25]。天子大裘以黼之，被衮象天[26]，乘素车，贵其质也。旂十有二旒，龙章而设以日月，所以法天也。既至泰坛[27]，王脱裘矣，服衮以临燔柴[28]，戴冕，藻十有二旒，则天数也。臣闻之，诵诗三百，不足以一献[29]；一献之礼，不足以大飨[30]；大飨之礼，不足以大旅[31]；大旅具矣，不足以飨帝[32]。是以君子无敢轻议于礼者也。”

（又见于《礼记·郊特牲》、《礼记·礼器》）

【注释】

①定公:鲁国国君,名宋。

②郊祀:在郊外祭天地、祖宗或鬼神。配天:指郊祀时同时祭祀上天。

③大报本反始:大规模地报答上天的恩惠,反思生命之本。

④垂象:显示征兆。

⑤迎长日之至:长日,指冬至之日。冬至之后,白天一天比一天长。王注:“周人始以日至之月,冬日至而日长。”

⑥上辛:指农历每月上旬的辛日。辛,天干第八位。

⑦启蛰之月:冬天蛰伏的虫类到春天开始活动。启,起,动。蛰,蛰伏。

⑧祈穀于上帝:王注:“祈,求也,为农求穀于上帝。”

⑨降杀:降低、减少。

⑩兆:祭坛的界域。

⑪牲器:祭祀用的家畜和祭器。

⑫上帝之牛:用来祭祀上天的牛。角茧栗:牛角小。

⑬在涤三月:祭祀用的牛在养牛的室内饲养三个月。涤,古代养祭牲之所。王注:“涤,所以养生处。”

⑭后稷之牛唯具:后稷,周人的始祖,舜时为稷官,教民耕种。祭天以稷配,所以要准备两种祭牲,一为帝牛,一为稷牛。若帝牛损伤,则取稷牛为帝牛,又别取他牛为稷牛。王注:“别祀稷时,牲亦刍之三月,配天之时献,故唯具之也。”唯具,指祭祀用的牛必须准备好。

⑮牲用骍:祭祀用赤色的牛。

⑯用犊,贵诚也:王注:“犊质悫,贵诚之美也。”犊,小牛犊。

⑰扫地而祭,贵其质也:王注:“地,圜丘之地。扫焉而祭,贵其质也。”质,质朴。

⑱象天地之性:象天地自然的本性。王注:“人之作物无可称之,取

天地之性以自然也。”

⑲卜郊：占卜祭祀。卜，用火灼龟甲，以推测吉凶。

⑳受命于祖庙，而作龟于祢宫：王注：“祢宫，父庙也。受祭天之命于祖，而作龟于父庙。”

㉑王亲立于泽宫，以听誓命，受教谏之义：泽宫，辟雍。辟雍四面环水，故谓之泽。誓命，告诫王不要失礼，祭天至为重要，故王也受誓戒。王注：“泽宫，宫也。誓命，祭天所行威仪也。王亲受之，故曰受教谏之义。”

㉒库门：诸侯之外门。

㉓天子皮弁以听报：皮弁，冠名，用白鹿皮制成。此指皮弁服，即视朝的常服。王注：“报，白也。王夙兴，朝服以待白祭事，后服衮。”

㉔汜扫清路：汜，广泛。清路，《礼记·郊特牲》作“反道”，即在道上覆盖新土。王注：“汜，遍也。清路以新土，无复行之。”

㉕弗命而民听，敬之至：王注：“以王肃敬事天，故民化之，不令而行之也。”

㉖天子大裘以黼之，被衮象天：天子内服大裘，外披绣有日、月、星辰之衣。王注：“大裘为黼文也，言被之大裘，其有象天之文，故被之道路，至大坛而脱之。”

㉗泰坛：祭天之坛。

㉘临：来到。燔柴：祭天之礼。把玉帛、祭牲置于积柴上焚烧，使气达于上天。

㉙不足以一献：不足，抵不上。一献，祭祀一般的神。王注：“祭群小祀。”

㉚大飨：古代一种祭祀，即大祫，合祭毁庙和未毁庙的神主。王注：“大飨，祫祭天王。”

㉛大旅：大祭名。王注：“大旅，祭五帝也。”

㉜飨帝：王注：“飨帝，祭天。”

**【译文】**

鲁定公向孔子询问说:“古代帝王在郊外祭祖时一定要祭祀上天,这是为什么呢?”

孔子回答说:“万物都来源于天,人又来源于其祖先。郊祭,就是规模盛大的报答上天和祖先的恩惠反思自己根源的礼仪,所以祭祖时要配祭上帝。上天显示征兆,圣人就取法这些征兆,举行郊祭就是为了显明天道。”

鲁定公说:“我听说郊外祭天的形式有所不同,为什么呢?”

孔子回答说:“郊外祭天,是迎接长日的到来。用盛大的祭祀来报答上天,而以日为主,配以月。所以周人开始祭天,其月是在冬至之月,其日是在上辛之日。到了启蛰之月,则又要祈穀于上帝。这二者,是天子所用的礼仪。鲁国没有冬至日举行盛大祭郊之事,因为鲁国是诸侯国,用的礼仪要低于天子,所以有不同。”

鲁定公说:“它也称作郊祀,是为什么呢?”

孔子回答说:“祭坛设在南郊,因为南方是阳位,阳光充足。在郊外祭祀,所以叫做郊祀。”

定公问:“祭天用的牲畜和器皿又是怎样的呢?”

孔子说:“祭上帝的牛,角要小,必须在蓄养祭牲的地方饲养三个月。祭祀后稷的稷牛也要准备好,这是区分祭祀天神与人鬼的不同。祭牲用红色的牛,是因为周人崇尚红色。用小牛犊,是珍视诚信。扫地而祭,是珍贵质朴。祭器用陶匏制品,象征天地自然之性。世间万物没有可和它相称的,因为它体现了自然的本质。”

定公又问:“天子郊祭,其礼仪可以说给我听听吗?”

孔子回答说:“我听说天子到郊外祭天要先占卜吉凶,卜人先在太庙接受命令,然后到父庙中占卜,表示尊重祖先亲近父亲的意思。占卜这天,天子亲自站立在泽宫前面,来听取祭祀要注意的礼仪,这是接受教导和劝谏的意思。占卜之后,天子在库门之内颁布将要郊祭的命令,这是为了告戒百官。将郊祭时，天子身穿皮弁这样的朝服来听取祭祀准备情况的报告，表示民众要严格听从天子的命令。郊祭的日子，有丧事的人家不能哭，穿丧服的人不能入国门，郊外的道路都要打扫干净，行人禁止通行。这样不用下命令民众就会听从，民众的恭敬已达到极点。天子穿着绣有黑白花纹的大裘，外面披着绣着日月星辰的龙袍仿效上天，乘着没有彩绘的素车，重在它的质朴。打着有十二旒的旗帜，上面有龙纹和日月的图案，表示效法上天。到了祭天的泰坛，天子脱去大裘，穿着龙袍来到燔柴的坛前，戴着冠冕，垂着十二旒玉藻，仿效天有十二个月之数。我听说，诵读了诗三百首而没有学礼，不足以承担一般的祭祀；仅学了一般的祭祀之礼，不足以承担大飨之礼；学习了大飨之礼，不足以承担大旅之礼；学习了大旅之礼，不足以承担祭祀上帝之礼。所以君子不敢轻率地议论礼。”

# 五刑解第三十

**【题解】**

这篇重点讨论礼和法的关系。孔子认为，由于人们有种种的道德缺陷，如不知足、不仁、不义、相陵、男女无别、嗜欲不节等，古代圣王制定了相应的礼仪和刑律，人们懂礼就不会触犯刑法，遵礼是“豫塞其源”，如果“不豫塞其源，而辄绳之以刑，是谓为民设阱而陷之”。可见在礼法的关系上，孔子更重视礼的作用。对于“刑不上于大夫，礼不下于庶人”的问题，孔子做了较为详尽的解释，刑不上于大夫，不是对大夫不用刑罚，而是认为他们是懂礼而又有廉耻之节的人，一旦犯了法，应让他们“自裁”，保持他们的体面。这还是官贵民贱的思想。

冉有问于孔子曰：“古者三皇五帝不用五刑[①]，信乎？”

孔子曰：“圣人之设防，贵其不犯也。制五刑而不用，所以为至治也。凡民之为奸邪窃盗靡法妄行者[②]，生于不足。不足生于无度，无度则小者偷惰，大者侈靡，各不知节。是以上有制度，则民知所止；民知所止，则不犯。故虽有奸邪贼盗靡法妄行之狱，而无陷刑之民。

“不孝者生于不仁，不仁者生于丧祭之礼不明[③]。丧祭之礼，所以教仁爱也。能致仁爱，则服丧思慕[4]，祭祀不懈人子馈养之道[5]。丧祭之礼明，则民孝矣。故虽有不孝之狱，而无陷刑之民。

“杀上者生于不义，义所以别贵贱、明尊卑也。贵贱有别，尊卑有序，则民莫不尊上而敬长。朝聘之礼者，所以明义也。义必明则民不犯，故虽有杀上之狱，而无陷刑之民[6]。

“斗变者生于相陵[7]，相陵者生于长幼无序而遗敬让。乡饮酒之礼者，所以明长幼之序而崇敬让也。长幼必序，民怀敬让，故虽有斗变之狱，而无陷刑之民。

“淫乱者生于男女无别，男女无别则夫妇失义。婚姻聘享者[8]，所以别男女、明夫妇之义也。男女既别，夫妇既明，故虽有淫乱之狱，而无陷刑之民。

“此五者，刑罚之所从生，各有源焉。不豫塞其源，而辄绳之以刑，是谓为民设阱而陷之也。”

（又见于《大戴礼记·圣德》）

**【注释】**

①五刑：古代的五种刑罚，指墨，即面上刺字；劓，割掉鼻子；剕，断足；宫，割去生殖器；大辟，砍头。

②靡法妄行：心中无法而任意妄为。

③不明：“不”原作“也”，据《大戴礼记·圣德篇》改。

④思慕：思念仰慕。

⑤不懈人子馈养之道：不懈，不怠慢。馈养，养育。王注：“言孝子奉祀不敢解，与生时馈养之道同之。”

⑥陷刑之民：原作“陷民之刑”，据《四部丛刊》本《家语》改。

⑦相陵:相互侵辱。

⑧婚礼聘享:"婚礼"原作"婚姻",据《大戴礼记·圣德篇》改。聘享,聘礼和享礼。指订婚时男方给女方的定礼和聘礼。

**【译文】**

冉有问孔子说:"古代的三皇五帝不用五刑,这是真的吗?"

孔子说:"圣人设置防卫措施,贵在让人不触犯。制定五刑而不用,是为了做到最好的治理。凡民众有奸诈邪恶抢劫盗窃违法妄行行为的人,产生于心中的不满足。不满足又产生于没有限度,没有限度,小的就会偷盗懒惰,大的则奢侈浪费,都是不知节制。因此君王制订了制度,民众就知道了什么不能做,知道什么不能做就不会犯法。所以虽然制定了奸诈邪恶抢劫盗窃违法妄行的罪状,却没有陷入刑罚的民众。

"不孝的行为产生于不仁,不仁又产生于丧祭之礼不明。所以明确规定丧祭之礼,是为了使人知道仁爱。能教人懂得仁爱,为父母服丧就会思念仰慕他们,举行祭礼表示人子还在不懈地赡养父母。丧祭之礼明确了,民众就会遵守孝道了。所以虽然制定了不孝的罪状,而没有陷入刑罚的民众。

"以下杀上的行为产生于不义,义是用来区别贵贱表明尊卑的。贵贱有别,尊卑有序,那么民众没有不尊敬上级和长辈的。诸侯定期朝见天子的朝聘之礼,是用来显明义的。义显明了,那么民众就不会犯上。所以虽然制订了弑上的罪状,而没有陷入刑罚的民众。

"争斗变乱的行为产生于相互欺压,欺压的行为产生于长幼无序而忘记了尊敬和谦让。乡饮酒之礼,就是用来显明长幼之序和尊崇敬让的。长幼有序,民众怀着敬让之心,即使设立了争斗变乱的罪状,也没有陷入刑罚的民众。

"淫乱的行为产生于男女无别,男女无别夫妇间就失去了情义。婚礼和聘礼享礼,就是用来区别男女和显明夫妇情义的。男女既已有别,夫妇情义既明,即使制定了有关淫乱的罪状,而民众也没有陷入刑罚的。

“这五种情况，是刑罚产生的原因，是各有根源的。不预先堵住其根源，而动辄使用刑罚，这叫做给民设下陷阱来陷害他们。”

“刑罚之源，生于嗜欲不节。夫礼度者[①]，所以御民之嗜欲而明好恶。顺天之道，礼度既陈，五教毕修[②]，而民犹或未化，尚必明其法典以申固之[③]。其犯奸邪靡法妄行之狱者，则饬制量之度[④]；有犯不孝之狱者，则饬丧祭之礼；有犯杀上之狱者，则饬朝觐之礼；有犯斗变之狱者，则饬乡饮酒之礼；有犯淫乱之狱者，则饬婚聘之礼。三皇五帝之所化民者如此，虽有五刑之用，不亦可乎！”

孔子曰：“大罪有五，而杀人为下[⑤]。逆天地者罪及五世，诬文武者罪及四世，逆人伦者罪及三世，谋鬼神者罪及二世，手杀人者罪止其身。故曰大罪有五，而杀人为下矣。”

（又见于《大戴礼记·圣德》）

**【注释】**

①礼度：礼制和法度。

②五教：指古代五种封建伦理道德，即父义、母慈、兄友、弟恭、子孝。

③尚必明其法典以申固之：尚且申明法令使效果牢固。王注：“尚，犹也。申令固其教也。”

④饬：告诫、整饬。

⑤下：下等。指低一等或轻微的。

**【译文】**

“刑罚的根源，起于人们不能节制自己的欲望。礼制和法度，就是用来控制民众过度的欲望而显明善恶的。顺应天道，颁布礼制和法度，修明五教，但是还有一些民众没有被教化，那么还必须阐明法典，进一步申明法令使效果巩固。有犯奸作科违法妄行行为的，就用制度法规来整饬；有犯不孝之罪的，就用丧祭的礼仪来整饬；有犯杀害君上之罪的，就用朝觐之礼来整饬；有犯争斗扰乱治安之罪的，就用乡饮酒礼来整饬；有犯淫乱之罪的，就用婚聘之礼来整饬。三皇五帝教化民众就是这样做的。虽然有应用五刑的情况，不也可以吗？"

孔子又接着说："大罪有五等，杀人为最低一等。犯悖逆天地罪行的要惩罚五代，犯诬蔑周文王、武王罪行的要惩罚四代，犯悖逆人伦罪行的要惩罚三代，犯用鬼神害人罪行的要惩罚二代，犯杀人罪行的只判他本人的罪。所以说大罪有五种，而杀人的罪是最低一等的。"

冉有问于孔子曰："先王制法，使刑不上于大夫，礼不下于庶人。然则大夫犯罪，不可以加刑？庶人之行事，不可以治于礼乎？"

孔子曰："不然。凡治君子，以礼御其心，所以属之以廉耻之节也。故古之大夫，其有坐不廉污秽而退放之者[①]，不谓之不廉污秽而退放，则曰'簠簋不饬'[②]；有坐淫乱男女无别者，不谓之淫乱男女无别，则曰'帷幕不修'也[③]；有坐罔上不忠者[④]，不谓之罔上不忠，则曰'臣节未著'[⑤]；有坐罢软不胜任者[⑥]，不谓之罢软不胜任，则曰'下官不职'[⑦]；有坐干国之纪者，不谓之干国之纪，则曰'行事不请'[⑧]。此五者，大夫既自定有罪名矣，而犹不忍斥然正以呼之也，既而为之讳，所以愧耻之。是故大夫之罪，其在五刑之域者，闻而谴发[⑨]，则白冠厘缨[⑩]，盘水加剑[⑪]，造乎阙而自请罪。君不使有司执缚牵掣而加之也[12]。其有大罪者，闻命则北面再拜，跪而自裁[13]。君不使人捽引而刑杀之也[14]。曰：'子大夫自取之耳，吾遇子有礼矣。'以刑不上大夫而大夫亦不失其罪者，教使然也。凡所谓礼不下庶人者，以庶人遽其事而不能充礼[15]，故不责之以备礼也。"

冉求跪然免席[16]，曰："言则美矣，求未之闻，退而记之。"

（又见于《大戴礼记·圣德》）

**【注释】**

①退放：撤职放逐。

②簠簋（fǔ guǐ）不饬：这里指为官不廉洁。簠簋，均为古代祭器。不饬，不整治。王注："饬，整齐也。"

③帏幕不修：这里指男女无别或淫乱。帏幕，帐幕。不修，不修治。

④罔上：蒙蔽主上。

⑤臣节未著：没有保持住人臣的操守。著，显著。

⑥罢软：软弱无能。

⑦下官：下属官吏。此为委婉之词，不直斥本人，而是指责他的下属官吏。不职：不称职。王注："言其下官不称务其职，不斥其身也。"

⑧行事不请：王注："言不请而擅行。"

⑨谴发：谴责揭发。王注："谴，谴让也。发，始发露。"

⑩白冠厘缨：古代大臣犯罪时，戴上用毛作帽带的白色帽子，以示自请罪遣。王注："白冠，丧服也。以毛作缨。"

⑪盘水加剑：古代大臣自请处死的一种方法。自己端着盛水的盘子，上面放一把剑。表示让君王公平执法，如有罪，当自刎。

⑫不使有司执缚牵掣：不让司法人员捆绑束缚。

⑬自裁：自杀。

⑭捽(zuó)引：揪拉。

⑮遽：急，忙。充礼：充分地学习礼。

⑯跪然免席：跪着退下来，然后站起来离开席位。

**【译文】**

冉有问孔子说："先王制定法律制度，规定刑罚不加到大夫身上，礼不用到平民身上。那么，大夫犯了罪就可以不加刑？平民行事就不可以用礼来约束了吗？"

孔子说："不是这样的。凡治理君子，用礼来约束他的心，是因为把他们归属为有廉耻之节的人。所以古代的大夫，有犯了不廉污秽之罪而被罢免放逐的，不叫做因不廉污秽而放逐，而叫做'簠簋不饬'。有犯淫乱或男女无别罪行的，不叫做淫乱或男女无别，而叫做'帷幕不修'。有犯罔上不忠罪行的，不叫做罔上不忠，而叫做'臣节未著'。有犯软弱无能不胜任其职之罪的，不叫做软弱无能不胜任其职，而叫做'下官不职'。有触犯国家法纪之罪的，不叫做触犯国家法纪，而叫做'行事不请'。这五种情况，大夫既已自定罪名了，仍不忍正面直呼他有罪，接着还要为他隐讳，这是为了让他们感到羞愧。因此大夫犯了罪，他的罪行在这五种之内的，知道自己要被谴责问罪，就会戴上用毛做帽带的帽子，穿上白色的丧服，端着盛水的盘子，上面放一把剑，自己走到君王那里，表示要自刎谢罪。君王不派有关司法官吏捆绑牵掣他或施以刑罚。犯有大罪的，听到君王的命令则面向北下拜，跪下自杀。君王也不派人按着他身体用刑，只是说：'这是大夫你自己咎由自取，我对你已经有礼了。'即使是刑不上大夫，而大夫犯罪也不能逃避处罚，这是教化的结果。所谓礼不下庶人，是因为庶人忙于生计的事不能很好地学习礼，所以不能要求他们有完备的礼仪。"

冉有听完孔子的话，跪行离开了席位，说："您说得太好了，我还从未听说过，回去后要记下来。"

# 刑政第三十一

**【题解】**

这一篇主要是讲刑政的，但孔子首先还是强调德、礼的教化作用。他说："圣人之治化也，必刑政相参焉。太上以德教民，而以礼齐之，其次以政焉。导民以刑，禁之刑，不刑也。"他认为用刑罚来禁止人们犯法，是为了不用刑罚。在审理案件时，孔子认为必须注重犯罪事实，根据情节的轻重、罪行的深浅来量刑。审理官还要用尽他的聪明才智，以忠爱之心来审理。疑狱则要广泛听取各方面意见。古代审理案件，要经过狱吏、狱官、大司寇三次讯问审理，然后上报到君王。君王还要让三公卿士参与审理，最后有疑问还要由君王定夺。但对四种大罪，如"巧言破律，遁名改作，执左道与乱政者；作淫声，造异服，设伎奇器以荡上心者；行伪而坚，言诈而辩，学非而博，顺非而泽，以惑众者；假于鬼神、时日、卜筮，以疑众者"则杀无赦，不必经过三次审讯。可见古代已认识到，政治上的反对派比普通的刑事犯罪对政权的危害更大。另外还有十四条禁令，规定得很详细。

仲弓问于孔子曰①："雍闻至刑无所用政②，至政无所用刑③。至刑无所用政，桀纣之世是也；至政无所用刑，成康之世是也④。信乎？"

孔子曰："圣人之治化也，必刑政相参焉[5]。太上以德教民[6]，而以礼齐之。其次以政言导民，以刑禁之。刑，不刑也。化之弗变，导之弗从，伤义以败俗，于是乎用刑矣。制五刑必即天伦[7]，行刑罚则轻无赦[8]。刑，侀也[9]；侀，成也。壹成而不可更，故君子尽心焉。"

（以下均又见于《礼记·王制》）

**【注释】**

①仲弓：姓冉名雍，字仲弓，孔子弟子。

②至刑：最严酷的刑罚。

③至政：最完美的政治。

④成康之世：周成王、周康王的时代。史家称"成康之际，天下安宁，刑措四十余年不用"。

⑤相参：相互配合。

⑥太上：最好，最上等。

⑦即天伦：合乎天意。王注："即，就也。就天伦，谓合天意。"

⑧行刑罚则轻无赦：执行刑罚时，即使刑罚很轻也不能赦免。王注："行刑罚之官虽轻，犹不得作威作福。"可参看。

⑨侀：成形之物。侀，通"形"。

**【译文】**

仲弓问孔子说："我听说有严酷的刑罚就不需要用政令了，有完善的政令就不需要用刑罚了。有严酷的刑罚不用政令，夏桀、商汤的时代就是这样；有完善的政令不用刑罚，周成王、康王的时代就是这样。这是真的吗？"

孔子说："圣人治理教化民众，必须是刑罚和政令相互配合使用。最好的办法是用道德来教化民众，并用礼来统一思想。其次是用政令来教导民众，用刑罚来禁止他们。用刑罚的目的是为了不用刑罚。对经过教化还不改变，经过教导又不听从，损害义理又败坏风俗的人，只好用刑罚来惩处。专用五刑来治理民众也必须符合天道，执行刑罚对罪行轻的也不能赦免。刑，就是侀；侀，就是已成事实不可改变。一旦定刑就不可改变，所以官员要尽心地审理案件。”

仲弓曰：“古之听讼①，尤罚丽于事②，不以其心，可得闻乎？”

孔子曰：“凡听五刑之讼③，必原父子之情④，立君臣之义以权之。意论轻重之序，慎测深浅之量以别之。悉其聪明，致其忠爱以尽之。大司寇正刑明辟以察狱⑤，狱必三讯焉⑥。有指无简⑦，则不听也。附从轻⑧，赦从重。疑狱则泛与众共之⑨，疑则赦之。皆以小大之比成之。是故爵人必于朝，与众共之也；刑人必于市，与众弃之也。古者公家不畜刑人⑩，大夫弗养⑪。其士遇之涂，弗与之言。屏诸四方，唯其所之，弗及与政，弗欲生之也。”

【注释】

①听讼：审理案件。

②尤罚丽于事：尤，过错。丽，依靠，根据。事，事实。王注：“尤，过也。丽，附也。凡过人罚人，必以事稍当，而不与其心也。”

③五刑之讼：五种罪行的案件。

④原：推究、根据。

⑤大司寇：官名，掌刑狱纠察等事。正刑：正定刑法。明辟：辨明法令。察狱：审理案件。

⑥狱必三讯：王注：“一曰讯群臣，二曰讯群吏，三曰讯万民也。”讯，

询问,征求意见。

⑦有指无简:有人指证但不能确定犯罪事实。王注:“简,诚也。有意无其诚者,不论以为罪也。”

⑧附从轻,赦从重:依法量刑,可轻可重的从轻。可赦免的,原判较重的先赦。王注:“附人之罪,以轻为比;赦人之罪,以重为比。”

⑨疑狱:疑难案件。泛与众共之:广泛征求意见共同审理。

⑩公家:公室。不畜刑人:不收留被判刑的人。

⑪大夫弗养:大夫不供养被判刑的人。

**【译文】**

仲弓说:“古代审理案件,对过错的处罚根据事实,不依据内心动机,对这点可以讲给我听听吗?”

孔子说:“凡是审理五种罪行的案子,必须要根据父子之情 ,按照君臣之义来衡量。目的是论证犯罪情节的轻重,谨慎地衡量罪过的深浅,以便分别对待。断案者尽量运用自己的聪明才智,极力发挥自己的忠爱之心来探明案情。大司寇的职责是正定刑法辨明法令来审理案件,审案时必须听取群臣、群吏和万民的意见。有指证而核实不了犯罪事实的,就不治罪。量刑可重可轻的就从轻,赦免时,原判重了的则先赦。疑案则要广泛地向大众征求意见共同解决,如果还有疑问无法裁决,就赦免他。一切案件一定要根据罪行大小比照法律条文来定案。所以赐予爵位一定要在朝廷上,让众人共同鉴证;行刑一定要在闹市上,让众人共同唾弃他。古时诸侯不收容犯罪的人,大夫也不供养犯罪的人。读书人在路上遇到犯罪的人,不和他交谈。把罪犯放逐到四境,任凭他到什么地方,也不让他参与政事。表示不想让他活在世上。”

仲弓曰:“听狱,狱之成,成何官?”

孔子曰:“成狱成于吏,吏以狱成告于正[①]。正既听之,乃告大司寇。大司寇听之,乃奉于王。王命三公卿士参听棘木之下②，然后乃以狱之成告于王。王三宥之以听命③，而制刑焉。所以重之也。"

**【注释】**

①吏以狱成告于正：狱成，案件审理完毕。王注："吏，狱官吏。正，狱官长。"

②三公：辅助国君的最高官员，周朝为太师、太傅、太保。卿士：官名。参听：参与审理。棘木之下：古代判案的处所。棘木，酸枣树。王注："外朝法，左九棘，孤卿大夫位焉。右九棘，公侯伯子男位焉，而三槐三公位。"

③王三宥之以听命：三宥，对犯人可从宽处理的三种情况：一是因无知而犯罪，二是因过失而犯罪，三是因精神异常而犯罪。王注："君王尚宽宥，罪虽以定，犹三宥之。不可得轻，然后刑之者也。"

**【译文】**

仲弓问："审理案件时，定案的事，是由什么官来完成的？"

孔子说："案件首先由狱官来审定，然后狱官把审理情况报告给狱官之长。狱官之长审理之后，再报告大司寇。大司寇审理之后，再报告君王。君王又命三公和卿士在种有酸枣树的审理处会审，然后把审理结果报告给君王。君王根据三种可以宽宥的情况决定是否减免刑罚，最后根据审判结果来定刑。审定的程序是很慎重的。"

仲弓曰："其禁何禁①？"

孔子曰："巧言破律②，遁名改作③，执左道以乱政者，杀④；作淫声⑤，造异服，设奇伎奇器以荡上心者，杀⑥；行伪而坚⑦，言诈而辩，学非而博，顺非而泽⑧，以惑众者，杀；假于鬼神、时日、卜筮以疑众者，杀。此四诛者不以听。”

**【注释】**

①其禁何禁：禁，禁止的事。后“禁”字指禁令的条款。

①巧言：花言巧语。《礼记·王制》作“析言”，即割裂法令文字。较胜。破律：破坏、曲解法律。王注：“巧卖法令者也。”

③遁名：假冒名义。改作：改变法则。王注：“变言与物名也。”

④左道：乱道，歪道。王注：“左道，乱也。”

⑤作淫声：制造淫靡之音。王注：“淫，逸也，惑乱人之声。”

⑥设奇伎奇器以荡上心者：奇伎奇器，奇巧怪异的器物。荡，动摇。王注：“怪异之伎，可以眩懼人心之器。荡，动。”

⑦行伪而坚：行为诈伪而顽固。王注：“行诈伪而守之坚也。”

⑧顺非而泽：顺从邪恶之事，还要曲加粉饰。王注：“顺其非而滑泽。”

**【译文】**

仲弓又问：“在法律禁令的规定中都有哪些条款呢？”

孔子说：“凡是用巧言曲解法律，变乱名义擅改法度，利用邪道扰乱国政者，杀。凡是制作淫声浪调，制作奇装异服，设计奇巧怪异器物来扰乱君心的，杀。凡行为诡诈又坚持不改，言辞虚伪又能诡辩，学非正学又广博多知，顺从坏事又曲加粉饰，用以蛊惑民众者，杀。凡利用鬼神、时日、卜筮，用以惑乱民众者，杀。犯此四类该杀罪行的都不须详加审理。”

仲弓曰：“其禁尽于此而已？”

孔子曰：“此其急者。其余禁者十有四焉：命服命车不粥于市，圭璋璧琮不粥于市，宗庙之器不粥于市，兵军旍旗不粥于市[1]，牺牲秬鬯不粥于市[2]，戎器兵甲不粥于市，用器不中度不粥于市，布帛精粗不中数、广狭不中量不粥于市，奸色乱正色不粥于市，文锦珠玉之器雕饰靡丽不粥于市，衣服饮食不粥于市[3]，果实不时不粥于市，五木不中伐不粥于市，鸟兽鱼鳖不中杀不粥于市。凡执此禁以齐众者，不赦过也。”

**【注释】**

①旍(jīng)旗：同“旌旗”。

②秬鬯(jù chàng)：祭祀时所用以郁金草合黍酿造的香酒。

③衣服饮食不粥于市：王注：“卖成衣服，非侈必伪，故禁之。禁卖熟食，所以厉耻也。”

**【译文】**

仲弓又问：“法令禁止的就到此为止了吗？”

孔子说：“这是其中最紧要的。其余应禁的还有十四项：天子赐予的命服、命车不准在集市上出卖，圭璋璧琮等礼玉不准在集市上出卖，宗庙祭祀用的礼器不准在集市上出卖，兵军旍旗不准在集市上出卖，祭祀用的牲畜和酒不准在集市上出卖，作战用的兵器铠甲不准在集市上出卖，家用器具不合规矩不准在集市上出卖，麻布丝绸精粗不合乎规定、宽窄不合规定的不准在集市上出卖，染色不正的不准在集市上出卖，锦缎珠玉等器物雕刻巧饰特别华丽的不准在集市上出卖，衣服饮食不准在集市上出卖，果实还未成熟不准在集市上出卖，树木不成材不准在集市上出卖，幼小的鸟兽鱼鳖不够杀的标准不准在集市上出卖。凡执行这些禁令都是为了治理民众，犯禁者不赦。”

# 礼运第三十二

**【题解】**

《礼运》原为《礼记》中的一篇，主要论述礼义的本原和礼制的演变。孔子首先赞扬了五帝三皇的“大同”世界，认为那是人类历史上最完美的时期。那时大道行于世，天下人皆知为公，人们推选贤能的人治理国家，讲究信用，和睦相处。老有所终，壮有所用，奸谋不兴，盗窃乱贼不作。称之为大同。到了夏、商、周三代，社会由“大同”进入“小康”，社会财富成为私家之物，国家政权也为一家所有，父死子继，因此诈谋和战乱不断。而此时的夏禹、商汤、周文王、周武王、周成王、周公以礼治理乱世，使天下复安，他们是小康时代最杰出的人物。到周幽王、周厉王时礼制衰微。孔子根据这种情况，论述了礼的重要，礼的起源，以及祭祀、死丧等各种礼节，以正君身，以治理社会。“大同”“小康”的学说对后世发生过相当重要的影响，创建“大同”世界成为人们美好的社会理想。

孔子为鲁司寇[①]，与于蜡[②]。既宾事毕[③]，乃出游于观之上[④]，喟然而叹。言偃侍，曰：“夫子何叹也？”

孔子曰：“昔大道之行[⑤]，与三代之英[⑥]，吾未之逮[⑦]，而有记焉。

（以下均又见于《礼记·礼运》）

【注释】

①司寇：官名，掌刑狱纠察等事。

②与于蜡(zhà)：参与蜡祭。周代于十二月合祭百神，叫蜡。

③既：已经。宾：陪祭者。毕：完毕。王注："毕宾客之事也。"

④观：宫门外阙。王注："观，宫门外阙，《周礼》所谓象魏也。"

⑤大道之行：此指三皇五帝时，大道通行。大道指上古五帝时所遵循的社会准则。

⑥三代：指禹、汤、文武时代。英：英才。

⑦未之逮：没赶上。

【译文】

孔子担任鲁国司寇时，曾参与蜡祭的典礼。宾客走了以后，他出来到高台上观览，感慨地叹了口气。言偃跟随在孔子身边，问道："老师为什么叹气呢？"

孔子说："从前大道通行的时代，及夏商周三代精英当政的时代，我都没有赶上，而有些文字记载还可以看到。

"大道之行，天下为公，选贤与能，讲信修睦[①]。故人不独亲其亲[②]，不独子其子[③]。老有所终[④]，壮有所用，矜寡孤疾皆有所养。货恶其弃于地[④]，不必藏于己；力恶其不出于身，不必为人[⑤]。是以奸谋闭而弗兴，盗窃乱贼不作。故外户而不闭，谓之大同[⑥]。

【注释】

①讲信修睦：讲求信用，人们和睦相处。王注："讲，习也。修，行也。睦，亲也。"

②不独亲其亲：不只是敬奉自己的父母。

③不独子其子：不只是疼爱自己的子女。

④终：指安享天年。

⑤力恶其不出于身，不必为人：王注："言力恶其不出于身，不以为德惠也。"恶，惟恐，恐怕。为人：《礼记·礼运》作"为己"。

⑥大同：儒家的理想社会。

【译文】

"大道通行的时代，天下为大家所公有，选举有贤德和有能力的人，讲求诚信，致力友爱。所以人们不只敬爱自己的双亲，不只疼爱自己的子女。社会上的老人都能安度终生，壮年人都能发挥自己的才能，鳏夫、寡妇、孤儿和残疾人都能得到供养。人们厌恶把财物浪费不用，但不必收藏到自己家里；人们担心自己的智力体力不能得到发挥，但不是为了个人的利益。因此奸诈阴谋的事不会发生，盗窃财物扰乱社会的事情不会出现。所以家里的大门不必紧锁，这就叫做大同世界。

"今大道既隐①，天下为家②，各亲其亲，各子其子。货则为己，力则为人。大人世及以为常③，城郭沟池以为固。禹汤文武，成王周公，由此而选④，未有不谨于礼⑤。礼之所兴，与天地并。如有不由礼而在位者，则以为殃⑥。"

【注释】

①既隐：已经隐没衰微。

②天下为家：天下成为一家一姓的天下。

③大人：指天子诸侯。世及：世代相传。

④由此而选：王注："言用礼义为之选也。"选，选拔。

⑤谨于礼：谨慎地遵守礼法。

⑥殃：灾祸。

【译文】

“如今大道已经衰微，天下为一个家族所私有，人们只敬爱自己的双亲，只疼爱自己的子女。财物想据为己有，出力的事则让他人。天子诸侯把财物和权位世代相传以成常事，建筑城郭沟池作为防御工事。夏禹、商汤、文王、武王、成王、周公就是这个时代产生的，他们之中没有一人不依礼行事的。礼制的兴起，与天地并存。如有不遵循礼制而当权在位的，民众把他视为祸殃。”

言偃复问曰：“如此乎，礼其急也①。”

孔子曰：“夫礼，先王所以承天之道以治人之情。列其鬼神②，达于丧、祭、乡射、冠、婚、朝聘。故圣人以礼示之，则天下国家可得以礼正矣。”

言偃曰：“今之在位，莫知由礼，何也？”

孔子曰：“呜呼哀哉！我观周道，幽厉伤也③。吾舍鲁何适？夫鲁之郊及禘皆非礼④，周公其已衰矣⑤。杞之郊也禹⑥，宋之郊也契⑦，是天子之事守也⑧，天子以杞、宋二王之后。周公摄政致太平，而与天子同是礼也。诸侯祭社稷宗庙，上下皆奉其典，而祝嘏莫敢易其常法⑨，是谓大嘉⑩。

【注释】

①急：急需，紧要。

②列其鬼神：参验于鬼神。

③幽厉：指周幽王、周厉王，二人均是昏庸残暴之君。伤：败坏，损坏。王注：“幽厉二王者，皆伤周道也。”

④郊：在郊外祭天。禘（dì）：天子诸侯的宗庙五年祭祀一次称禘。非礼：不合乎周礼。

⑤周公其已衰矣：指周公定的礼已经衰微。因周公封于鲁，故云。王注："子孙不能行其礼义。"

⑥杞之郊也禹：杞国的郊祭是祭祀禹。王注："杞，夏后，本郊鲧。周公以鲧非令德，故令杞郊禹。"

⑦契：传说中宋的始祖，帝喾之子，母为简狄。

⑧事守：职守。

⑨祝嘏（gǔ）：祭祀时致祝祷之辞和传达神言的执事人。易：更改。常法：原有的方法规则。

⑩嘉：善。

**【译文】**

言偃又问："这样的话，礼就是很紧迫的了？"

孔子说："礼是先代圣王用以顺承自然之道来治理人情的。它参验于鬼神，贯彻在丧、祭、乡射、冠、婚、朝聘等礼仪上。因此圣人就用礼来昭示天道人情，这样国家才能按照礼治理好。"

言偃又问："现在在位当权的人没有知道遵循礼制的，为什么呢？"

孔子说："唉，可悲呀！我考察周代的制度，自从幽王、厉王起就败坏了。我除了鲁国又能到哪里去考察呢？可是鲁国的郊、禘之祭已不合乎周礼，周公定的礼看来已经衰微了。杞人郊祭是祭禹，宋人郊祭是祭契，这是天子的职守，因为杞、宋二王是夏、商的后裔。周公摄政而使天下太平，所以用与天子同样的礼仪。至于诸侯只能祭祀社稷和祖先，上下的人都奉守同样的典章制度，而人对神的祝辞和神对人的嘏辞，都不敢更改原有的常规古法，这叫作大嘉。

"今使祝嘏辞说徒藏于宗祝巫史[①]，非礼也，是谓幽国[②]。醆斝及尸君[③]，非礼也，是谓僭君[④]。冕弁兵革藏于私家[⑤]，非礼也，是谓胁君。大夫具官[⑥]，祭器不假[⑦]，声乐皆具，非礼也，是为乱国。故仕于公曰臣，仕于家曰仆。三年之丧，与新有婚者,期不使也。以衰裳入朝⑧,与家仆杂居齐齿,非礼也,是谓臣与君共国⑨。天子有田,以处其子孙;诸侯有国,以处其子孙;大夫有采,以处其子孙,是谓制度。天子适诸侯,必舍其宗庙,而不以礼籍入⑩,是谓天子坏法乱纪。诸侯非问疾吊丧,而入诸臣之家,是谓君臣为谑。

【注释】

①祝嘏辞说徒藏于宗祝巫史:祝,人对神的祝辞。嘏辞,神对人的祝辞。徒,只。宗,宗伯,掌宗庙祭祀等礼仪的官。祝,太祝,掌管祭祀祈祷。巫,专事装神弄鬼,替人驱邪求福。史,掌管祭祀的记事等。王注:"言君臣皆当知辞说之意义也。"

②幽:指礼仪制度幽暗不明。王注:"幽,敝于礼。"

③醆(zhǎn)斝(jiǎ)及尸君:醆,浅底小酒杯。斝,盛酒的器具。王注:"夏曰醆,殷曰斝,非王者之后,则尸与君不得用。"

④僭:僭越,超越本分。

⑤冕弁兵革藏于私家:冕弁,礼帽礼服。兵革,各种兵器。私家,指大夫家。王注:"大夫称家。冕弁,大夫之服。孔子曰:'天子、诸侯、大夫冕弁复归设奠服。此谓不得赐而藏之也。"

⑥大夫具官:大夫手下设立各种官职。

⑦不假:不借用。

⑧衰裳:丧服。

⑨与:原误作"典",据《四部丛刊》本《家语》及《礼记·礼运》改。

⑩不以礼籍入:王注:"所谓临诸侯,将舍宗庙,先告其鬼神以将入止也。"礼籍,指典章礼制。

【译文】

"当今祝词、嘏辞都收藏在宗祝巫史私人手里,这是不合乎礼的,这叫做昏暗之国。醆和斝是先王的酒杯，诸侯在祭祀时用这种酒杯酌酒献尸，这是不合乎礼制的，这叫做僭越国君。冕服、弁服、兵器、甲胄藏于大夫家中，这不合乎礼，这叫做威胁国君。大夫家中设立各种官职，祭器自备，声乐俱全，这是不合乎礼制的，这叫做国家纲纪悖乱。侍奉国君的叫臣，侍奉大夫的叫仆。在三年服丧期间和新结婚的，一年之内不差派公务。在此期间穿着丧服入朝，或是和家仆杂居共处，没有尊卑上下，这都不合乎礼，这叫做君臣共国。天子有田来安置自己的子孙，诸侯有国来安置自己的子孙，大夫有采地来安置自己的子孙，这叫做制度。天子到诸侯国去，一定要住在诸侯的祖庙里，如果不按照礼籍的规定而进住，这叫做天子坏乱法纪。诸侯不是为了探病或吊丧，而随便进入大臣家中，这叫做君臣戏弄。

“故夫礼者，君之柄①，所以别嫌明微，傧鬼神，考制度，别仁义，立政教，安君臣上下也。故政不正则君位危，君位危则大臣倍小臣窃。刑肃而俗弊，则法无常；法无常，则礼无别；礼无别，则士不事，民不归，是谓疵国。

【注释】

①柄：执持，依据。王注：“柄，亦秉持。”

【译文】

“礼是国君手里的权柄，是用来辨别嫌疑，洞察隐微，敬事鬼神，考正制度，辨别仁义，建立政教制度，安定君臣上下的。所以国政不正则君位不稳，君位不稳则大臣背叛小臣窃权。严刑峻法而风气败坏，法令就会变更无常；法令变更无常，礼法会更加紊乱；礼法紊乱，士人就无法按礼行事，民众就不会归顺，这就叫做病国。

"是故夫政者，君之所以藏身[①]。必本之天，郊以降命[②]。命教于社之谓效地[③]，降于祖庙之谓仁义，降于山川之谓兴作[④]，降于五祀之谓制度[⑤]，此圣人所以藏身固也。圣人参于天地，并于鬼神，以治政也。处其所存，礼之序也。翫其所乐，民之治也[⑥]。天生时，地生财，人其父生而师教之。四者君以政用之，所以立于无过之地。

**【注释】**

①藏身：托身。王注："言所藏于身，不可以假人也。"

②郊以降命：郊，郊祭，祭祀天地。一本作"效"。降命，发布政令。王注："郊天以下教令，所谓则天之明。"

③效地：效法地。王注："所谓因地之利。"

④兴作：兴起，兴造。王注："下命所谓祭山川者，谓其兴造云雨，作生万物也。"

⑤制度：各种规章制度。王注："下命使事五祀者，以其能为人事之制度。"

⑥"处其所存"四句：王注："言圣人所常存处者，礼之次序。常玩乐者，民之治安。"

**【译文】**

"所以政治，是国君用来托身的。政令的制定必须依照天道，效法天理来颁布。政令颁布到神社，叫做效法大地。政令颁布到祖庙，叫做仁义。实施于山川，叫做兴作。实施于五祀，叫做制度。这就是圣人托身稳固的原因。圣人是参照效法天地之礼，比照依从鬼神之灵，来处理政事的。圣人处理考察的事物，就能使礼秩然有序。体验到民众的欢乐，就知道民众如何治理。天有四时，地能生财，人是父母所生，而知识是老师所教。把四者加以正确利用，就能够立于无过之地。

“君者，人所则，非则人者也；人所养，非养人者也；人所事，非事人者。夫君者明人则有过[①]，养人则不足[②]，事人则失位。故百姓则君以自治，养君以自安，事君以自显。是以礼达而分定，人皆爱其死而患其生[③]。是故用人之智去其诈，用人之勇去其怒，用人之仁去其贪。国有患，君死社稷谓之义，大夫死宗庙谓之变[④]。凡圣人能以天下为一家，以中国为一人，非意之[⑤]。必知其情，从于其义，明于其利，达于其患，然后能为之。

**【注释】**

①明人则有过：明人，尊崇效法别人。王注：“故为君徒欲明人而已，则过谬也。”

②养人则不足：养人，养民，让民众衣食无忧。不足，不充足。王注：“以时君失政，不能为人所养。”可参看。

③人皆爱其死而患其生：爱其死，指乐于为国君献出生命。患其生，耻于苟且偷生。王注：“人皆爱惜其死，而患其生之无礼也。”

④大夫死宗庙为之变：死宗庙，为宗庙而死。变，权变。王注：“大夫有去就之义，未必常死宗庙。其死宗庙者，以权变为也。”

⑤非意之：不是臆想出来的。王注：“非以意贪之，必有数之也。”

**【译文】**

“国君是民众所尊崇效法的，而不是尊崇效法民众的；国君是民众所供养的，而不是供养民众的；国君是民众所事奉的，而不是事奉民众的。如果国君效法民众就会发生偏差，国君供养民众就会财力不足，国君事奉民众就会失掉君位。所以百姓要效法国君来修养自己的品行，供养国君来安定自己的生活，事奉国君来显示自己的职分。由于礼制得到贯彻，上下名分就会确定，只要合理应分，人们就乐于为国君献出生命而不愿苟且偷生。因此国君要利用人们的智慧而去掉他们巧诈的毛病，利用人们的勇敢而去掉他们冲动的毛病，利用人们的仁爱而去掉他们贪图便宜的毛病。国家有危难，国君为国家的利益而死，叫做义，大夫为宗庙而死叫做变。圣人能够把天下当做一个家庭，把整个中国团结的像一个人一样，这不是主观臆想出来的。必定是由于圣人了解人情，通晓人义，明白人利，懂得人患，然后才能做到。

“何谓人情？喜、怒、哀、惧、爱、恶、欲，七者弗学而能。何谓人义？父慈，子孝，兄良[1]，弟悌[2]，夫义，妇听，长惠，幼顺，君仁，臣忠，十者谓之人义。讲信修睦，谓之人利。争夺相杀，谓之人患。圣人之所以治人七情，修十义，讲信修睦，尚辞让，去争夺，舍礼何以治之？饮食男女，人之大欲存焉；死亡贫苦，人之大恶存焉。欲、恶者，人之大端[3]。人藏其心，不可测度。美恶皆在其心，不见其色，欲一以穷之[4]，舍礼何以哉？

**【注释】**

①兄良：兄长和悦。

②弟悌：弟弟友爱。

③大端：大的端绪。

④穷：穷尽。

**【译文】**

“什么是人情？喜、怒、哀、惧、爱、恶、欲，这七种感情是不学就会的。什么是人义？父亲慈爱，儿子孝顺，兄长和悦，弟弟友爱，丈夫守义，妻子顺从，长者仁惠，幼者听话，君主仁慈，臣子忠诚，这十种就叫做人义。讲究信义，重视和睦，这就叫做人利。彼此争夺，相互厮杀，这就叫做人患。圣人所以能治理人的七情，倡导十义，讲究信用，重视亲睦，崇尚辞让，摈弃争夺，舍弃礼还能用什么来治理呢？饮食男女，是人们心中最大的欲望；死亡贫苦，是人们心中最憎恶的处境。欲望和憎恶是人们心中的两大端绪。人们把它藏在心中，别人无法揣度。喜爱什么，憎恶什么都藏在内心，不表现在神色上，想要真正了解人们内心的想法，除了礼还能用什么呢？”

“故人者，天地之德，阴阳之交，鬼神之会，五行之秀。天秉阳，垂日星；地秉阴，载山川。播五行于四时，和四气而后月生[①]。是以三五而盈，三五而缺[②]。五行之动，共相竭也[③]。五行四气十二月还相为本[④]，五声五六律十二管还相为宫[⑤]，五味六和十二食还相为质[⑥]，五色六章十二衣还相为主[⑦]。故人者，天地之心[⑧]，而五行之端[⑨]，食味别声被色而生者也。

**【注释】**

①播五行于四时，和四气而后月生：王注：“月生而后四时行焉。布五行，和四时，而后月生焉。”

②三五而盈，三五而缺：王注：“月，阴道，不常满，故十五日满，十五日缺。”

③共相竭：互为终结。王注：“竭，尽也。水用事尽，则木用事，五行用事，更相尽也。”

④还相为本：互相交替为主体。王注：“用事者，为本也。”

⑤五声五六律十二管还相为宫：王注：“王色者，青赤白黑黄。五声者，宫商角徵羽也。管，十二月也。一月一管，阳律阴吕，其用事为宫也。”

⑥五味六和十二食还相为质：王注："五味，酸苦咸辛甘。六和者，和之各有宜者，春多酸、秋多辛之属是也。十二食者，十二月之食。质，本也。"

⑦五色六章十二衣还相为主：王注："五色者，青赤白黑黄。《学记》曰：'水无当于五色，五色不得不章。'五色待水而章也。"主，原作"质"，据《四部丛刊》本《家语》改。⑧人者，天地之心：王注："人于天地之间，如五脏之有心矣。人，有生最灵。心，五脏最圣也。"

⑨五行之端：王注："端，始也，能用五行也。"

**【译文】**

"所以说人，是天地造化的功德，是阴阳交感的结果，是鬼神精灵的荟萃，是五行中的精华。天秉阳性，悬垂日星，照临大地；地秉阴性，负载着山川河流。播散五行到春夏秋冬四季，与四气调和而后出现各种月形。因此前十五日月亮逐渐圆满，后十五日逐渐残缺。五行的运转，彼此互为终结。五行四时十二月周转运行轮流做主，五声六律十二管依次交替为宫声，五味六和十二食依次交替为主味，五色六章十二衣依次交替为主色。所以，人是天地之心，五行之首，是能够品尝美味，辨别声音，穿着各色衣服而生活在世上的万物之灵。

"圣人作则[1]，必以天地为本，以阴阳为端，以四时为柄。日星为纪，以月为量，鬼神以为徒，五行以为质，礼义以为器，人情以为田，四灵以为畜。以天地为本，故物可举[2]；以阴阳为端[3]，故人情可睹；以四时为柄，故事可劝[4]；以日星为纪，故业可别[5]；以月为量，故功有艺[6]；鬼神以为徒，故事有守[7]；五行以为质，故事可复也[8]；礼义以为器，故事行有考[9]；人情以为田，故人以为奥。四灵以为畜，故饮食有由[10]。

**【注释】**

①作则:王注:“作为则法。”

②“以天地为本”至“故物可举”:王注:“天地为本,则万物包在于其中。”

③以阴阳为端:王注:“阴阳为情之始。”

④以四时为柄,故事可劝:王注:“四时各有事,故事可得而劝也。”

⑤以日星为纪,故业可别:王注:“日以纪昼,星以纪夜,故事可得而分别也。”

⑥以月为量,故功有艺:王注:“有度量以成四时,犹功业各有分理也。艺犹理。”

⑦鬼神以为徒,故事有守:王注:“鬼神不相干,各有守。”

⑧五行以为质,故事可复也:王注:“五行终则复始,故事可修复也。”

⑨考:王注:“考,成。”

⑩四灵以为畜,故饮食有由:王注:“四灵鸟兽之长,四灵为畜,则饮食可用。”

**【译文】**

“所以圣人制定法令,必定以天地为根本,以阴阳为大端,以四时为把柄。日星为纲纪,月份为限量,以鬼神为徒类,以五行为材质,以礼义为器具,以人情为田地,以四灵为家畜。以天地为根本,万物就可以兴举;以阴阳为大端,人情就可以看清;以四时为把柄,事情就可以劝勉;以日星为纲纪,事业就可以分别;以月份为限量,事功就可以分理;以鬼神为徒类,事情就各有职守;以五行为材质,事物就可周而复始;以礼义为器具,事情就能推行成功;以人情为田地,人就能自为主宰。以四灵为家畜,饮食就有了来源。

“何谓四灵?麟凤龟龙谓之四灵。故龙以为畜,而鱼鲔不谂[①]；凤以为畜，而鸟不獝[②]；麟以为畜，而兽不狘[③]；龟以为畜，而人情不失[④]。先王秉蓍龟，列祭祀，瘗缯，宣祝嘏辞说[⑤]，设制度。故国有礼，官有御[⑥]，事有职，礼有序。

**【注释】**

①谂(shěn)：王注："谂，潜藏也。"

②獝(xuè)：飞的样子。王注："獝，飞走之貌也。"

③狘(xuè)：兽惊走的样子。

④龟以为畜，而人情不失：王注："《易》曰：'定天下之吉凶，成天下之亹亹者，莫善于蓍龟。'故曰人情不失也。"

⑤瘗缯，宣祝嘏词说：王注："瘗谓祭祀之瘗，缯谓若增封太山，宣谓播宣扬之。"

⑥御：王注："治也。"

**【译文】**

"什么叫做四灵？麟、凤、龟、龙叫做四灵。以龙作为家畜，鱼类就不会潜藏水底；以凤为家畜，鸟类就不会飞走；以麟为家畜，兽类就不会逃走；以龟为家畜，人情就不会不知道。先王秉持卜筮用的蓍草和龟甲，安排祭祀，瘗埋币帛，宣读祝辞嘏辞，设立制度。所以国有礼制，官有管理，事有职守，礼有秩序。

"先王患礼之不达于下，故飨帝于郊，所以定天位也；祀社于国，所以列地利也；禘祖庙，所以本仁也；旅山川，所以傧鬼神也；祭五祀，所以本事也。故宗祝在庙，三公在朝，三老在学[①]，王前巫而后史，卜蓍瞽侑，皆在左右。王中心无违也，以守至正。是以礼行于郊，而百神受职；礼行于社，而百货可极；礼行于祖庙，而孝慈服焉[②]。礼行于五祀，而正法则焉。故郊社宗庙山川五祀，义之修而礼之藏③。

【注释】

①三老在学：王注："王养三老在学。"三老，指年老致仕者。

②孝慈服焉：王注："孝慈之道为远近所服焉。"

③礼之藏：王注："言礼之宝藏。"

【译文】

"先王忧虑礼不能贯彻到下面，所以祭上帝于南郊，用来确定天的至尊地位；祭土神于国内，用来显示大地物产之利；祭祀祖庙，用来表达家族中的仁爱；祭祀山川，用以表达对鬼神的尊敬；祭祀中霤、门、户、灶、行五神，用以表达对创造这些生活事物的先人的尊敬。所以宗人和祝在宗庙，三公在朝廷，三老在学堂，君王前面有巫后面有史官，掌管卜筮、礼乐、劝谏的官员都在左右。君王居中，心无杂念，保持纯正的心态。所以礼举行在南郊，天上百神都得到享祭而各受其职；礼举行在神社，而大地所产的各种物资都极尽其用；礼举行在祖庙，而子孝父慈的教化得以实施。礼举行于宫中五祀，而整饬了生活中的各种规则。所以举行祭郊、祭社、祭宗庙、祭山川、祭五祀的祭祀活动，义得到修治而礼也蕴藏其中了。

"夫礼必本于太一①，分而为天地，转而为阴阳，变而为四时，列而为鬼神。其降曰命②，其官于天也③，协于分艺④。其居于人也曰养⑤。所以讲信修睦，而固人之肌肤之会，筋骸之束也；所以养生送死，事鬼神之大端；所以达天道，顺人情之大窦。唯圣人为知礼之不可以已也。故破国丧家亡人，必先去其礼。礼之于人，犹酒之有糵也。君子以厚，小人以薄。圣王修义之柄，礼之序，以治人情。

**【注释】**

①太一：王注："太一者，元气也。"

②其降曰命：王注："即上所为命，降于天地祖庙也。"

③其官于天也：王注："官为职分也，言礼之职分皆从天下来也。"

④艺：王注："艺，理。"

⑤其居于人也曰养：王注："言礼之于人身，所以养成人也。"

**【译文】**

"礼的产生必定本于天地未分的太一，太一又分而为天地，天地又运行而有了阴阳，阴阳变化而有了四时，四时运转而又有了鬼神。降下来就称为命，这种命是是效法天理的，协调各个方面有一定限度。礼体现在人身叫做修养。这是用以讲求诚信、搞好和睦，坚固人肌肤的组合，筋骨的约束；是用以侍奉生者、葬送死者，敬事鬼神的大事项；是用以传达天道，顺适人情的大渠道。只有圣人知道礼是不可以废止的。所以要使一个国家出现破国丧家人亡的情况，必需先破坏它的礼制。礼对于人来说，就好像酿酒要有酒麹一样。君子因为遵循礼制品德会更加淳厚，小人因为违背礼制品德会更加浅薄。圣王修治义的根本、礼的秩序，用来治理人情。

"人情者，圣王之田也。修礼以耕之，陈义以种之，讲学以耨之[①]，本仁以聚之，播乐以安之。故礼者，义之实也。协诸义而协，则礼虽先王未之有，可以义起焉。义者艺之分，仁之节。协诸艺，讲于仁，得之者强，失之者丧。仁者义之本，顺之体，得之者尊。故治国不以礼，犹无耜而耕；为礼而不本于义，犹耕而不种。为义而不讲于学，犹种而不耨；讲之以学而不合以仁，犹耨而不获；合之以仁而不安之以乐，犹获而弗食；安之以乐而不达于顺，犹食而不肥。

【注释】

①耨:王注:“耨,除秽也。”

【译文】

“人情,就像是圣王的田地。圣王修治礼来耕它,陈说义来种它,讲学探讨来锄它,本着仁心来收获它,播放音乐来安适它。所以说礼,是义结出来的果实。只要配合义而能谐和,这种礼即使古代先王所未曾有过,也可以根据义理来创制。义,是对事理进行分辨,对爱心进行制约。用义来协调事理,用义来明辨仁爱,做到这些就会强大,失去这些就会丧亡。仁是义的根本,顺的主体,做到的人就会受到尊重。所以治国不用礼,就好比没有耒耜而要耕田;制礼而不以义为根本,就好比耕地而不播种。以义为本而不宣讲学习,就好比播了种而不锄草;宣讲学习而不合于仁,就好比锄草而不收获;符合仁而不用乐来调适,就好比收获而不食用;用乐进行调适而不能达到顺,就好比食用了而不能使身体康健。

“四体既正,肤革充盈,人之肥也;父子笃,兄弟睦,夫妇和,家之肥也;大臣法而小臣廉,官职相序,君臣相正,国之肥也;天子以德为车,以乐为御,诸侯以礼相与,大夫以法相序,士以信相考,百姓以睦相守,天下之肥也。是谓大顺。大顺者,所以养生送死事鬼神之常也。故事大积焉而不苑[①],并行而不谬,细行而不失。深而通,茂而不间[②],连而不相及[③],动而不相害,此顺之至也。明于顺,然后乃能守危[④]。

【注释】

①苑:王注:“苑,滞积也。”

②深而通,茂而不间:王注:“言有理也。”

③连而不相及：王注："言有叙也。"

④守危：王注："高而不危，以长守危。"

【译文】

四肢正常，肌肤丰满，说明人是健康的；父子相亲，兄弟和睦，夫妇和顺，说明家庭是和美的；大臣守法，小臣清廉，官职上下有序，君臣相互匡正，说明国家是健康的；天子以德为车，以乐为御，诸侯以礼相交，大夫以法度为序，士人以信相考较，百姓以和睦相守，说明天下是健康正常的。这就叫做大顺。大顺，就是人们能正常地养生送死、事奉鬼神的社会。因此国事大量积聚而不积压停滞，各项事务并行而不纠缠乖谬，细微小事也能施行而不遗漏。事虽深奥而能通达，虽然密集而不间隔，连续而不相抵触，行动起来而不相妨害，这就是顺的极点了。明白了什么是顺，然后才能安守高位。

"夫礼之不同不丰不杀，所以持情而合危也[①]。山者不使居川，渚者不使居原。用水火金木，饮食必时[②]。冬合男女，春颁爵位，必当年德，皆所谓顺也。用民必顺[③]，故无水旱昆虫之灾，民无凶饥妖孽之疾。天不爱其道，地不爱其宝，人不爱其情，是以天降甘露，地出醴泉，山出器车[④]，河出马图[⑤]，凤凰麒麟皆在近郊，龟龙在宫沼。其余鸟兽及卵胎，皆可俯而窥也。则是无故，先王能循礼以达义，体信以达顺，此顺之实也。"

【注释】

①持情而合危：王注："合礼安也。"

②用水火金木，饮食必时：王注："用水，渔人以时入泽，梁乃溉灌。用火，季春焚莱草，孟冬以火田也。用金，以时采铜铁。用木，斧

斤以时入山林。饮食各随四时之宜。”

③用民必顺：王注：“悦以使民。”

④山出器车：王注：“出银瓮丹灶之器及象车也。”

⑤河出马图：王注：“龙似马，负图出。”

**【译文】**

礼制的规定不尽相同，礼的规格不能增加也不能减少，是用以维持人情而保持安定的。不能让住惯山区的人们迁到河川地带，也不能让住惯洲渚地区的人们迁居到平原。使用水、火、金、木，以及饮食必须顺应天时。冬季实行男婚女嫁，春季颁授爵位，这些都必须和年令以及德行相当，这都是符合顺的。役使民众必须顺应天时，这样就不会发生水旱昆虫的灾害，民众就没有凶年饥荒以及意外的疾患。天不隐藏其天理，地不隐藏其宝藏，人不隐藏其真情，于是天降甘露，地出醴泉，山里出现宝器宝车，黄河出现龙马驮着的宝图，凤凰麒麟都来到近郊，龟龙都来到宫中的池沼。其余的鸟兽以及卵生胎生的动物，随处可任人俯身观看。出现这种境况不是由于别的原因，就是由于先王能够遵循礼表达义，体现了信以达到顺，这就是顺的真实表现。”

卷八

# 冠颂第三十三

**【题解】**

冠礼是成人之礼的起始，因此古代非常重视冠礼。孔子回答朱隐公问冠礼之事时，就讲了冠礼的重要性和主要仪节。被加冠者站在阼阶即大堂东阶的主位上，表明他将以继承人的身份代替父亲为一家之主。经过加缁布冠、皮弁、爵弁三次加冠，是鼓励他有所成就。加冠后给他起了字，人们就用字来称呼他，表示尊重他的名。加冠礼必须在祖庙里举行，向祖宗献酒并奏乐，表示自谦自卑而尊敬祖宗。从此以后他就可以以成人的身份参加各种社会活动。

邾隐公既即位①，将冠②，使大夫因孟懿子问礼于孔子③。

子曰："其礼如世子之冠④。冠于阼者⑤，以著代也⑥。醮于客位⑦，加其有成⑧。三加弥尊⑨，导喻其志。冠而字之，敬其名也。虽天子之元子⑩，犹士也，其礼无变。天下无生而贵者，故也行冠事必于祖庙。以祼享之礼以将之⑪，以金石之乐节之⑫，所以自卑而尊先祖，示不敢擅⑬。"

（以下又见于《仪礼·士冠记》、《礼记·郊特牲》、《大戴

礼·公冠篇》、《春秋左传·襄公九年》)

【注释】

①邾(zhū)隐公:春秋时邾国国君,生平不详。

②冠:古代的一种礼仪,男子二十岁举行冠礼,表示已经成人。

③因:依靠,通过。孟懿子:鲁国贵族,姓仲,名何忌,孔子弟子。

④世子:太子,帝王的嫡长子。

⑤阼:大堂前东面的台阶。古代接待宾客,主人走东面的台阶,客人走西面的台阶。王注:"阼,主人之阶。"

⑥以著代:表明代表父亲。王注:"以明其代父。"

⑦醮:举行冠礼时的一个仪节,即尊者对卑者酌酒,卑者接受敬酒后饮尽,不需回敬。

⑧加其有成:加礼于有成之人。王注:"冠于阼若不醴,则醮用酒于客位,敬而成之。户西为客位。"

⑨三加:三次加冠。始加缁布冠,次加皮弁冠,再次加爵弁冠。弥:更加。

⑩元子:长子。

⑪以祼(guàn)享之礼以将之:灌以郁金香合黍酿造的香酒敬献给神。祼,灌。享,献。将,行。王注:"祼,灌鬯也。灌鬯以享神。享,献。将,行也。"

⑫金石之乐节之:王注:"金石者,钟磬也。"节之,"之"原作"也",据《四部丛刊》本《家语》改。

⑬ 擅:擅越。

【译文】

邾隐公即位后,将要举行冠礼,派大夫通过孟懿子向孔子询问举行冠礼的有关礼仪。

孔子说:"这个礼仪应该和世子的冠礼相同。世子加冠时要站在大堂前东面的台阶上,以表示他要代父成为家长。然后站在客位向位卑者敬酒。每戴一次冠敬一次酒,表示加礼于有成的人。三次加冠,一次比一次尊贵,教导他要有志向。加冠以后,人们用字来称呼他,这是尊重他的名。即使是天子的长子,与一般平民百姓也没有什么两样,他们的冠礼仪式是相同的。天下没有生下来就高贵的,故而冠礼一定要在祖庙里举行。用祼享的礼节来进行,用钟磬之乐加以节制,这样可以使加冠者感到自己的卑微而更加尊敬自己的祖先,以表示自己不敢擅越祖先的礼制。"

懿子曰:"天子未冠即位,长亦冠也?"

孔子曰:"古者王世子虽幼,其即位,则尊为人君。人君治成人之事者,何冠之有?"

懿子曰:"然则诸侯之冠异天子与[①]?"

孔子曰:"君薨而世子主丧,是亦冠也已。人君无所殊也[②]。"

懿子曰:"今邾君之冠,非礼也[③]?"

孔子曰:"诸侯之有冠礼也,夏之末造也[④]。有自来矣,今无讥焉[⑤]。天子冠者,武王崩,成王年十有三而嗣立,周公居冢宰,摄政以治天下。明年夏六月,既葬[⑥]。冠成王而朝于祖,以见诸侯,亦有君也。周公命祝雍作颂,曰:'祝王达而未幼。'祝雍辞曰:'使王近于民[⑦],远于年[⑧],啬于时[⑨],惠于财,亲贤而任能。'其颂曰:'令月吉日,王始加元服。去王幼志,服衮职[⑩]。钦若昊天[⑪],六合是式[⑫]。率尔祖考,永永无极。'此周公之制也。"

懿子曰:"诸侯之冠,其所以为宾主,何也?"

孔子曰："公冠则以卿为宾，无介。公自为主，迎宾，揖升自阼，立于席北。其醴也则如士，飨之以三献之礼。既醴，降自阼阶。诸侯非公而自为主者，其所以异，皆降自西阶。玄端与皮弁[13]，异朝服素毕[14]，公冠四[15]，加玄冕祭[16]，其酬币于宾，则束帛乘马[17]。王太子、庶子之冠拟焉[18]，皆天子自为主，其礼与士无变。飨食宾也，皆同。"

懿子曰："始冠必加缁布之冠，何也？"

孔子曰："示不忘古，太古冠布[19]，斋则缁之[20]，其緌也，吾未之闻[21]。今则冠而敝之[22]，可也。"

懿子曰："三王之冠，其异何也？"

孔子曰："周弁、殷冔、夏收[23]，一也。三王共皮弁素绩[24]。委貌[25]，周道也；章甫[26]，殷道也；毋追[27]，夏后氏之道也。"

【注释】

①诸侯之冠异天子与：王注："怪天子无冠礼，如诸侯之冠、世子之冠，故问之。"

②人君无所殊：王注："诸侯亦人君，与天子无异。"

③今邾君之冠，非礼也：王注："懿子以诸侯无冠，则邾君之冠非也。"

④夏之末造：王注："夏之末世，乃造诸侯冠礼。"造，作。

⑤有自来矣，今无讥焉：王注："言有所从来，故今无所讥。"

⑥"成王年十有三而嗣立"五句：王注："《周书》亦曰岁十有三，武王崩，元年六月葬，与此若合符。而说者横为年纪蹙促成年少，又命周公，武王崩后五月乃摄政，良可为冠与，痛哉！"

⑦使王近于民：王注："常得民之心也。"

⑧远于年：指寿命长久。王注："寿长。"

⑨啬于时：王注："啬，爱也。于时，不夺民时也。"

⑩服衮职：王注："衮职，盛服，有礼文也。"服，原作"心"，据《四部丛刊》本《家语》改。

⑪钦若昊天：王注："钦，敬。若，顺。"

⑫六合是式：王注："天地四方谓之六合，言为之法式。"

⑬玄端与皮弁：玄端，即玄衣，上朝时所穿的黑色礼服。端，正。言端，取其正义。皮弁，冠名，用白鹿皮制成。此指皮弁服，是君臣上朝时同穿的礼服。王注："玄端，缁布冠之服。皮弁，自服其服也。"

⑭异朝服素毕：素毕，白色皮革制成的蔽膝。素，白色。毕，蔽膝。王注："服朝而毕，示不忘古。"

⑮公冠四：公四次加冠。王注："公四加冠。"

⑯加玄冕祭：王注："加玄冕，着祭服。"

⑰其酬币于宾，则束帛乘马：酬币，主人献给宾的礼物。束帛，帛五匹为束。乘马，古代一乘车套四匹马，也称驷马。《仪礼·士冠礼》作"俪皮"，指两张鹿皮。王注："已冠而飨，既飨与宾币，谓之酬币。乘马，驷马也。"

⑱王太子、庶子之冠拟焉：王太子，君王的嫡长子。庶子，妾所生之子。拟，仿照。王注："王之太子庶子，皆拟诸侯冠礼也。"

⑲太古：指尧舜以前年代。冠布：戴白布冠。

⑳斋则缁之：斋戒时则染成黑色。

㉑其緌(ruí)也，吾未之闻：緌，冠的缨饰。王注："言今有緌，未闻之于古，古无緌也。緌，冠之饰也。"

㉒今则冠而敝之：敝：弃。缁布冠只在加冠时用一次，平时不用，故弃去。王注："今不复冠白布。敝之不复著也。"

㉓周弁：周代的冠名，指爵弁。殷冔(xū)：殷代称冕为冔。夏收：夏朝称冠作收。

㉔共:共同用。素绩:《四部丛刊》本《家语》作"素緌",指素色缨饰。

㉕委貌:周代冠名。用黑色丝织品制成,或谓即玄冠。

㉖章甫:殷代冠名,或谓即缁布冠。

㉗毋追:夏代冠名。毋,发语词。追,堆,形容冠的形状。

**【译文】**

孟懿子说:"天子因年幼未举行冠礼便登上王位,长大以后还要举行冠礼吗?"

孔子说:"古带君王的世子年纪虽幼,一旦即位,则被尊为人君。人君做的是成人所做的事,哪里还要举行冠礼呢!"

孟懿子说:"那么诸侯的冠礼和天子有什么不同呢?"

孔子说:"天子去世,世子为他主持丧事,这说明他已经是成人了。诸侯也是国君,与天子没什么不同。"

孟懿子说:"现今邾隐公举行冠礼,不符合礼制吧?"

孔子说:"诸侯有冠礼,是从夏朝末年开始的。这是有来源的,现在没有必要讥讽它。天子举行冠礼,始于周成王。武王驾崩,成王十三岁便继承了王位,周公担任冢宰,辅佐成王治理天下。第二年夏六月,安葬了武王。为成王举行冠礼并朝拜先祖,接见诸侯,也表示有了国君。周公命令祝雍作颂辞,说:'祝贺我王一切顺利并快快长大。'祝雍祝辞说:'祝愿我王深得民心,长命百岁,使民有时,国富民丰,亲贤而任能。'颂辞说:'良辰吉日,王举行冠礼。去掉稚气,穿上龙袍。敬顺天命,效法天地四方。祖宗先人,保佑国运永昌。'这是周公制定的礼制。"

孟懿子问:"诸侯的冠礼,必须在宾位举行,这是为什么呢?"

孔子回答说:"公举行冠礼则以卿为宾,不需要中间人。公亲自作为主人,迎接宾客,拱手行礼将宾客迎至宾位,自己站在席北。礼仪也和在学的士子相同,三次向祖先献酒。礼仪完毕,则回到东边的台阶上。没有公这个爵位的诸侯要自己作主持来举行冠礼,所不同的是,都回到宾位的西阶。穿着黑色礼服,戴着白鹿皮的冠,和平时所穿的素色朝服和蔽膝不同。公要四次加冠(为玄端、皮弁、朝服、玄冕),头戴玄冕,身穿祭服,在宾位上酬赠宾客,宾客则送束帛和乘马。王太子、庶子的冠礼也仿效诸侯的冠礼,都是天子亲自主持,礼仪与士冠礼一样。用酒食款待宾客,都是相同的。"

孟懿子又问:"第一次加冠必须戴缁布冠,这是为什么呢?"

孔子说:"这是表示不忘古代的礼制,最早时是麻布做的冠,行斋戒礼时才戴缁布冠,至于帽子有下垂的带子,我没有听说过。现今举行冠礼连缁布冠也不用了。"

孟懿子又问:"古代三王的帽子,有什么不同呢?"

孔子说:"周代叫弁,殷代叫冔,夏代叫收,作为冠都是一样的。三王的帽子都是皮弁和素色缨饰。委貌,是周代的帽子;章甫,是殷代的帽子;毋追,是夏后氏的帽子。"

# 庙制第三十四

**【题解】**

宗庙制度是天下有了君王,分封诸侯、卿大夫,建立国家,设置都邑后,建立的宗庙祭祀制度。天子立七庙,诸侯立五庙,大夫立三庙,士立一庙,庶人无庙。以此区分亲疏贵贱。这是维系封建统治的一项重要制度。“卫将军文子将立先君之庙于其家”章,孔子委婉地批评文子的做法“非古礼之所及”,并进而阐述古人立庙的规矩礼仪。“子羔问”章,是讲祭祀礼仪的,殷代、周代的祖先,因有功德,其庙才能永受享祭。

卫将军文子将立先君之庙于其家[①],使子羔访于孔子[②]。

子曰:“公庙设于私家,非古礼之所及,吾弗知。”

子羔曰:“敢问尊卑上下立庙之制,可得而闻乎?”

孔子曰:“天下有王,分地建国,设祖宗[③],乃为亲疏贵贱多少之数。是故天子立七庙,三昭三穆,与太祖之庙而七。太祖近庙[④],皆月祭之。远庙为祧[⑤],有二祧焉[⑥],享尝乃止[⑦]。诸侯立五庙,二昭二穆,与太祖之庙而五,曰祖考庙[⑧],享尝乃止。大夫立三庙,一昭一穆,与太祖之庙而三,曰皇考庙[⑨],享尝乃止。士立一庙,曰考庙[⑩],王考无庙[⑪],合而享尝乃止⑫。庶人无庙，四时祭于寝。此自有虞以至于周之所不变也⑬。凡四代帝王之所谓郊者⑭，皆以配天。其所谓禘者⑮，皆五年大祭之所及也。应为太祖者，则其庙不毁。不及太祖，虽在禘郊，其庙则毁矣。古者祖有功而宗有德，谓之祖宗者⑯，其庙皆不毁。”

（又见于《礼记·祭法》、《礼记·王制》）

**【注释】**

①文子：卫国将军，名弥牟。先君：先代的君王。家：大夫统治的地方叫家。

②子羔：姓高，名柴，字子羔，孔子弟子。

③祖宗：祖指创国开业的太祖。宗指太祖之后德高功大的君主。王注：“祖有功，宗有德。”

④近庙：太祖的庙。王注：“近为高祖，下亲为近。”

⑤祧：远祖庙。指高祖的父、祖。王注：“祧，远意，亲尽为祧。”

⑥二祧：王注：“二祧者，高祖及父母祖是也。”

⑦享尝乃止：指每季度祭祀一次。春祭称为享，夏祭称为禘，秋祭称为尝，冬祭称为蒸。王注：“四时祭也。”

⑧曰祖考庙：祖考庙即始祖庙。“曰”字原无，据《四部丛刊》本《家语》补。

⑨曰皇考庙：此四字原无，据《四部丛刊》本《家语》补。皇考庙即曾祖庙。

⑩考庙：即父庙。

⑪王考：对祖父的尊称。

⑫合而：指祭父时也同时祭祖父。王注：“祖合于父庙中。”

⑬有虞：古部落名，首领为舜。

⑭郊:古代帝王冬至日在南郊举行的祭祀上帝活动。

⑮禘:在国都南郊举行的祭天上帝活动。

⑯谓之:原作“诸见”,据《四部丛刊》本《家语》改。

**【译文】**

卫国将军文子将要在他的封地上建立先代君王的庙宇,派子羔向孔子询问有关礼仪。

孔子说:“将公家的庙宇建立在私人的封地上,这是古代礼仪所没有的,我不知道。”

子羔说:“请问建立宗庙的尊卑上下的有关礼制,我能够听一听吗?”

孔子说:“自从天下有了君王,划分土地,建立诸侯国,设立祖宗的宗庙,就确定了亲与疏、贵与贱、多与少的区别。天子建七庙,左边是三座昭庙,右边是三座穆庙,连同太祖庙一共是七庙。太祖庙为近亲的庙,每月都要祭祀。远祖的庙叫‘祧’,有二祧,每季祭祀一次。诸侯建五庙,两座昭庙,两座穆庙,连同太祖的庙一共是五庙,叫做祖考庙,每季祭祀一次。大夫建三庙,一座昭庙,一座穆庙,连同太祖的庙一共是三庙,叫做皇考庙,每季祭祀一次。士建立一庙,叫做考庙,没有祖庙,父祖合祭,每季祭祀一次。平民百姓则不立庙,四季就在家中寝室祭祀。这种制度从有虞到周代都没有改变。凡是四代帝王称作郊祭的,都和祭天一起祭祀。称作禘的,是五年一次的盛大祭祀,都配天祭祀。地位为太祖的,他的庙不毁;不到太祖辈分的,即使受到禘、郊的祭祀,他的庙也可以毁。古代把祖有功而宗有德的叫做祖宗,他们的庙都不能毁。

子羔问曰:“祭典云[①]:‘昔有虞氏祖颛顼而宗尧,夏后氏亦祖颛顼而宗禹,殷人祖契而宗汤,周人祖文王而宗武王。’此四祖四宗,或乃异代,或其考祖之有功德,其庙可也。若有虞宗尧,夏祖颛顼,皆异代之有功德者也,亦可以存其庙乎?”

孔子曰："善，如汝所问也。如殷周之祖宗，其庙可以不毁，其他祖宗者，功德不殊，虽在殊代，亦可以无疑矣。《诗》云[②]：'蔽芾甘棠[③]，勿翦勿伐[④]，召伯所憩[⑤]。'周人之于召公也，爱其人，犹敬其所舍之树，况祖宗其功德而可以不尊奉其庙焉！"

（又见于《礼记·祭法》）

【注释】

①祭典：有关祭祀礼仪的法典。

②《诗》：指《诗经·召南·甘棠》。

③蔽芾（fú）：幼小貌。甘棠：树名，又叫杜梨。

④勿翦勿伐：不要剪去枝叶，不要砍去树干。

⑤召伯：姓姬，名奭，周的支族，周武王之臣，因封地在召，故称召公或召伯。他巡行南国，传播文王的教化，老百姓都想念他的德政。憩（qì）：休息。

【译文】

子羔问道："据祭典说：'从前有虞氏的庙以颛顼为祖而以尧为宗，夏后氏的庙也以颛顼为祖而以禹为宗，殷人以契为祖而以汤为宗，周人以文王为祖而以武王为宗。'这四祖四宗，或者是时代不同，或者其祖先有功德，他们的庙可以永远供奉不毁。像有虞氏以尧为宗，夏代以颛顼为祖，都是不同时代有功德的，他们的庙也可以永存不毁吗？"

孔子回答说："是的，正如你所问的那样。如殷人、周人的祖宗，其庙可以不毁，其他的祖宗，功德和他们祖先相同，虽在不同的时代，无疑也是不可毁的。《诗经》说：'那幼小的甘棠树啊，不要剪它的枝和干啊！那是召伯曾经休息过的地方。'周人对于召公，他们爱他这个人进而爱护他曾经在其下休息过的树，何况祖宗有功德，怎可以不尊奉他的庙呢！"

# 辩乐解第三十五

**【题解】**

孔子非常重视乐在社会生活中的作用，他自己也很重视音乐的学习。“孔子学琴于师襄子”的事，生动记载了他不倦学习和勤于思考的情况。“子路鼓琴”章，孔子把音乐的风格与世道的兴衰和个人气质修养联系来看，很有道理。“周宾牟贾侍坐于孔子”章，通过与周宾牟贾讨论《武》舞，孔子详尽地讲解了模仿周武王事功的《武》舞的每一段舞蹈的含义，同时宣扬和赞美了武王的文治武功。说明周朝的教化能通达四海，和礼乐的交互运用是分不开的。

孔子学琴于师襄子[①]。

襄子曰：“吾虽以击磬为官，然能于琴。今子于琴已习，可以益矣。”

孔子曰：“丘未得其数也[②]。”

有间[③]，曰：“已习其数，可以益矣。”

孔子曰：“丘未得其志也。”

有间，曰：“已习其志，可以益矣。”

孔子曰：“丘未得其为人也。”

有间，曰："孔子有所缪然思焉[4]，有所睪然高望而远眺[5]。"

曰："丘迨得其为人矣[6]，黮而黑[7]，颀然长[8]，旷如望羊[9]，掩有四方[10]。非文王其孰能为此？"

师襄子避席叶拱而对曰[11]："君子圣人也，其传曰《文王操》[12]。"

（又见于《史记·孔子世家》、《韩诗外传·五》）

【注释】

①师襄子：春秋时卫国乐官。

②数：节奏度数。

③有间：过了一段时间。

④缪然：即穆然，深思的样子。

⑤睪然：高远的样子。"睪"字原为空格，据《四部丛刊》本《家语》补。

⑥迨：近。

⑦黮（dǎn）：黑貌。

⑧颀：长貌。

⑨旷：志向高远。王注："旷，用志广远。"望羊：仰视的样子。王注："远视的。"

⑩掩有四方：掩，同。王注："掩，同也。文王之时，三分天下有其二，后周有四方，文武之功也。"

⑪叶拱：以两手抚于胸前为礼。王注："叶拱，两手薄其心也。"

⑫《文王操》：古琴曲名，相传周文王所作。

【译文】

孔子向师襄子学习弹琴。

师襄子说："我虽然因磬击得好而被委以官职，但我最擅长的是弹琴。现在你的琴已经弹得不错了，可以学新的东西了。"

孔子说："我还没有掌握好节奏。"

过了一段时间，师襄子说："你已经掌握好节奏了，可以学新的东西了。"

孔子说："我还没有领悟好琴曲的内涵。"

又过了一段时间，师襄子说："你已经领悟到琴曲的内涵了，可以学新的东西了。"

孔子说："我还没有理解到琴曲歌颂的是什么人。"

又过了一段时间，师襄子说："孔子穆然深思，有志向高远登高远望的神态。"

孔子说："我知道琴曲歌颂的是什么人了。他皮肤很黑，身体魁梧，胸襟广阔，高瞻远瞩，拥有天下四方。这个人不是文王又有谁能达到这样的境界呢？"

师襄子离开坐席两手抚胸为礼，对孔子说："您真是圣人啊，这首传世琴曲就是《文王操》。"

子路鼓琴，孔子闻之，谓冉有曰："甚矣！由之不才也。夫先王之制音也，奏中声以为节，入于南[①]，不归于北。夫南者，生育之乡[②]，北者，杀伐之城[③]。故君子之音，温柔居中，以养生育之气，忧愁之感不加于心也，暴厉之动不在于体也。夫然者，乃所谓治安之风也[④]。小人之音则不然，亢丽微末[⑤]，以象杀伐之气，中和之感不载于心，温和之动不存于体。夫然者，乃所以为乱之风。昔者舜弹五弦之琴，造《南风》之诗[⑥]，其诗曰：'南风之薰兮[⑦]，可以解吾民之愠兮[⑧]。南风之时兮，可以阜吾民之财兮[⑨]。'唯修此化，故其兴也勃焉。德如泉流,至于今王公大人述而弗忘。殷纣好为北鄙之声[10],其废也忽焉。至于今王公大人举以为诫。夫舜起布衣,积德含和,而终以帝。纣为天子,荒淫暴乱,而终以亡。非各所修之致乎?由今也匹夫之徒,曾无意于先王之制,而习亡国之声,岂能保其六七尺之体哉?"

冉有以告子路,子路惧而自悔,静思不食,以至骨立。

夫子曰:"过而能改,其进矣乎!"

(又见于《礼记·乐记》)

【注释】

①入于南:《四部丛刊》本《家语》作"流入于南"。

②生育:生育万物。

③杀伐:征战。

④治安之风:太平盛世之风。治安,社会治理得平安稳定。

⑤亢丽:激烈。微末:细微。

⑥造:创作。

⑦薰(xūn):温和。

⑧愠:怒。

⑨阜:盛,大。

⑩北鄙:北部边远之地。

【译文】

子路弹琴,孔子听了,对冉有说:"太不像话了,子路太不聪明了。古代贤明的君王制作音乐,奏中正无邪的声调加以节制,向南方流传,不流向北方。因为南方是生育万物的地方,北方是征战厮杀的区域。所以那些道德高尚的君子们的音乐温柔适中,用来涵养生育万物之气,让忧愁的心情从心内驱除,把暴戾躁动之情从体内赶走。这样的音乐,就是所说的太平盛世之风。小人的音乐则不同，激烈琐屑，象征杀伐征战之气，中正平和之感不存于心中，温蕴平和的举动不存在于身体。这样的音乐，就是乱世之风。从前，舜弹奏五弦琴，制作了《南风》之诗，其诗是这样的：'多么温和的南风啊，可以解除我们百姓心中的忧愁；多么及时的南风啊，可以增加我们百姓的财富。'只因为用这样的教化措施，所以他的兴起非常快。舜的德政犹如清泉流淌，直到今天王公大人们代代传授不敢忘记。殷纣王喜好杀伐征战之音，所以他的灭亡就非常迅速。直到今天王公大人们常以此为诫来教训后人。舜从一个平民起身，不断积累道德涵养平和之性，终于成为帝王。殷纣王本为天子，但荒淫残暴，终于国灭身亡。这难道不是由各自的修养所导致的吗？由啊！现今你一个平民，无视先王的礼制，而沉湎于亡国之声，怎能保全你六七尺的身体呢？"

冉有把孔子的话告诉了子路，子路听后心里既害怕又后悔，静坐思考，不吃不喝，以致瘦得形销骨立。

孔子说："有过错能够改正，子路又进步了。"

周宾牟贾侍坐于孔子①，孔子与之言，及乐，曰："夫《武》之备诫之以久①，何也？"

对曰："病不得其众②。"

"咏叹之，淫液之④，何也？"

对曰："恐不逮事⑤。"

"发扬蹈厉之已蚤⑥，何也？"

对曰："及时事⑦。"

"《武》坐致右而轩左⑧，何也？"

对曰："非《武》坐⑨。"

"声淫及商⑩，何也？"

对曰:“非《武》音也[11]。”

孔子曰:“若非《武》音,则何音也?”

对曰:“有司失其传也。”

孔子曰:“唯,丘闻诸苌弘[12],亦若吾子之言是也。若非有司失其传,则武王之志荒矣。”

宾牟贾起,免席而请曰:“夫《武》之备诫之以久,则既闻命矣。敢问迟矣而又久立于缀[13],何也?”

子曰:“居,吾语尔。夫乐者,象成者也[14]。总干而山立[15],武王之事也;发扬蹈厉,太公之志也[16];《武》乱皆坐[17],周召之治也。且夫《武》,始成而北出,再成而灭商,三成而南反,四成而南国是疆,五成而分陕,周公左,召公右,六成而复缀,以崇其天子焉[18]。众夹振之而四伐[19],所以盛威于中国;分夹而进,所以事蚤济[20];久立于缀,所以待诸侯之至也。今汝独未闻牧野之语乎[21]?武王克殷而反商之政,未及下车则封黄帝之后于蓟[22],封帝尧之后于祝[23],封帝舜之后于陈[24]。下车又封夏后氏之后于杞[25],封殷之后于宋[26]。封王子比干之墓[27],释箕子之囚[28],使人行商容之旧[29],以复其位。庶民弛政[30],庶士倍禄[31]。既济河西,马散之华山之阳而弗复乘[32],牛散之桃林之野而弗复服[33]。车甲则衅之而藏诸府库[34],以示弗复用。倒载干戈,而包之以虎皮。将率之士,使为诸侯,命之鞬橐[35],然后天下知武王之不复用兵也。散军而修郊射[36],左射以《狸首》[37],右射以《驺虞》[38],而贯革之射息也[39]。裨冕搢笏,而虎贲之士脱剑[40];郊配后稷,而民知尊父焉;配明堂,而民知孝焉;朝觐[41],然后诸侯知所以臣;耕籍[42],然后民知所以敬亲。六者,天下之大教也。食三老五更于太学[43],天子袒而割牲,执酱而馈,执爵而酳[44],冕而总干[45],所以教诸侯之弟也。如此则周道四达,礼乐交通,夫《武》之迟久,不亦宜乎?”

(又见于《礼记·乐记》)

【注释】

①宾牟贾:人名,生平不详。

②夫《武》之备诫之以久:《武》,即《大舞》,周代六舞之一。备诫之以久,演出前长时间击鼓,提醒演员做好准备。王注:“武谓周舞。备诫,击鼓警众也。”

③病不得其众:王注:“病,忧也,忧恐不得其士众之心,敬者也。”

④淫液:形容乐声连绵不绝。王注:“淫液,歆淫滋味。”

⑤恐不逮事:王注:“言汲汲欲及此安民和众事。”逮,赶得上。

⑥发扬蹈厉:此指挥手顿足的舞蹈动作。蚤:通“早”。王注:“厉,病。备戒虽久,至其发作又疾。”

⑦及时事:把握时机,进行战事。王注:“欲令事及其时。”

⑧《武》坐致右而轩左:武,指表演《武舞》的演员。坐,跪坐,姿势为双膝跪地,臀部坐在脚后跟上。致右,右膝着地。轩左,左膝抬起。轩,提起。王注:“右膝至地,左膝不至地也。”

⑨非《武》坐:不是《武舞》的跪法。王注:“言《武》无坐。”

⑩声淫及商:商,指商调,声音凄厉。王注:“言声歆淫贪商。”

⑪非《武》音:不是《武舞》中的音调。王注:“武王之事,不得已为天下除残贼,非苟贪商。”

⑫苌弘:周大夫,相传孔子曾向他学乐。

⑬缀:指表演者所处的位置。

⑭象成：象征成功。王注："象成功而为乐。"

⑮总干而山立：总，持，拿着。干，盾牌。山立，立定如山。王注："总持干若山立不动。"

⑯太公：即姜太公，名尚，号太公望。曾辅佐武王灭商。之志：王注："志在鹰扬。"鹰扬，如鹰奋扬，喻大展雄才。

⑰《武》乱：《武舞》的最后一章。皆坐：演员都坐下了。王注："武乱武治皆坐，而以象安民无事也。"可参看。

⑱六成而复缀，以崇其天子焉：六成，指《武舞》的第六章节。复缀，回到原来的舞位。王注："以象尊天子也，凡成，谓舞之节解也。"

⑲众夹振之而四伐：众夹，饰战士的众演员包围着武王。振，震动金铎。四伐，舞者依铎声向四方击刺四次，表示武王威震四方。王注："夹武王，四面会振威武。四伐者，伐四方与纣同恶也。"可参看。

⑳分夹而进，所以事蚤济：分夹，分列。王注："所以分夹而蚤进者，欲事蚤成。"

㉑牧野之语：关于牧野之战的传说。牧野，地名，在今河南淇县南。周武王曾在牧野大败殷纣王的军队。

㉒蓟：地名，在今北京西南。

㉓祝：国名，在今山东长清东北。

㉔陈：国名，在今河南淮阳与安徽亳县一带。

㉕杞：国名，在今河南杞县。

㉖封殷之后于宋：宋，国名，在今河南商丘。王注："武王伐殷，封其子禄父。武王崩，禄父叛，周公诛之。封微子于宋，以为殷后。禄父不成殷后，故成言之。"

㉗封：堆土筑坟。王子比干：殷纣王的叔伯父，因劝谏被纣王剖心而死。

㉘释箕子之囚：箕子，殷纣王的叔伯父，任太师，封于箕（今山西太

谷东北)。传说因劝谏而遭纣王囚禁,后被周武王释放。

㉙使人行商容之旧,以复其位:行,巡行查访。商容,商代贤人,传说曾被纣王贬斥。一说指商朝的礼官。王注:“商容,商之礼官,其位旧居也。传说多以商容为殷之贤人。行者,使箕子求商容乎?行犹索也。”

㉚庶民弛政:指废除殷朝的苛政。王注:“解其力役之事。”

㉛庶士倍禄:此四字原无,据《四部丛刊》本《家语》补。倍禄,成倍地增加俸禄。

㉜华山:山名,在今陕西华阴南。阳:山的南面。

㉝桃林:地名,约在今河南灵宝以西、陕西潼关以东的地区。王注:“桃林,西方塞也。”

㉞衅:血祭叫衅。即以牲血涂抹在器物上。

㉟使为诸侯,命之鞬櫜:鞬櫜,将兵器包裹收藏。鞬,闭锁。櫜,原指收藏衣甲或弓箭的袋子,此处作收藏之意。王注:“言所以櫜弓矢而不用者,将率之士力也,故建以为诸侯,为之鞬櫜也。”

㊱散军:解散军队。郊射:周代制度,天子出郊祭天,于射宫习射以择士。王注:“郊有学官可以习礼。”

㊲左:指东郊的射官。《狸首》:逸诗篇名,举行射礼时,诸侯演奏此首乐曲。

㊳右:西郊的射官。《驺虞》:《诗经》篇名,行射礼时,帝王演奏此首乐曲。王注:“左东学,右西学。狸首、驺虞,所为节也。”

㊴贯革:穿透革制的铠甲。

㊵裨冕搢笏,而虎贲之士脱剑:裨冕,臣下朝见君王穿戴的礼服礼帽。搢,插。笏,臣子上朝时手中所执用以记事的木板。虎贲之士,勇猛的武士。王注:“衮冕之属,通谓之裨冕。脱剑,解剑也。”

㊶朝:指诸侯春天朝见天子。觐:指诸侯秋天朝见天子。

㊷耕籍：帝王亲耕籍田。籍田是帝王在春耕前亲耕的农田。所谓亲耕，只是一种仪式，寓劝农之意。王注："亲耕籍田，所以奉祠祀之粢盛。"

㊸三老五更：相传古代朝廷设三老五更各一人，皆为致仕的官吏，天子以父兄之礼对待，以示敬老。

㊹酳(yìn)：献酒。

㊺冕而总干：头戴礼帽亲自主持歌舞演出。王注："亲在舞位。"

**【译文】**

宾牟贾陪同孔子坐着，孔子和他谈话，谈到乐舞，孔子提问："那《武舞》开演前长时间的击鼓警戒，这是为什么呢？"

宾牟贾回答说："这表现周武王出兵讨伐殷纣之前忧虑得不到士众的拥护，需要长时间的准备。"

孔子又问："长声咏叹，连绵不绝，又是什么意思呢？"

宾牟贾回答说："这是表现武王担心诸侯不能及时到达，失去战机。"

孔子又问："《武舞》刚开始演员就激烈地手舞足蹈，这是什么意思呢？"

宾牟贾回答说："这象征及时地发起军事行动。"

孔子又问："《武舞》中演员只跪右腿而支起左腿，这是什么意思呢？"

宾牟贾回答说："这不是《武舞》中的跪法。"

孔子又问："《武舞》中的声乐过分地充满表现杀气的商调，这是为什么呢？"

宾牟贾回答说："这不是《武舞》中应有的音调。"

孔子又问："如果不是《武舞》中应有的音调，那又是什么音调呢？"

宾牟贾回答说："这是乐官们传授有失误。"

孔子说："是的。我听周大夫苌弘说过，也和你说的一样。如果不是乐官们传授有失误，那岂不是武王的志向迷乱了。”

宾牟贾站起来，离开席位向孔子请教说：“《武舞》开始前长时间的击鼓警戒的原因，已经听您提问过了。请问舞者长久地站立在舞位上等待，这是为什么呢？”

孔子说：“请坐，我来告诉你。乐舞，是表现已经成功的事业的。手持盾牌如山般屹立，象征武王的事业；激烈地手舞足蹈，表现姜太公的雄心壮志；《武舞》的末章演员全体整齐跪坐，表现周公、召公共同辅政的治绩。再说《武舞》的章节，第一章表现武王出师北上，第二章表现武王灭商，第三章表现武王领兵向南，第四章表现开拓南方疆土，第五章表现以陕为界，周公治理东方，召公治理西方，第六章演员都回到原位，象征诸侯会聚尊崇天子。表演中众将围在武王四周振动铎铃，士卒用戈矛四次击刺，显示武王的军队强盛威震中国。继而又分列前进，表示战事已经成功。开始时扮演战士的演员长久立于原处歌舞，表示武王等待各路诸侯来会师。你难道没有听说过牧野战役的传说吗？武王打败殷纣之后又把政权还给商的后人，还没等下车就分封黄帝的后裔到蓟地，封帝尧的后裔到祝地，封帝舜的后裔到陈地。下车以后又封夏后氏的后裔到杞地，封殷商的后裔到宋地。命令修建王子比干的墓，释放被囚禁的箕子，派人查访贤臣商容并恢复了他的官位。免除百姓的苛捐杂税，给官吏增加一倍俸禄。接着渡河西行，把战马散放到华山的南面不再骑乘，将拉辎重的牛都散放到桃林的原野不再驱使。将战车铠甲涂上牲血藏入府库，表示不再使用。将盾牌和矛戈倒放，用虎皮包起来。将带兵的将帅封为诸侯，总称之为“鞬櫜”，这样天下的人就知道武王不再用兵了。解散了军队让他们学习郊射之礼，在东郊习射时奏《狸首》乐章来节射，在西郊习射时奏《驺虞》乐章来节射，而停止了贯穿铠甲的射击。身穿礼服，头戴礼帽，腰插笏板，从而勇猛的战士解除了佩剑；在郊外祭天以后稷配享，从而让民众知道尊敬父亲；在明堂祭祀祖先，从而让民众知道孝道；让诸侯定期朝见天子，然后诸侯知道为臣的道理；天子在籍田上亲自举行耕种仪式，然后民众知道如何重农养亲。以上六件事，是天下重大的政教措施。在太学宴请三老五更，天子袒露左臂亲自切割牲肉，端着肉酱请他们食用，拿着酒爵向他们敬酒，天子头戴礼帽，手执盾牌，亲自主持慰问演出的仪式，用以教导诸侯懂得互相尊重的道理。这样，周朝的教化就畅达四方，礼乐各处通行，那么表现文治武功的《武舞》表演的时间很长，不是很适宜吗？“

# 问玉第三十六

**【题解】**

古人很看重玉，有些礼器和用品就是用玉来制作的。“子贡问于孔子”章，孔子把玉的品质和君子的仁、智、义、礼、乐、忠、信等多种德行相比，十分贴切；并引《诗经》“言念君子，温其如玉”的诗句说明，对人很有启迪。“孔子曰入其国”章，讲进入一个国家，看国人的举止、修养、学识，就可以知道他们受教育的情况。提供了人们观察事物的方法。在讲到学习《诗》、《书》、《礼》、《乐》、《易》、《春秋》这些经典时，指出要避免书中的偏颇，而要正确的理解。“子张问圣人之所以教”章，孔子回答“圣人明于礼乐，举而措之而已”，认为对于礼乐，重要的不是了解那些繁琐的形式，更重要的在于实践。可见孔子不是个夸夸其谈的腐儒。

子贡问于孔子曰：“敢问君子贵玉而贱珉①？何也？为玉之寡而珉之多欤②？”

孔子曰：“非为玉之寡故贵之，珉之多故贱之。夫昔者君子比德于玉：温润而泽，仁也；缜密以栗③，智也；廉而不刿④，义也；垂之如坠，礼也；叩之，其声清越而长⑤，其终则诎然，乐也⑥；瑕不掩瑜⑦，瑜不掩瑕，忠也；孚尹旁达⑧，信也；

气如白虹，天也；精神见于山川，地也；珪璋特达[9]，德也；天下莫不贵者，道也。诗云[10]：‘言念君子[11]，温其如玉。’故君子贵之也。”

（又见于《礼记·聘义》、《荀子·法行》）

【注释】

①珉（mín）：似玉的石头。

②寡：少。

③缜密：紧密貌。栗：坚硬。王注："缜密，致塞貌。栗，坚也。"

④廉：棱角。刿：割。王注："刿，割。有廉隅而不割伤也。"

⑤清越：乐声清澈激扬。

⑥诎（qū）然：断绝貌。王注："诎，断绝貌，似乐之息。"

⑦瑕：玉上的斑点。瑜：玉的光彩。王注："瑜，其中美者也。"

⑧孚尹：指玉的晶莹光彩。旁达：发散到四方。王注："孚尹，玉貌旁达，似信者，无不通。"

⑨珪璋：皆为朝会时所执的玉器。特达：直接送达。古代聘享之礼，有珪、璋、璧、琮。璧、琮加上束帛才可送达；珪、璋不用束帛，故称特达。束帛，五匹帛。

⑩诗：此指《诗经·秦风·小戎》。

⑪言念：想念。言为助词。

【译文】

子贡向孔子请教说："请问君子以玉为贵而以珉为贱，这是为什么呢？是因为玉少而珉多吗？"

孔子说："并不是因为玉少就认为它贵重，也不是因为珉多而轻贱它。从前君子将玉的品质与人的美德相比：玉温润而有光泽，像仁；细密而又坚实，像智；有棱角而不伤人，像义；悬垂就下坠，像礼。敲击它，声音清脆而悠长，最后嘎然而止，像乐；玉上的瑕疵掩盖不住它的美好，玉的美好也掩盖不了它的瑕疵，像忠；玉色晶莹发亮，光彩四溢，像信；玉的光气如白色长虹，像天；玉的精气出于山川，像地；朝聘时用玉制的珪璋直接通达情意，像德；天下人没有不珍视玉的，像尊重道。《诗经》说：'每想起那位君子，他温和得如同美玉。'所以君子以玉为贵。"

孔子曰："入其国，其教可知也。其为人也，温柔敦厚，《诗》教也；疏通知远，《书》教也；广博易良，《乐》教也；洁静精微，《易》教也；恭俭庄敬，《礼》教也；属辞比事，《春秋》教也。故《诗》之失愚①，《书》之失诬②，《乐》之失奢，《易》之失贼③，《礼》之失烦④，《春秋》之失乱。其为人温柔敦厚而不愚，则深于《诗》者矣；疏通知远而不诬，则深于《书》者矣；广博易良而不奢，则深于《乐》者矣；洁静精微而不贼，则深于《易》者矣；恭俭庄敬而不烦，则深于《礼》者矣；属辞比事而不乱，则深于《春秋》者矣。

"天有四时者，春夏秋冬，风雨霜露，无非教也；地载神气，吐纳雷霆，流形庶物⑤，无非教也。清明在躬，气志如神，有物将至，其兆必先。是故，天地之教与圣人相参。其在《诗》曰⑥：'嵩高惟岳⑦，峻极于天⑧。惟岳降神，生甫及申⑨。惟申及甫，惟周之翰⑩。四国于蕃，四方于宣⑪。'此文武之德也⑫；'弛其文德⑬，协此四国⑭'，此太王之德也。凡三代之王，必先其令问⑮。《诗》云⑯：'明明天子，令问不已。'三代之德也。"

（又见于《礼记·经解》、《礼记·孔子闲居》）

【注释】

①失愚:失,不足,弊病。愚,愚昧不明,憨直。王注:“敦厚之失。”意指过于提倡敦厚了。

②失诬:言过其实。王注:“知远之失。”意指过于提倡对后代的指导作用了。

③失贼:王注:“精微之失。”意指过分的精微细密。

④失乱:乱加褒贬。王注:“属辞比事之失。”意指褒贬失当。

⑤流形庶物:生长着各种有形的东西,指万物。

⑥诗:指《诗经·大雅·嵩高》。

⑦嵩:山大而高。岳:指最高大最受尊崇的山。

⑧峻:高大。极:至。

⑨生甫及申:甫,指周宣王的大臣仲山甫。申,申伯,周宣王的舅父。王注:“岳降神灵和气,生申甫成大功也。”

⑩惟周之翰:翰,通“干”,骨干,栋梁。王注:“翰,干。美其宗族世有大功于周。甫侯相穆王制详刑,申伯佐宣王成德教。”

⑪四国于蕃,四方于宣:王注:“言能藩屏四国,宣王德化于天下也。”四国,四方的诸侯国。于,为,是。蕃,藩篱,屏障。

⑫文武之德:王注:“言文武圣德笃佑周家,天为之生良佐,成中兴之功。”文武,周文王、周武王。

⑬弛:施布。

⑭协:和睦,融洽。

⑮令问:好名声。令,美好。

⑯诗:指《诗经·大雅·江汉》。

【译文】

孔子说:“进入一个国家 ,就可以知道它的教化程度了。那里民众的为人,如果辞气温柔,性情敦厚,那是《诗》教化的结果;如果通达政事,远知古事,那是《书》教化的结果;如果心胸宽广,和易善良,那是

《乐》教化的结果;如果安详沉静,推测精微,那是《易》教化的结果;如果谦恭节俭,庄重诚敬,那是《礼》教化的结果;如果善于连属文辞,排比史事,那是《春秋》教化的结果。《诗》教的不足在于愚暗不明,《书》教的不足在于夸张不实,《乐》教的不足在于奢侈铺张,《易》教的不足在于过于精微细密,《礼》教的不足在于烦苛琐细,《春秋》教的不足在于乱加褒贬。如果为人能做到温柔敦厚又不愚暗不明,那就是深于《诗》教的人了;如果能做到通达知远又不言过其实,那就是深于《书》教的人了;如果能做到宽广博大平易善良又不奢侈铺张,那就是深于《乐》教的人了;如果能做到洁静精微又不过于精微细密,那就是深于《易》教的人了;如果能做到恭俭庄敬又不繁琐苛细,那就是深于《礼》教的人了;如果能做到善于属辞比事又不乱加褒贬,那就是深于《春秋》教的人了。"

"天有四时,春夏秋冬四季循环,风雨霜露降临大地,都是有教化意义的;大地负载着生养万物的神气,雷霆在天地间吐纳,万物在天地间生长,都是有教化意义的。圣人有清静光明的品德在身,气朗志远如神,有异人异物将至,必有征兆在先。因此,天地的教化与圣人的教化是互相结合的。这一点在《诗经》中是这样说的:'高大的山峰是四岳,巍峨高耸接云天。是那四岳降神灵,生下甫申两贤人。是那申侯和甫侯,才是周朝的干臣。诸侯以他为屏障,四方以他为垣墙。'这也指文王武王的品德。'广施德政于万民,协和四方天下安',这是太王的德行。凡是三代的君王,必定是先有好的名声。《诗经》说:'那些圣明的天子,美好的名声永流传。'这就是三代的德行。"

子张问圣人之所以教[①]。

孔子曰:"师乎[②],吾语汝。圣人明于礼乐,举而措之而已。"

子张又问。

孔子曰："师，尔以为必布几筵，揖让升降，酌献酬酢，然后谓之礼乎？尔以为必行缀兆[③]，执羽籥，作钟鼓，然后谓之乐乎？言而可履，礼也；行而可乐，乐也。圣人力此二者，以躬已南面，是故天下太平。万民顺伏，百官承事，上下有礼也。夫礼之所以兴，众之所以治也；礼之所以废，众之所以乱也。目巧之室，则有隩阼[④]。席则有上下，车则有左右，行则并随[⑤]，立则有列序，古之义也。室而无隩阼，则乱于堂室矣；席而无上下，则乱于席次矣[⑥]；车而无左右，则乱于车上矣；行而无并随，则乱于阶涂矣[⑦]；列而无次序，则乱于著矣[⑧]。昔者，明王圣人辩贵贱长幼，正男女内外，序亲疏远近，而莫敢相逾越者，皆由此涂出也。"

（又见于《礼记·仲尼燕居》）

【注释】

①子张：颛孙师，字子张，孔子弟子。

②师：指子张。

③缀兆：指演员的行列位置。

④目巧之室：用目力测量建造的房屋。隩（ào）：房屋的西南角称"隩"。阼（zuò）：东阶，为主人所登之阶。此泛指台阶。王注："言目巧作室，必有隩阼之位。室西南隅谓之隩。阼，阶也。"

⑤并：并列，并行。随：相随，随行。

⑥乱于席次：王注："乱于席上之次第。"

⑦乱于阶涂：王注："升阶涂无并随，则阶涂乱。"阶涂，台阶道路。

⑧著：站立的位置。王注："著，所立之位也。门屏之间谓之著也。"

**【译文】**

子张向孔子询问圣人是怎样教化天下的。

孔子说："师啊，我告诉你。圣人通晓礼乐，把它们运用到政事上而已。"

子张没理解，又问了一遍。

孔子说："师，你以为一定要铺几设席，揖让行礼，升阶降阶，酌酒献酬回敬，那才叫做礼吗？你以为一定要在舞列中，挥动雉羽竹籥，鸣钟击鼓，那才叫做乐吗？说了而能履行，就是礼；履行了而感到快乐，就是乐。圣人致力于礼乐这二项，站在面向南的天子之位，这样天下就太平了。万民顺从听命，百官奉行职责，这是因为上下都遵循礼的缘故。礼乐能够兴盛，民众就能够得到治理；礼乐如果废弛，民众就会大乱。用目力测量建造的房室，也必定会有堂奥和台阶。席位则有上下，车位则有左右，行走则有并行和随行，站立则有队列顺序，这是自古的道理。建造房屋而没有堂奥和台阶，堂和室就分不清了；坐席没有上下，席次就混乱了；车位没有左右，车上就混乱了；行走没有并行随行，路途台阶上的秩序就乱了；站立没有次序，位置就乱了。从前，贤明的帝王和圣人分辨贵贱长幼，规定男女内外的礼仪，亲疏远近的次序，没有人敢超规越分，都是从这个道理出发的。"

# 屈节解第三十七

**【题解】**

孔子认为，君子为了达到自己的目标，只要符合于义，“可以屈则屈，可以伸则伸”。屈节，是因为有所期待；求伸，为了及时抓住时机。但大前提是“受屈而不毁其节，志达而不犯于义”。可见孔子处理事物既讲原则又注重灵活。“孔子在卫”章，就讲孔子和弟子为保卫鲁国，屈节劝说齐国的田常不要攻打鲁国，应从自身利益出发去攻打吴国。结果齐军被吴军打败，吴军又被晋军打败，越王又趁机袭击吴国国都，使吴王身死国灭，鲁国得以安全。“孔子弟子有宓子贱者”章，讲宓子贱略施小计，并在孔子的帮助下，取得了自行治理单父的权力；又用孔子“诚于此者刑乎彼”的统治方法，使单父百姓人人听命。孔子救鲁，任用能言善辩的子贡；治单父，向鲁君称赞宓子贱的才华，也可看出孔子知人善用。

子路问于孔子曰：“由闻丈夫居世①，富贵不能有益于物②，处贫贱之地，而不能屈节以求伸，则不足以论乎人之域矣③。”

孔子曰：“君子之行己，期于必达于己。可以屈则屈，可以伸则伸。故屈节者，所以有待④；求伸者，所以及时⑤。是以虽受屈而不毁其节，志达而不犯于义。”

**【注释】**

①丈夫：大丈夫。指有作为的人。

②有益于物：王注：“以道济物，不为身也。”

③域：境界。

④待：等待有人了解和任用。王注：“待，知求也。”

⑤时：良时，好时机。王注：“及良时也。”

**【译文】**

子路问孔子说：“我听说大丈夫生活在世间，富贵而不能有利于世间的事物；处于贫贱之地而不能暂时忍受委屈以求得将来的伸展，则不足以达到人们所说的大丈夫的境界。”

孔子说：“君子所做的事，期望必须达到自己的目标。需要委屈的时候就委屈，需要伸展的时候就伸展。委屈自己是因为有所期待，求得伸展需要抓住时机。所以虽然受了委屈也不能失掉气节，志向实现了也不侵害义。”

孔子在卫，闻齐国田常将欲为乱[①]，而惮鲍、晏[②]，因欲移其兵以伐鲁。孔子会诸弟子而告之曰：“鲁，父母之国，不可不救，不忍视其受敌。今吾欲屈节于田常以救鲁，二三子谁为使？”

于是子路请往焉，孔子弗许。子张请往，又弗许。子石请往[③]，又弗许。三子退，谓子贡曰：“今夫子欲屈节以救父母之国，吾三人请使而不获往。此则吾子用辩之时也，吾子盍请行焉[④]？”

子贡请使，夫子许之。遂如齐，说田常曰：“今子欲收功于鲁,实难。不若移兵于吴,则易。”

田常不悦。

子贡曰:“夫忧在内者攻强,忧在外者攻弱。吾闻子三封而三不成,是则大臣不听。今战胜以骄主,破国以尊臣⑤,而子之功不与焉,则交日疏于主,而与大臣争。如此,则子之位危矣。”

田常曰:“善。然兵业已加鲁矣,不可更,如何?”

子贡曰:“缓师。吾请救于吴,令救鲁而伐齐,子因以兵迎之。”田常许诺。

子贡遂南说吴王曰:“王者不灭国⑥,霸者无强敌,千钧之重加铢两而移⑦。今以齐国而私千乘之鲁,与吴争强,甚为王患之。且夫救鲁以显名,以抚泗上诸侯⑧,诛暴齐以服晋,利莫大焉。名存亡鲁,实困强齐,智者不疑。”

吴王曰:“善。然吴常困越⑨,越王今苦身养士,有报吴之心,子待我先伐越,然后乃可。”

子贡曰:“越之劲不过鲁,吴之强不过齐,王置齐而伐越,则齐以私鲁矣。王方以存亡继绝之名,弃强齐而伐小越,非勇也。勇者不计难,仁者不穷约⑩,智者不失时,义者不绝世。今存越示天下以仁,救鲁伐齐,威加晋国,诸侯必相率而朝,霸业盛矣。且王必恶越,臣请见越君,令出兵以从,此则实害越,而名从诸侯以伐齐。”吴王悦,乃遣子贡之越。

越王郊迎,而自为子贡御,曰:“此蛮夷之国⑪,大夫何足俨然辱而临之⑫?”

子贡曰:“今者吾说吴王以救鲁伐齐,其志欲之,而心畏越，曰：‘待我伐越乃可。’则破越必矣。且无报人之志而令人疑之，拙矣；有报人之意而使人知之，殆矣；事未发而先闻者，危矣。三者，举事之患矣。”

勾践顿首曰：“孤尝不料力而兴吴难，受困会稽，痛于骨髓，日夜焦唇干舌，徒欲与吴王接踵而死[13]，孤之愿也。今大夫幸告以利害。”

子贡曰：“吴王为人猛暴，群臣不堪。国家疲敝，百姓怨上，大臣内变。申胥以谏死[14]，大宰嚭用事[15]。此则报吴之时也。王诚能发卒佐之，以邀射其志[16]，而重宝以悦其心，卑辞以尊其礼，则其伐齐必矣。此圣人所谓屈节求其达者也。彼战不胜，王之福；若胜，则必以兵临晋。臣还，北请见晋君共攻之，其弱吴必矣。锐兵尽于齐，重甲困于晋，而王制其敝焉。”越王顿首许诺。

子贡返。五日，越使大夫文种顿首言于吴王曰[17]：“越悉境内之士三千人以事吴。”

吴王告子贡曰：“越王欲身从寡人[18]，可乎？”

子贡曰：“悉人之众，又从其君，非义也。”

吴王乃受越王卒，谢留勾践。遂自发国内之兵以伐齐，败之。

子贡遂北见晋君，令承其敝。吴晋遂遇于黄池[19]。

越王袭吴之国，吴王归与越战，灭焉。

孔子曰：“夫其乱齐存鲁，吾之始愿。若能强晋以敝吴，使吴亡而越霸者，赐之说也。美言伤信，慎言哉！”

（又见于《史记·仲尼弟子列传》）

【注释】

①田常将欲为乱：田常，齐国大夫。王注："专齐，有无君之心也。"

②鲍、晏：王注："鲍氏，晏氏，齐之卿大夫也。"

③子石：公孙龙，字子石。孔子弟子。

④盍：何不。

⑤破国以尊臣：国家破灭而大臣却尊贵了。王注："鲍、晏等率师，若破国，则益尊者也。"

⑥王者不灭国：实行王道国家就不会灭亡。

⑦加铢两而移：加上很轻的重量，形势就会发生变化。

⑧泗上：泗水的北面。泗水在山东省东部。

⑨吴常困越：吴国曾经使越国陷于危困之中。

⑩穷约：穷困，贫贱。

⑪蛮夷之国：古代对南方各族的泛称，含有轻视之意。

⑫大夫：指子贡，表示尊敬。俨然：庄严的样子。辱：屈辱。临：来临。

⑬徒：只。接踵：足踵相接。此指一起。

⑭申胥以谏死：申胥即伍子胥。他劝吴王拒绝越国求和并停止伐齐，被疏远，后自杀。

⑮大宰嚭：即太宰伯嚭。因善于逢迎，得到吴王夫差宠幸。吴国亡，他降越为臣。王注："嚭，吴王佞臣也。"用事：主持政事。

⑯邀射其志：投合对方的心意。

⑰文种：越国大夫。

⑱身从：亲身跟随。

⑲黄池：即黄亭，卫国地名，在今河南封丘西南。

【译文】

孔子在卫国，听说齐国的田常想发动叛乱，但害怕鲍氏、晏氏等人从中作梗，所以想移兵去攻打鲁国。孔子召集弟子们并对他们说："鲁国是我们的父母之邦，不能不救，我不忍心看它受到敌人攻击。现在我要忍辱到田常那里去，以挽救鲁国。你们几个谁愿意担当使者?”

于是子路请求到齐国去，孔子没有允许。子张请求去，也没有允许。子石请求去，又没有允许。他们三人退下以后，就对子贡说:“现在老师要屈节去救父母之国，我们三人请求担当使者都没有得到允许。这次是你运用口才的时候了，你何不请求前去呢?”

子贡请求出使，孔子允许了。于是子贡到了齐国，劝田常说:“现在你想在鲁国取得成功，很难。不如移兵攻打吴国，容易取得成功。”

田常听了很不高兴。

子贡说:“如果忧患在朝廷内部就去攻打强国，忧患在朝廷之外就去攻打弱国。我听说你三次受封都没有成功，那是大臣不听君王的命令。如果你战胜了鲁国会使君王更加骄横，打了败仗会使其他大臣更加尊贵，而你的功劳却不被看重，这样就会和国君的关系一天天疏远，而会和那些大臣发生争斗。如此，你的位置就危险了。”

田常说:“你说得很好。然而军队已经开赴鲁国，不能更改了，怎么办呢?”

子贡说:“要暂缓用兵。请让我到吴国去，叫吴国去救鲁国而攻打齐国，您可以趁势出兵去迎击吴军。”田常同意了。

子贡于是到南方游说吴王说:“王者是不会让他属下的诸侯国灭亡的，霸者也不容许有别的强敌出现，千钧的重量再加上一点轻微的东西形势就会发生变化。现在齐国要私下攻打只有千乘战车的鲁国，与吴国争强，我很为您担忧。况且您去救鲁国还可以显扬名声，安抚泗水一带的诸侯，惩治暴虐的齐国使晋国屈服，利益没有比这更大的了。名义上是挽救了即将灭亡的鲁国，实际上遏制了强大的齐国，聪明人是不会疑惑的。”

吴王说:“好。然而吴国曾经打败越国，现在越王正在劳其心志培养士卒，有报复吴国之心，您等我打败了越国，然后再按您的话去做。”

子贡说:"越国的国力敌不过鲁国,吴国的强大也超不过齐国,大王如果放弃齐国而攻打越国,那齐国就已经把鲁国吞并了。大王现在正打着保存危亡之国、延续将灭之国的旗号,如果放弃齐国而去攻打小小的越国,这不是有勇气的表现。勇敢的人不逃避困难,仁者不害怕贫贱,有智者不会失去时机,讲义气的人不会拒绝和世人交往。现在保存越国能向天下显示自己的仁德,援救鲁国讨伐齐国,向晋国显示你的威势,其他诸侯国必定会相继来吴国朝见,您的霸业就会成功。如果大王不愿与越国打交道,请让我去见越王,让他跟随大王出兵,这样做实际对越国有害,而名义是跟随诸侯国讨伐齐国。"吴王听了很高兴,就派子贡到越国去。

越王到郊外去迎接子贡,而且亲自为子贡驾车。越王说:"我们越国是个蛮夷之国,怎能劳您大驾郑重其事地光临呢?"

子贡说:"现今我说服吴王为救鲁国而攻打齐国,他心里同意但顾虑你们越国,他说:'等我攻打越国以后才能这么做。'这样看来,攻破越国是必然的了。况且没有报复别人的想法而引起人家怀疑,是很笨拙的;有报复别人的想法却让人家知道了,是很危险的;事情还没有开始做而别人预先就知道了,这就更危险了。这三种情况,都是兴举大事的祸患啊!"

勾践听后叩首行礼说:"我曾经自不量力而去攻打吴国,被困于会稽,现在想起来真是痛入骨髓,日夜焦虑得唇焦舌干,只想和吴王拼个你死我活,这是我的愿望。今天幸亏您告诉我其中的利害关系。"

子贡说:"吴王为人凶猛残暴,大臣们难以忍受。现在国家凋敝,百姓怨声载道,大臣蓄谋发动内乱。伍子胥因直谏而死,太宰伯嚭执掌政事。这正是您向吴国报仇的好机会啊。大王您如果能发兵跟随他,来投合他的心意,再用重金宝物贿赂他,以讨他欢心,用谦卑的言辞表示尊敬,那么他一定会去攻打齐国。这就是圣人所说的屈节以求伸的策略啊。他如果不能战胜齐国,这是大王您的福分;如果胜了,一定又会去攻打晋国。我回去，到北方请求晋君共同攻打吴国，吴国必定会削弱。吴国精锐的部队被齐国消灭殆尽，重兵又被晋国牵制，大王您就可以趁他疲惫不堪时制服他了。”越王叩首行礼答应了。

子贡返回吴国。过了五天，越国的使者文种叩首拜见吴王说：“我国国君要率领境内所有的三千士卒来听命于吴王。”

吴王告诉子贡说：“越王要亲自跟随我去，可以吗？”

子贡说：“调动了人家所有的士兵，又让人家的国君跟着出征，这是不合道义的。”

于是吴王接受了越王派来的士卒，辞谢了越王，让他留在本国。就亲自带领国内的军队去讨伐齐国，结果打了败仗。

子贡随后就北上去见晋国国君，让晋国趁吴国国内空虚去攻打吴国。吴国与晋国大战于黄池。

越王趁此良机袭击吴国国都，吴王返回来又与越国作战，结果吴王身死国灭。

孔子说：“让齐国发生动乱而保存鲁国，这是我最初的愿望。至于做到使晋国强大而使吴国凋敝，甚至使吴国灭亡而让越国称霸天下，这就是子贡游说的功劳。美妙的言辞会伤害信义，要慎言啊！”

孔子弟子有宓子贱者[①]，仕于鲁，为单父宰[②]。恐鲁君听谗言，使己不得行其政，于是辞行，故请君之近史二人与之俱至官[③]。宓子戒其邑吏[④]，令二史书，方书，辄掣其肘。书不善，则从而怒之。二史患之，辞请归鲁。宓子曰：“子之书甚不善，子勉而归矣。”

二史归，报于君曰：“宓子使臣书而掣臣肘，书恶，而又怒臣，邑吏皆笑之，此臣所以去之而来也。”

鲁君以问孔子，子曰：“宓不齐，君子也。其才任霸王之佐，屈节治单父，将以自试也。意者以此为谏乎？”

公寤，太息而叹曰：“此寡人之不肖，寡人乱宓子之政而责其善者，数矣[5]。微二史，寡人无以知其过；微夫子[6]，寡人无以自寤。”遽发所爱之使[7]，告宓子曰：“自今已往，单父非吾有也，从子之制。有便于民者，子决为之，五年一言其要。”

宓子躨奉诏，遂得行其政，于是单父治焉。躬敦厚，明亲亲，尚笃敬，施至仁，加恳诚，致忠信，百姓化之。

齐人攻鲁，道由单父。单父之老请曰：“麦已熟矣，今齐寇至，不及人人自收其麦，请放民出，皆获傅郭之麦[8]。可以益粮，且不资于寇。”三请而宓子不听。

俄而齐寇逮于麦。季孙闻之怒，使人以让宓子曰：“民寒耕热耘，曾不得食，岂不哀哉？不知犹可，以告者而子不听，非所以为民。”

宓子躨然曰[9]：“今兹无麦，明年可树。若使不耕者获，是使民乐有寇。且得单父一岁之麦，于鲁不加强，丧之不加弱。若使民有自取之心，其创必数世不息。”

季孙闻之，赧然而愧曰[10]：“地若可入，吾岂忍见宓子哉！”

三年，孔子使巫马期往观政焉。巫马期阴免衣[11]，衣弊裘，入单父界。见夜渔者得鱼辄舍之，巫马期问焉，曰：“凡渔者为得，何以得鱼即舍之？”

渔者曰：“鱼之大者名为鯈[12]，吾大夫爱之。其小者名鱦，吾大夫欲长之，是以得二者辄舍之。”

巫马期返，以告孔子曰：“宓子之德，至使民暗行若有严刑于旁⑬。敢问宓子何行而得于是？”

孔子曰：“吾尝与之言曰：‘诚于此者刑乎彼。’宓子行此术于单父也。”

（又见于《吕氏春秋·审应览·具备》、《淮南子·道应训》）

**【注释】**

①宓子贱：即宓不齐，孔子弟子。

②单父：地名，春秋时鲁邑，故址在今山东单县南。

③近史：国君身边亲近的史官。

④邑吏：单父地方的小吏。

⑤数：多次。

⑥微：如果不是。

⑦遽发：立即派遣。

⑧傅郭：靠近外城的地方。指近郊。

⑨躄然：恭敬谨慎又诚恳的样子。

⑩赧然：因羞愧而脸红。

⑪阴：暗地里，偷偷地。

⑫鲭(chóu)：王注：“鲭，宜为‘鱣’，《新序》作‘鲙’，鲍鱼之怀任者也。”

⑬暗行：黑夜做事。

**【译文】**

孔子弟子有个叫宓子贱的，在鲁国做官，为单父的最高长官。他恐怕鲁君听信谗言，使他不能推行自己的施政方针，于是在向鲁君辞行时，请求鲁君身边亲近的二位史官和他一同赴任。到任后，宓子贱暗自告诫单父的地方官吏，让二位史官书写文书，当他们正书写时，就拉他们的胳膊肘。因此书写得很不好，宓子贱则因此表示愤怒。二史很害怕，请求回到鲁君身边去。宓子贱说："你们的字写的太差了，回去好好努力吧。"

二史回去后，对鲁君说："宓子让我们书写文书而让人拉我们的胳膊肘，字写得不好而又责怪我们，当地的官吏都嘲笑我们，这就是我们去了又回来的原因。"

鲁君就此事请教孔子。孔子说："宓不齐这个人，是位君子。他的才能足以担当帝王的辅佐，现在委屈自己去治理单父，只不过是试验一下自己的才能罢了。我想他不过是以此向您进谏吧！"

鲁君醒悟了，感叹地说："这是我的不贤明造成的，我扰乱宓子的政事而责备他的善政，已经多次了。如果没有二位史官，我无从知到自己的过错；如果没有先生您，我也难以自己醒悟。"于是派遣他所宠爱的官吏出使单父，告诉宓子贱说："从今以后，单父将不再受我管辖，一切按你的方法去治理。有便于民众的措施，你就自己决定吧，五年向我汇报一下大概情况就可以了。"

宓子恭敬地接受了鲁君的诏命，因此得以实行自己的施政方针，于是单父得到治理。宓子贱自己待人诚恳宽厚，教育百姓爱自己的亲人，崇尚诚恳相敬，对人施以仁爱，更要忠厚恳诚，对人忠诚讲信用，百姓因此得到教化。

齐国人进攻鲁国，取道单父。单父一些德高望重的老人请求说："麦子已经熟了，现今齐国敌兵就要到来，人们来不及收自己家的麦子，请放民出城，让百姓都去收城郭附近的麦子。这样可以增加粮食，又不会资助敌人。"再三请求，而宓子贱不允许。

不久齐国军队收获了麦子。鲁国大夫季孙氏听到这事大怒，派人责备宓子贱说："老百姓寒天耕地暑天锄草，却没有得到粮食，岂不让人痛心吗？你如果不知道这件事还可原谅，单父老人告诉你而你却不听，这不是为民着想。”

宓子听到这话，恭敬而又诚恳地说：“今年没有麦子，明年还可以种。如果让不耕种的人获得粮食，就会使民众乐于有敌寇入侵。况且得到单父一年的麦子，对于鲁国来说不会更加强大；失去这一年的麦子，鲁国也不会更加弱小。如果让民有自取别人成果之心，这样做留下的弊病数世也不会愈合。”

季孙听后，羞愧地说：“如果有个地缝可以钻进去，我哪还有脸见宓子呢！”

过了三年，孔子让巫马期到单父观看宓子贱执政情况。巫马期暗自脱去自己穿的好衣服，穿上破旧的衣服，进入单父地界。看到夜里打鱼的人打到鱼就放回去，巫马期就问为什么，他说：“凡是打鱼的人是为了得到鱼，你为什么把捕到的鱼又放了呢？”

打渔人说：“那些大的鱼名叫鲭，我们的大夫非常喜爱它。那些小的鱼者名叫鱦，我们的大夫想让它长大。因此得到这两种鱼就放回河里。”

巫马期回来，把这件事告诉了孔子，说：“宓子贱的德政，至使民众在夜间劳作，也好像有严刑在旁边监视一样。请问宓子贱用什么方法达到这种境界的呢？”

孔子说：“我曾经和他说过：‘如果在这件事上宽厚，就要在另件事上严酷。’宓子贱就是用这个办法治理单父的。”

孔子之旧曰原壤[①]，其母死，夫子将助之以木椁[②]。

子路曰：“由也昔者闻诸夫子：‘无友不如己者，过则勿惮改[③]。’夫子惮矣，姑已若何[④]？”

孔子曰：“凡民有丧，匍匐救之[⑤]，况故旧乎？非友也，吾其往。”

及为椁，原壤登木曰："久矣。予之不托于音也[6]。"遂歌曰："狸首之斑然[7]，执女手之卷然[8]。"

夫子为之隐，佯不闻以过之[9]。

子路曰："夫子屈节而极于此，失其与矣，岂未可以已乎？"

孔子曰："吾闻之，亲者不失其为亲也，故者不失其为故也。"

【注释】

①旧：故旧，旧交。原壤：人名，孔子友人。

②木椁：棺木。木，《礼记·檀弓下》及《四部丛刊》本《家语》作"沐"。

③惮：怕。

④姑已：王注："姑，且也。已，止也。"

⑤凡民有丧，匍匐救之：此语出自《诗经·邶风·谷风》。匍匐，手足着地爬行，此指尽一切力量。

⑥托：寄托。

⑦狸：一种动物，比狐狸短小。首：头。斑然：指花纹。

⑧女：你。卷然：柔软的样子。

⑨佯：假装。

【译文】

孔子的老朋友名叫原壤，原壤的母亲死了，孔子将要帮助他准备棺椁。

子路说："我从前听老师说过：'交朋友不要交不如自己的人，有了过错则不要怕改正。'您已经怕了，姑且停止帮他好吗？"

孔子说："凡百姓有丧事，要尽力去救助，何况是老朋友呢？即使不是朋友，我也会前去帮他。”

等治理好棺椁，原壤敲着棺木说：“有很长时间了，我没有用歌声寄托我的情思了。”于是就唱道：“棺木的花纹就像狸首一样的斑斓，握住你的手，你的手是那么柔软。”

孔子假装没看到，假装没听到，从他身边走过去了。

子路说：“您降低身份委屈自己到这种地步，已经失去与他交往的必要了，难道还不和他断绝来往吗？”

孔子说：“我听说，亲人就不要失掉亲人的亲情，老朋友就不要失掉老朋友的友谊。”

# 七十二弟子解第三十八

**【题解】**

此篇是讲孔子弟子的。据《史记·仲尼弟子列传》记载,“孔子曰:‘受业身通者七十有七人。’”(文翁《孔庙图》作七十二人)这些都是有杰出能力的人。其中以德行见长的有颜渊、闵子骞、冉伯牛、仲弓。以政事见长的有冉有、季路。以言语见长的有宰我、子贡。以文学见长的有子游、子夏等等。此篇较为详细地介绍了他们的长处和事迹。是研究孔子弟子的宝贵资料。

颜回,鲁人,字子渊,少孔子三十岁。年二十九而发白,三十一早死[①]。孔子曰:“自吾有回,门人日益亲[②]。”回以德行著名,孔子称其仁焉。

(又见于《史记·仲尼弟子列传》)

**【注释】**

①三十一早死:王注:“此书久远,年数错误,未可详校其年。则颜回死时孔子年六十一岁,然伯鱼五十,先孔子卒,卒时孔子且七十。此谓颜回先伯鱼死,而《论语》云:颜回死,颜路请孔子之车以为之椁,子曰:‘鲤也死有棺而无椁。’或为设事之辞。”

②门人日益亲:“亲”字原无,据《四部丛刊》本《家语》补。王注:“颜回为孔子疏附之友,能使门人益亲夫子。”

【译文】

颜回,鲁国人,字子渊,比孔子小三十岁。二十九岁时头发就白了,三十一岁早早就死了。孔子说:“自从我有了颜回这个学生,我的弟子们和我的关系日益亲密。”颜回以品德高尚著名,孔子称赞他仁爱。

闵损,鲁人,字子骞,少孔子五十岁,以德行著名,孔子称其孝焉。

冉耕,鲁人,字伯牛,以德著名,有恶疾。孔子曰:“命也夫。”

冉雍,字仲弓,伯牛之宗族,生于不肖之父。以德行著名。

(以上三则译文略)

宰予,字子我,鲁人,有口才,以语言著名。仕齐,为临淄大夫①,与田常为乱②,夷其三族③。孔子耻之,曰:“不在利病,其在宰予④。”

【注释】

①临淄:春秋时为齐国都城。在今山东淄博。

②田常:即陈恒,春秋时齐国人。曾事齐简公,后弑简公而立平公。

③夷:杀灭。三族:指父族、母族、妻族。

④不在利病,其在宰予:王注:“言宰予为病利。”

【译文】

宰予,字子我,鲁国人,有口才,以能言善辩著名。他在齐国做官,为临淄大夫，因与田常一起犯上作乱，被夷灭了三族。孔子以此为耻，说："这样的结果，不在于有什么利弊，而在于宰予贪图利益。"

端木赐，字子贡，卫人。少孔子三十一岁。有口才，著名。孔子每诎其辩[①]。家富累钱千金，常结驷连骑，以造原宪。

宪居蒿庐蓬户之中，与之言先王之义。原宪衣敝衣冠，并日蔬食[②]，衎然有自得之志[③]。

子贡曰："甚矣，子如何之病也？"

原宪曰："吾闻无财者谓之贫，学道不能行者谓之病。吾贫也，非病也。"

子贡惭，终身耻其言之过。子贡行贩，与时转货[④]。历相鲁卫而终齐。

**【注释】**

①诎：贬退。

②并日蔬食：两日吃一日粮。王注："既蔬食，并日而后食。"

③衎(kàn)然：快乐的样子。

④与时转货：买贱卖贵，随时转货。王注："贩发举，买贱卖贵，随时转作，以有其货也。"

**【译文】**

端木赐，字子贡，卫国人。比孔子小三十一岁，有口才，很著名。孔子经常阻止他的能言善辩。他的家庭非常富有，积累很多金钱，常驾着马车或骑着马，去看望原宪。

原宪居住在茅草屋中，与子贡谈论古代先王治国的道理。原宪穿着破旧的衣服，两天才能吃一顿饭，但仍然很快乐，有自己的志向。

子贡说："太过分了，你怎么会病成这样？"

原宪说："我听说没有钱财叫做贫，学道而不能推行叫做病。我是贫，不是病。"

子贡听了原宪的话感到很惭愧，终身都为说过这样错误的话而羞愧。子贡喜好贩卖货物，能及时转手获利。曾担任鲁国、卫国的宰相，后来死在齐国。

冉求，字子有，仲弓之宗族①。少孔子二十九岁。有才艺，以政事著名。仕为季氏宰②。进则理其官职，退则受教圣师。为性多谦退。故子曰："求也退，故进之。"

**【注释】**

①仲弓：即冉雍，字仲弓。孔子弟子。

②为季氏宰：为季孙氏的家臣。

**【译文】**

冉求，字子有，和冉雍是同族。比孔子小二十九岁。有才艺，以善于处理政事著名。曾为季孙氏的家臣。做官时就处理政务，不做官时就在孔子门下学习。为人性情多谦逊退让。所以孔子说："冉求做事退缩，所以我要鼓励他。"

仲由，卞人，字子路，一字季路。少孔子九岁。有勇力才艺，以政事著名。为人果烈而刚直，性鄙而不达于变通。仕卫为大夫①，蒯聩与其子辄争国②，子路遂死辄难。孔子痛之，曰："自吾有由，而恶言不入于耳③。"

【注释】

①仕卫为大夫：子路为卫国大夫孔悝的邑宰。

②蒯聩：春秋时卫灵公子。他为太子时，欲杀灵公夫人南子，灵公怒，他逃到晋国。辄：即卫出公，蒯聩子，灵公孙。灵公死后，立辄为君。蒯聩从晋国回来与他的儿子蒯辄争夺君位。子路为保护蒯辄而死。

③恶言不入于耳：王注："子路，夫子御侮之友，恶言不入夫子之耳。"

【译文】

仲由，卞地人，字子路，一字季路。比孔子小九岁。有勇力才艺，以政事著名。为人果烈而刚直，性格粗放而不善于变通。在卫国担任大夫的官职，蒯聩与他的儿子蒯辄争夺国君之位，子路为保护蒯辄而死。孔子非常悲痛，说："自从我有了子路，那些恶意中伤的话再也传不到我耳朵里了。"

言偃，鲁人，字子游。少孔子三十五岁。时习于礼，以文学著名。仕为武城宰。尝从孔子适卫，与将军之子兰相善，使之受学于孔子。（译文略）

卜商，卫人，字子夏。少孔子四十四岁。习于《诗》，能通其义[①]，以文学著名。为人性不弘，好论精微，时人无以尚之[②]。

尝返卫，见读史志者云："晋师伐秦，三豕渡河。"

子夏曰："非也，己亥耳。"

读史志曰："问诸晋史，果曰己亥。"于是卫以子夏为圣。

孔子卒后，教于西河之上[③]，魏文侯师事之，而谘国政焉[4]。

【注释】

①习于《诗》，能通其义：据传子夏精通《诗经》，《毛诗·序》就是他写的。王注："子夏所叙《诗》义，今之《毛诗·序》是。"

②尚：超过。

③西河：地名。即今陕西东部黄河西岸地区。子夏曾居于此，并在此讲学。

④谘：商量，征询。

【译文】

卜商，卫国人，字子夏 。比孔子小四十四岁。他学习《诗经》，能精通其义，以文学著称。为人胸襟不够弘大，好论证精微的事情，当时没有人能超过他。

他曾经返回卫国，见一个读史书的人说；"晋师伐秦，三豕渡河。"

子夏说："不对，不是三豕，是己亥。"

读史书的人说："请教晋国的史官，果然是己亥。"于是卫国的人都把子夏当作圣人。

孔子去世以后，子夏在魏国西河讲学，魏文侯把他当做老师，向他咨询治理国家的方法。

颛孙师，陈人，字子张。少孔子四十八岁。为人有容貌，资质宽冲[1]，博接从容[2]。自务居，不务立于仁义之行[3]。孔子门人友之而弗敬。

【注释】

①宽冲：宽厚谦和。

②博接：结交广泛。

③不务立于仁义之行：王注："子张不侮鳏寡，性凯悌宽冲，故子贡以为未仁。然不务立仁义之行，故子贡激之，以为未有也。"

【译文】

颛孙师，陈国人，字子张。比孔子小四十八岁。他容貌很好，性情宽厚谦和，结交广泛，态度从容。只注重自己生活的事，不注重建立仁义的事。所以孔子的弟子们对他很友好但不敬佩。

曾参，南武城人，字子舆。少孔子四十六岁。志存孝道，故孔子因之以作《孝经》。齐尝聘，欲以为卿，而不就。曰："吾父母老，食人之禄则忧人之事，故吾不忍远亲而为人役。"参后母遇之无恩，而供养不衰。及其妻以藜烝不熟[①]，因出之。人曰："非七出也。"答曰："藜烝小物耳，吾欲使熟，而不用吾命，况大事乎？"遂出之，终身不取妻。其子元请焉，告其子曰："高宗以后妻杀孝已[②]，尹吉甫以后妻放伯奇[③]。吾上不及高宗，中不比吉甫，庸知其得免于非乎？"

【注释】

①藜：藜羹，用嫩藜做的羹。烝：同"蒸"。

②高宗：即殷高宗武丁。孝已：殷高宗子，因遭后母谗言，被高宗放逐，忧苦而死。

③尹吉甫：周宣王时贤臣。伯奇：尹吉甫之子。因遭后母谗言，被其父放逐于野。

【译文】

曾参，鲁国南武城人，字子舆。比孔子小四十六岁。以孝道为志向，所以孔子因他而作《孝经》。齐国曾聘请他，想让他为卿，他不去，说："我父母已年老，拿人家的俸禄就要替人家操心，所以我不忍心远离亲人而受别人差遣。"他的后母对他很不好，但他仍供养她孝敬她。他的妻子因藜羹没有蒸熟，曾参为此要休她。有人说："你妻子没有犯七出的条款啊！"曾参说："蒸藜羹是小事，我让她蒸熟她却不听我的话，何况是大事呢？"于是就休了妻子，终身不再娶妻。他的儿子曾元劝他再娶，他对儿子说："殷高宗武丁因为后妻杀死了儿子孝已，尹吉甫因为后妻而放逐了儿子伯奇。我上不及高宗贤能，中不比尹吉甫能干，怎知能避免不做错事呢？"

澹台灭明，武城人，字子羽。少孔子四十九岁。有君子之姿[①]。孔子尝以容貌望其才[②]，其才不充孔子之望。然其为人公正无私，以取与去就，以诺为名。仕鲁为大夫。

**【注释】**

①姿：容貌。"姿"原作"资"，据《四部丛刊》本《家语》改。

②望：期望。

**【译文】**

澹台灭明，武城人，字子羽。比孔子小四十九岁。他有君子的姿容。孔子曾因他的容貌而期望他的才能和容貌相称，可是他的才能没能达到孔子的期望。然而他的为人公正无私，以获取与给予来选择去就，以重信用知名。在鲁国做官，官为大夫。

高柴，齐人，高氏之别族，字子羔。少孔子四十岁。长不过六尺，状貌甚恶。为人笃孝而有法正[①]。少居鲁，见知名于孔子之门。仕为武城宰[②]。

【注释】

①法正：礼法规矩。

②武城：地名，故址在今山东费县西南。

【译文】

高柴，齐国人，属高氏家族的分支，字子羔。比孔子小四十岁。他身高不到六尺，相貌很丑。为人特别注重孝道而又遵守礼仪法度。小的时候居住在鲁国，在孔子的弟子中有一定名声。官为武城宰。

宓不齐，鲁人，字子贱。少孔子四十岁[①]。仕为单父宰，有才智，仁爱，百姓不忍欺。孔子美之[②]。

【注释】

①四十：《史记·仲尼弟子列传》作“三十”。

②美：以他的品德为美，赞美。一本作“大”。

【译文】

宓不齐，鲁国人，字子贱。比孔子小四十岁。担任单父宰，有才智，又仁爱，百姓不忍欺骗他。孔子很赞美他。

樊须[①]，鲁人，字子迟。少孔子四十六岁。弱仕于季氏[②]。（译文略）

【注释】

①樊须：即樊迟。

②弱：年少。

有若，鲁人，字子有。少孔子三十六岁。为人强识[①]，好

古道也[②]。(译文略)

**【注释】**

①强识:记忆力强。

②古道:古代的学术、政治、道理、方法等的通称。

公西赤,鲁人,字子华。少孔子四十二岁。束带立朝,闲宾主之仪[①]。(译文略)

**【注释】**

①闲:通“娴”,娴熟。

原宪,宋人,字子思。少孔子三十六岁。清净守节,贫而乐道[①]。孔子为鲁司寇,原宪尝为孔子宰[②]。孔子卒后,原宪退隐,居于卫。(译文略)

**【注释】**

①乐道:喜爱孔子的学说。

②宰:管家。

公冶长,鲁人,字子长。为人能忍耻。孔子以女妻之[①]。(译文略)

**【注释】**

①妻之:许配给他。

南宫韬，鲁人，字子容。以智自将[①]，世清不废，世浊不污[②]。孔子以兄子妻之。

**【注释】**

①自将：自己保全。

②不污：不污秽。

**【译文】**

南宫韬，鲁国人，字子容。以自己的聪明才智保全自己，世道清平会有所作为，世道污浊也不会同流合污。孔子把自己哥哥的女儿嫁给了他。

公析哀，齐人，字季沉。鄙天下多仕于大夫家者[①]，是故未尝屈节人臣[②]。孔子特叹贵之。

**【注释】**

①鄙：鄙视。

②屈节：折节。

**【译文】**

公析哀，齐国人，字季沉。鄙视天下很多人到大夫家去做家臣，因此他没有屈节去做别人的家臣。孔子特别赞叹他的这一品德。

曾点[①]，曾参父，字子皙。疾时礼教不行[②]，欲修之，孔子善焉。《论语》所谓"浴乎沂，风乎舞雩"之下[③]。

**【注释】**

①曾点：即曾皙。

②疾：痛心，痛恨。

③浴乎沂，风乎舞雩：此为《论语·先进》文。这是曾点回答孔子的话。意为到沂水沐浴，到舞雩的树下去乘凉。舞雩，古代求雨祭天，设坛命女巫为舞，故名舞雩。

【译文】

曾点，曾参的父亲，字子皙。他痛心于当时不施行礼教，想改变这种情况。孔子很赞同他的想法，就像赞同他在《论语》中所说的"在沂水沐浴，在舞雩乘凉"一样。

颜由，颜回父，字季路。孔子始教学于阎里而受学[①]。少孔子六岁。（译文略）

【注释】

①阎里：乡里，泛指民间。一本作"阙里"，地名，孔子居住的地方。

商瞿，鲁人，字子木。少孔子二十九岁。特好《易》，孔子传之，志焉。（译文略）

漆雕开，蔡人，字子若。少孔子十一岁。习《尚书》，不乐仕。孔子曰："子之齿可以仕矣，时将过。"子若报其书曰："吾斯之未能信[①]。"孔子悦焉。

【注释】

①吾斯之未能信：王注："言未能明信此书义。"

【译文】

漆雕开，蔡国人，字子若。比孔子小十一岁。他研习《尚书》，不愿做官。孔子说："按你的年龄可以做官了，不然就错过时机了。"子若给孔子回信说："我对您的话还不太明白。"孔子很高兴。

公良儒，陈人，字子正，贤而有勇。孔子周行[1]，常以家车五乘从[2]。（译文略）

**【注释】**

①周行：指周游列国。

②家车：自己私人的车。从：跟从。

秦商，鲁人，字丕兹。少孔子四岁。其父堇父，与孔子父叔梁纥，俱以力闻。

**【译文】**

秦商，鲁国人，字丕兹。比孔子小四岁。他的父亲堇父，和孔子的父亲叔梁纥一样，都以力气大而闻名。

颜亥[1]，鲁人，字子骄。少孔子五十岁。孔子适卫，子骄为仆。卫灵公与夫人南子同车出，而令宦者雍渠参乘[2]，使孔子为次乘[3]。游过市，孔子耻之。颜亥曰："夫子何耻之？"孔子曰："《诗》云[4]：'觏尔新婚[5]，以慰我心。'"乃叹曰："吾未见好德如好色者也。"

**【注释】**

①亥：《四部丛刊》本《家语》作"刻"，《史记》引《家语》作"高"。

②参乘：陪乘。

③次乘：后面的车。

④诗：指《诗经·小雅·车舝》。

⑤覯：遇见。

**【译文】**

颜亥，鲁国人，字子骄。比孔子小五十岁。孔子到卫国去，子骄为仆从。卫灵公和夫人南子同车出游，让宦官雍渠陪乘，让孔子乘坐后面的车陪着。游览经过闹市，孔子感到很耻辱。颜亥说："先生为何感到耻辱呢？"孔子说："《诗经》说：'遇到你们新婚，你们美满我欢欣。'"又叹息说："我没有见到喜好美好品德如同喜欢美色一样的人啊！"

司马耕，宋人，字子牛。牛为性躁，好言语。见兄桓魋行恶，牛常忧之。（译文略）

**【注释】**

①桓魋（tuī）：即向魋，春秋时宋国大夫。孔子从曹国到宋国去，与弟子在大树下习礼，桓魋欲杀孔子，砍倒了大树。

巫马期[①]，陈人，字子期。少孔子三十岁。孔子将近行[②]，命从者皆持盖，已而果雨。巫马期问曰："旦无云，既日出，而夫子命持雨具。敢问何以知之？"孔子曰："昨暮月宿于毕[③]。《诗》不云乎[④]：'月离于毕[⑤]，俾滂沱矣[⑥]。'以此知之。"

**【注释】**

①巫马期："期"原作"施"，今据《四部丛刊》本《家语》改。

②近行：到近处出游。

③毕：二十八星宿之一。

④诗：指《诗经·小雅·渐渐之石》。

⑤离：通“丽”，靠近。

⑥俾(bǐ)：使。

**【译文】**

巫马期，陈国人，字子期。比孔子小三十岁。孔子将要到近处走一走，让跟随他的人都带上伞，不久果然下起了雨。巫马期问孔子：“早晨没有云，后来太阳又出来了，而先生让我们都带上雨具。请问您怎么知道要下雨呢？”孔子说：“昨晚月亮靠近毕宿星座，《诗经》不是说：‘月亮靠近毕星，滂沱大雨跟着来’吗？因此我知道天要下雨。”

梁鳣，齐人，字叔鱼。少孔子三十九岁。年三十未有子，欲出其妻。商瞿谓曰[①]：“子未也。昔吾年三十八无子，吾母为吾更取室。夫子使吾之齐，母欲请留吾。夫子曰：‘无忧也，瞿过四十，当有五丈夫[②]。’今果然。吾恐子自晚生耳，未必妻之过。”从之，二年而有子。

**【注释】**

①商瞿：春秋时鲁国人，字子木，孔子弟子。

②丈夫：指男孩。

**【译文】**

梁鳣，齐国人，字叔鱼。比孔子小三十九岁。到了三十岁还没有儿子，想休了他的妻子。商瞿对他说：“你不要这样做。从前我三十八岁还没有儿子，我母亲为我又娶了一房妻子。先生派我到齐国去，母亲请求让我留下来。先生说：‘不要担忧，商瞿过了四十岁，会有五个儿子。’现在果然如此。我恐怕你的子女晚生，未必是你妻子的过错。”梁鳣听从了商瞿的话，过了两年就有了儿子。

琴牢，卫人，字子开，一字张。与宗鲁友[①]，闻宗鲁死，欲往吊焉。孔子弗许，曰："非义也。"

**【注释】**

①宗鲁：春秋时卫国人。为卫灵公兄卫公孟的参乘。公孟为人不善，但对宗鲁很亲近。宗鲁为保护公孟而死。

**【译文】**

琴牢，卫国人，字子开，一字张。和宗鲁是好朋友，听到宗鲁死了，想去悼念他。孔子不让他去，说："这不合乎义。"

冉儒，鲁人，字子鲁。少孔子五十岁。

颜辛，鲁人，字子柳。少孔子四十六岁。

伯虔，字楷。少孔子五十岁。

公孙龙，卫人，字子石。少孔子五十三岁。

曹卹，少孔子五十岁。

陈亢，陈人，字子元，一字子禽。少孔子四十岁。（以上译文略）

叔仲会，鲁人，字子期。少孔子五十四岁，与孔璇年相比。每孺子之执笔记事于夫子[①]，二人迭侍左右[②]。孟武伯见孔子而问曰："此二孺子之幼也，于学岂能识于壮哉？"孔子曰："然。少成则若性也[③]，习惯若自然也。"

【注释】

①孺子:儿童,后生。

②迭:轮流。

③若:成,变成。

【译文】

叔仲会,鲁国人,字子期。比孔子小五十四岁,年龄与孔璇相仿。每当需要学童拿着笔帮助孔子记事时,叔仲会和孔璇就轮流在孔子身边记录。孟武子见到孔子问道:“这两个孩子年龄这么小,现在学了长大还能记得吗?”孔子说:“是的。少年时一点点学习就成了习惯,习惯就成了自然。”

秦祖,字子南。

奚箴(一作葴),字子楷。

公祖兹,字子之。

廉洁,字子曹。

公西舆,字子上。

罕(一作宰)父黑,字子索(一作黑)。

公西葴(一作减),字子尚。

穰驷赤,字子从。

冉季,字子产。

薛邦,字子从。

石处,字子里。

悬亶,字子象。

左郢,字子行。

狄黑,字哲之。

商泽，字子秀。

任不齐，字子选。

荣祈，字子祺。

颜哙，字子声。

原忼（一作桃），字子籍。

公宾（一作肩），字子仲。

秦非，字子之。

漆雕从，字子文。

燕伋，字子思。

公夏守，字子乘。

勾井疆，字子疆。

步叔乘，字子车。

石作（一作子）蜀，字子明。

邽巽（一作选），字子敛。

施之常，字子恒。

申绩，字子周。

乐欬（一作欣），字子声。

颜之仆，字子叔。

孔忠（一作弗），字子蔑。

漆雕哆（一作侈），字子敛。

悬成，字子横。

颜相，字子襄

右夫子弟子七十二人，皆升堂入室者。

（以上译文略）

# 本姓解第三十九

**【题解】**

本篇是对孔子家世的考证。开首即说孔子的祖先是宋国的后裔，因而孔子就是“先圣之嗣”。接着从宋公稽一直推算到孔子的父亲叔梁纥，以及叔梁纥娶徵在、孔子出生、孔子父死、儿子孔鲤出生至死的全部家世。这是研究孔子生平的极其有用的资料。“齐太史子与适鲁”章，通过太史子与之口，概括地论述了孔子的业绩：“孔子生于衰周，先王典籍错乱无纪，而乃论百家之遗记，考正其义，祖述尧舜，宪章文武，删《诗》述《书》，定礼理乐，制作《春秋》，赞明《易》道，垂训后嗣，以为法式，其文德著矣。然凡所教诲，束修已上三千余人，或者天将欲与素王之乎？夫何其盛也！”因此鲁国大夫南宫敬叔说：“吾闻圣人之后，而非继世之统，其必有兴者焉。今夫子之道至矣，乃将施之无穷，虽欲辞天之祚，故未得耳。”似乎是天降大任。但孔子并没有陶醉在这些赞美言辞中，他听到这话后却说：“岂若是哉？乱而治之，滞而起之，自吾志，天何与焉？”他认为世道混乱就要治理，事物停滞就要兴起，这是他自己的志向，和天没有关系。所以孔子终生都努力推行仁义之道，一生失意而不失望，这种对社会高度的责任感是值得赞扬的。

孔子之先，宋之后也。微子启，帝乙之元子①，纣之庶兄,以圻内诸侯[②],入为王卿士。微,国名,子爵。初,武王克殷,封纣之子武庚于朝歌[③],使奉汤祀。武王崩,而与管、蔡、霍三叔作难[④],周公相成王东征之。二年,罪人斯得,乃命微子于殷后,作《微子之命》(由)申之[⑤]。与国于宋,徙殷之子孙,唯微子先往仕周,故封之贤。其弟曰仲思,名衍,或名泄。嗣微子后,故号微仲。生宋公稽,胄子虽迁爵易位[⑥],而班级不及其故者[⑦],得以故官为称。故二微虽为宋公,而犹以微之号自终。至于稽乃称公焉[⑧]。

(又见于《史记·宋微子世家》、《史记·本纪第三·殷》、《本纪第四·周》)

**【注释】**

①帝乙:商代帝王,纣王的父亲。元子:长子。

②圻内:皇帝都城千里之地叫圻。此指都城千里之内的地方。

③武庚:商纣王之子,名禄父。周武王灭纣,封武庚以续殷祀。后因与管叔、蔡叔一起作乱,为周公所杀。朝歌:殷朝都城。故址在今河南淇县。

④管:管叔,周武王弟,周公兄,周灭商,封于管。蔡:蔡叔,周武王弟,封于蔡。霍:霍叔,武王同母弟,封于霍。三叔作难:武王去世,成王年幼,周公摄政。管叔与蔡叔挟武庚作乱。周公东征,杀管叔而放蔡叔。

⑤作《微子之命》申之:微子,名启,纣王的同母长兄,帝乙的长子。武庚被杀后,微子启代替武庚为殷之后裔,封于宋国。史官记录成王封微子的诰命叫《微子之命》,见于《尚书》。申,原作"由",据《史记·宋微子世家》改。

⑥胄子:古帝王与贵族的长子。

⑦班级：爵位等级。

⑧公：古代爵位名，属最高一等。

**【译文】**

孔子的祖先，是宋国的后裔。微子启，是帝乙的长子，纣的同父异母哥哥，以都城千里之内诸侯的身份，进入朝廷为国王的卿士。微，是诸侯国名，属于子爵。当初，武王征服了殷国，封纣的儿子武庚于朝歌，让他奉行商汤的祭祀。武王死后，武庚与管叔、蔡叔、霍叔共同谋反，周公辅佐成王东征讨伐他们。第二年擒获了罪人，于是命令微子启代替武庚为殷的后裔，作《微子之命》申告此事。封微子于宋国，迁徙殷人的子孙到此地，唯有微子先到周朝去做官，被周朝封为贤人。微子的弟弟仲思，名衍，或名泄，继承了微子的爵位，因此又称微仲。仲思生宋公稽，后代虽然爵位变迁，但等级都没有祖辈高，仍然以旧的爵位称呼。所以微子和微仲虽然是宋公，但始终都用微子称号。到了稽即位，才开始称公。

宋公生丁公申，申公生缗公共及襄公熙，熙生弗父何及厉公方祀。方祀以下，世为宋卿。弗父何生宋父周，周生世子胜，胜生正考甫，考甫生孔父嘉。五世亲尽，别为公族①，故后以孔为氏焉②。

（又见于《史记·宋微子世家》）

**【注释】**

①公族：同祖的一族。

②氏：姓氏。

**【译文】**

宋公稽生丁公申，申生缗公共和襄公熙，熙生弗父何及厉公方祀。

从方祀以下，世代为宋国卿。弗父何生宋父周，宋父周生世子胜，世子胜生正考甫，正考甫生孔父嘉。传到五代以后，分出同族，所以后来有一支以孔作为姓氏。

一曰孔父者，生时所赐号也，是以子孙遂以氏族。孔父生子木金父，金父生睪夷，睪夷生防叔，避华氏之祸而奔鲁。防叔生伯夏，伯夏生叔梁纥。曰虽有九女是无子。其妾生孟皮，孟皮一字伯尼，有足病。于是乃求婚于颜氏。颜氏有三女，其小曰徵在。颜父问三女曰："陬大夫虽父祖为士①，然其先圣王之裔。今其人身长十尺，武力绝伦，吾甚贪之②。虽年长性严，不足为疑。三子孰能为之妻？"二女莫对。徵在进曰："从父所制，将何问焉？"父曰："即尔能矣。"遂以妻之。徵在既往，庙见。以夫之年大，惧不时有男③，而私祷尼丘之山以祈焉。生孔子，故名丘而字仲尼。

孔子三岁而叔梁纥卒，葬于防。至十九，娶于宋之上官氏④，生伯鱼。鱼之生也，鲁昭公以鲤鱼赐孔子。荣君之贶⑤，故因以名曰鲤，而字伯鱼。鱼年五十，先孔子卒。

（略见于《世本》（《诗·商颂·那》正义引）、《公羊传·襄公二十一年》、《史记·孔子世家》）

【注释】

①陬：春秋时鲁地，孔子出生于此。故址在今山东曲阜东南。

②贪：舍不得。

③不时：不及时。

④上官氏：各种典籍多作"丌(qí)官氏"。

⑤贶(kuàng):赐予,加惠。

**【译文】**

一说孔父这个名号,是出生时君王所赐的号,所以子孙就以此作为姓氏。孔父生子木金父,金父生睪夷,睪夷生防叔,防叔为了躲避华氏之祸逃亡到鲁国。防叔生伯夏,伯夏生叔梁纥。叔梁纥有九个女儿而没有儿子。叔梁纥的妾生孟皮,孟皮字伯尼,脚有毛病。于是叔梁纥向颜氏求婚。颜氏有三个女儿,小女儿叫徵在。颜父问他的三个女儿:“陬邑孔氏的父辈和祖辈虽是士,但他们的祖先是圣王的后裔。现在求婚的叔梁纥身高十尺,武力绝伦,我很看中他。虽然年龄大了些性子又急,但不必担心。你们三人谁愿意做他的妻子?”大女儿二女儿都不说话。徵在走上前说:“听从父亲的安排,还有什么可问的呢?”她父亲说:“就是你能做他的妻子。”就把徵在许给叔梁纥做妻子。徵在去叔梁纥家时,先在宗庙见面。因为丈夫的年龄大,担心不能及时生儿子,便私下到尼丘山去祈祷。后来生下孔子,所以名丘字仲尼。

孔子三岁时叔梁纥去世,葬在防山。孔子十九岁,娶了宋国上官氏的女儿为妻,生下伯鱼。伯鱼出生时,鲁昭公送给孔子一条鲤鱼。孔子得到国君的赏赐感到很荣耀,所以给儿子取名鲤,字伯鱼。伯鱼活到五十岁,比孔子先去世。

齐太史子与适鲁,见孔子。孔子与之言道,子与悦,曰:“吾鄙人也,闻子之名,不睹子之形,久矣而未知宝贵也,乃今而后知泰山之为高,渊海之为大[①]。惜乎,夫子之不逢明王,道德不加于民,而将垂宝以贻后世。”

遂退而谓南宫敬叔曰[②]:“今孔子先圣之嗣,自弗父何以来,世有德让,天所祚也。成汤以武德王天下,其配在文。殷宗以下,未始有也。孔子生于衰周,先王典籍错乱无纪,而乃论百家之遗记，考正其义，祖述尧舜[3]，宪章文武[4]，删《诗》述《书》，定礼理乐，制作《春秋》，赞明《易》道[5]，垂训后嗣，以为法式，其文德著矣。然凡所教诲，束脩已上三千余人[6]，或者天将欲与素王之乎[7]？夫何其盛也！”

敬叔曰：“殆如吾子之言，夫物莫能两大。吾闻圣人之后，而非继世之统，其必有兴者焉。今夫子之道至矣，乃将施乎无穷[8]，虽欲辞天之祚，故未得耳。”

子贡闻之，以二子之言告孔子[9]。子曰：“岂若是哉？乱而治之，滞而起之，自吾志，天何与焉？”

**【注释】**

①渊海之为大：“之”字原无，据《四部丛刊》本《家语》补。

②南宫敬叔：鲁国大夫。

③祖述：效法前人，加以陈说。

④宪章：效法。

⑤赞明：发扬光大。

⑥束脩：学生家长送教师的酬劳。十条干肉称束脩。

⑦素王：有帝王之德而未居其位的人。后来儒家专以素王称孔子。

⑧乎：《丛刊》本《家语》作“于”。

⑨之言：此二字原无，据《四部丛刊》本《家语》补。

**【译文】**

齐国的太史子与来到鲁国，见到孔子。孔子和他谈论道，子与很高兴，说：“我是浅陋无知的人，久闻您的大名，而没能和您见面，很长时间也不知您的宝贵，从今以后我知道了泰山的高大，大海的广阔。只可惜啊，先生没有遇到圣明的君主，道德不能在百姓中施行，而只有把这些宝贵的东西留给后世了。”

子与辞别孔子后对南宫敬叔说："现今的孔子是先圣的后代，从弗父何以来，孔氏后代世世有德谦让，这是上天所赐的福分啊。成汤以武德称王天下，用礼乐相配合。殷商以下，就没有这样的情况了。孔子生在周朝衰败的时代，先王的典籍错乱无序，孔子就整理论述百家遗留的记录，考证其正确的含义，师法和陈说尧舜的盛德，效法周文王、周武王的文功武治，删定《诗经》，整理《尚书》，制定礼，理清乐，制作《春秋》，阐明《易》道，给后世留下训诫，作为法则，孔子的文德是何等显著啊！他所教诲的弟子，奉上束脩的就有三千多人，或许是上天要他成为无冕的素王吧？为什么如此兴盛呢！"

南宫敬叔说："如果像你说得那样，事物不会两全其美。我听说圣人的后代，如果不是继承王位的统系，也必然会有兴盛的人。现在孔子之道已非常完美，并将长久地施行于后世，即使想推却上天赐予的福分，也不可能。"

子贡听了这些话，把他们二人的议论都告诉了孔子。孔子说："哪是这样的呢！乱了就要治理，停滞就要兴起，这是我的志向，和天有什么关系呢？"

# 终记解第四十

**【题解】**

这一篇是讲孔子临终前及去世后丧葬之事的。孔子认为有生必有死,所以他感到将死却处之泰然。但仍感叹:“夫明王不兴,则天下其孰能宗余?”担心他的治世之道不能被后人采用。“哀公诔”章,子贡批评鲁哀公在孔子生前不重用孔子,认为“生不能用,死而诔之,非礼也”。这是统治者对待贤人的常态,批评是应该的。“既卒”和“孔子之丧”章,写弟子们为孔子服丧和安葬的全过程,是研究孔子以及丧葬礼仪的珍贵史料。“既葬”章,写孔子去世后,弟子为他守墓的情况:“二三子三年丧毕,或留或去,惟子贡庐于墓六年。自后群弟子及鲁人处于墓如家者百有余家,因名其居曰孔里焉。”以此看出孔子在他的弟子及时人心中的地位。

孔子蚤晨作①,负手曳杖②,逍遥于门③,而歌曰:“泰山其颓乎④!梁木其坏乎!哲人其萎乎⑤!”既歌而入,当户而坐。

子贡闻之,曰:“泰山其颓,则吾将安仰?梁木其坏,则吾将安杖?哲人其萎,吾将安放⑥?夫子殆将病也。”遂趋而入。

夫子叹而言曰："赐，汝来何迟？予畴昔梦坐奠于两楹之间[7]。夏后氏殡于东阶之上，则犹在阼。殷人殡于两楹之间，则与宾主夹之。周人殡于西阶之上，则犹宾之，而丘也即殷人。夫明王不兴，则天下其孰能宗余[8]？余殆将死。"遂寝病，七日而终，时年七十二矣。

（又见于《礼记·檀弓上》）

【注释】

①蚤晨：即早晨。作：起来。

②负手：反手于背，背着手。曳杖：拖着拐杖。

③逍遥：优游自得。

④颓：崩塌。

⑤萎：困顿。

⑥放：仿效。

⑦畴昔：往日。此指昨夜。王注："畴昔犹近昨夜。"两楹之间：王注："两楹之间，殷人所殡。梦而具奠于殡处，故自知死也。"楹，房子厅堂的前柱。

⑧天下其孰能宗余：王注："言天下无明主，莫能宗己道，临终其有命，伤道之不行也。"

【译文】

孔子早晨起来，背着手拖着手杖，在门口悠游地漫步，吟唱道："泰山要崩塌了吗？梁木要毁坏了吗？哲人要萎顿了吗？"唱完回到了屋内，对着门坐着。

子贡听到歌声，说："泰山要是崩塌了，我仰望什么呢？梁木要是毁坏了，我依靠什么呢？哲人要是萎顿了，我去效仿谁呢？老师大概要生病了吧?”于是快步走了进去。

孔子说:“赐!你怎么来的这样晚?我前几天梦见自己坐在两楹之间祭奠。夏朝人将灵柩停在对着东阶的堂上,那还是处在主位上;殷人将灵柩停在堂前两楹之间,那是处在宾位和主位之间;周人将灵柩停在对着西阶的堂上,那就是迎接宾客的地方,而我就是殷人。现今没有明王兴起,天下谁能尊奉我呢?我大概快要死了。”随后卧病在床,七天就去世了,死时七十二岁。

哀公诔曰[①]:“旻天不吊[②],不慭遗一老[③],俾屏余一人以在位[④],茕茕余在疚[⑤]。于乎哀哉!尼父[⑥],无自律[⑦]。”

子贡曰:“公其不没于鲁乎?夫子有言曰:‘礼失则昏,名失则愆[⑧]。’失志为昏,失所为愆。生不能用,死而诔之,非礼也;称一人,非名。君两失之矣。”

(又见于《春秋左传·哀公十六年》、《礼记·檀弓上》)

**【注释】**

①哀公:鲁哀公。诔(lěi):累述死者功德以示哀悼,即今之悼辞。

②旻(mín)天:指上天。吊:善,怜悯。王注:“吊,善也。”

③慭(yìn):愿。一老:指孔子。

④俾:使。屏:障卫,保护。

⑤茕茕(qióng):孤独貌。疚:内心痛苦。

⑥尼父:指孔子。王注:“父,丈夫之显称。”

⑦律:法,效法。

⑧愆(qiān):过失,过错。

**【译文】**

鲁哀公哀悼孔子说:“上天不怜悯我,不愿留下这一位老者,让他保护我一人居于君位，使我忧愁而痛苦。呜呼哀哉！尼父，失去您我就没有榜样来自律了。”

子贡说：“您不想在鲁国善终吗？老师曾说过：‘礼仪丧失就会昏暗不清，名分丧失就会造成过错。’失去志向是昏暗，失去身份是过错。老师活着时您不重用，死后才致哀悼，这不合礼仪；自称一人，这不符合名分。您把两样都丧失了。”

既卒，门人疑所以服夫子者[①]。子贡曰：“昔夫子丧颜回也，若丧其子而无服，丧子路亦然。今请丧夫子若丧父而无服。”于是弟子皆吊服而加麻，出有所之，则由绖[②]。子夏曰：“入宜绖可也，出则不绖。”子游曰：“吾闻诸夫子，丧朋友，居则绖，出则否。丧所尊，虽绖而出可也。”

（又见于《礼记·檀弓上》）

**【注释】**

①服：穿丧服。

②绖：穿丧服时系在腰间或头上的麻带子。

**【译文】**

孔子去世后，弟子们犹疑不定，不知该用什么等级的丧礼服制。子贡说：“以前先生对待颜回的丧事，如同死了儿子一样，但没穿丧服，对待子路的丧事也一样。今天对待先生的丧事就像对父亲的丧事一样，但不穿那样等级的丧服。”于是弟子们都穿上吊丧的服装系上麻带，出门到那里都系上麻带。子夏说：“回到家可以系麻带，出去可不用。”子游说：“我听老师说过，对待朋友的丧事，在家时系麻带，出去则不系。自己的尊辈去世了，即使系着麻带出去也是可以的。”

孔子之丧，公西掌殡葬焉，唅以疏米三具[①]，袭衣十有一称[②]，加朝服一，冠章甫之冠，佩象环，径五寸，而綦组绶[③]。桐棺四寸，柏棺五寸，饬棺墙[④]，置翣[⑤]，设披[⑥]，周也；设崇[⑦]，殷也；绸练设旐[⑧]，夏也。兼用三王礼[⑨]，所以尊师，且备古也。葬于鲁城北泗水上，藏入地，不及泉。而封为偃斧之形，高四尺，树松柏为志焉。弟子皆家于墓，行心丧之礼[⑩]。

（又见于《礼记·檀弓上》、《礼记·玉藻》）

**【注释】**

①唅：饭含。即以珠玉贝米之类纳于死者口中。疏米：粳米。三具：三勺或三份。具，量词。

②袭衣：衣一套叫一袭。称：古代计算衣服的量词，犹言一套。

③綦：同綦，青黑色。组绶：系玉的丝带。

④饰棺墙：指设置遮挡灵柩的布帷。

⑤翣（shà）：古代出殡时的棺饰。形似扇，在路以障车，入椁以障柩。

⑥披：古代丧具。用帛做成，用来牵挽柩车，防止倾覆。

⑦崇：崇牙。旌旗上的齿状边饰。

⑧绸练：以素练缠束旗杆。旐（zhào）：魂幡。出殡时为棺柩引路的旗。

⑨三王：夏、商、周三代君王。

⑩心丧之礼：指不穿丧服，只在心中哀悼。

**【译文】**

孔子的丧事，由公西赤主持。他在孔子口中放三勺米，给孔子穿上十一套衣服，加上朝廷官服一套，戴章甫帽，佩戴象牙环珮，环珮直径五寸，用青白色的丝带系着。桐木棺厚四寸，柏木棺厚五寸，装饰了遮挡棺柩的帷帐，设置了障棺的翣扇，还设置了牵挽灵车的披，这是按照周朝的礼制;旗上有齿形边饰,这是按照殷代的礼制;魂幡用绸练做成,这是按照夏朝的礼制。兼用夏、商、周三代君王的礼制,是表示尊敬老师,而且古代的礼仪都具备。孔子的灵柩葬在鲁城北面的泗水边,埋入地下,碰不到地下水。上面的封土为半斧形,高四尺,周围种上松柏作为标志。孔子的弟子都把家建在坟墓的四周,行心丧的礼仪。

既葬,有自燕来观者,舍于子夏氏。子夏谓之曰:“吾亦人之葬圣人,非圣人之葬人,子奚观焉?昔夫子言曰:‘吾见封若夏屋者①,见若斧矣,从若斧者也。’马鬣封之谓也②。今徒一日三斩板而以封③,尚行夫子之志而已④,何观乎哉?”

二三子三年丧毕,或留或去,惟子贡庐于墓六年。自后群弟子及鲁人处墓如家者百有余家,因名其居曰孔里焉。

(又见于《礼记·檀弓上》、《史记·孔子世家》)

**【注释】**

①夏屋:夏代的房屋。其形中间高,两边为漫坡。王注:“夏屋,今之殿形,中高而四方下也。”

②马鬣(liè):马颈上的长毛。

③斩板:王注:“斩板,谓斩其缩。三斩上傍杀,盖高四尺也。”板,筑土墙用的木板。宽三尺,长六尺。

④尚:庶,庶几。

**【译文】**

安葬完毕,有人从燕国来参观,住在子夏家里。子夏对他说:“这是我们普通人安葬圣人,不是圣人安葬普通人,有什么可看的呢?从前老师说过:‘我见过坟墓像夏朝的房屋的,也见过像斧形的,我赞成斧形的。’斧形的坟俗称马鬣封。现今我们一天之内三次换板夯土就筑成了,这不过实现了老师生前的愿望而已,有什么可看的呢?"

孔子的弟子守丧三年以后,有的留下了,有的离开了,只有子贡筑屋于墓旁守了六年。从此以后孔子弟子和鲁国人在墓边建家而住的有一百多家,因此将此地命名为孔里。

# 正论解第四十一

**【题解】**

这篇是孔子针对一些人和事发表的评论。“孔子在齐”章，写管理山泽的虞人，当齐侯不按规矩招呼他，他就不出这件事，赞扬虞人能遵守自己的职责。“齐国书伐鲁”章，孔子听到冉求和季康子对他的赞扬与认可，内心也很高兴，可见圣人和普通人的感情是一样的。“卫孙文子得罪于献公”章，写孔子批评孙文子，在献公死未葬时，就击钟娱乐的不合礼仪的做法，提醒孙文子身处险境而不知，用“燕子巢于幕”来比喻，非常形象。“孔子览晋志”章，看似赞扬董狐是古之良史，实际内心更加赞扬的是古之良大夫赵盾，惋惜他没有越过国境，而冤枉承担了“弑君”的恶名。“郑伐陈”章，孔子的名言“言之无文，行之不远”，至今仍为人们写文章和讲话的标准。“楚灵王汰侈”章，赞扬子革能以诗进谏，又感叹楚灵王一时虽有所动，终究没有改掉骄奢之病，遭杀身之祸。“晋邢侯与雍子争田”章，赞扬叔向能公平执法，大义灭亲。“子产不毁乡校”和“苛政猛于暴虎”是人们熟知的故事，这里也体现了孔子的宽容和仁爱精神。“郑子产有疾”章，孔子提出“宽以济猛，猛以济宽，宽猛相济，政是以和”的为政原则，对后世影响很大。“哀公问于孔子”章，孔子详细地讲了在朝廷、军队、州巷、田猎、路途等地方尊重老年人的道理，这也是孔子仁政思想的一个方面。

孔子在齐，齐侯出田[①]，招虞人以弓[②]，不进，公使执之。

对曰："昔先君之田也，旃以招大夫[③]，弓以招士，皮冠以招虞人。臣不见皮冠，故不敢进。"乃舍之[④]。

孔子闻之，曰："善哉！守道不如守官[⑤]。"君子韪之[⑥]。

（又见于《春秋左传·昭公二十年》）

【注释】

①田：田猎。

②虞人：王注："虞人，掌山泽之官也。"

③旃（zhān）：赤色曲柄的旗。

④舍：放。

⑤守道不如守官：遵守恭敬之道，见君主召唤即出，不如遵守为官之道。王注："道为恭敬之道，见君召便往；守官，非守召不往也。"

⑥韪：是。

【译文】

孔子在齐国时，齐侯出去打猎，挥动弓来招呼管理山泽的官吏虞人，虞人没来晋见，齐侯派人把他抓了起来。

虞人说："从前先君打猎时，用旗来招呼大夫，用弓来招呼士，用皮帽来招呼虞人。我没看见皮帽，所以不敢晋见。"齐侯听后就放了他。

孔子听到这件事，说："好啊！遵守道不如遵守职责。"君子认为说得对。

齐国书伐鲁[①]，季康子使冉求率左师御之[②]，樊迟为右[③]。师不逾沟，樊迟曰[④]："非不能也，不信子[⑤]，请三刻而逾之[⑥]。"如之。众从之，师入齐军，齐军遁。冉有用戈，故能入焉。

孔子闻之曰："义也。"

既战，季孙谓冉有曰："子之于战，学之乎？性达之乎？"

对曰："学之。"

季孙曰："从事孔子，恶乎学？"

冉有曰："即学之孔子也。夫孔子者，大圣，无不该[7]，文武并用兼通。求也适闻其战法，犹未之详也。"

季孙悦。

樊迟以告孔子，孔子曰："季孙于是乎可谓悦人之有能矣。"

（又见于《春秋左传·哀公十一年》）

**【注释】**

①国书：人名。王注："国书，齐卿。"

②季康子：鲁国执政贵族。

③右：右师。

④师不逾沟，樊迟曰：此七字原本无，据《春秋左传·哀公十一年》补。

⑤不信子：不相信季康子。子，原作"乎"，据《四部丛刊》本《家语》改。王注："言季孙德不素著，为民所信也。"

⑥三刻：三次申明号令。王注："与众要信，三刻而逾沟也 。"

⑦该：包。

**【译文】**

齐国的国书率领军队攻打鲁国，季康子派冉求率领左军去抵御，樊迟率领右军。鲁军不敢跨过壕沟去迎敌，樊迟说："不是不能，是不相信季康子，请您三次申明号令带头越过壕沟。"冉求听从了他的话。大家就跟着过了壕沟，冲入齐军，齐军逃跑了。冉求用的是戈，所以能冲入敌阵。

孔子听说了这件事，说："这是合乎义的。"

仗打完后，季孙问冉求说："你对于打仗，是学会的呢？还是天生就会的呢？"

冉求回答说："是学会的。"

季孙说："你跟着孔子，怎能学会打仗呢？"

冉求说："就是从孔子那里学的。孔子是位大圣人，他的知识无所不包，文武并用兼通。我也是刚从他那里学了一点战法，学得还不够详细透彻。"

季孙听了很高兴。

樊迟把这事告诉了孔子，孔子说："季孙在这件事上，可以说还是喜欢别人有才能。"

南宫说、仲孙何忌既除丧①，而昭公在外②，未之命也③。定公即位，乃命之。辞曰："先臣有遗命焉④，曰：'夫礼，人之干也，非礼则无以立。'嘱家老，使命二臣，必事孔子而学礼，以定其位。"公许之。

二子学于孔子，孔子曰："能补过者，君子也。《诗》云⑤：'君子是则是效⑥。'孟僖子可则效矣。惩己所病，以诲其嗣，《大雅》所谓'贻厥孙谋，以燕翼子'⑦，是类也夫！"

（又见于《春秋左传·昭公七年》）

**【注释】**

①南宫说、仲孙何忌既除丧：南宫说即南宫悦，又称南宫敬叔。仲孙何忌即孟懿子。他们都是孟僖子的儿子。除丧，王注："除父

僖子之丧。”

②昭公在外:王注:“时为季孙所逐。”

③未之命也:王注:“未命二人为卿大夫。”

④先臣有遗命焉:王注:“僖子病不知礼,及其将死,而属其二子使事孔子。”

⑤诗:此指《诗经·小雅·鹿鸣》。

⑥君子是则是效:是君子学习、仿效的榜样。

⑦(贻)诒厥孙谋,以燕翼子:此为《诗经·大雅·文王有声》中的诗句。意为:遗赠后代好谋略,以保子孙平安。王注:“诒,遗也。燕,安也。翼,敬也。言遗其子孙嘉谋,学安敬之道。”

**【译文】**

南宫说和仲孙何忌为父亲服丧完毕,因当时鲁昭公逃亡在外,没来得及任命他们。鲁定公即位后,才任命。他们推辞说:“先父留有遗嘱,说:‘礼,犹如人的躯干一样,是做人的根本,没有礼则无以自立。’嘱托家里的老人,让他们要求我们二人必须事奉孔子,到他那里去学礼,以便确定自己的地位。”定公允许了。

他们二人向孔子学礼,孔子说:“能够弥补过错的人,就是君子。《诗经》说:‘君子是学习的榜样。’孟僖子就是学习的榜样,改正自己过去的缺点,以此来教诲后代。正如同《诗经·大雅》所说的‘遗赠后代好谋略,以保子孙永平安’,说的正是孟僖子这样的人啊!”

卫孙文子得罪于献公[①],居戚[②]。公卒未葬,文子击钟焉。

延陵季子适晋过戚[③],闻之,曰:“异哉!夫子之在此,犹燕子巢于幕也[④],惧犹未也,又何乐焉?君又在殡,可乎?”

文子于是终身不听琴瑟。

孔子闻之，曰："季子能以义正人，文子能克己服义，可谓善改矣。"

（又见于《春秋左传·襄公二十九年》）

【注释】

①孙文子：即孙林父，春秋时卫国大夫。献公：指卫献公。

②戚：卫国地名，故址在今河南濮阳北。

③延陵季子：即吴公子季札。

④燕子巢于幕：王注："燕巢于幕，言至危也。"幕，帷幕。

【译文】

卫国的大夫孙文子得罪了卫献公，居住在戚地。卫献公去世后还未安葬，孙文子就敲钟娱乐。

延陵季子去晋国时路过戚地，听到这件事，说："奇怪啊！你住在这里，就像燕子把巢筑到帷幕上一样危险，害怕还来不及呢，又有什么可高兴的呢？况且国君的灵柩还没殡葬，可以这样娱乐吗？"

孙文子从此终身不听琴瑟。

孔子听说了这件事，说："季子能根据义来纠正别人，文子能克制自己来服从义，可谓善于改正错误啊！"

孔子览晋志[①]，晋赵穿杀灵公[②]，赵盾亡，未及山而还[③]。史书"赵盾弑君"。盾曰："不然。"史曰："子为正卿，亡不出境，返不讨贼，非子而谁？"盾曰："呜呼！'我之怀矣[④]，自诒伊戚[⑤]'，其我之谓乎！"

孔子叹曰："董狐，古之良史也，书法不隐。赵宣子，古之良大夫也，为法受恶。惜也，越境乃免[⑥]。"

（又见于《春秋左传·宣公二年》）

【注释】

①晋志：晋国的史书。

②赵穿：赵盾的族弟。

③未及山：没越过晋国边境的山。山指温山。

④我之怀矣：此为《诗经·邶风·雄雉》中的诗句，意为心中怀念我亲人。

⑤自诒伊戚：此为《诗经·小雅·小明》中的诗句，意为祸患是自己招来的。

⑥越境乃免：王注："惜盾不越境以免于讥，而受弑君之责也。"

【译文】

孔子阅读晋国的史书，书上记载：晋国的赵穿杀死了晋灵公，赵盾逃亡在外，还没越过国境的山又返回来了。史书写着"赵盾弑君"。赵盾说："不是这样的。"史官说："你是正卿，逃亡而没走出国境，返回来又不讨伐凶手，弑君的不是你又是谁呢？"赵盾说："唉！《诗经》说'由于我的怀念，自己招来忧患'，这说的就是我了。"

孔子叹息说："董狐，是古代的好史官啊，书写史实不隐讳。赵宣子，是古代的好大夫啊，因为法度而蒙受恶名。可惜啊！如果越过国境就可以免去罪名了。"

郑伐陈，入之，使子产献捷于晋[①]。晋人问陈之罪焉。

子产对曰："陈亡周之大德[②]，介恃楚众[③]，冯陵敝邑[④]，是以有往年之告[⑤]。未获命[⑥]，则又有东门之役[⑦]。当陈隧者[⑧]，井堙木刊[⑨]，敝邑大惧。天诱其衷[⑩]，启敝邑心。陈知其罪，授首于我[⑪]，用敢献功。"

晋人曰："何故侵小？"

对曰："先王之命，惟罪所在，各致其辟[⑫]。且昔天子一圻[13]，列国一同[14]，自是以衰[15]，周之制也。今大国多数圻矣，若无侵小，何以至焉?"

晋人曰："其辞顺。"

孔子闻之，谓子贡曰："《志》有之[16]，'言以足志[17]，文以足言'[18]，不言谁知其志？言之无文，行之不远[19]。晋为伯，郑入陈，非文辞不为功。慎辞哉！"

（又见于《春秋左传·襄公二十五年》）

【注释】

①子产：郑国执政大臣。名侨，字子产。

②陈亡周之大德：陈国忘记了周朝的大德。指武王把女儿大姬许配胡公，封于陈这件事。亡，忘记。王注："武王以元女大姬以配胡公，而封诸陈。"

③介恃：凭借，依仗。介，原作"豕"，据《四部丛刊》本《家语》改。

④冯陵：欺凌。

⑤往年之告：以前郑国向晋国报告被陈国侵犯的事。王注："告晋为陈所侵。"

⑥未获命：未得到晋国平定陈国的命令。

⑦东门之役：指陈国与楚国共同攻打郑国至其东门之事。

⑧当陈隧：在陈军前进的道路上。隧，道路。

⑨堙(yīn)：堵塞。刊：砍。

⑩天诱其衷：上天开导其心意。

⑪授首：指投降或被杀。

⑫辟：诛。

⑬圻：地方千里曰圻。

⑭同：方百里曰同。

⑮自是以衰：依此递减。王注："大国方百里，从是以为差，伯方七十里，子男五十里，周之制也。而说学者以周大国方七百里，失之远矣。"

⑯志：王注："志，古之书也。"

⑰言以足志：王注："言以足成其志。"

⑱文以足言：王注："加以文章，以足成其言。"

⑲言之无文，行之不远：王注："有言而无文章，虽行而不远也。"

**【译文】**

郑国攻打陈国，进入了陈国，派子产向晋国奉献战利品。晋人质问陈国的罪状。

子产回答说："陈国忘记了周朝对他的大恩大德，依仗楚国人多，欺凌敝邑，我国因此而有去年请求攻打陈国的报告。没有得到贵国允许，反倒有了陈国进攻我国东门的战役。陈军经过的路上，水井被填，树木被砍，我们很害怕。幸亏上天开导我们的心，启发了我们攻打陈国的念头。陈国知道自己的罪过，因而向我们投降，因此敢于奉献战利品。"

晋国人又问："为什么攻打小国？"

子产回答说："根据先王的律令，只要是罪过所在，就要分别给予惩罚。况且从前天子的土地方圆千里，诸侯的土地方圆百里，依次递减，这是周朝的制度。现在大国的土地多到方圆数千里，如果没有侵占小国，怎么能达到这地步呢？"

晋国人说："他的话顺理成章。"

孔子知道后，对子贡说："古书上有这样的话：'言语用来表达志向，文采用来增加言语的力量。'不说话，谁知道你的志向是什么呢？语言没有文采，就不能流传久远。晋国成为霸主，郑国进入陈国，不是善于辞令就不能成功。你们要谨慎地使用辞令啊！"

楚灵王汰侈①，右尹子革侍坐②，左史倚相趋而过。王曰："是良史也，子善视之，是能读《三坟》、《五典》、《八索》、《九丘》[③]。"

对曰："夫良史者，记君之过，扬君之善。而此子以润辞为官，不可为良史。臣又尝问焉：昔周穆王欲肆其心[④]，将过行天下，使皆有车辙马迹焉。祭公谋父作《祈昭》[⑤]，以止王心，王是以获殁于文宫[⑥]。臣问其诗焉而弗知；若问远焉，其焉能知？"

王曰："子能乎？"

对曰："能，其诗曰：'祈昭之愔愔乎，式昭德音[⑦]。思我王度，式如玉，式如金[⑧]。刑民之力，而无有醉饱之心[⑨]。'"

灵王揖而入，馈不食，寝不寐。数日则固不能胜其情，以及于难。

孔子读其《志》，曰："古者有志[⑩]，克己复礼为仁[⑪]，信善哉！楚灵王若能如是，岂其辱于乾谿[⑫]？子革之非左史，所以风也[⑬]，称诗以谏，顺哉！"

（又见于《春秋左传·昭公十二年》）

**【注释】**

①汰侈：骄奢。

②右尹：官名。子革：即然丹，郑穆公孙。

③《三坟》、《五典》、《八索》、《九丘》：相传是远古时代的文化典籍。王注："三坟，三皇之书。五典，五帝之典。八索，索法。九丘，国聚也。"

④肆其心：随心所欲。

⑤祭公谋父：周朝卿士。《祈昭》：诗名。

⑥殁:死。文宫:周穆王的宫殿。

⑦祈昭之愔愔乎,式昭德音:王注:“言祈昭乐之安和,其法足以昭其德音者也。”愔愔,和谐,安详。

⑧式如玉,式如金:王注:“思王之法度,如金玉纯美。”

⑨刑民之力,而无有醉饱之心:王注:“刑伤民力,用之不胜不节。无有醉饱之心,言无厌足。”刑,伤害。

⑩古者有志:此四字原本无,据《四部丛刊》本《家语》补。

⑪克己复礼:王注:“克,胜。言能胜己私情,复之于礼,则为仁也。”

⑫辱于乾谿:王注:“灵王起章华之台于乾谿,国人溃畔,遂死焉。”

⑬风:通“讽”,用含蓄的方式劝谏。

**【译文】**

楚灵王骄奢无度,右尹子革在旁边陪坐,左史倚相从他们前面快步走过。灵王说:“这人是好史官,你要好好待他。他能读《三坟》、《五典》、《八索》、《九丘》等古书。”

子革回答说:“好的史官,要能够记录君王的过错,宣扬君王的善政。而此人凭着华丽的文辞做官,不能算作好史官。我又曾经问过他一件事:从前周穆王想放纵他的私心,想要周游天下,让天下都留下他的车辙马迹。祭公谋父就作了《祈昭》这首诗来劝阻他,穆王因此善终于文宫。我问过倚相有关这首诗的事,他不知道。如果问更远的事,他哪能知道呢?”

楚王说:“您能知道吗?”

子革回答说:“能。这首诗说:‘祈求安详和悦,宣扬有德者的声音。想起我们君王的风范,样子好像玉,好像金。怜惜百姓的力量,自己没有醉饱之心。’”

灵王听了,向子革作揖,便走进房中,送上饭菜不吃,觉睡不着。但过了几天还是控制不住自己骄奢的作风,所以遇上了祸难。

孔子读到这段记载,说:“古时候有这样的话:‘克制自己的私欲回到礼上，就是仁。’说得真好啊！楚灵王如果能始终这样，难道还会在乾谿受到羞辱吗？子革不是左史官，所以只能讽谏灵王，引用诗来劝谏就能顺利啊！”

叔孙穆子避难奔齐[1]，宿于庚宗之邑[2]。庚宗寡妇通焉而生牛。穆子返鲁，以牛为内竖[2]，相家[3]。牛谗叔孙二子，杀之。叔孙有病，牛不通其馈，不食而死。牛遂辅叔孙庶子昭而立之[4]。

昭子既立，朝其家众曰：“竖牛祸叔孙氏，使乱大从[5]，杀嫡立庶，又披其邑，以求舍罪[6]，罪莫大焉，必速杀之。”遂杀竖牛。

孔子曰：“叔孙昭子之不劳[7]，不可能也。周任有言曰[8]：‘为政者不赏私劳，不罚私怨。’《诗》云[9]：‘有觉德行，四国顺之[10]。’昭子有焉。”

（又见于《春秋左传·昭公四年》）

**【注释】**

①叔孙穆子避难奔齐：叔孙穆子，即叔孙豹，鲁国大夫。穆子为谥号。王注：“穆子，叔孙豹，其兄侨如淫乱，故避之而出奔齐。”

②庚宗：邑名。

③内竖：传达内外命令的官吏。王注：“竖通内外之命。”

④相家：帮助执政。王注：“长遂命为相家。”

⑤庶子：妾所生子。昭：即叔孙诺，谥昭子。王注：“子叔孙诺。”

⑥从：王注：“从，顺。”

⑦又披其邑，以求舍罪：王注：“牛取叔氏鄙三十邑，以行赂也。”鄙，边邑，也指郊外。

⑧不劳：不认为有功劳。王注："劳，功。不以立己为功。"

⑨周任：王注："周任，古之贤人。"

⑩诗：指《诗经·大雅·抑》。

⑪有觉德行，四国顺之：君子德行正直，四方诸侯顺从。王注："觉，直。"

**【译文】**

鲁国大夫叔孙穆子逃到齐国避难，住在庚宗这个地方。庚宗有个寡妇，叔孙穆子和她私通，生了一个儿子叫牛。叔孙穆子后来返回鲁国，先让牛当了传令的小官，长大后让他当了家臣。牛给叔孙穆子的两个嫡子进谗言，致使二人被杀。叔孙穆子生了病，牛不让给他吃饭，最后也被饿死。牛于是拥立叔孙穆子庶出的儿子昭子并辅助他。

昭子当政后，召集他的臣仆说："竖牛祸害叔孙氏，使祸乱一个接着一个，杀害嫡子拥立庶子，又把边邑地方用来行贿，以求免去罪行，没有比他的罪行再大的了，必须迅速把他杀掉。"于是杀了竖牛。

孔子说："叔孙昭子不认为竖牛拥立自己是功劳，是因为不可以这样做。周任有这样的话：'执政者不奖赏对自己私人有功劳的人，不惩罚对自己有私怨的人。'《诗经》说：'君子德行正直，四方诸侯顺从。'昭子就是这样的人。"

晋邢侯与雍子争田[①]，叔鱼摄理[②]，罪在雍子。雍子纳其女于叔鱼，叔鱼弊其邢狱[③]。邢侯怒，杀叔鱼与雍子于朝。韩宣子问罪于叔向[④]，叔向曰："三奸同罪，施生戮死可也[⑤]。雍子自知其罪，而赂以置直，鲋也鬻狱，邢侯专杀，其罪一也。己恶而掠美为昏[⑥]，贪以败官为默[⑦]，杀人不忌为贼[⑧]。《夏书》曰：'昏、默、贼，杀，咎陶之刑也[⑨]。'请从之。"乃施邢侯，而尸雍子、叔鱼于市。

孔子曰："叔向，古之遗直也。治国制刑，不隐于亲。三数叔鱼之罪，不为末[⑩]，或曰义[⑪]，可谓直矣。平丘之会，数其贿也，以宽卫国，晋不为暴[⑫]。归鲁季孙，称其诈也，以宽鲁国，晋不为虐[⑬]。邢侯之狱，言其贪也，以正刑书，晋不为颇[⑭]。三言而除三恶，加三利[⑮]。杀亲益荣，由义也夫。"

（又见于《春秋左传·昭公十五年》）

**【注释】**

①邢侯、雍子：二人均为晋国大夫。

②叔鱼摄理：叔鱼，即羊舌鲋，春秋时晋国大夫。摄理，代理狱官。王注："叔鱼，叔向弟。理，狱官之名。"

③弊：作弊。王注："弊断，断罪归邢侯也。"

④韩宣子：王注："宣子，晋正卿韩起也。"叔向：即羊舌肸，叔鱼之兄。博学多闻，以礼让为国。

⑤施生：对活着的人施以刑罚。王注："施，宜为与，与犹行。行生者之罪也。"

⑥已恶而掠美为昏：王注："掠美善，昏乱也。已恶，即以赂求善为乱也。"

⑦败官：败坏官吏的规则。败，原作"赂"，据《四部丛刊》本《家语》改。默：贪污，不廉洁。王注："默犹冒，苟贪不畏罪。"

⑧忌：王注："忌，惮。"

⑨《夏书》曰："昏默贼"：王注："《夏书》，夏家之书。三者宜皆杀者也。"

⑩末：王注："末，薄。"

⑪或曰义：王注："或，《左传》作'咸'也。"

⑫"平丘之会"四句：平丘，春秋时卫地。王注："诸侯会于平丘，晋

人淫蒭荛者于卫，卫人患之，赂叔向。叔向使与叔鱼，客未追而禁之。”此事见于《春秋左传·昭公十三年》，叔向和诸侯在平丘会盟，晋国放纵砍柴草的人在卫国胡作非为，卫国人很担心，就贿赂叔向。叔向让他们把这些礼品送给叔鱼，送礼的客人还没有退出去，叔鱼就下令禁止了砍柴草人的非法行为。

⑬晋不为虐：王注：“鲁季孙见执，谘于晋，晋人归之。季孙贵礼不肯归，叔向言叔鱼能归之，叔鱼说季孙，季孙惧，乃归也。”此事也见于《春秋左传·昭公十三年》。

⑭颇：王注：“颇，偏。”

⑮除三恶，加三利：王注：“暴卫虐鲁，杀三罪，去三恶，加三利也。”

**【译文】**

晋国的大夫邢侯和雍子争夺田地，叔鱼代理审案。本来雍子有罪，雍子把她的女儿嫁给了叔鱼，叔鱼就作弊判定邢侯有罪。邢侯很愤怒，在朝廷上杀死了叔鱼和雍子。韩宣子问叔鱼的哥哥叔向如何处理此案，叔向说：“三个人罪状相同，对活着的施以刑法，对死了的暴尸示众就可以了。雍子自知自己有罪，而用女儿作为贿赂以取得胜诉，鲋出卖法律，邢侯擅自杀人，他们所犯的罪是一样的。自己有罪恶而掠取别人的美名就是昏，贪图贿赂败坏为官职责就是默，杀人毫无顾忌就是贼。《夏书》说：‘昏、默、贼，都可杀。这是咎陶的刑法。’请按此办理。”于是就杀了邢侯，而把雍子、叔鱼暴尸于市。

孔子说：“叔向，他的正直作风是古代的遗风。治理国家判定案件，不包庇亲人。三次指出叔鱼的罪恶，不给他减轻，人们认为这是义，我说这可称作正直。平丘的盟会，指出叔鱼贪财，从而宽免了卫国，晋国不能算作凶暴。让鲁国的季孙意如回去，指出叔鱼欺诈，从而宽免了鲁国，晋国不能算是凌虐。邢侯这个案件，指出了叔鱼的贪婪，因此把他判了刑，晋国不能算是偏颇。三次说话而除掉三次罪恶，得到三种利益。叔向杀了他的亲人而名声更加显著，这是因为做事合乎道义啊！”

郑有乡校[①]，乡校之士，非论执政[②]。鬷明欲毁乡校[③]。子产曰："何以毁为？夫人朝夕退而游焉，以议执政之善否。其所善者，吾则行之；其所否者，吾则改之。若之何其毁也？我闻忠善以损怨，不闻立威以防怨。防怨犹防水也，大决所犯，伤人必多，吾弗克救也。不如小决使导之，不如吾所闻而药之[④]。"

孔子闻是言也，曰："吾以是观之，人谓子产不仁，吾不信也。"

（又见于《春秋左传·襄公三十一年》）

**【注释】**

①乡校：乡的学校，也用作乡人议事之所。

②非论：非议，批评。

③鬷(zōng)明：春秋时郑大夫，字然明。

④药：治疗。

**【译文】**

郑国有乡校，乡校里的学生，非议执政者。鬷明想要毁掉乡校。子产说："为什么要毁掉呢？人们早晚闲暇时到这里游玩，议论政事的好坏。他们认为好的，我们就推行；他们认为不好的，我们就改正。为什么要毁掉它呢？我听说，忠言善言可以减少怨恨，没有听说用威胁来防止怨恨的。防止怨恨就如同防水一样，大水决了堤，伤害的人必然会多，我们就无法去救了。不如小规模地放水加以疏导，不如把我们听到的话作为治病的良药。"

孔子听到这些话，说："从这件事来看，人们要说子产不仁，我是不相信的。"

晋平公会诸侯于平丘，齐侯及盟。郑子产争贡赋之所承[1]，曰："昔者天子班贡[2]，轻重以列尊卑，而贡，周之制也。卑而贡重者，甸服[3]。郑伯，男也[4]，而使从公侯之贡，惧弗给也，敢以为请。"自日中争之，以至于昏。晋人许之。

孔子曰："子产于是行也，是以为国也。《诗》云[5]：'乐只君子，邦家之基[6]。'子产，君子之于乐者[7]。"且曰："合诸侯而艺贡事[8]，礼也。"

（又见于《春秋左传·昭公十三年》）

【注释】

①所承：指承担贡赋的多少。王注："所承之轻重也。"

②班贡：进贡的次序。班，次，序。

③甸服：古代都城外百里之内称作邦，百里之外称作甸。王注："甸服，王圻之内与圻外诸侯异，故贡重也。"

④男：原作南，据《春秋左传·昭公十三年》改。王注："南，左氏作'男'，古字作'南'，亦多有作'此南'，连言之，犹言公侯也。"

⑤诗：此指《诗经·小雅·南山有台》。

⑥乐只君子，邦家之基：得到君子真快乐，他是国家的柱石。

⑦乐者：王注："能为国之本，则人乐艺也。"

⑧艺贡事：王注："艺，分别贡献之事也。"

【译文】

晋平公和诸侯在平丘会盟，齐侯参加了。郑国的子产争论进贡物品的轻重次序，他说："从前天子确定进贡物品的次序，轻重是根据地位决定的，而贡赋，是周朝的制度。地位低下而贡赋重的，这是甸服。郑伯，是男服，而让我们按照公侯贡赋的标准，恐怕是不能如数供给的，谨以此作为请求。"从中午开始争论，一直到晚上 。晋人同意了。

孔子说："子产在这次的所作所为，是为了国家。《诗经》说：'得到君子真快乐，他是国家的柱石。'子产，就是君子中追求快乐的人。"又说："会合诸侯而制定贡赋的限度，就是礼。"

郑子产有疾，谓子太叔曰[①]："我死，子必为政，唯有德者能以宽服民，其次莫如猛。夫火烈，民望而畏之，故鲜死焉；水濡弱[②]，民狎而翫之[③]，则多死焉，故宽难。"

子产卒，子太叔为政，不忍猛而宽，郑国多掠盗。太叔悔之，曰："吾早从夫子，必不及此。"

孔子闻之曰："善哉！政宽则民慢[④]，慢则纠于猛。猛则民残，民残则施之以宽。宽以济猛，猛以济宽，宽猛相济，政是以和。《诗》云[⑤]：'民亦劳止，汔可小康[⑥]。惠此中国，以绥四方[⑦]。'施之以宽也。'毋纵诡随，以谨无良[⑧]。式遏寇虐，惨不畏明[⑨]。'纠之以猛也。'柔远能迩，以定我王[⑩]。'平之以和也。又曰：'不竞不絿，不刚不柔。布政优优，百禄是遒[⑪]。'和之至也。"

子产之卒也，孔子闻之，出涕曰："古之遗爱。"

（又见于《春秋左传·昭公二十一年》）

**【注释】**

①子太叔：即游吉，郑国的正卿，继子产为政。

②濡弱：软弱，柔顺。

③狎（xiá）：习熟。翫（wán）：轻忽，戏狎。

④慢：怠慢，轻忽。

⑤诗：指《诗经·大雅·民劳》。

⑥民亦劳止，汔可小康：汔，庶几。一说通“乞”，意为求。王注：“汔，危也。劳民人病，汔可小变，故以安也。”可参看。

⑦绥：安抚。

⑧毋纵诡随，以谨无良：见《诗经·大雅·民劳》。纵，放纵。诡随，狡诈欺骗。谨，防止。王注：“诡人、随人，遗人小恶者也。”

⑨式遏寇虐，憯不畏明：式遏寇虐，制止劫掠和暴虐。王注：“憯，曾也。当用遏止为寇虐之人也。曾不畏天之明道者，言威也。”憯，一本作“憯”，助词，曾，乃。指在光天化日下为恶。

⑩柔远能迩，以定我王：见《诗经·大雅·民劳》。意为安抚远方就能使近处安定，以安定我王。

⑪“不竞不絿”四句：见《诗经·商颂·长发》。竞，争。絿，急。优优，平和宽裕貌。遒，聚。

**【译文】**

郑国的子产有病，对子太叔说：“我死以后，您必然执政，只有有德的人能采用宽容的政治来使百姓服从，不然还不如严厉。火猛烈，人们一看就害怕，所以很少有人死于火；水柔弱，人们习熟而轻慢它，死于水的人就很多。所以施行宽容的政治难。”

子产死后，子太叔执政，不忍心严厉而施行宽容，结果郑国出现很多盗贼。太叔很后悔，说：“如果我一开始就听从他老人家的话，就不至于到这一步。”

孔子听到此事后，说：“是啊，政事宽容百姓就怠慢，百姓怠慢就用严厉来纠正。政令严厉百姓就会受到伤害，受到伤害了就实施宽大。用宽大调剂严厉，用严厉调剂宽大，政事因此调和。《诗经》说：‘百姓已经很辛劳，稍稍休息保安康。爱护中原老百姓，可以安定国四方。’这是施行宽容的政治。‘骄横欺诈不放纵，不良之辈要严惩。制止暴虐与劫掠，胆大妄为要严惩。’这是用严厉来纠正。‘安抚远方，柔服近地，来安定我王。’这是用和来使国家安定。又说：‘不争不急，不刚不柔。施政从容不迫，百种福禄临头。’这是和谐的顶点。”

子产死后，孔子听到消息，流着泪说：“子产的仁爱，是古人的遗风啊！”

孔子适齐，过泰山之侧，有妇人哭于野者而哀。夫子式而听之[①]，曰：“此哀一似重有忧者[②]。”使子贡往问之。而曰：“昔舅死于虎[③]，吾夫又死焉，今吾子又死焉。”子贡曰：“何不去乎？”妇人曰：“无苛政。”子贡以告孔子。子曰：“小子识之，苛政猛于暴虎。”

（又见于《礼记·檀弓上》）

**【注释】**

①式：通“轼”，车前横木。此作动词用，扶轼。

②重：双重，几重。

③昔舅死于虎：“昔”字原无，据《四部丛刊》本《家语》补。舅，指公公。

**【译文】**

孔子到齐国去，路过泰山旁，有个妇人在野外哭得非常悲伤。孔子扶着车前的横木倾听，说：“如此的哀伤，好似有几重悲伤啊！”让子贡前去问问看。那妇人说：“从前我公公被老虎吃了，我丈夫不久也被老虎吃了，现在我的儿子又被老虎吃了。”子贡问：“为什么不离开此地呢？”妇人说：“这里没有苛政。”子贡把这些话告诉了孔子。孔子说：“你们要记住，苛政猛于凶暴的老虎。”

晋魏献子为政[①]，分祁氏及羊舌氏之田[②]，以赏诸大夫及其子成，皆以贤举也。又谓贾辛曰：“今汝有力于王室，吾是以举汝，行乎？敬之哉，毋堕乃力[③]。”

孔子闻之，曰："魏子之举也，近不失亲，远不失举，可谓美矣。"又闻其命贾辛，以为忠。"《诗》云[④]：'永言配命[⑤]，自求多福。'忠也。魏子之举也义，其命也忠。其长有后于晋国乎！"

（又见于《春秋左传·昭公二十八年》）

**【注释】**

①魏献子：即魏舒。献子为谥号。

②分祁氏及羊舌氏之田：因祁氏和羊舌氏两家作乱，被灭族，于是把祁氏的封地分为七个县，把羊舌氏的封地分为三个县。

③堕：毁坏。力：指功劳。

④诗：指《诗经·大雅·文王》。

⑤永言配命：永远与天命相配。

**【译文】**

晋国魏献子当政，分割祁氏和羊舌氏的封田，赏赐给各位大夫和自己的儿子成，这些人都是因为贤明而被他提拔起来的。他又对贾辛说："现在你有功于王室，因此我要提拔你，行吗？你要谨慎啊，不要让功劳丧失。"

孔子听到这件事，说："魏献子举拔人才，提拔亲近的人不失去亲族，提拔疏远的人也不漏掉应举拔的人才，可谓是美德啊。"又听到他教导贾辛的话，认为他很忠诚。说："《诗经》讲：'永远合于天命，自己求取福禄。'这是忠诚。魏子的举拔合乎义，他的教导又体现忠，恐怕他的后代会在晋国长享禄位吧！"

赵简子赋晋国一鼓钟[①]，以铸刑鼎，著范宣子所为刑书[②]。

孔子曰："晋其亡乎，失其度矣。夫晋国将守唐叔之所受法度③，以经纬其民者也④。卿大夫以序守之⑤，民是以能遵其道而守其业⑥。贵贱不愆，谓度也。文公是以作执秩之官，为被庐之法⑦，以为盟主。今弃此度也而为刑鼎，民在鼎矣，何以尊贵⑧？何业之守也⑨？贵贱无序，何以为国？且夫宣子之刑，夷之蒐也⑩，晋国乱制，若之何其为法乎？"

（又见于《春秋左传·昭公二十九年》）

【注释】

①赵简子：名赵鞅，晋国正卿。鼓：重量单位名，当时的重量为四百八十斤。王注："三十斤谓之钧，钧四谓之石，石四谓之鼓。"钟：《春秋左传·昭公二十九年》作"铁"。此指制鼎的金属。

②著范宣子所为刑书：范宣子，晋国大夫。王注："范宣子，晋卿，范自铭其刑书著鼎也。"

③唐叔：晋国的始祖，周成王之弟。王注："唐叔，成王母弟，始封于晋者也。"

④经纬：治理。王注："经纬，犹织以成文也。"

⑤序：王注："序，次序也。"

⑥民是以能遵其道而守其业：此句《春秋左传·昭公二十九年》作"民是以能尊其贵，贵是以能守其业"，联系上下文意，此文较胜。译文据此。

⑦为被庐之法：被庐，地名。王注："晋文公既霸，蒐于被庐，作执秩之官，以为晋国法也。"蒐，检阅，阅兵。

⑧何以尊贵：王注："民将弃神而征于书，不复戴奉上也。"

⑨何业之守也：王注："民不奉上，则上无所守也。"

⑩夷之蒐也，晋国乱制：王注："夷蒐之时，变易军师，阳唐父为贾季

所杀，故曰乱制也。"

【译文】

晋国的赵鞅向晋国征收了四百八十斤金属，用来铸造刑鼎，铸上范宣子所制定的刑书。

孔子说："晋国恐怕要灭亡了吧！失掉它的法度了。晋国应该遵守唐叔所传的法度，来治理他们的民众。卿大夫按照序次来守护它，这样民众才能遵守法度，贵人才能守护家业。地位贵贱不错乱，这就叫做度。文公因此设立执掌官职位次的官员，在被庐制定法律，因而成为盟主。现在要抛弃这个法度而铸造刑鼎，民在鼎上就可以看到法律条文了，贵人还用什么来显示尊贵？靠什么来守护家业？贵贱失去次序，还怎么治理国家？而且宣子的刑书，是在夷地检阅时制定的，这是晋国的乱法，怎么能把它当成法律呢？"

楚昭王有疾，卜曰："河神为祟①。"王弗祭，大夫请祭诸郊。王曰："三代命祀，祭不越望。江、汉、沮、漳，楚之望也。祸福之至，不是过乎？不谷虽不德，河非所获罪也。"遂不祭。

孔子曰："楚昭王知大道矣④，其不失国也宜哉⑤！《夏书》曰：'维彼陶唐，率彼天常⑥，在此冀方⑦。今失厥道(一作其行)，乱其纪纲，乃灭而亡。'又曰：'允出兹在兹'，由己率常可矣⑧。"

(又见于《春秋左传·哀公六年》)

【注释】

①河神为祟：河，黄河。"神"字原无，据《四部丛刊》本《家语》补。祟，鬼神作怪。

②祭不越望：望，古代祭祀山川的专名，望而祭之，故称“望”。王注：“天子望祀天地，诸侯望祀境内，故曰祭不越望也。”

③江、汉、沮、漳：王注：“四水名也。”

④知大道：懂得大道理。王注：“取之于己，不越祀也。”

⑤不失国也宜哉：王注：“楚为吴所灭，昭王出奔，已复国者也。”

⑥维彼陶唐，率彼天常：王注：“陶唐，尧。率，循天之常道。”

⑦冀方：原指中原一带，此代指中国。王注：“中国为冀。”

⑧允出兹在兹，由己率常可矣：王注：“言善恶各有类信，出此则在此，以能循常道可也。”

**【译文】**

楚昭王有病，占卜的人说：“黄河之神在作怪。”楚昭王不去祭祀。大夫们请求在郊外祭祀。楚昭王说：“三代时规定的祭祀制度，祭祀不超越本国山川。江水、汉水、沮水、漳水，是楚国的大川。祸福的来临，不是要经过这些川流吗？我虽然没有德行，也不会得罪黄河之神。”于是不去祭祀。

孔子说：“楚昭王知道大道理啊，他不失去国家也是理所当然的啊！《夏书》说：‘那位古代的君王陶唐，遵循天道纲常，拥有中土这地方。现在失去正道，混乱了法纪纲常，于是走向灭亡。’又曰：‘付出什么就收获什么’，让自己遵循常道就可以了。”

卫孔文子使太叔疾出其妻，而以其女妻之[①]。疾诱其初妻之娣[②]，为之立宫，与文子女如二妻之礼。文子怒，将攻之。孔子舍蘧伯玉之家[③]，文子就而访焉。

孔子曰：“簠簋之事[④]，则尝闻学之矣。兵甲之事，未之闻也。”退而命驾而行，曰：“鸟则择木，木岂能择鸟乎？”文子遽自止之，曰：“圉也岂敢度其私哉[⑤]？亦访卫国之难也。”将止，会季康子问冉求之战，冉求既对之，又曰："夫子播之百姓，质诸鬼神，而无憾[6]，用之则有名。"康子言于哀公，以币迎孔子，曰："人之于冉求，信之矣，将大用之。"

（又见于《春秋左传·哀公十一年》、《史记·孔子世家》、《孔从子记》）

**【注释】**

①卫孔文子使太叔疾出其妻，而以其女妻之：卫孔文子，即卫国的大夫孔圉。孔子曾称赞他"敏而好学，不耻下问"。太叔疾，王注："初，疾娶于宋子朝，其妇嬖于朝，文子使疾出其妻，而已妻之。"

②初妻之娣：指前妻的妹妹。

③蘧伯玉：孔子的友人。

④簠簋之事：指祭祀。簠簋，装祭品的容器。

⑤度：谋取。王注："度，谋。"

⑥憾：遗憾。王注："恨也。"

**【译文】**

卫国的孔文子让太叔疾休弃了他的妻子，而把自己的女儿嫁给了他。太叔疾又引诱其前妻的妹妹，并为她建立了一座宫室，和孔文子的女儿并列，如同有二个妻子。孔文子发怒，想要攻打太叔疾。孔子住在蘧伯玉的家里，孔文子就去拜访孔子。

孔子说："祭祀的事，我曾经听说过也学习过。打仗用兵的事，我没有听说过。"孔子退出来就让人驾车要走，说："鸟可以选择树木，树木难道能选择鸟吗？"文子急忙拦住他，说："我怎敢考虑自己的私利？也是怕卫国发生祸患。"孔子准备留下，碰上季康子问冉求用兵的事，冉求回答完之后，又说："老师的才能传播在百姓中，质正于鬼神也没有遗憾的地方，运用起来则会出名。”季康子把这事告诉了鲁哀公。鲁哀公用礼物迎接孔子，说：“人们对于冉求的话，是很相信的，我将重用您。”

齐陈恒弑其君简公，孔子闻之，三日沐浴而适朝[①]，告于哀公曰：“陈恒弑其君，请伐之。”公弗许。三请，公曰：“鲁为齐弱久矣，子之伐也，将若之何？”

对曰：“陈恒弑其君，民之不与者半，以鲁之众，加齐之半，可克也。”公曰：“子告季氏。”孔子辞[②]，退而告人曰：“以吾从大夫之后，不敢不告也。”

（又见于《春秋左传·哀公十四年》、《论语·宪问》）

**【注释】**

①沐浴：洗发澡身的斋戒形式，以示慎重。

②孔子辞：王注：“不告季氏。”

**【译文】**

齐国的陈恒杀了他们的国君齐简公，孔子听到此事，斋戒沐浴三天后上朝，对鲁哀公说：“陈恒杀了他们的国君，请您去讨伐他。”鲁哀公没答应。孔子再三请求，鲁哀公说：“鲁国被齐国欺负已经很久了，你主张讨伐他们，结果将会怎样呢？”

孔子回答说：“陈恒杀了他们的国君，民众不亲附他的有一半，以鲁国的民众，再加上齐国的一半，是可以取胜的。”哀公说：“你把这事告诉季氏吧。”孔子告辞，退出告诉别人说：“因为我曾作过大夫，所以不敢不告。”

子张问曰：“《书》云[①]：‘高宗三年不言[②]，言乃雍[③]。’有诸？”

孔子曰：“胡为其不然也？古者天子崩，则世子委政于冢宰三年。成汤既没，太甲听于伊尹[④]；武王既丧，成王听于周公。其义一也。”

（又见于《礼记・檀弓下》）

【注释】

①书：此指《尚书・无逸》篇。

②高宗：即商王武丁。

③雍：王注：“雍，欢声貌。”

④太甲：王注：“太甲，汤孙。”

【译文】

子张问孔子：“《尚书》说：‘殷高宗为父亲守丧，三年没有说话，服丧期满才说话，大家很高兴。’有这事吗？”

孔子说：“怎么不是这样的呢？古代天子逝世，继位的长子要委托冢宰管理政事三年。成汤去世，太甲听从伊尹管理政事；武王去世，成王听从周公管理政事。这道理是一样的。”

卫孙桓子侵齐，遇，败焉[①]。齐人乘之，执新筑大夫仲叔于奚以其众救桓子，桓子乃免。卫人以邑赏仲叔于奚，于奚辞，请曲悬之乐[②]，繁缨以朝[③]。许之，书在三官[④]。子路仕卫，见其政，以访孔子。

孔子曰：“惜也！不如多与之邑。惟器与名[⑤]，不可以假人，君之所司也。名以出信，信以守器，器以藏礼[⑥]，礼以行义，义以生利，利以平民，政之大节也。若以假人，与人政也，政亡，则国家从之，不可止也[⑦]。”

（又见于《春秋左传・成公二年》）

**【注释】**

①卫孙桓子侵齐，遇，败焉：王注："桓子，孙良夫也，侵齐，与齐师遇，为齐所败也。"

②曲悬之乐：诸侯坐的车三面悬挂的礼乐器。因三面悬挂，缺一面，所以称曲悬。王注："诸侯轩悬，轩悬阙一面也。故谓之曲悬之乐。"

③繁缨：诸侯所用马的装饰。王注："马缨当膺，以索群衔，以黄金为饰也。"

④书在三官：书，书写。三官，指司徒、司马、司空。王注："司徒书名，司马书服，司空书勋也。"

⑤器与名：王注："器，礼乐之器。名，尊卑之名。"

⑥器以藏礼：王注："有器然后得行其礼，故曰器以藏礼。"

⑦国家从之，不可止也："之"字原无，"也"原作"已"，据《四部丛刊》本《家语》增改。

**【译文】**

卫国的孙桓子侵犯齐国，两军相遇，卫国的军队被打败了。齐人乘胜追击，要捉拿孙桓子，新筑大夫仲叔于奚带领众人援救桓子，桓子才免于被抓。卫国人以城邑奖赏仲叔于奚，仲叔于奚辞谢，请求使用诸侯所用的在车上三面悬挂的乐器，并用繁缨装饰马匹来朝见。卫君允许了，三官记录了此事。子路在卫国做官，看见这个记录，就以此事请教孔子。

孔子说："可惜啊！不如多给他城邑。惟有礼器和名号，是不可以借给别人的，这是国君所掌握的。名号可以赋予威信，威信可以守护礼器，礼器用来体现礼制，礼制用来推行道义，道义用来产生利益，利益可以安定民众，这是政权的大节。如果把它借给别人，这是把政权给了别人，政权没了，国家也就跟着没了，这种状况就不可阻止了。"

公父文伯之母[①]，纺绩不解，文伯谏焉。其母曰："古者王后亲织玄纨[②]，公侯之夫人加之纮綖[③]，卿之内子为大带[④]，命妇成祭服[⑤]，列士之妻加之以朝服，自庶士已下，各衣其夫。社而赋事，烝而献功[⑥]，男女纺绩，愆则有辟[⑦]，圣王之制也。今我寡也，尔又在位，朝夕恪勤，犹恐亡先人之业，况有怠惰，其何以避辟？"

孔子闻之，曰："弟子志之，季氏之妇可谓不过矣。"

（又见于《国语·鲁语下》）

【注释】

①公父文伯之母：公父文伯，鲁国大夫，名公父歜。王注："文伯母，敬姜也。"

②玄纨：古代冠冕上用来系瑱（美玉）的黑色带子。王注："纨，冠垂者。"

③纮綖：系于颔下的帽带。王注："谓之纮綖，冠之上覆也。"

④卿之内子：王注："卿之妻为内子。"

⑤命妇：王注："大夫之妻为命妇。"

⑥烝而献功：烝，冬祭。功，指五谷、布帛等物。王注："男女春秋而勤岁事，冬烝祭而献其功也 。"

⑦男女纺绩，愆则有辟：纺绩，《国语·鲁语下》作"效绩"，较胜。愆，过错。辟，刑、法。王注："绩，功也，辟，法也。"

【译文】

公父文伯的母亲坚持不懈地纺绩，文伯劝她休息。他母亲说："古代王后亲织玄纨，公侯的夫人除了织玄纨外还要织纮綖，卿的妻子织大带，大夫的妻子缝成祭服，列士的妻子除缝祭服外，还加缝朝服，庶士以下人的妻子，各为她们的丈夫做衣服。春天祭祀时出劳力，冬天祭祀时献谷物布帛等实物。男女都做出贡献，有过错则依法处治，这是圣王的制度。现在我寡居，你又在官位，朝夕谨慎勤勉地工作，还担心丧失先人的业绩，假若有懈怠懒惰，又怎能逃避法律的处治呢？”

孔子听到这些话，说：“弟子们记住，季氏的妇女可以说不会有过错了。”

樊迟问于孔子曰：“鲍牵事齐君[①]，执政不挠，可谓忠矣。而君刖之[②]，其为至暗乎？”

孔子曰：“古之士者，国有道则尽忠以辅之，国无道则退身以避之。今鲍庄子食于淫乱之朝，不量主之明暗，以受大刖，是智之不如葵[③]，葵犹能卫其足。”

（又见于《春秋左传·成公十七年》）

**【注释】**

①鲍牵：齐国大夫。谥庄子。鲍叔牙曾孙。

②而君刖之：鲍牵因发现齐国大夫庆克与国君夫人私通，庆克怀恨在心，借故让齐君砍掉了鲍牵的双脚。刖，古代把脚砍掉的酷刑。

③葵：即葵菜，其叶随着太阳转动，生命力特别顽强。王注：“葵倾叶随日转，故曰卫其足也。”

**【译文】**

樊迟请教孔子说：“鲍牵侍奉齐国君主，处理政事努力不懈，可说是很忠于国君了。而国君却砍掉了他的双脚，国君可以说太昏暗了吧？”

孔子说：“古代的士人，国家政治清明就尽忠辅政，国家政治昏暗就退身隐居。现在鲍牵在淫乱的朝中做官，不考虑君主是昏是暗，以致遭受砍去双脚的重刑，他的智慧还不如葵，葵还能保护自己的足呢。”

季康子欲以一井田出法赋焉[①],使访孔子。

子曰:"丘弗识也。"

冉有三发,卒曰:"子为国老,待子而行,若之何子之不言?"

孔子不对,而私于冉有曰:"求,汝来,汝弗闻乎?先王制土,藉田以力[②],而底其远近[③];赋里以入,而量其有无[④];任力以夫,而议其老幼[⑤]。于是鳏寡孤疾老者,有军旅之出则征之,无则已。其岁,收田一井,出稯秉缶米,刍藁[⑥],不是过,先王以为足。君子之行必度于礼,施取其厚,事举其中,敛从其薄。若是其已,丘亦足矣[⑦]。不度于礼而贪冒无厌,则虽赋田,将有不足。且季孙若以行之而取法,则有周公之典在;若欲犯法,则苟行之,又何访焉?"

(又见于《春秋左传·哀公十一年》)

**【注释】**

①井田:古代社会的一种土地制度。以方九百亩的土地为一里,划为九区,其中为公田,八家为私田,共养公田。因形如井字,故称井田。

②藉田以力:借用劳力来种公田。王注:"田有税收,藉力以治公田也。"

③底:王注:"底,平。平其远近,则什一而中。"

④赋里以入,而量其有无:王注:"里,廛里有税,度其有无,以为多少之入也。"

⑤任力以夫,而议其老幼:王注:"力作度之事,丁夫召其长幼,或重或轻。"

⑥出稷秉缶米刍藁：稷、秉、缶米，都是谷物的计量单位。秉，禾盈把曰秉。四秉曰莒，十莒曰稷。缶，一缶等于十六斗。一说等于三十二斗。刍藁，喂牲畜的干草。

⑦丘：王注："丘，十六井。'

**【译文】**

季康子想按照一井田征收赋税，让冉有去请教孔子。

孔子说："我不懂这个。"

冉有问了三次，最后说："您是国家的元老，大家都等着您的意见办事，您怎么不说话呢？"

孔子不当面回答，私下对冉有说："冉求，你过来，你没听说过吗？先王制定土地制度，按照劳力的多少分配土地，并根据远近来加以平衡调整；市镇征收赋税，要根据居民财产的多少；分派劳役按照劳动力的多少，还要考虑到年龄的老幼。对于鳏寡孤疾老者，有用兵打仗的事就征收，没有就不征。用兵打仗这一年，征收一井田的赋税，如交纳粮草也不超过赋税的数量，先王认为这就够了。君子的行为要合乎礼，施与要力求丰厚，事情要做的适中，赋敛要尽量微薄。如果这样，那按丘征税就足够了。不按照礼来衡量而贪婪无厌，即使按田亩征税还是不够。而且季孙要想行事合乎法度，则有周公的典章在那里；如果不按法度，要随便行事，何必又来征求意见呢？"

子游问于孔子曰："夫子之极言子产之惠也[①]，可得闻乎？"

孔子曰："谓在爱民而已矣[②]。"

子游曰："爱民谓之德教，何翅施惠哉[③]？"

孔子曰："夫子产者，犹众人之母也，能食之，而不能教也[④]。"

子游曰："其事可言乎？"

孔子曰："子产以所乘之车济冬涉者[5]，是爱而无教也。"（又见于《礼记·仲尼燕居》）

**【注释】**

①惠：仁爱，恩惠。

②谓：《四部丛刊》本《家语》作"惠"。

③何翅：何止，岂但。

④而不：《四部丛刊》本《家语》作"弗"。

⑤所乘之车济冬涉者：车，《四部丛刊》本《家语》作"舆"。无"者"字，据《四部丛刊》本《家语》补。

**【译文】**

子游问孔子说："老师您极力称赞子产对百姓有恩惠，可以说来听听吗？"

孔子说："他的恩惠在于爱民而已。"

子游说："爱民就是以德教化他们，何止是施与恩惠呢？"

孔子说："子产啊，就像是众人的母亲，能给他们食物，而不能教育他们。"

子游说："这方面的事例可以说说吗？"

孔子说："子产把自己的车给冬天涉水过河的人坐，这只是爱护而没有教化。"

哀公问于孔子曰[1]："二三大夫皆劝寡人，使隆敬于高年[2]，何也？"

孔子对曰："君之及此言也，将天下实赖之，岂唯鲁哉！"

公曰："何也？其义可得闻乎？"

孔子曰："昔者有虞氏贵德而尚齿[3]，夏后氏贵爵而尚齿，殷人贵富而尚齿，周人贵亲而尚齿。虞、夏、殷、周，天下之盛王也[4]，未有遗年者焉。年者，贵于天下久矣，次于事亲[5]。是故朝廷同爵而尚齿，七十杖于朝，君问则席；八十则不仕朝，君问则就之，而悌达乎朝廷矣。其行也肩而不并，不错则随，斑白之老不以其任于路[6]，而悌达乎道路矣。居乡以齿，而老穷不匮，强不犯弱，众不暴寡，而悌达乎州巷矣。古之道，五十不为甸役[7]，颁禽隆之长者，而悌达乎蒐狩矣。军旅伍什[8]，同列则尚齿，而悌达乎军旅矣。夫圣人之教孝悌，发诸朝廷，行于道路，至于州巷，放于蒐狩[9]，循于军旅，则众感以义，死之而弗敢犯。"

公曰："善哉，寡人虽闻之，弗能成。"

（又见于《礼记·祭义》）

【注释】

①哀公：原作"定公"，据《四部丛刊》本《家语》改。

②隆敬于高年：特别敬重年纪大的人。

③贵德：尊重有道德的人。尚齿：敬重年长的人。

④盛王：原作"上王"，据《四部丛刊》本《家语》改。

⑤次于事亲：仅次于侍奉自己的父母。

⑥斑白：头发花白。指老年人。任：负重。

⑦甸役：田猎和力役的差事。王注："五十始老，不为力役之事，不为田猎之徒也。"

⑧伍什：古代军队的基层编制，五人为伍，二伍为什。

⑨蒐狩：田猎。

**【译文】**

哀公向孔子请教说："几位大夫都劝我，要我很好地敬重老年人，这是为什么呢？"

孔子回答说："您能问这样的问题，那天下将会受益，岂止是鲁国呢！"

哀公问："为什么呢？其中的道理可以说来听听吗？"

孔子说："从前有虞氏重视道德也尊重老年人，夏后氏重视爵位也尊重老年人，殷朝人重视富有也尊重老年人，周朝人重视亲人也尊重老年人。虞夏殷周这四个朝代，是天下兴盛的王朝，没有遗忘老年人。老年人被天下尊重已经很久了，仅次于侍奉自己的双亲。因此在朝廷中爵位相同的更尊重年长者，七十岁可以拄着拐杖上朝，国君要请教先设好座位让他坐下；八十岁可以不上朝，国君要请教就到他家里去，这样敬老之道就达到朝廷了。行路时，不要和老年人并肩，不是错开就是跟随其后，不让头发花白的老人挑担或负重走在路上，这样敬老之道就实行在路上了。居住在乡村中也要根据年龄论尊卑先后，那么老而穷的人生活就不会匮乏，强不凌弱，众不欺寡，那么敬老之道就贯彻到州巷之中了。古代的制度，年到五十就不再担当田猎和力役的差事，分配猎物还要优待老年人，那么敬老之道就通行到狩猎活动中了。在军队中，级别相同的更敬重年长者，这样敬老之道就实行到军队中了。圣王提倡的孝道，发起于朝廷，实行于道路，达到于州巷，推行到田猎，施行到军队，那么民众感受到敬老之道的重要，宁死也不会去违犯。"

哀公说："好啊！我虽然听到了这个道理，但却做不到。"

哀公问于孔子曰："寡人闻东益不祥[①]，信有之乎？

孔子曰："不祥有五，而东益不与焉。夫损人自益，身之不祥；弃老而取幼，家之不祥；释贤而任不肖，国之不祥；老者不教，幼者不学，俗之不祥；圣人伏匿，愚者擅权，天下不祥。不祥有五，东益不与焉。”

（又见于《新序·杂事五》、《淮南子·人间训》）

【注释】

①东益：东房旁边增盖的房屋。王注：“东益之宅。”不祥：不吉利。

【译文】

鲁哀公问孔子：“我听说在东边增盖房屋不祥，真有这样的事吗？

孔子说：“不祥的事有五种，而东边增盖房屋的事不在其内。损人利己，这是自身不祥；抛弃老人而只爱子女，这是家庭不祥；放弃贤人而任用不肖，这是国家不祥；老者不教育后代，幼者不努力学习，这是风俗不祥；圣人隐居不出，愚蠢的人擅政专权，这是天下不祥。不祥有这五种，东边增盖房屋的事不在其中。”

孔子适季孙，季孙之宰谒曰[①]：“君使求假于田[②]，将与之乎？”季孙未言。

孔子曰：“吾闻之：君取于臣，谓之取；与于臣，谓之赐。臣取于君，谓之假；与于君，谓之献。”

季孙色然悟曰：“吾诚未达此义。”遂命其宰曰：“自今已往，君有取之，一切不得复言假也。”

（又见于《韩诗外传·五》、《新序·杂事五》）

【注释】

①宰：春秋时为卿大夫总管家务的家臣称“宰”。谒：求见。

②假：借。

【译文】

孔子到季孙那里，季孙的家臣来求见，说：“国君派人请求借我们的田地,要给他吗?”季孙没有说话。

孔子说:“我听说:国君从大臣那里拿东西,叫做取;国君送东西给大臣,叫做赐。大臣从国君那里拿东西,叫做借;大臣送给国君东西,叫做献。”

季孙神色醒悟地说:“我实在还不明白这方面的道理。”于是命令他的管家说:“从今以后,凡是国君来要的东西,一概不许再说借这个字了。”

# 卷十

# 曲礼子贡问第四十二

**【题解】**

《曲礼》是《礼记》中的篇名，曲礼所记多为礼之细目。在此篇中，孔子以委婉曲折的手法来解说吉礼、凶礼、宾礼、军礼、嘉礼这五礼之事。第一篇“子贡问”就写了孔子自述为了维护周天子的尊严，不惜用曲笔改写史实的事。这就是所谓的“春秋笔法”。“孔子在宋”章，孔子反对桓魋自为石椁，体现了孔子丧事从俭的思想。“南宫敬叔以富得罪”章，孔子特别反感南宫敬叔借助金钱来恢复官职，认为如此利用财物求官还不如迅速贫穷的好。这看出孔子依礼行事的主张。“孔子在齐”章，齐国出现了饥荒，孔子劝齐景公节约减役，“自贬以救民”，反映了孔子的民本思想。“孔子适季氏”章，孔子看不惯季康子“昼居内寝”，以问候疾病的方式委婉批评季康子不守礼法。“晋将伐宋”章，孔子赞扬晋国刺探情报的人能看出人心的向背，他的着眼点还是仁者爱人。“子路问于孔子”章，子路伤贫，觉得对父母“生而无以供养，死则无以为礼”。孔子主张只要父母活得快乐，即使吃的不好，也是尽了孝道；死后尽了财力安葬，即使丧事简陋，也符合礼仪。“子游问丧之具”章，孔子主张举办丧事只要根据自己的经济条件，尽心尽力就可以了。“孔子在卫”为司徒敬子主持丧礼，力求俭朴。“齐师侵鲁”章，孔子主张用安葬成人之礼来安葬为保卫国家而战死的儿童汪锜。这都表明孔子的思想是贴近现实，切合实际的。

子贡问于孔子曰:“晋文公实召天子,而使诸侯朝焉[①]。夫子作《春秋》云[②]:‘天王狩于河阳[③]。’何也?”

孔子曰:“以臣召君,不可以训[④],亦书其率诸侯事天子而已。”

(又见于《春秋左传·僖公二十八年》)

【注释】

①“晋文公实召天子”二句:晋文公,即重耳。实,实际,真正。召,召请。天子,指周襄王。此事见于《春秋左传·僖公二十八年》:“冬,会于温。是会也,晋侯召王,以诸侯见,且使王狩。”王注:“晋文公会诸侯于温,召襄王且使狩于河阳,因使诸侯朝。”

②夫子作《春秋》:相传《春秋》一书为孔子编订。它是我国第一部编年体史书,后列为儒家经典。

③天王:指周天子,即周襄王。狩:打猎。河阳:地名,在今河南孟县西三十五里。

④训:法,法则。

【译文】

子贡问孔子说:“晋文公在温地的会盟,实际是召请周天子,而让诸侯来朝见。老师您编写《春秋》时写道:‘天王在河阳打猎。’这是为什么呢?”

孔子说:“以臣下的身份召请君主,这不可以效法。所以我如此写,就是要写成晋文公率诸侯来朝见天子。”

孔子在宋,见桓魋自为石椁[①],三年而不成,工匠皆病。

夫子愀然曰："若是其靡也[2]，死不如速朽之愈。"

冉子仆，曰："礼，凶事不豫，此何谓也乎？"

夫子曰："既死而议谥[3]，谥定而卜葬[4]，既葬而立庙，皆臣子之事，非所豫属也，况自为之哉！"

（又见于《礼记·檀弓上》）

【注释】

①桓魋：宋国司马。石椁：古代棺木有内外棺，外棺称椁。此为石制的椁。

②靡：奢侈。

③谥：谥号。

④卜葬：选择埋葬地。

【译文】

孔子在宋国，看见桓魋为自己预做石椁，做了三年还没有完工，工匠都为此感到忧虑。孔子面有忧色，说："像这样奢靡，死了还不如快点腐朽的好。"

冉有跟随侍奉孔子，说："《礼》书说，凶事不可能预先就料到。这是指的什么呢？"

孔子说："人死了以后再议定谥号，谥号定了以后再选择下葬地点日期，安葬完毕再建立宗庙，这些事都应该由属下的臣子来办，并非是预先就操办好，更何况是自己为自己操办呢！"

南宫敬叔以富得罪于定公[1]，奔卫。卫侯请复之[2]。载其宝以朝[3]。

夫子闻之，曰："若是其货也[4]，丧不若速贫之愈[5]。"

子游侍，曰："敢问何谓如此？"

孔子曰："富而不好礼，殃也。敬叔以富丧矣，而又弗改，吾惧其将有后患也。"

敬叔闻之，骤如孔氏[6]，而后循礼施散焉。

（又见于《礼记·檀弓上》）

**【注释】**

①南宫敬叔：即南宫阅，鲁国大夫。定公：鲁定公。

②复：恢复。

③载其宝以朝：载着宝物上朝。

④货：贿赂。

⑤丧：丧失官位。

⑥骤：很快，迅速。如：到。

**【译文】**

南公敬叔因富有而得罪了鲁定公，逃到了卫国。卫侯请求鲁定公恢复敬叔的官位。敬叔就载着他的宝物来朝见鲁定公。

孔子听到这件事，说："像这样使用宝物行贿，丢了官位还不如迅速贫穷的好呢！"

子游正侍奉孔子，说："请问这话是什么意思呢？"

孔子说："富而不好礼，必定会遭致灾祸。南宫敬叔因富有而丧失官位，却仍不知改悔，我恐怕他将来还会有祸患啊！"

南宫敬叔听到孔子的话，马上去见孔子，从此以后他做事遵循礼节，还把自己的财产施舍给百姓。

孔子在齐，齐大旱，春饥。景公问于孔子曰："如之何？"

孔子曰："凶年则乘驽马[1]，力役不兴[2]，驰道不修[3]，祈以币玉[4]，祭祀不悬[5]，祀以下牲[6]。此贤君自贬以救民之礼也。”

（又见于《礼记·杂记下》、《礼记·曲礼下》）

【注释】

①驽马：劣马。

②力役：劳役。

③驰道：国君行走的道路。

④祈以币玉：祈请用币和玉代替牲畜。

⑤不悬：不悬挂乐器，指不奏乐。

⑥祀以下牲：古代祭祀常用牲畜作为祭品，牛、羊、猪三牲齐全称太牢，只用羊、猪称少牢。下牲指少用牲畜。王注：“当用太牢者用少牢。”

【译文】

孔子在齐国的时候，齐国大旱，春季出现了饥荒。齐景公问孔子说：“怎么办呢？”

孔子说：“遇到灾荒年景，出门乘坐要用劣马，不兴劳役，不修驰道，国君有所祈祷，用币和玉，不用牲畜，祭祀不奏乐，祭祀用的牲畜也用次一等的。这是贤明君主自己降低等级以拯救民众的礼啊！”

孔子适季氏，康子昼居内寝[①]，孔子问其所疾，康子出见之。言终，孔子退。子贡问曰：“季孙不疾，而问诸疾，礼与？”

孔子曰：“夫礼，君子不有大故[②]，则不宿于外。非致齐也[③]，非疾也，则不昼处于内。是故，夜居外，虽吊之，可也。昼居于内，虽问其疾，可也。”

（又见于《礼记·檀弓上》）

【注释】

①康子:即季康子。昼居内寝:白天在内室睡觉。

②大故:大的变故。此指丧事。

③齐:通"斋",斋戒。

【译文】

孔子到季康子家去,见康子白天在内室睡觉,孔子探问他的病情,康子出来接见孔子。说完话,孔子就退了出来。子贡问孔子说:"季康子没有病,而您却探问他的病,这合乎礼吗?"

孔子说:"根据礼,君子没有遇到大的变故,则不睡在外室。如果不是祭祀,不是有病,白天也不在内室睡觉。因此,夜里睡在外室,即使吊问,也是可以的。白天在内室睡觉,即使探问他的病情,也是可以的。"

孔子为大司寇,国厩焚①,子退朝而之火所。乡人有自为火来者,则拜之。士一②,大夫再③。子贡曰:"敢问何也?"

孔子曰:"其来者,亦相吊之道也。吾为有司,故拜之。"

(又见于《礼记·杂记下》)

【注释】

①国厩焚:国家的马圈失火。

②士一:对士人拜谢一次。

③大夫再:对大夫拜谢两次。

【译文】

孔子担任大司寇的时候,国家的马厩失火,孔子退朝后来到着火的地方。乡亲有人为火灾来慰问的,孔子都对他们拜谢。对士拜谢一次,对大夫拜两拜。子贡问:"请问为什么这么做呢?"

孔子说:"他们来这里,也是慰问的礼节。我是主管官员,所以要拜谢。"

子贡问曰："管仲失于奢[1]，晏子失于俭[2]。与其俱失也，二者孰贤？"

孔子曰："管仲镂簋而朱纮[3]，旅树而反坫[4]，山节藻棁[5]。贤大夫也，而难为上。晏平仲祀其先祖而豚肩不掩豆[6]，一狐裘三十年。贤大夫也，而难为下。君子上不僭下，下不逼上[7]。"

（又见于《礼记·杂记下》）

【注释】

①失：过错，失误。

②晏子：即齐国大夫晏婴，字平仲。

③镂簋：在盛食物的器具簋上雕刻花纹。朱纮：朱红色的帽带。王注："缕，刻而饰之。朱纮，天子冕之绂。"

④旅树：对着门道立屏。旅，设。树，立屏。反坫（diàn）：设于堂中供祭祀或宴会时放置礼器和酒具的土台。王注："旅，施也。树，屏也。天子外屏诸侯，内屏反坫，在两楹之间。人君好会献酢，礼毕反爵于其上也。"

⑤山节：在房屋的斗拱上画上山和云形的图案。节，斗拱，亦称栭（ér）。藻棁（zhuō）：在楹柱上画有水草花卉的图案。藻，水草。棁，楹柱。王注："节，栭也，刻为山云。棁，梁上楹也，画藻文也。"

⑥豚肩：猪腿。不掩豆：遮不住盛食物的器具豆。王注："言陋小也。"

⑦上不僭下，下不逼上：此句《礼记·杂记下》作"上不僭上，下不逼下"。僭，超越本分。逼，逼迫。

【译文】

子贡问孔子说："管仲的毛病在于太奢侈，晏子的毛病在于太节俭。

这二人都有不足之处，比较一下谁更好呢？”

孔子说：“管仲盛食物的器具雕刻花纹，系帽的带子使用朱红色，大门前树立影壁，堂上两楹间设置放回酒杯的土台，宫室的斗拱上画山和云形的图案，楹柱上画有水草花卉的彩绘。他固然是位贤能的大夫，但要做他的君上是很为难的。晏平仲祭祀他的先祖，只用一个小猪肘子，小得不能掩盖木豆的上口，一件狐皮衣服穿了三十年。他固然是位贤能的大夫，但要做他的下属就很为难了。作为君子，对上不应该僭越君上，对下不应该困逼属下。”

冉求曰：“臧文仲知鲁国之政[①]，立言垂法，于今不亡，可谓知礼者矣？”

孔子曰：“昔臧文仲安知礼？夏父弗忌逆祀而不止[②]，燔柴于灶以祀焉[③]。夫灶者，老妇之所祭[④]，盛于瓮，尊于瓶[⑤]，非所祭也。故曰礼也者，犹体也，体不备，谓之不成人，设之不当，犹不备也。”

（又见于《礼记·礼器》）

**【注释】**

①文仲：即臧文仲，鲁国大夫。

②夏父弗忌：《四部丛刊》本《家语》及《礼记·礼器》作“夏父弗綦”，鲁国主持礼仪的官。逆祀：不符合礼仪的祭祀。

③燔柴于灶以祀：在炉灶上举行燔柴之祭。燔，焚烧。

④老妇之所祭：王注：“谓祭灶执其功，老妇主祭也。”

⑤尊于瓶：用瓶作酒樽。尊，通“樽”。

**【译文】**

冉求说：“臧文仲主持鲁国国政的时候，他所制定的礼法制度，至今还在使用，臧文仲可以说是知礼的人吧？”

孔子说：“臧文仲怎能算知礼呢？礼官夏父弗忌把僖公的神主放在闵公之前来祭祀，他不制止。在灶上燔柴祭祀火神，他也不制止。祭灶神，是老年妇女来主祭的，祭祀时把祭品盛在瓮里，酒盛在瓶里，烧柴来祭是不对的。所以说，礼就好比人的身体，肢体不完备，称为不完整的人，礼设置的不妥当，就犹如人的身体不完备一样。”

子路问于孔子曰：“臧武仲率师与邾人战于狐鲐[1]，遇，败焉。师人多丧而无罚，古之道然与？”

孔子曰：“凡谋人之军，师败则死之；谋人之国，邑危则亡之，古之道也。其君在焉者，有诏则无讨[2]。”

（又见于《礼记·檀弓上》）

**【注释】**

①臧武仲：鲁国大夫。邾：国名。即邹国。狐鲐（tái）：地名，在今山东滕县东南。

②有诏则无讨：王注：“诏，君之教也。有君教，则臣无讨。”

**【译文】**

子路问孔子说：“臧武仲率领军队与邾国人在狐鲐交战，遇到邾国军队就败了。鲁国军队伤亡惨重而臧武仲却没有受到惩罚，这是古代的制度吗？”

孔子说：“凡率领军队作战，军队失败，将领就应战死或自杀；管理国家都邑，都邑处于危险不安，管理者就应该遭到放逐的处罚，这是古代的制度。如果国君在，有赦免的诏书就不要讨伐了。”

晋将伐宋，使人觇之[1]。宋阳门之介夫死[2]，司城子罕哭之哀[3]。觇者反，言于晋侯曰："阳门之介夫死，而子罕哭之哀。民咸悦，宋殆未可伐也。"

孔子闻之曰："善哉！觇国乎！《诗》云[4]：'凡民有丧，匍匐救之。'子罕有焉。虽非晋国，其天下孰能当之[5]！是以周任有言曰[6]：'民悦其爱者，弗可敌也。'"

（又见于《礼记·檀弓下》）

**【注释】**

①觇（chān）：偷偷地观看。

②阳门：宋国城门。介夫：手执兵器守门的人。

③司城：官名，即司空。因宋武公名司空，为避讳改为司城。子罕：名乐喜，宋国正卿，为官清廉。

④诗：指《诗经·邶风·谷风》。

⑤虽非晋国，其天下孰能当之：王注："言虽非晋国，使天下有强者，犹不能当也。"

⑥周任：上古史官。

**【译文】**

晋国将要攻打宋国，先派人刺探宋国的虚实。宋国守卫城门的一个卫士死了，宋国的执政官司城子罕哭得很伤心。打探情况的人回到晋国，对晋侯说："宋国有个守城门的卫士死了，子罕哭得很伤心。民众很受感动，现在恐怕不能去攻打宋国。"

孔子闻知此事，说："这个打探情况的人真善于观察宋国的国情啊！《诗经》里说：'凡民有丧亡，竭力去救援。'子罕就具有这种品质。如果不是晋国，天下有谁敢和宋国为仇呢？所以周任曾说过：'民众喜爱同情爱护他们的人，这样的人是不可敌挡的。'"

楚伐吴，工尹商阳与陈弃疾追吴师[①]。及之，弃疾曰："王事也，子手弓而可。"商阳手弓。弃疾曰："子射诸。"射之，毙一人，韔其弓[②]。又及，弃疾谓之，又毙二人。每毙一人，辄掩其目，止其御曰："吾朝不坐，燕不与[③]，杀三人，亦足以反命矣[④]。"

孔子闻之曰："杀人之中，又有礼焉。"

子路怫然进曰[⑤]："人臣之节，当君大事，唯力所及，死而后已。夫子何善此？"

子曰："然，如汝言也。吾取其有不忍杀人之心而已。"

（又见于《礼记·檀弓下》）

**【注释】**

①工尹：楚国官名。商阳：人名。陈弃疾：楚国公子。

②韔(chàng)其弓：把弓装进弓袋。王注："韔，韬。"韬即弓囊。

③朝不坐，燕不与：朝见没有座位，宴席不能参加。燕，通"宴"。王注："士卑故也。"

④反命：复命。

⑤怫然：生气发怒的样子。

**【译文】**

楚国讨伐吴国，工尹商阳和陈弃疾奉命追击吴军。追赶上了，陈弃疾说："这是国王交给的任务，您可以执弓了。"商阳拿起弓。陈弃疾说："您该射箭了。"商阳射了一箭，射死了一个敌人，就把弓放入了弓袋。又追上了敌兵，弃疾又让他执弓射箭，他又射死二人。每射死一人，他都遮住双眼不敢观看，让驾车人停止追赶，说："我朝见国君时没有座位，举行宴会时我也不能参加，杀死三个敌人，也足以复命了。"

孔子听到这事说："杀人之中也是有礼节的。"

子路生气地走上前说:“做人臣的礼节,担当国君的大事,唯有竭尽全力去做,死而后已。您为什么赞赏工尹商阳呢?”

孔子说:“对,你说得很对。不过,我只取他有不忍杀人之心而已。”

孔子在卫,司徒敬子卒①,夫子吊焉。主人不哀,夫子哭不尽声而退。

蘧伯玉请曰:“卫鄙俗不习丧礼,烦吾子辱相焉②。”

孔子许之,掘中溜而浴③,毁灶而缀足④,袭于床⑤。及葬,毁宗而躐行⑥,出于大门。及墓,男子西面,妇人东面,既封而归,殷道也。孔子行之。

子游问曰:“君子行礼,不求变俗,夫子变之矣。”

孔子曰:“非此之谓也,丧事则从其质而已矣⑦。”

(又见于《礼记·檀弓上、下》)

**【注释】**

①司徒敬子:卫国大夫。

②烦吾子辱相焉:烦请您担任礼相。辱,谦辞,指使对方屈尊。相,主持礼节仪式的人。

③掘中溜而浴:在室中挖坑,床架在上面,为死者洗浴,使水流入坑内。中溜,室中央。

④毁灶而缀足:拆毁炉灶,用灶砖支撑并控制脚,以便穿鞋。

⑤袭于床:在床上穿衣。

⑥毁宗而躐(liè)行:毁宗,把宗庙墙拆个口子。躐,超越。王注:“明不复有事于此也。缀足,不欲解戾矣。毁宗庙而出行,神位在庙门之外也。”

⑦质:质朴无华。

【译文】

孔子在卫国，司徒敬子去世，孔子去吊丧。主人哭得不伤心，孔子没有哭完就退出来了。

蘧伯玉请教说："我们卫国风俗鄙陋，不懂丧礼，烦请您来担任礼相。"

孔子答应了。孔子让人在室中挖一个坑，床架在上面，为死者洗浴，使水流入坑内。拆毁炉灶，用灶砖支起并制约双脚，在床上穿衣。出葬时，将宗庙西墙拆个豁口，越过庙门西边的行神之位，直接把灵车拉出大门。到了墓地，男子面向西，妇女面向东，下葬后堆好坟堆才回来，这是殷朝的制度。孔子按照这种礼仪举行了司徒敬子的葬礼。

子游问孔子说："君子主持礼，不求改变风俗，而老师您却改变了风俗。"

孔子说："我做的不像你说的那样，办丧事只是遵从俭朴罢了。"

宣公八年六月辛巳①，有事于太庙，而东门襄仲卒②，壬午犹绎③。子游见其故，以问孔子曰："礼与？"

孔子曰："非礼也，卿卒不绎。"

（又见于《礼记·檀弓下》）

【注释】

①宣公：即鲁宣公，文公庶子，名倭。

②东门襄仲：鲁国上卿，鲁庄公子。

③壬午：壬午日，辛巳的次日。犹：又，还。绎：王注："绎，祭之明日又祭也。"

【译文】

鲁宣公八年六月辛巳日，鲁宣公在太庙举行禘祭，这时东门襄仲死了，第二天是壬午日，又祭祀一次。子游见到此事，问孔子说："这符合礼制吗？"

孔子说："这不符合礼制，卿死不必举行绎祭。"

季桓子丧[①]，康子练而无衰[②]。子游问于孔子曰："既服练服，可以除衰乎？"

孔子曰："无衰衣者，不以见宾，何以除焉？"

**【注释】**

①季桓子：鲁国大夫。

②康子：季桓子的儿子。练：古丧服名。用白色的熟绢制成。父母死后十一个月可穿练服。衰：同"缞"，披于胸前的麻布条。服三年之丧，臣为君、子为父、妻为夫服之。

**【译文】**

季桓子死后服丧期间，他的儿子季康子穿着轻便的煮熟的白绢缝制的练服而没有披麻布做的缞。子游问孔子说："已经可以穿练服了，可以除去缞吗？"

孔子说："没有披缞，不可以会见宾客，怎么可以除去呢？"

郝人以同母异父之昆弟死[①]，将为之服[②]，因颜克而问礼于孔子[③]。

子曰："继父同居者，则异父昆弟从为之服；不同居，继父且犹不服，况其子乎？"

（又见于《礼记·檀弓上》、《礼记·丧服小记》、《仪礼·丧服》）

**【注释】**

①昆弟:兄弟。

②服:服丧服。

③颜克:孔子弟子。

**【译文】**

郕国有个人因为同母异父的弟弟死了,将要为他服丧服,通过颜克向孔子请教这方面的礼仪。

孔子说:"与继父共同生活的,那么同母异父的兄弟应跟从其亲生子女一样服丧服;没有与继父共同生活,继父死也不服丧,何况是他的儿子呢?"

齐师侵鲁[①],公叔务人遇人入保,负杖而息[②]。务人泣曰:"使之虽病[③],任之虽重[④],君子弗能谋,士弗能死,不可也。我则既言之矣,敢不勉乎!"与其邻嬖童汪锜乘[⑤],往奔敌,死焉。皆殡[⑥],鲁人欲勿殇童汪锜[⑦],问于孔子。

子曰:"能执干戈以卫社稷,可无殇乎?"

(又见于《春秋左传·哀公十一年》、《礼记·檀弓下》)

**【注释】**

①齐师侵鲁:鲁哀公十一年,齐国率师讨伐鲁国,事见《左传·哀公十一年》。

②公叔务人:王注:"务人,昭公之子。"《四部丛刊》本《家语》作"昭公之子公为"。遇人入保,负杖而息:保,同"堡",小城邑。王注:"遇,见也。见先避齐师将入保,疲倦加杖于颈上,两手掖之休息者也。保,县邑小城也。"

③使之虽病:指徭役使百姓痛苦。王注:"谓时徭役。"

④任之虽重:指赋税加重百姓负担。王注:“谓时赋税。”

⑤嬖:宠幸。童:少年儿童。汪锜:人名。乘:乘车。

⑥殡:出殡,即把灵柩送往墓地。

⑦殇:未成年人的丧礼,比较简单。

**【译文】**

齐国的军队侵犯鲁,鲁昭公的儿子公叔务人遇到一个进入城内,靠着兵杖休息的人。公叔务人流着泪对他说:“虽然徭役让你们受苦,赋税也很沉重,君子大人不能好好谋划,士人不能尽忠效死,这样做可不行啊!我既然说了别人,自己怎敢不努力作战!”公叔务人就和他喜欢的邻居少年汪锜同乘一辆战车,一起奔赴前线,都战死了。他们二人的灵柩出殡时,鲁国人打算不用殇礼而用成人丧礼来敛葬少年汪锜,问孔子可不可以。

孔子说:“能够手执干戈来保卫社稷,可以不用殇礼吧!”

鲁昭公夫人吴孟子卒[①],不赴于诸侯[②]。孔子既致仕[③],而往吊焉。适于季氏[④],季氏不绖[⑤],孔子投绖而不拜[⑥]。

子游问曰:“礼与?”

孔子曰:“主人未成服,则吊者不绖焉,礼也。”

(又见于《春秋左传·哀公十二年》)

**【注释】**

①吴孟子:鲁昭公夫人,孟子是其称号。

②不赴于诸侯:不向诸侯发讣告。

③致仕:退休。

④适:到。

⑤绖:麻制的丧带,系在头上叫“首绖”,系在腰上叫“腰绖”。

⑥投绖而不拜：投，解下丢在地上。《左传·哀公十二年》作“放”，即解下不用。王注：“以季氏无，故己亦不成礼。”不拜，《左传·哀公十二年》作“拜”。

**【译文】**

鲁昭公的夫人吴孟子死了，没有向诸侯发送讣告。孔子已经退休，还是前往吊唁。到了季氏那里，季氏没有系绖带，孔子也解下绖带而不拜。

子游问孔子说：“这样做符合礼吗？”

孔子说：“主人不系绖带，前去吊唁的人也可以不系绖带，这是礼。”

公父穆伯之丧①，敬姜昼哭②。文伯之丧③，昼夜哭。

孔子曰：“季氏之妇，可谓知礼矣。爱而无私，上下有章④。”

（又见于《国语·鲁语下》）

**【注释】**

①公父穆伯：公父文伯之父，姓季氏。

②敬姜：公父穆伯之妻。

③文伯：鲁国大夫。

④上下有章：王注：“上谓夫，下谓子也。章，别也。哭夫昼哭，哭子昼夜哭，哭夫与子各有别。”

**【译文】**

公父穆伯死了，他的妻子敬姜白天哭。他们的儿子文伯死了，敬姜白天黑夜地哭。

孔子说：“季氏家的妇人，可以说是知礼啊。爱是无私的，但对上对下是有区别的。”

南宫絛之妻[1]，孔子兄之女，丧其姑。夫子诲之髽曰[2]："尔毋从从尔，毋扈扈尔[3]。盖榛以为笄[4]，长尺，而总八寸[5]。"

（又见于《礼记·檀弓上》）

**【注释】**

①南宫絛：即南宫适，孔子弟子。

②诲之髽（zhuā）：教做丧髻的方法。诲，教导。髽，古代妇人的丧髻。以麻发合结。

③毋从从尔，毋扈扈尔：王注："从从，高也；扈扈，大也。皆言丧者无容饰也。"

④榛以为笄（jī）：用榛木制作笄。笄：古代别头发或帽子的簪子。

⑤总八寸：王注："总，束发。束发垂为饰者，齐衰之总八寸也。"

**【译文】**

南宫絛的妻子，是孔子哥哥的女儿，她的婆婆死了。孔子教她做丧髻的方法。孔子说："你不要做得高高的，也不要做得大大的。用榛木做簪子，长一尺，而束发的带子下垂八寸。"

子张有父之丧[1]，公明仪相焉[2]，问稽颡于孔子[3]。

孔子曰："拜而后稽颡，颓乎其顺也[4]；稽颡而后拜，颀乎其至也[5]。三年之丧，吾从其至也。"

（又见于《礼记·檀弓上》）

**【注释】**

①子张：名颛孙师，孔子弟子。

②公明仪：人名。相：礼相。主持礼仪。

③稽颡：旧时居父母之丧时跪拜宾客之礼，以额触地，表示极度悲痛。

④颓:恭顺。

⑤颀:恳切。

**【译文】**

子张的父亲死了,公明仪为礼相,向孔子请教跪拜宾客的礼节。

孔子说:"跪拜而后磕头,这样极为恭顺又十分顺便;磕头而后拜,这样感情恳切又极为真挚。为父亲服丧三年,我认为应遵从这种极为恳切真挚的拜法。"

孔子在卫,卫之人有送葬者,而夫子观之。曰:"善哉!为丧乎,足以为法也。小子识之。"

子贡问曰:"夫子何善尔也?"

曰:"其往也如慕,其返也如疑。"

子贡曰:"岂若速返而虞哉[①]?"

子曰:"此情之至者也,小子识之,我未之能也。"

(又见于《礼记·檀弓上》)

**【注释】**

①虞:古代既葬而祭之称。王注:"返葬而祭,谓之虞也。"

**【译文】**

孔子在卫国,卫国有人送葬,孔子在旁观看。说:"好啊!这位送葬的,足以让人效法了。你们要好好记住。"

子贡问道:"您为什么称赞他呢?"

孔子说:"那孝子往墓地送灵柩时,像小孩子那样对父母依恋不舍;埋葬后返回时,又留恋父母而迟迟疑疑不愿回家。"

子贡说:"那还不如赶快回家举行葬后的祭奠呢?"

孔子说:"这是他内心真情的自然流露,你们记住这一点吧,我恐怕还做不到呢。”

卞人有母死[①]，而孺子之泣者[②]。孔子曰：“哀则哀矣，而难继也。夫礼，为可传也，为可继也，故哭踊有节[③]，而变除有期[④]。”

（又见于《礼记·檀弓上》）

【注释】

①卞：地名。

②孺子：幼童，小孩子。

③哭踊：跳着脚啼哭。有节：要有节制。

④变除有期：改变礼仪，除去丧服，有一定期限。

【译文】

卞邑有个人死了母亲，他像小孩子一样毫无节制地哭泣。孔子说：“悲哀是够悲哀的了，不过别人难以像他这样做。作为礼，是为了能够流传下去，能够继承下去，所以啼哭和跳脚要有节制，而改变礼仪除去丧服要有一定期限。”

孟献子禫[①]，悬而不乐，可御而不处内。子游问于孔子曰：“若是则过礼也？”

孔子曰：“献子可谓加于人一等矣。”

（又见于《礼记·檀弓上》）

【注释】

①禫（dàn）：丧家除服之祭礼，服丧二十五月为大祥，大祥后即除去丧服。

【译文】

鲁国大夫孟献子为父亲服丧期满，举行除去丧服的禫祭，只将乐器悬挂起来而不奏乐，可以和妻子同寝而不进入内室。子游问孔子说："他这样做是不是超过礼仪规定的限度了呢？"

孔子说："献子可以说比平常人超出一等了！"

鲁人有朝祥而暮歌者[①]。子路笑之。

孔子曰："由，尔责于人终无已。夫三年之丧，亦以久矣。"子路出，孔子曰："又多乎哉[②]，逾月则其善也[③]。"

（又见于《礼记·檀弓上》）

【注释】

①祥：祭祀名。父母死后十三个月祭祀叫小祥，二十五个月祭祀叫大祥。大祥表示服丧期已满。

②又多乎哉：王注："又，复也。言其可以歌，不复久也。"

③踰月：再过一个月。

【译文】

鲁国有个人为父母服丧期满，早上脱掉丧服，晚上就唱起歌来。子路嘲笑他。

孔子说："由！你责备别人总没完没了吗？他已经服丧三年，时间也够长了。"子路出去以后，孔子又说："其实也等不了多久，过一个月再唱歌就更好了。"

子路问于孔子曰："伤哉！贫也。生而无以供养，死则无以为礼也[①]。"

孔子曰："啜菽饮水[②]，尽其欢心，斯谓之孝。敛手足形③,旋葬而无椁④,称其财⑤,斯谓之礼,贫何伤乎?"

(又见于《礼记·檀弓下》)

【注释】

①礼:指丧礼。

②啜菽饮水:吃豆类喝清水。形容生活清苦。

③敛手足形:死后衣被可以遮住身体。敛,殡殓。

④旋:不久。

⑤称其财:和自己的财力相称。

【译文】

子路问孔子:"最让人伤心的是贫穷啊!父母活着的时候没有钱好好地奉养,死了以后又没钱办丧事。"

孔子说:"父母活着的时候,尽管是吃豆粥喝清水,只要让他们心情愉快,也可以说是孝顺啊!死后衣被能够遮盖身体,殓毕就安葬,没有外椁,只要是尽了自己的财力,这样就可以称作礼了,贫穷又有什么关系呢!"

吴延陵季子聘于上国①,适齐,于其返也,其长子死于嬴、博之间②。

孔子闻之,曰:"延陵季子,吴之习于礼者也。"往而观其葬焉。其敛,以时服而已③,其圹掩坎④,深不至于泉,其葬无明器之赠⑤。既葬,其封广轮掩坎⑥,其高可肘隐也⑦。既封,则季子乃左袒⑧,右还其封⑨,且号者三,曰:"骨肉归于土,命也。若魂气则无所不之,无所不之。"而遂行。

孔子曰:"延陵季子之于礼,其合矣。"

(又见于《礼记·檀弓下》、《说苑·修文》)

【注释】

①延陵季子:即吴国公子札,居于延陵,故称“延陵季子”。聘:访问别国。上国:指齐国。

②嬴博:齐国的两个城邑。王注:“嬴、博,齐地名也。”

③时服:当时身上穿的衣服。王注:“随冬夏之服无所加。”

④圹:墓穴。掩:掩埋。坎:坟坑。

⑤明器:随葬的器物。

⑥封:坟头。广轮:长宽,指面积。

⑦其高可肘隐:高度高过胳膊肘。指坟头比胳膊肘处稍高。

⑧左袒:袒露左臂。

⑨右还其封:从右向左绕坟头走。

【译文】

吴国的延陵季子到齐国去访问,在返回的途中,他的长子死在齐国的嬴、博二邑之间。

孔子听到此事,说:“延陵季子是吴国精通礼仪的人。”于是前往观看他主持的葬礼。延陵季子给儿子入敛时,只穿着平时的衣服,墓穴的坑不深,不至于见水,没有陪葬的明器。下葬之后,坟头的长宽正好封住坑口,高度比胳膊肘稍高。坟头做好后,延陵季子袒露左臂,从右向左绕着坟头走,并且哭喊了三次,说:“骨肉回归于土,这是命呀!你的魂魄无所不往,无所不往!”说完就走了。

孔子说:“延陵季子主持的葬礼,是很合乎礼制的。”

子游问丧之具[①]。

孔子曰:“称家之有亡焉[②]。”

子游曰:“有亡恶乎齐[③]?”

孔子曰:“有也,则无过礼。苟亡矣,则敛手足形,还葬悬棺而封[4]，人岂有非之者哉？故夫丧礼，与其哀不足而礼有余，不若礼不足而哀有余也。祭礼，与其敬不足而礼有余，不若礼不足而敬有余也。”

（又见于《礼记·檀弓上》）

**【注释】**

①丧之具：即丧具，送葬之衣、棺等物。

②称家之有亡：衡量家庭的贫富程度。亡：同“无”。

③有亡恶乎齐：富和贫的界限是什么。恶：何，什么。齐：限度。

④还葬：即旋葬，迅速安葬。悬棺而封：用绳子悬吊着棺木下葬。

**【译文】**

子游问丧事该怎么操办。

孔子说：“根据家庭的贫富裕程度来办就可以了。”

子游说：“贫和富的限度又该如何掌握呢？”

孔子说：“家庭富裕也要依礼行事，不要超过礼的规定。如果不富裕，只要衣被能遮住身体，殓毕就安葬，用绳子悬吊着棺木下葬，又有谁会责难你失礼呢？所以举办丧事，与其哀痛不足而礼仪完备，不如礼仪不足而哀痛有余。举行祭祀，与其恭敬不足而礼仪完备，不如礼仪欠缺而恭敬有余。”

伯高死于卫[1]，赴于孔子。子曰：“吾恶乎哭诸[2]？兄弟，吾哭诸庙；父之友，吾哭诸庙门之外；师，吾哭之寝；朋友，吾哭之寝门之外；所知，吾哭之诸野。今于野则已疏，于寝则已重。夫由赐也而见我[3]，吾哭于赐氏。”

遂命子贡为之主，曰：“为尔哭也，来者汝拜之，知伯高而来者，汝勿拜。”既哭，使子张往吊焉。

未至，冉求在卫，摄束帛乘马而以将之[4]。孔子闻之，曰："异哉！徒使我不成礼于伯高者[5]，是冉求也。"

（又见于《礼记·檀弓上》）

**【注释】**

①伯高：生平不详。

②吾恶乎哭诸：我到哪里去哭呢。恶，哪里。诸，"之欤"的合音。

③赐：即端木赐，子贡的名字。

④摄：代理。束帛：五匹帛为一束。乘马：四匹马。

⑤徒使我不成礼于伯高者：此句《礼记·檀弓上》作"徒使我不诚于伯高"，较胜。

**【译文】**

伯高死在卫国，家人远道向孔子报丧。孔子说："我到什么地方哭他呢？如果是兄弟，我到祖庙里去哭；如果是父亲的朋友，我到庙门之外去哭；如果是老师，我到寝室里哭他；如果是朋友，我到寝门外面哭他；如果是一般认识的人，我到野外哭他。现在对于伯高，在野外哭他显得疏远，在寝室哭他又显得太重。他是由端木赐的介绍我才认识他的，我到端木赐那里去哭他吧。"

于是让端木赐作为主人，说："凡是因你而来哭吊的，你就要拜谢；因认识伯高而来的，你就不用拜谢。"哭完之后，让子张到卫国伯高那里去吊唁。

子张还没到，冉求在卫国，就代为准备了一捆帛和四匹马，代表孔子送了去。孔子知道后，说："这事办得怪呀！这徒然使我对伯高的吊唁失去诚意，这是冉求造成的啊。"

子路有姊之丧，可以除之矣[1]，而弗除。

孔子曰："何不除也？"

子路曰："吾寡兄弟，而弗忍也。"

孔子曰："行道之人皆弗忍。先王制礼，过之者俯而就之[2]，不至者企而望之[3]。"

子路闻之，遂除之。

（又见于《礼记·檀弓上》）

【注释】

①除：除去丧服。

②过：过分。

③企而望之：企望努力达到。

【译文】

子路为姐姐服丧，到了可以除去丧服的时候，他还不除。

孔子说："为什么不除服呢？"

子路说："我兄弟姐妹少，不忍心除服啊。"

孔子说："履行仁义的人都不忍心。先王制定礼仪，做得过分的人就要降低要求来俯就礼，做得不够的就要努力企望达到礼的标准。"

子路听了孔子的话，就除去了丧服。

伯鱼之丧母也[1]，期而犹哭[2]。

夫子闻之曰："谁也？"

门人曰："鲤也。"

孔子曰："嘻！其甚也，非礼也[3]。"

伯鱼闻之，遂除之。

（又见于《礼记·檀弓上》）

【注释】

①伯鱼：即孔鲤，孔子的儿子。

②期（jī）：一年。

③非礼：不合乎礼。根据礼的规定，母死父在，服丧时间要减少，一年就可以除服。

【译文】

伯鱼的母亲死了，过了一年他还在哭。

孔子听到哭声，问："是谁在哭啊？"

门人回答说："是孔鲤。"

孔子说："嘻，太过分了，这不符合礼呀。"

伯鱼听到此话，于是脱掉孝服不再哭了。

卫公使其大夫求婚于季氏[1]，桓子问礼于孔子。

子曰："同姓为宗，有合族之义[2]，故系之以姓而弗别[3]，啜之以食而弗殊[4]，虽百世，婚姻不得通，周道然也。"

桓子曰："鲁卫之先虽寡兄弟，今已绝远矣。可乎？"

孔子曰："固非礼也。夫上治祖祢[5]，以尊尊之；下治子孙，以亲亲之；旁治昆弟，所以教睦也。此先王不易之教也。"

（又见于《礼记·大传》）

【注释】

①季氏：即季桓子。

②合族：会和同族。

③系之以姓而弗别：属于同一姓氏没有区别。

④啜之以食而弗殊：王注："君有食族人之礼，虽亲尽，不异之族食

多少也。”

⑤祖祢：祖先。祢，父死以神主入庙供奉称祢。

**【译文】**

卫公派他的大夫向季氏求婚，季桓子向孔子请教有关礼仪。

孔子说：“同姓的人为宗族，有会合同族的意思，所以统系在同一个姓氏下而没有区别，在同一个宗庙会餐而没有不同，即使过一百世，也不能通婚，周朝确定的原则就是如此。”

季桓子说：“鲁国、卫国的祖先，兄弟就少，现今已经很久远了。可以通婚吗？”

孔子说：“这是不合礼制的。在上确立先祖先父的名分地位，这是尊崇正统至尊；在下确定子孙的继承关系，这是亲爱骨肉至亲；从旁理顺兄弟的情谊，这是教导大家要和睦相处。这是先王不可改变的制度。”

有若问于孔子曰：“国君之于同姓，如之何？”

孔子曰：“皆有宗道焉。故虽国君之尊，犹百世不废其亲，所以崇爱也。虽于族人之亲，而不敢戚君[1]，所以谦也。”

（又见于《礼记·大传》）

**【注释】**

①不敢戚君：意为不敢把国君作为亲戚来对待。王注：“戚，亲也。尊敬君不敢如其亲也。”

**【译文】**

有若问孔子说：“国君对于同姓的人，该如何对待呢？”

孔子说：“这都有宗法制度规定。即使如国君那样尊贵，依然百代也不会废除亲戚关系，这是为了维护爱。虽然国君和族人有亲戚关系，族人也不能凭借亲戚关系来对待国君，这是表示谦让。”

# 曲礼子夏问第四十三

**【题解】**

这一章主要是讲待人处事、丧葬礼制方面一些具体礼仪。“子夏问居父母之仇”章，孔子主张根据仇情的不同采用不同的处理方法，很合乎情理。“子夏问于孔子”章，讲周公教育成王的故事，首先让他懂得做人的道理。在讲居丧礼仪时，居国君、父母、伯母、叔母、姑、姊妹之丧，言语、服装、哭法均有相应礼仪，主要是内心要有真正的哀痛之情。居丧期间，如果身体有疮疡疾病，根据病情也可以沐浴和饮酒吃肉。以此可见孔子不是胶柱鼓瑟之人。“孔子遇旧馆人丧赠之以马”的故事，表现出孔子处理事务的周到恰当，符合人情大礼。“子路与子羔”章，孔子准确地预料到子路会死于蒯聩之难，记载生动，看出孔子对子路非常了解，感情很深。“季平子卒”章，孔子阻止季平子用宝玉陪葬的事，既能节省财物，又保证了死者的安全，很有远见。

子夏问于孔子曰：“居父母之仇如之何①？”

孔子曰：“寝苫枕干②，不仕，弗与共天下也。遇于朝市，不返兵而斗③。”

曰：“请问居昆弟之仇，如之何？”

孔子曰：“仕，弗与同国，衔君命而使④，虽遇之，不斗。”

曰："请问从父昆弟之仇，如之何？"

曰："不为魁[5]，主人能报之，则执兵而陪其后。"

（又见于《礼记·檀弓上》）

**【注释】**

①居父母之仇：对待杀害父母的仇人。

②寝苫（shàn）枕干：睡在草垫子上枕着盾牌。干，楯。

③不返兵而斗：不返回家取兵器。王注："兵常不离于身。"

④衔君命而使：奉君命出使。"衔"原作"御"，"君"原作"国"，据《四部丛刊》本《家语》改。

⑤魁：魁首，带头人。

**【译文】**

子夏问孔子说："对杀害父母的仇人，应该如何对待？"

孔子说："睡在草垫上，枕着盾牌，不做官，和仇人不共戴天。不论在集市或官府，遇见他就和他决斗，兵器常带在身，不必返家去取。"

子夏又问："对杀害亲兄弟的仇人，应该如何对待？"

孔子说："不和他在同一个国家里做官，如奉君命出使，即使相遇也不和他决斗。"

子夏又问："对杀害叔伯兄弟的仇人，应该如何对待？"

孔子说："自己不要带头动手，如果受害人的亲属为他报仇，你可以拿着兵器在后面陪着。"

子夏问："三年之丧既卒哭[1]，金革之事无避[2]，礼与，初有司为之乎[3]？"

孔子曰："夏后氏之丧，三年既殡，而致事[4]，殷人既葬而致事，周人既卒哭而致事。《记》曰：'君子不夺人之亲，亦不夺故也。'"

子夏曰:"金革之事无避者,非与?"

孔子曰:"吾闻老聃曰:'鲁公伯禽有为为之也[5]。'今以三年之丧从利者,吾弗知也。"

(又见于《礼记·曾子问》)

【注释】

①卒哭:停止不时之哭。王注:"卒哭,止无时之哭。大夫三月而葬,正月而卒哭。士既虞而卒哭也。"

②金革之事:服兵役参战之事。避:避开,躲避。

③有司:王注:"有司,当吏职也。"

④致事:不处理朝政。王注:"致事,还政于君也。"

⑤鲁公伯禽:周公的儿子,封于鲁。有为为之也:有原因这样做的。王注:"伯禽有母丧,东方有戎为不义,伯禽为方伯,以不得不诛之。"

【译文】

子夏问道:"为父母守三年之丧,已不再不时地哭泣,国家有了战事就不能逃避兵役,这是礼制规定的呢?还是当初有关官员制定的规矩呢?"

孔子说:"夏后氏时代,服父母三年之丧,是在停柩在堂的时候退职守丧,殷朝是在埋葬之后退职守丧,周朝是在卒哭之后退职守丧。《记》中记载:'君子不能剥夺对亲人的亲情,也不剥夺对逝去亲人的感情。'"

子夏说:"那么卒哭之后,必须参加征战之事,是错误的吗?"

孔子说:"我听老聃说过:'鲁公伯禽因为有不得已的情况才出征的。'现在有人在守父母三年之丧时,从私利出发而去从事战争,那就不是我能知道的了。"

子夏问于孔子曰："《记》云'周公相成王，教之以世子之礼[①]'，有诸？"

孔子曰："昔者成王嗣立[②]，幼未能莅阼[③]，周公摄政而治，抗世子之法于伯禽[④]，欲王之知父子君臣之道，所以善成王也。夫知为子者，然后可以为父；知为人臣者，然后可以为人君；知事人者，然后可以使人。是故，抗世子法伯禽，使成王知父子、君臣、长幼之义焉。凡君之于世子，亲则父也，尊则君也。有父之亲，有君之尊，然后兼天下而有之，不可不慎也。行一物而三善皆得[⑤]，唯世子齿于学之谓也[⑥]。世子齿于学，则国人观之，曰：'此将君我，而与我齿让，何也？'曰：'有父在，则礼然。'然而众知父子之道矣。其二曰：'此将君我，而与我齿让，何也？'曰：'有臣在，则礼然。'然而众知君臣之义矣。其三曰：'此将君我，而与我齿让，何也？'曰：'长长也，则礼然。'然而众知长幼之节矣。故父在，斯为子；君在，则为臣。居子与臣之位，所以尊君而亲亲也。在学，学之为父子焉，学之为君臣焉，学之为长幼焉。父子、君臣、长幼之道得，而后国治。语曰[⑦]：'乐正司业[⑧]，父师司成[⑨]，一有元良[⑩]，万国以贞[⑪]。'世子之谓。闻之曰：'为人臣者，曰杀其身有益于君，则为之。'况于其身以善其君乎[⑫]？周公优为也[⑬]。"

（又见于《礼记·文王世子》）

**【注释】**

①世子：古代天子、诸侯的嫡长子。

②嗣立：继承王位。

③莅阼：登上帝位治理朝政。

④抗世子之法于伯禽：把教育世子的方法用到伯禽身上。

⑤行一物而三善皆得：原作“行一物而善者”，据《四部丛刊》本《家语》改。

⑥齿：年齿。

⑦语：古语，人们常说的话。

⑧乐正司业：乐正负责学业。乐正，乐官之长。

⑨父师司成：老师负责培养成有德之人。王注：“师有父道，成生人者。”

⑩一有元良：为国造就一位最好的国君。元良，大善。王注：“一谓天子地。大善，太子也。”

⑪万国以贞：天下因此太平。贞，正。

⑫况于其身：指不必牺牲自身。王注：“于，宽也大也。”

⑬优为：做得最好。

**【译文】**

子夏问孔子：“《记》上说：‘从前周公辅佐成王的时候，教给他如何做好太子的道理。’有这样的事吗？”

孔子说：“从前成王刚继承王位的时候，因为年幼不能临朝处理政事，周公代理成王主持国政，把教育世子的方法施用到伯禽身上，想让成王知道为父为子为君为臣的道理，这是为了成王好。知道了如何做儿子，然后才可以做父亲；知道了如何做臣子，然后才可以做国君；知道了如何侍奉人，然后才会指使人。因此，就把教育世子的办法施用到伯禽身上，让成王知道父子、君臣、长幼的道理。国君对于世子来讲，在家是至亲的父亲，在国是至尊的君主。即有为父之亲，又有为君之尊，而后又有统治天下的权势，培养和教育世子就不能不慎重。做一件事情能得到三项益处，唯有世子在学校里按年龄大小互相礼让这件事。世子在学校里按年龄而行礼让，国人看到了，有人就会说：‘他将来要做我们的国君,却和我们按年龄大小谦恭礼让,为什么呢?'知礼者就会这样回答:'他有父亲在,礼应如此。'这样一来民众就懂得父子之道了。其二,有人会问:'他将来要做我们的国君,却和我们按年龄大小谦恭礼让,为什么呢?'知礼者也会这样回答:'他的周围有大臣在,礼应如此。'这样一来民众就清楚君臣之义了。其三,有人问:'他将来要做我们的国君,却和我们按年龄大小谦恭礼让,为什么呢?'知礼者也会这样回答:'他这是尊敬比他年长的,礼应如此。'这样一来人们就懂得长幼之序了。父亲在,他就是儿子;国君在,他就是臣子。他处于子与臣的地位,所以要尊敬国君热爱父母。在学校就要学习怎样为父为子,为君为臣,为长为幼。掌握了父子、君臣、长幼的道理,国家从而就能够得到治理。古语说:'乐正负责学业,父师成就德行,有位贤良君主,天下公正太平。'这就是针对世子而言的。我听说:'作为臣子,即使牺牲生命而有益于国君,也要去做。'何况不必杀身就有利于国君呢?周公是做得最好的。"

子夏问于孔子曰:"居君之母与妻之丧,如之何?"

孔子曰:"居处言语饮食衎尔①,于丧所,则称其服而已②。"

"敢问伯母之丧,如之何?"

孔子曰:"伯母、叔母,疏衰期而踊不绝地③,姑、姊、妹之大功踊绝于地④。若知此者,由文矣哉⑤。"

(又见于《礼记·檀弓上》、《礼记·杂记下》)

【注释】

①衎(kàn)尔:安定的样子。

②称其服:服装合适。

③疏衰：即齐衰，丧服名，用粗麻布做成。期：一年。踊不绝地：跳脚痛苦，但脚前掌不离地。

④姑姊妹：王注："意当言姑姊妹而已，'姊'上长'姑'字也。"大功：丧服名，其服用熟麻布制成，服期九个月。踊绝于地：哭踊时脚要离地。

⑤文：指礼制。

【译文】

子夏问孔子说："遇到国君母亲或国君妻子的丧事，如何对待？"

孔子说："生活起居、言语饮食各个方面保持从容安适，去吊丧，穿着合适的服装而已。"

子夏又问："请问遇到伯母的丧事，如何对待？"

孔子说："为伯母叔母服丧，虽服齐衰周年的重服，但哭踊时脚前掌不离地。为姑、姊、妹服丧，虽服大功九月之服，哭踊时脚要离地。如果懂得其中的道理，就能应用礼文了。"

子夏问于夫子曰："凡丧，小功已上①，虞、祔、练、祥之祭皆沐浴②。于三年之丧，子则尽其情矣。"

孔子曰："岂徒祭而已哉？三年之丧，身有疡则浴，首有疮则沐，病则饮酒食肉。毁瘠而病③，君子不为也。毁则死者，君子为之无子④。且祭之沐浴，为齐洁也，非为饰也。"

（又见于《礼记·杂记下》）

【注释】

①小功已上：小功为服丧名，小功已上指大功、齐衰、斩衰等丧。

②虞、祔（fù）、练、祥：均为祭名。既葬还祭于殡宫曰虞祭。新死者附祭于先祖曰祔祭。父母死后十一个月祭于家庙，穿练布服，称

练祭。死后十三个月而祭称祥祭。

③毁瘠而病：因哀伤憔悴而生病。毁瘠，羸瘦，骨露。

④君子为之无子："无子"二字原无，据《四部丛刊》本《家语》补。

【译文】

子夏问孔子说："凡服丧，为死者服小功已上的亲属，遇到虞祭、祔祭、练祭、祥祭的日子都要沐浴。为父母服三年之丧，儿子则尽了孝亲之情。"

孔子说："岂只在祭日可以沐浴呢？服三年之丧的人，身上有疮可以洗澡，头上有疮可以洗头，有病则可以饮酒食肉。因哀伤憔悴而生病，君子是不这样做的。因悲伤过度而致死，君子认为如同父母没有这个儿子。况且在祭日沐浴，是为了整齐洁净，并不是为了修饰。"

子夏问于孔子曰："客至无所舍，而夫子曰：'生于我乎馆。'客死无所殡矣，夫子曰：'于我乎殡。'敢问礼与？仁者之心与？"

孔子曰："吾闻诸老聃曰：'馆人，使若有之，恶有有之而不得殡乎？'夫仁者，制礼者也。故礼者，不可不省也。礼不同不异，不丰不杀[①]，称其义以为之宜，故曰：'我战则克，祭则受福。'盖得其道矣。"

（又见于《礼记·檀弓上》）

【注释】

①不丰：不奢侈。不杀：不简单、吝啬。

【译文】

子夏问孔子说："客人来了没有住处，而您说：'住在我家里。'客人死了无处殡殓，您说：'就在我那里殡殓。'请问这是礼制规定的呢？还是仁者之心要这样做的呢?”

孔子说:“我听老聃说:‘招待客人,能使客人住下,如果死了,哪有有地方而不让殡殓呢?’那些仁者,是制定礼制的人。所以对于礼,不能不审查。礼应该不同不异,不奢侈不俭吝,合乎礼仪就是适宜的,所以说:‘我战则胜,我祭祀就得福。’大概是因为符合道吧。”

孔子食于季氏,食祭①。主人不辞②,不食③,客不饮而餐。子夏问曰:“礼与?”

孔子曰:“非礼也,从主人也。吾食于少施氏而饱④,少施氏食我以礼。吾食祭,作而辞曰:‘疏食,不足祭也。’吾餐而作辞曰:‘疏食,不敢以伤吾子之性。’主人不以礼,客不敢尽礼;主人尽礼,则客不敢不尽礼也。”

(又见于《礼记·玉藻》、《礼记·杂记下》)

**【注释】**

①食祭:古时为客之礼,饭前表示感谢上天的一种仪式。

②主人不辞:主人没有致辞,即没说一些谦让的话。

③不食:《礼记·玉藻》作“不食肉”,是。

④少施氏:鲁惠公施父的后代。

**【译文】**

孔子在季氏家吃饭,食前作祭。主人没有致祝辞,不吃肉,不饮酒,而只吃饭。子夏问道:“这是礼吗?”

孔子说:“这不是礼,是随从主人罢了。我在少施氏家里吃饭吃得很饱,少施氏以礼来招待我吃饭。当我吃前食祭时,他站起来致辞说:‘粗茶淡饭,不值得祭呀。’当我开始吃的时候,他又致辞说:‘这些粗疏的食品,不敢让它伤了您的胃口。’主人不以礼相待,客人也不敢尽礼;

主人尽礼，那么客人也不敢不尽礼。”

子夏问曰：“官于大夫[①]，既升于公[②]，而反为之服[③]，礼与？”

孔子曰：“管仲遇盗，取二人焉，上之为臣[④]。曰：‘所以游辟者[⑤]，可人也[⑥]。’公许。管仲卒，桓公使为之服。官于大夫者为之服，自管仲始也。有君命焉。”

（又见于《礼记·杂记下》）

**【注释】**

①官于大夫：在大夫家做家臣。

②既：已经。升：提升。公：指公家、朝廷。

③服：服丧。

④上：推荐。

⑤游：交游、交往。辟者：邪僻的人。

⑥可人：可用之才。

**【译文】**

子夏问孔子说：“曾做过大夫的家臣，后来被提升到朝廷做官，而又为原来的大夫服丧，这是礼的规定吗？”

孔子说：“管仲遇到盗贼，从中选取二人，推荐给朝廷为臣。他说：‘因与邪僻之人交往才做了强盗，他们是可用之才。’齐桓公允许了。管仲去世，桓公让这二人为管仲服丧。在大夫家当过家臣而为大夫服丧的成例，是从管仲开始的。这是有国君的命令的。”

子贡问居父母丧。

孔子曰：“敬为上，哀次之，瘠为下[①]。颜色称情，戚容称服。”

曰：“请问居兄弟之丧？”

孔子曰：“则存乎书筴矣[2]。”

（又见于《礼记·杂记下》）

【注释】

①瘠：即毁瘠之意，因哀伤憔悴而消瘦。

②书筴：书策，简策。古代用竹简记事。

【译文】

子贡问为父母服丧的礼仪。

孔子说：“以敬为上，其次是哀，再次为憔悴消瘦。容颜和哀情相称，悲戚的容貌和丧服相称。”

子贡又问：“请问为兄弟服丧的礼仪？”

孔子曰：“那些礼仪都记载在书策上。”

子贡问于孔子曰：“殷人既窆而吊于圹[1]，周人反哭而吊于家[2]，如之何？”

孔子曰：“反哭之吊也，丧之至也[3]。反而亡矣，失之矣，于斯为甚，故吊之。死，人卒事也。殷以悫[4]，吾从周。殷人既练之明日，而祔于祖，周人既卒哭之明日，祔于祖。祔，祭神之始事也。周以戚[5]，吾从殷。”

（又见于《礼记·檀弓下》）

【注释】

①窆(biǎn)：埋葬。“窆”原作“定”，据《礼记·檀公下》改。

②反：同“返”。

③丧之至也：丧，《礼记·檀公上》作“哀”，较胜。

④悫：诚实。

⑤戚：仓促。王注：“戚犹促也。”

**【译文】**

子贡问孔子说：“殷人是在死者下葬以后，亲友就在墓地慰问孝子，周人在孝子送葬返家哭泣时慰问孝子，这两种情况怎么样呢？”

孔子说：“孝子返回家哭泣时来慰问，这是孝子最哀伤的时候。返家一看亲人没了，从此永远消逝了，这时最为悲痛，所以要慰问。死，是人生最后一件事，殷人的做法太直率质朴，我赞同周人的做法。殷人在练祭的第二天，在祖庙举行祔祭。周人在卒哭后的第二天，在祖庙举行祔祭。祔祭，是祭神的开始。周人的做法太仓促，我赞同殷人的做法。”

子贡问曰：“闻诸晏子，少连、大连善居丧[①]，其有异称乎？”

孔子曰：“父母之丧，三日不怠，三月不解，期悲哀，三年忧。东夷之子[②]，达于礼者也。”

（又见于《礼记·杂记下》）

**【注释】**

①少连、大连：人名。生平不详。

②东夷：古代对东方少数民族的泛称。

**【译文】**

子贡问孔子说：“我听晏子说，少连和大连守丧做得特别好，他们做得有什么特别的地方吗？”

孔子说：“为父母守丧，三天内号哭不止，三个月朝夕祭祀不懈怠，一年都悲哀不已，三年仍然忧愁难过。这两个东方少数民族的孩子，是懂礼的人啊。”

子游问曰：“诸侯之世子丧慈母①，如母，礼与？”

孔子曰：“非礼也。古者男子，外有傅父，内有慈母，君命所使教子者也，何服之有？昔鲁孝公少丧其母，其慈母良，及其死也，公弗忍，欲丧之。有司曰：‘礼，国君慈母无服。今也君为之服，是逆古之礼而乱国法也。若终行之，则有司将书之，以示后世，无乃不可乎？’公曰：‘古者天子丧慈母，练冠以燕居②。’遂练冠以丧慈母。丧慈母如母，始则鲁孝公之为也。”

（又见于《礼记·曾子问》）

【注释】

①世子：诸侯的嫡长子。慈母：古代称抚育自己的保母或庶母。

②练冠以燕居：练冠，丧服名，用细白练布做成。燕居，平居，闲居。王注：“谓庶子王为其母也。”可参看。

【译文】

子游问道：“诸侯世子的保母去世了，他像对母亲一样为她服丧，这合乎礼吗？”

孔子说：“这不合乎礼。古代国君的儿子，在家外有师傅，在家内有保母，是国君派他们管教照顾儿子的，儿子为什么要为他们穿丧服呢？从前鲁孝公少年丧母，他的保母很善良，后来她死了，鲁孝公不忍心，打算为她穿孝服。掌管礼仪的官员说：‘根据礼，国君的保母死，国君不穿孝服。现在您要为她穿孝服，是违反古礼而扰乱国法的。如果你一定要这样做，那么有关官员将把此事记载下来，以揭示于后世，这恐怕不可以吧?'鲁孝公说:'古代天子的保母死了,平居时有戴着细白布冠的。'于是戴着细白布冠为保母服丧。为保母戴孝如同生母,是从鲁孝公开始的。"

孔子适卫,遇旧馆人之丧[①],入而哭之哀。出,使子贡脱骖以赠之[②]。

子贡曰:"于所识之丧[③],不能有所赠。赠于旧馆,不已多乎?"

孔子曰:"吾向入哭之,遇一哀而出涕[④]。吾恶夫涕而无以将之[⑤],小子行焉。"

(又见于《礼记·檀弓上》)

**【注释】**

①旧馆人:旧时馆舍的主人。

②脱骖以赠:解开骖马赠给别人。骖,辕马两侧的马。

③所识:所认识的人。

④遇:触动。

⑤恶:讨厌。将:送。

**【译文】**

孔子到卫国去,遇到曾经住过的馆舍的主人死了,孔子进去吊丧,哭得很伤心。出来以后,让子贡解下驾车的骖马送给丧家。

子贡说:"对于仅仅相识的人的丧事,不用赠送什么礼物。把马赠给旧馆舍的主人,这礼物是不是太重了?"

孔子说:"我刚才进去哭他,正好一悲痛就落下泪来。我不愿光哭而没有表示,你就按我说的做吧。"

子路问于孔子曰："鲁大夫练而床[1]，礼与？"

孔子曰："吾不知也。"

子路出，谓子贡曰："吾以为夫子无所不知，夫子亦徒有所不知也。"

子贡曰："子所问何哉？"

子路曰："由问鲁大夫练而床礼邪？夫子曰：吾不知也。"

子贡曰[2]："止，吾将为子问之。"遂趋而进，曰："练而床，礼与？"

孔子曰："非礼也。"

子贡出，谓子路曰："子谓夫子而弗知之乎？夫子徒无所不知也，子问非也。礼，居是邦则不非其大夫。"

（又见于《荀子·子道》）

**【注释】**

①练而床：练，练祭。床，原作"杖"，据《荀子·子道》改。《礼记·间传》曰："父母之丧，期而小祥，居恶室，寝有席；又期而大祥，居复寝；中月而禫，禫而床。"指禫祭后可睡在床上，作"杖"误。

②"由问鲁大夫"至"子贡曰"：此二十字原本脱落，据《荀子·子道》补。

**【译文】**

子路问孔子说："鲁国大夫举行练祭以后就睡到床上，这符合礼吗？"

孔子说："我不知道。"

子路出来后，对子贡说："我以为老师无所不知呢，原来老师也有不知道的。"

子贡说："你所问的是什么问题呢？"

子路说："我问鲁大夫练祭以后就睡在床上，是不是符合礼。老师说：我不知道。"

子贡说："你等等，我去为你问问。"于是快步走了进去，说："练祭以后就睡在床上，符合礼吗？"

孔子说："不符合礼。"

子贡出来，对子路说："你不是说老师也有不知道的事吗？老师真的是无所不知啊，是你问的不对。按照礼，居住在这个国家，就不应该非议这个国家的大夫。"

叔孙武叔之母死①，既小敛②，举尸者出户③。武叔从之，出户乃袒④，投其冠而括发⑤。子路叹之。

孔子曰："是礼也。"

子路问曰："将小敛则变服，今乃出户，而夫子以为知礼，何也？"

孔子曰："汝问非也。君子不举人以质事⑥。"

（又见于《礼记·檀弓上》）

**【注释】**

①叔孙武叔：鲁国贵族。

②小敛：为死者穿上衣服为小敛。入棺为大敛。

③举：抬着。户：寝门。

④袒：袒露左臂。古代一种表示哀痛的礼仪。

⑤括发：用麻缕束发。

⑥不举人：不举出具体人名。质事：质正事情。王注："质犹正也。"

**【译文】**

叔孙武叔的母亲死了，用衣衾将尸体包裹好以后，人们扛举着尸体出了寝门。叔孙武叔跟在后面，出了门才袒露左臂，脱掉帽子用麻缕绾住发髻。子路见后，不满地叹了一声。

孔子说："这是符合礼的。"

子路问道："按照礼，在将要小敛的时候就应该袒臂束发，现在他出门才这样做，而您却认为他知礼，这是为什么呢？"

孔子说："你问的不对。君子是不指名道姓来质正事情的。"

齐晏桓子卒①，平仲粗衰斩②，苴绖、带、杖③，以菅屦④，食粥，居傍庐⑤，寝苫枕草⑥。其老曰⑦："非大夫丧父之礼也。"

晏子曰："唯卿大夫⑧。"

曾子以问孔子。

孔子曰："晏平仲可谓能远害矣。不以己之是驳人之非，逊辞以避咎⑨，义也夫。"

（又见于《春秋左传·襄公十七年》）

**【注释】**

①晏桓子：即晏弱，齐国大夫。晏婴父。

②平仲：即晏婴，字平仲。粗衰斩：粗布做的斩衰丧服。

③苴绖：用麻布做的丧带，此指系在头上的带子。带：此指系在腰上的麻带子。杖：丧棒。

④菅屦：服丧时穿的草鞋。

⑤傍庐：居丧时临时搭的草棚。

⑥苫：草席，草垫子。

⑦老:指主管晏氏家事的家臣。

⑧唯卿大夫:一解为“只有卿大夫才这样做”,一解为“只有卿才是大夫”,据下文,译文采用后者。

⑨逊辞以避咎:用谦逊的词语来避免责难。王注:“记者乃举人避害之逊以辞,而谓大夫士丧父母有异,亦怪也。”

**【译文】**

齐国的晏桓子死了,晏婴穿着粗布丧服,头上和腰里系着麻带子,拿着丧杖,穿着草鞋,吃粥,住在临时搭的草棚里,睡在草席上,枕着干草。他的家臣说:“这样做不是大夫丧父的礼节。”

晏婴说:“只有卿才是大夫。”

曾子以此事请教孔子。

孔子说:“晏平仲可以说是能远离祸患的人啊。不以自己做的正确就驳斥别人的非难,用谦逊的言辞来避免别人的责问,是合乎义的啊!”

季平子卒[①],将以君之玙璠敛[②],赠以珠玉。

孔子初为中都宰,闻之,历级而救焉[③],曰:“送而以宝玉,是犹曝尸于中原也[④]。其示民以奸利之端,而有害于死者,安用之?且孝子不顺情以危亲,忠臣不兆奸以陷君[⑤]。”

乃止。

(又见于《春秋左传·定公五年》)

**【注释】**

①季平子:即季孙意如,鲁国大夫。

②玙璠(yú fán):鲁国的宝玉。敛:殡殓。此指将宝玉作为陪葬。

③历级:同“历阶”。王注:“历级,遽登阶不聚足。”即快步登上台阶,不停步。

④曝尸于中原：尸体暴露在野外。

⑤兆奸：奸邪的征兆。王注："兆奸，为奸之兆成也。"

**【译文】**

季平子去世以后，将要用国君用的美玉玙璠来殉葬，同时还要用很多珠宝玉石。

这时孔子刚刚当上中都宰，听说后，快步登上台阶赶去制止。他说："送葬时用宝玉殉葬，这如同把尸体暴露在野外一样。这样做会引发民众获取奸利的念头，对死者是有害的，怎能用呢？况且孝子不因为顾及自己的感情而危害亲人，忠臣不让邪恶的征兆出现来陷害国君。"

于是停止了用玙璠珠玉陪葬。

孔子之弟子琴张与宗鲁友①。卫齐豹见宗鲁于公子孟絷②，孟絷以为参乘焉③。及齐豹将杀孟絷，告宗鲁，使行。宗鲁曰："吾由子而事之，今闻难而逃，是僭子也④。子行事乎，吾将死以事周子⑤，而归死于公孟可也⑥。"

齐氏用戈击公孟，宗鲁以背蔽之，断肱，中公孟，宗鲁皆死。

琴张闻宗鲁死，将往吊之。

孔子曰："齐豹之盗，孟絷之贼也，汝何吊焉？君不食奸，不受乱，不为利病于回⑦，不以回事人，不盖非义⑧，不犯非礼。汝何吊焉？"

琴张乃止。

（又见于《春秋左传·襄公二十年》）

**【注释】**

①宗鲁：人名。生平不详。

②齐豹:齐恶之子,为卫国司寇。孟縶:卫灵公之兄。

③参乘:在车右边陪乘的人。

④是僭子也:是使您的话没有信用。王注:"僭,不信。使子言不信。"

⑤周:保密。

⑥归死:此指为公孟而死。归,回到。

⑦不为利病于回:不为利益而做邪恶的事。回,邪恶。

⑧盖:掩盖。

**【译文】**

孔子的弟子琴张和宗鲁是朋友。卫国的齐豹把宗鲁推荐给公子孟縶,孟縶让他做了参乘。齐豹将要杀孟縶时,告诉了宗鲁,让宗鲁先走。宗鲁说:"由于您的推荐,我事奉了公孟,现在听到他有难而逃走,这是使您的话没有信用。您办您的事吧,我打算以死来保守您的秘密,回去再为公孟而死,可以吧。"

齐氏用戈敲击公孟,宗鲁用背部来遮蔽他,折断了胳膊,戈击中了公孟,孟縶和宗鲁都死了。

琴张听到宗鲁死了,打算前往吊唁。

孔子说:"齐豹所以成为坏人,孟縶所以被杀害(都是由于宗鲁),你为什么还去吊唁呢?君子不食坏人的俸禄,不接受动乱,不为利益而容忍邪恶,不用邪恶的方法待人,不掩盖不义的事,不做出非礼的行为。你为什么还要去吊唁呢?"

琴张就没去。

郕人子蒲卒[①],哭之呼灭[②]。子游曰:"若哭,其野哉[③]!孔子恶野哭者。"

哭者闻之,遂改之。

(又见于《礼记·檀弓上》)

【注释】

①郕(chéng):地名,在今山东宁阳东北。子蒲:郕人灭的字。

②哭之呼灭:哭着呼喊着灭。王注:“旧说以为灭,子蒲名。人少名灭者,又哭名,其父不近人情。疑以孤穷,自谓亡灭也。”

③野:粗野失礼。

【译文】

郕人的儿子蒲死了,他的父亲哭着呼喊着“灭”。子游说:“这样哭,太粗野失礼了!孔子不喜欢这种粗野的哭号。”

哭者听到这话,就改正了。

公父文伯卒①,其妻妾皆行哭失声。敬姜戒之曰②:“吾闻好外者③,士死之;好内者④,女死之。今吾子早夭,吾恶其以好内闻也。二三妇人之欲供先祀者⑤,请无瘠色,无挥涕,无拊膺⑥,无哀容,无加服,有降服⑦。从礼而静,是昭吾子也⑧。”

孔子闻之,曰:“女智无若妇⑨,男智莫若夫⑩。公父氏之妇智矣!剖情损礼⑪,欲以明其子为令德也。”

(又见于《国语·鲁语下》)

【注释】

①公父文伯:鲁国大夫。

②敬姜:公父文伯之母。

③好外:指喜欢结交朋友。

④好内:指喜好女色。

⑤供先祀:王注:“言欲留不改嫁,供奉先人之祀。”

⑥无挥涕,无拊膺:王注:“挥涕,不哭,流涕以手挥之。拊,犹抚也。

膺,谓胸也。"

⑦无加服,有降服:《国语·鲁语》注:"重于礼为加,轻于礼为降。"

⑧昭:昭明。

⑨女智无若妇:幼女的智慧不如成年妇人。

⑩男智莫若夫:幼男的智慧不如成年男人。

⑪剖情损礼:剖析事物的道理,减损丧事的礼仪。

**【译文】**

公父文伯去世,他的妻妾都痛哭失声。公父文伯的母亲敬姜告诫她们说:"我听说在外喜欢结交朋友的人,士愿为他而死;在家中喜好女人的人,女人愿为他而死。现在我儿子早死,我不愿他以好女色闻名。你们几个女人想留下来继续供奉先人祭祀的,请不要损毁容颜,不要挥泪,不要捶胸,不要有哀痛的容颜,丧服不要加等,可以降等。按照礼仪,保持安静,这样才是显示我儿子的德行啊!"

孔子听说此事,说:"幼女的智慧不如妇人,幼男的智慧不如丈夫。公父氏的妇人真是有智慧的人啊!给死者的妻妾讲明道理,让她们减损礼仪,是为了彰显其子的好名声啊!"

子路与子羔仕于卫[①],卫有蒯聩之难[②]。孔子在鲁闻之,曰:"柴也其来,由也死矣!"

既而卫使至,曰:"子路死焉。"

夫子哭之于中庭。有人吊者,而夫子拜之。已哭,进使者而问故。使者曰:"醢之矣[③]。"遂令左右皆覆醢,曰:"吾何忍食此!"

(又见于《礼记·檀弓上》)

【注释】

①子羔：孔子弟子，即卫大夫高柴。

②蒯聩之难：卫国太子蒯聩，因与卫灵公夫人南子有隙，逃到晋国。灵公死后，回国与其子蒯辄争夺王位，发生内乱。子路即死于此难。

③醢（hǎi）：把人杀死后剁成肉酱。

【译文】

子路和子羔同时在卫国做官，卫国的蒯聩为争夺君位发生了动乱。孔子在鲁国听到这件事，说："高柴会回来，仲由会死于这次动乱啊！"

不久卫国的使者来了，说："子路死在这次动乱中了。"

孔子在正室厅堂哭起来。有人来慰问，孔子拜谢。哭过之后，让使者进来问子路死的情况。使者说："已经被砍成肉酱了。"孔子让身边的人把肉酱都倒掉，说："我怎忍心吃这种东西呢！"

季桓子死①，鲁大夫朝服而吊②。子游问于孔子曰："礼乎？"夫子不答。他日，又问。

夫子曰："始死则已，羔裘玄冠者③，易之而已。汝何疑焉？"

（又见于《礼记·檀弓上》）

【注释】

①季桓子：鲁国正卿，名斯。

②朝服：上朝穿的服装，一种吉服。

③羔裘玄冠：羊羔皮做的衣服，黑色帽子。也是吉服。

【译文】

季桓子死了，鲁国大夫都穿着朝服去吊丧。子游问孔子："这合乎礼吗?”孔子不回答。过了几天,又问。

孔子说:“刚死时就算了,后来去吊丧,穿戴羔裘玄冠的人,改穿深衣素冠就可以了。你还有什么疑问吗?”

子罕问于孔子曰①:“始死之设重也②,何为?”

孔子曰:“重,主道也③。殷主缀重焉④,周人彻重焉⑤。”

“请问丧朝⑥?”

子曰:“丧之朝也,顺死者之孝心,故至于祖考,庙而后行。殷朝而后殡于祖,周朝而后遂葬。”

(又见于《礼记·檀弓下》)

**【注释】**

①子罕:原作“子孚”,据《四部丛刊》本《家语》改。

②重:古代丧礼,安葬前设置的依神之牌位。

③重,主道也:《礼记·檀弓下》郑玄注:“始死未做主,以重主其神也。”郑注中,前“主”字指葬后设置的神主,后“主”字为代替、代表之义。

④殷主缀重:王注:“缀,连也。殷人作主而连其重,悬诸庙也。”

⑤周人彻重焉:王注:“周人作主彻重,就所倚处而治。”

⑥丧朝:王注:“丧将葬,朝于庙而后行焉。”

**【译文】**

子罕问孔子说:“人刚死要设置“重”,这是为什么呢?”

孔子说:“重,和神主牌位的意思是一样的。殷人做了神主,还和重联缀在一起。周人有了神主就撤掉重。”

子罕又问:“请问将葬还要移灵柩去朝家庙,这是为什么呢?”

孔子说:“将葬灵柩去朝家庙,是顺从死者外出必告的孝心,所以先到祖庙去告辞,告辞后才启行。殷人是朝庙后就停柩于祖庙,周人是朝庙后就安葬。"

孔子之守狗死[1],谓子贡曰:"路马死[2],则藏之以帷[3],狗则藏之以盖[4],汝往埋之。吾闻:弊帏不弃,为埋马也;弊盖不弃,为埋狗也。今吾贫无盖,于其封也与之席,无使其首陷于土焉。"

(又见于《礼记·檀弓下》)

【注释】

①守狗:看家狗。

②路马:王注:"路马,常所乘马。"

③帷:帷幔。

④盖:车盖。

【译文】

孔子的看家狗死了,孔子对子贡说:"人骑的马死了,用帷幔裹好再埋,狗死了用车盖盖好再埋。你替我把狗埋了吧。我听说,破旧的帏幔不丢弃,是为了埋葬马;破车盖不丢弃,是为了埋狗。现今我贫穷没有车盖,你埋狗的时候用张席裹好了再埋,不要让它的头直接埋在土里。"

# 曲礼公西赤问第四十四

**【题解】**

这一章主要讲的是丧葬礼及祭祀时的一些具体礼仪。如大夫免官后死去，葬礼的规格、夫妻合葬的做法、陪葬应该用什么样的明器、祭祀应遵循的礼仪、祭祀父母时应有什么样的容颜等等。孔子一贯主张“仁”，在祭祀和丧葬制度上也体现了这一思想。他不仅反对用真人殉葬，还反对用貌似真人的偶人殉葬。

公西赤问于孔子曰[①]：“大夫以罪免，卒，其葬也，如之何？”

孔子曰：“大夫废其事，终身不仕，死则葬之以士礼；老而致事者[②]，死则从其列。”

（又见于《礼记·王制》）

**【注释】**

①公西赤：孔子弟子。

②致事：不再处理政事。《四部丛刊》本《家语》作“致仕”，指退休。

**【译文】**

公西赤问孔子说："大夫因犯罪而被免官，这样的人死后，他的葬礼应怎样办呢？"

孔子说："大夫被免官以后，终身再也没有做官的，死后安葬用士人的礼仪；因年老而不能处理政务的，死后则按照其生前官阶之礼来安葬。"

公仪仲子嫡子死①，而立其弟②。檀弓谓子服伯子曰③："何居？我未之前闻也。"

子服伯子曰："仲子亦犹行古人之道。昔者文王舍伯邑考而立武王④；微子舍其孙腯立其弟衍⑤。"

子游以问诸孔子，子曰："否，周制立孙。"

（又见于《礼记·檀弓上》）

**【注释】**

①公仪仲子：鲁国贵族。

②而立其弟：《礼记·檀弓上》作"仲子舍其孙而立其子"。其子，指仲子的庶子。

③檀弓：鲁国知礼的人。子服伯子：即子服景伯，鲁国大夫。

④舍：舍弃。伯邑考：周文王之长子。

⑤微子：商纣王的庶兄，武王灭商后，周公旦封他于宋，为宋国始祖。腯(tú)：微子孙。衍：微子庶子。

**【译文】**

公仪仲子的长子死了，公仪仲子立他的庶子作继承人。檀弓对子服伯子说："这是为什么呢？我从前没听说过这样的事啊。"

子服伯子说："仲子还是依照古人之道而行的。从前周文王舍弃他的长子伯邑考而立武王;微子舍弃他的孙子腯而立了庶子衍。”

子游向孔子询问此事,孔子说:“不是这样,周代的制度是立嫡孙。”

孔子之母既丧,将合葬焉。曰:“古者不祔葬①,为不忍先死者之复见也。《诗》云②:‘死则同穴。’自周公已来祔葬矣。故卫人之祔也,离之,有以间焉。鲁人之祔也,合之,美夫,吾从鲁。”遂合葬于防。

曰:“吾闻之:古者墓而不坟。今丘也,东西南北之人,不可以弗识也。吾见封之若堂者矣③,又见若坊者矣④,又见若覆夏屋者矣⑤,又见若斧形者矣。吾从斧者焉。”于是封之,崇四尺。

孔子先反虞⑥,门人后。雨甚,至墓崩,修之而归。孔子问焉,曰:“尔来何迟?”对曰:“防墓崩。”孔子不应。三云,孔子泫然而流涕,曰:“吾闻之,古不修墓。”及二十五月而大祥⑦,五日而弹琴不成声,十日过禫而成笙歌。”

(又见于《礼记·檀弓上、下》)

**【注释】**

①祔(fù):合葬。

②诗:指《诗经·王风·大车》。

③封之若堂:坟头筑成四方像堂屋的样子。王注:“堂形四方若高者。”

④若坊者:像堤防的样子。王注:“坊形旁杀平,上而长。”

⑤若覆夏屋者:如夏代屋顶的样子。

⑥虞:祭名。安葬后,回来祭于殡宫叫虞。

⑦大祥：父母死后两周年的祭礼。

⑧十日过禫（dàn）而成笙歌：禫，由穿丧服到换吉服之间的一个月服制叫禫。笙歌，吹笙吹出了曲调。王注："孔子大祥二十五月，禫而十日，踰月而歌也。"

**【译文】**

孔子的母亲死后，准备与他的父亲合葬在一起。孔子说："古代不合葬，是不忍心再看到先去世的亲人。《诗经》上说：'死则同穴。'自周公以来开始实行合葬。卫国人合葬的方式是夫妇棺椁分两个墓穴下葬，中间是有间隔的。鲁国人是夫妇棺椁葬在同一个墓穴，鲁国人的方式好，我赞成鲁国人的合葬方式。"于是把父母合葬在防。

孔子说："我听说：古代墓地是不做坟头的。现今我孔丘是个东西南北奔走的人，不可以不在墓地上做个标记。我见过把坟头筑成四方而高像堂屋形的，又见过下宽上窄像堤坊的，又见过两边有漫坡像夏代屋顶的，又见过像斧头形的。我赞成像斧头形的。"于是筑成斧头形坟头，高四尺。

孔子先返回去举行虞祭，门人是后回来的。雨很大，以至墓塌了，门人修好墓才回来。孔子问他们："你们为什么这么迟才回来啊？"门人回答说：："防地的坟墓塌了。"孔子没应声。门人说了三次，孔子难过地流下泪来，说："我听说，古代不在墓上筑坟头。"到第二十五月举行大祥祭，又过五天，弹琴不成声调。十天禫祭以后，吹笙才吹出曲调。

孔子有母之丧，既练，阳虎吊焉[①]，私于孔子曰："今季氏将大飨境内之士[②]，子闻诸？"

孔子答曰："丘弗闻也。若闻之，虽在衰绖[③]，亦欲与往。"

阳虎曰："子谓不然乎？季氏飨士，不及子也。"

阳虎出，曾参问曰："语之何谓也？"

孔子曰："己则衰服，犹应其言，示所以不非也[④]。"

**【注释】**

①阳虎：季孙氏家臣。

②飨：用酒食款待。

③衰绖：丧服，此指服丧期间。

④示所以不非：王注："孔子衰服，阳虎之言犯礼，故孔子答之，以示不非其言者也。"不非，不责怪。

**【译文】**

孔子的母亲去世了，练祭之后，阳虎来吊丧，私下对孔子说："今天季氏将邀请并款待国内的士人，您听说了吗？"

孔子回答说："我没有听说。如果听到了，虽然还在服丧，也想前去参加。"

阳虎说："您认为我说的不是事实吧？季氏款待士人，没有邀请您。"

阳虎出来后，曾参问道："您的话是什么意思呢？"

孔子说："我正在服丧，还应答他的话，表示我没有责怪他的无理之言。"

颜回死，鲁定公吊焉，使人访于孔子。

孔子对曰："凡在封内[①]，皆臣子也。礼，君吊其臣，升自东阶，向尸而哭，其恩赐之施，不有笇也。"

【注释】

①封:疆界。

②笇(yuàn):计算。"笇"字处原为空格,据《四部丛刊》本《家语》补。

【译文】

颜回死了,鲁定公去吊唁,派人向孔子询问这方面的礼仪。

孔子回答说:"凡在国君封地内的,都是国君的臣民。根据礼,国君吊唁臣子,从东面的台阶上去,面向尸体而哭,这样他所施的恩惠,就难以计算了。"

原思言于曾子曰[①]:"夏后氏之送葬也,用明器[②],示民无知也;殷人用祭器,示民有知也;周人兼而用之,示民疑也。"

曾子曰:"其不然矣。夫以明器,鬼器也;祭器,人器也。古之人胡为而死其亲也?"

子游问于孔子。

曰:"之死而致死乎,不仁,不可为也;之死而致生乎,不智,不可为也。凡为明器者,知丧道也。备物而不可用也,是故竹不成用[③],而瓦不成膝[④],琴瑟张而不平,笙竽备而不和,有钟磬而无簨虡[⑤]。其曰明器,神明之也。哀哉!死者而用生者之器,不殆而用殉也[⑥]!"

(又见于《礼记·檀弓上》

【注释】

①原思:孔子弟子原宪,字子思。《礼记·檀弓上》作"仲宪"。

②明器:也叫盟器,古代殉葬的器物。

③竹不成用:陪葬的竹器没编成形,不能使用。王注:"谓笾之无缘。"

④瓦不成膝：瓦器没有经过烧制。。王注："膝，镔。"镔指精练的铁，此处代指烧炼、烧制。

⑤有钟磬而无簨虡(sǔn jù)：有钟磬而无悬挂的木架。王注："簨虡可以悬钟磬也。"

⑥殆：近于，几乎。殉：王注："杀人以从死谓之殉。"

【译文】

原思对曾子说："夏后氏送葬时，殉葬用的是不能使用的明器，是让人知道死者是无知觉的；殷人殉葬用的是生时用的祭器，是让人知道死者是有知觉的；周人两者兼而用之，是表示他们对有知无知是疑惑的。"

曾子说："恐怕不是这样。明器，是鬼用的；祭器，是人用的。古人怎么知道死去的亲人没有知觉呢？"

子游向孔子请教这个问题。

孔子说："送走死去的亲人就认为死者没有知觉了，这是不仁的，不可以这样做；送走死去的亲人就认为死者还是有知觉的，这是不智的，也不可以这样做。凡是准备了各种殉葬的器物，是懂得丧葬的礼仪啊。所以，准备了各种器物而不能实际使用，竹器不编边不能用，瓦器没烧制不能用，琴瑟张着弦不能弹，笙竽具备外形而不能吹，有钟磬而无悬挂的架子不能击打。这些随葬的器物叫做明器，意思是把死者当做神明来供奉。可悲呀！死者如果用生者所用的器皿来殉葬，这不就近于用真人来殉葬了吗！"

子游问于孔子曰："葬者涂车刍灵[①]，自古有之。然今人或有偶[②]，是无益于丧。"

孔子曰："为刍灵者，善矣；为偶者，不仁。不殆于用人乎？"

（又见于《礼记·檀弓下》

【注释】

①涂车：用泥土做的车。刍灵：用草扎的人马。

②偶：陶土或木制的偶人。

【译文】

子游问孔子说："丧葬的时候，用泥土做的车和草扎的人马来殉葬，自古以来就有。然而现在有的人用偶人来殉葬，这对丧事并没有好处。"

孔子说："用草扎的人马来殉葬，是善良的；用偶人来殉葬，是不仁的。这不近于用真人来殉葬吗？"

颜渊之丧既祥[①]，颜路馈祥肉于孔子[②]。孔子自出而受之。入，弹琴以散情，而后乃食之。

（又见于《礼记·檀弓上》）

【注释】

①既祥：祥祭之后。父母死后十三个月祭祀为小祥，二十五个月以后祭祀为大祥。

②颜路：即颜无繇，颜渊的父亲。祥肉：祥祭用的肉。

【译文】

颜渊去世举行祥祭之后，颜渊的父亲颜路送祭肉给孔子。孔子亲自出门接受。然后进入屋内，先弹琴来排遣自己悲伤的心情，而后才吃肉。

孔子尝[①]，奉荐而进其亲也悫[②]，其行也趋趋以数[③]。已祭，子贡问曰："夫子之言祭也，济济漆漆焉[④]。今夫子之祭，无济济漆漆，何也？"

孔子曰："济济漆漆者，容也远也。漆漆者，以自反。容以远，若容以自反，夫何神明之及交？必如此，则何济济漆漆之有？反馈乐成[5]，进则燕俎[6]，序其礼乐[7]，备其百官[8]。于是君子致其济济漆漆焉。夫言岂一端而已哉？亦各有所当。"

（又见于《礼记·祭义》）

**【注释】**

①尝：王注："尝，秋祭也。"

②奉荐而进其亲也悫：奉荐，捧着祭品进献。悫，谨慎。王注："悫亲之奉荐也，悫，质也。"

③趋趋以数：小步快走的样子，指行步迫狭。王注："言少威仪。"

④济济漆漆焉：济济，庄重恭敬的样子。漆漆，庄重专注的样子。王注："威仪容止。"

⑤反馈乐成：此指天子诸侯的宗庙大祭，先在庙堂上荐血腥，向尸主献酒。返回庙室举行馈食礼，乐舞合成。

⑥进则燕俎：进荐笾豆和肉俎。

⑦序其礼乐：有顺序地安排礼乐。

⑧备其百官：备好助祭的百官。

**【译文】**

孔子为亡亲举行秋祭，手捧祭品神态敬谨质朴地进献给亲人，行走时步伐急促。祭毕，子贡问道："您说祭祀的时候，要仪容庄严凝重。今天您祭祀的时候没有那样庄严凝重的样子，是为什么呢？"

孔子说："所谓济济，仪容看上去是疏远的。所谓漆漆，仪容看上去是自我矜持的。以疏远的仪容和自我矜持的神态，与什么样的神明能相互感通呢？如果是这样，哪还要有济济漆漆的仪容呢？天子诸侯的宗庙大祭，先在庙堂上荐血腥，向尸主献酒，返回庙室举行馈食礼，乐舞合成，进荐笾豆和肉俎，有顺序地安排礼乐，备好助祭的百官。身处这样隆重的场面，君子自然应表现出济济漆漆的仪容。我说的话，岂可一概而论？也是各有其适当场合的。”

子路为季氏宰。季氏祭，逮昏而奠①，终日不足，继以烛。虽有强力之容，肃敬之心，皆倦怠矣。有司跛倚以临事②，其为不敬也大矣。

他日祭，子路与焉，室事交于户③，堂事当于阶④，质明而始行事⑤，晏朝而彻⑥。

孔子闻之，曰：“以此观之，孰为由也而不知礼！”

（又见于《礼记·礼器》）

**【注释】**

①逮昏而奠：到天黑还在祭奠。

②跛：一条腿站立。倚：靠着。

③室事交于户：在室内举行正祭时，祭品由室外的人送入户内。

④堂事：殡尸于堂。尸指代死者受祭的人或神主。阶：指西阶。

⑤质明：天刚亮。

⑥晏朝：傍晚。彻：同“撤”。

**【译文】**

子路担任季孙氏的邑宰。从前季氏举行宗庙祭祀，一直继续到黄昏，祭了一白天还不够，还要点上蜡烛继续进行。这样做，即使有强壮的体力，严肃恭敬的心意，也都疲倦懈怠了。执事的人都歪着身子靠着倚着来应付事，那真是大不敬了。

后来举行祭祀，子路参与主持，室中举行正祭，室外执事人员将祭品端来，在室户交给室内执事人员，然后陈放于尸前；在堂上款待尸，堂下执事人员将食物端来，在西阶交给堂上执事人员，然后陈放于尸前。天亮开始行礼，到傍晚就结束。

孔子听说了这事，说："以此看来，谁说仲由不懂得礼呢！"

卫庄公之反国[①]，改旧制，变宗庙，易朝市[②]。高子皋问于孔子曰[③]："周礼绎祭于祊[④]，祊在庙门之西[⑤]，前朝而后市。今卫君欲其事事一更之，如之何？"

孔子曰："绎之于库门内，祊之于东市[⑥]，朝于西方，失之矣。"

（又见于《礼记·郊特牲》）

【注释】

①卫庄公：指蒯聩，卫灵公子。为君在位三年，谥庄。反国：蒯聩因得罪灵公出奔晋国，灵公死后他返国抢夺君位。

②易：改换，改变。

③高子皋：人名，生平不详。

④绎(yì)祭：正祭之后的次日又祭为绎祭。祊(bēng)：庙门旁祭祖叫祊。庙门也称祊。

⑤庙门：疑当作"库门"，指王宫最外的门。

⑥东市：《礼记·郊特牲》作"东方"，较胜。

【译文】

卫庄公返回国内，变更以前的制度，改变宗庙，改换朝廷和集市的位置。高子皋以此事问孔子说："周代的礼制，在庙门旁举行绎祭，庙门在王宫庙最外面大门的西边，庙门的前方是朝廷，后面是早市。现在卫国国君要事事变更，怎么样？"

孔子说："在王宫大门内举行绎祭，在庙门外东方祭祀，设早市于城中西方，这是错误的。"

季桓子将祭，齐三日，而二日钟鼓之音不绝。冉有问于孔子。

子曰："孝子之祭也，散斋七日[1]，慎思其事[2]，三日致斋而一用之。犹恐其不敬也，而二日伐鼓，何居焉？"

（又见于《礼记·祭义》）

【注释】

①散斋：斋戒共十天，三天致斋，七天散斋。散斋指检束生活，如不娱乐，不与女人同房等。

②慎思其事：时刻思念被祭者的一切事情，如音容笑貌和所做之事。

③三日致斋而一用之：三天致斋要独处一室，一心思念被祭祀的亲人。王注："情一而用之也。"

【译文】

季桓子将要举行祭祀，斋戒三天，而有两天钟鼓之声不绝。冉有以此事请教孔子。

孔子说："孝子举行祭祀，散斋七天，这期间要时刻思念被祭者的一切事情，检束自己的行为；三天致斋，独处一室，一心思念被祭祀的亲人。这样还恐怕不够恭敬，而季桓子有两天还要敲鼓作乐，这是干什么呢？"

公父文伯之母，季康子之从祖母。康子往焉，侧门而与之言[1]，内皆不逾阈[2]。文伯祭其祖悼子[3]，康子与焉，进俎而不受[4]，彻俎而不与燕[5]，宗老不具则不绎[6]，绎不尽饫则退[7]。

孔子闻之，曰："男女之别，礼之大经[8]。公父氏之妇，动中德，趋度于礼矣。"

【注释】

①侧门而与之言：王注："侧门，于门之侧而与之言。"

②不逾阈：逾，越过。阈，门槛。王注："言不外身，不逾门限。"

③悼子：王注："悼子，文伯始祖。"

④进俎而不受：王注："进俎康子而不亲授。"进俎，端上祭品。

⑤彻俎而不与燕：王注："彻俎之后而不与欢燕之坐。"彻俎，撤下祭品。

⑥宗老不具则不绎：王注："绎，又祭。宗老，大夫家臣也，典祭祀及宗族之事。不具，不在。"

⑦绎不尽饫(yù)：王注："饫，献神。不尽厌饫之礼而去也。"

⑧大经：大法，常规。

⑨动中德，趋度于礼：王注："中意之趋，合礼之度。"

【译文】

公父文伯的母亲，是季康子的从祖母。季康子到她那里去，她在门侧和康子说话，身体在门内不迈出门槛。文伯祭奠他的祖先悼子，康子也参加祭祀，康子呈送祭品，文伯的母亲不亲自接受，撤下祭品大家欢宴时她也不参加，主持祭祀的宗老不在不举行第二天的绎祭，绎祭时不等献神完毕就退下。

孔子听到这事，说："男女之别，是礼的大法则。公父氏的妇人，行动合乎道德，做法合乎礼度。"

季康子朝，服以缟[①]。曾子问于孔子曰："礼乎？"

孔子曰："诸侯皮弁以告朔[②]，然后服之以视朝[③]。若此，礼者也。"

**【注释】**

①缟：白色。此指用白绢做的服装。王注："朝服以缟，宗礼也。孔子恶指斥康子，但言诸侯之礼而已。"

②诸侯皮弁以告朔：皮弁，用白鹿皮制做的帽子。告朔，周代天子每年季冬以明年朔政（天子每年季冬颁发来年十二个月的政事于诸侯称朔政）分赐诸侯，诸侯受而藏之于祖庙，诸侯于月初祭庙受朔政称告朔。

③然后服之以视朝：王注："朝服明不用缟。"

**【译文】**

季康子上朝时，穿着白色衣服。曾子向孔子请教说："这合乎礼吗？"

孔子说："诸侯戴着皮弁参加告朔，然后穿着朝服临朝听政。这样的穿戴才是合乎礼制的。"

# 后序

《孔子家语》者，皆当时公、卿、士大夫及七十二弟子之所谘访、交相对问言语者，既而诸弟子各自记其所问焉，与《论语》、《孝经》并时。弟子取其正实而切事者，别出为《论语》，其余则都集录之，名之曰《孔子家语》。凡所论辨疏判较归[①]，实自夫子本旨也。属文下辞，往往颇有浮说烦而不要者，亦犹七十二子各共叙述，首尾加之润色，其材或有优劣，故使之然也。

孔子既没，而微言绝；七十二弟子终，而大义乖。六国之世，儒道分散，游说之士各以巧意而为枝叶。唯孟轲、荀卿守其所习。当秦昭王时，荀卿入秦，昭王从之问儒术。荀卿以孔子之语及诸国事、七十二弟子之言凡百余篇与之，由此秦悉有焉。始皇之世，李斯焚书，而《孔子家语》与诸子同列，故不见灭。高祖克秦，悉敛得之，皆载于二尺竹简，多有古文字。及吕氏专汉[②]，取归藏之，其后被诛亡，而《孔子家语》乃散在人间。好事亦各以意增损其言，故使同是一事而辄异辞。孝景皇帝末年，募求天下礼书，于时士大夫皆送官，得吕氏之所传《孔子家语》，而与诸国事及七十二子辞妄相错杂，不可得知，以付掌书，与《曲礼》众篇乱简，合而藏之秘府③。

元封之时④，吾仕京师⑤，窃惧先人之典辞将遂泯灭，于是因诸公、卿、士大夫，私以人事募求其副，悉得之。乃以事类相次，撰集为四十四篇。又有《曾子问礼》一篇，自别属《曾子问》，故不复录。其诸弟子书所称引孔子之言者，本不存乎《家语》，亦以其已自有所传也，是以皆不取也。将来君子不可不鉴。

**【注释】**

①论辨：议论分辨。疏判：分疏判断。较归：比较归纳。

②吕氏：指汉高祖刘邦的皇后吕雉，曾主政八年。

③秘府：皇宫中藏书的地方。

④元封：汉武帝年号，公元前110—前105年。

⑤吾仕京师：我在京城做官。此“吾”是孔安国自称。

**【译文】**

《孔子家语》这部书，都是当时公、卿、士大夫及七十二弟子向孔子咨询请教、相互对问的话语，既而各个弟子分别把自己所问和孔子回答的话记录下来，与《论语》、《孝经》是同一时代的。弟子选取那些平实而又合乎事理的，编辑为《论语》，其余的都集录在一起，定名为《孔子家语》。所有探讨论辨、分别归纳，实际内容都是来自孔子的根本思想。而文章的语言和文辞，往往颇有虚浮不实和烦琐而不简要的，也如同孔子的七十二弟子各自或共同叙述一件事，首尾加以润色，取材也有优劣，因此出现了这种情况。

孔子去世以后，这些精微的言论就绝灭了；七十二弟子死后，阐释孔子的言论就与孔子的大义要旨乖离了。到了六国时代,儒家的学说分散,游说之士各以自己的意思添枝加叶。只有孟轲、荀子遵守他们所学习的道理。到秦昭王时,荀子到秦国去,秦昭王向他询问儒家的学术,荀子把孔子的言论以及记载各国政事的典籍、七十二弟子记载的言论共百余篇给了秦昭王,由此秦国就有了这些典籍。到了秦始皇时代,李斯焚书,因为《孔子家语》和诸子的书属于同类,所以没有被焚毁。汉高祖灭秦以后,这些典籍都归了汉朝,这些资料都记载在二尺竹简上,多有古文字。到吕氏篡汉后,把这些都收藏起来,后来吕氏被诛灭,《孔子家语》就散落在人间。喜好这些典籍的人各以自己的想法来增添或删减其中的言论,因此使同是一事而记载不同。汉孝景皇帝末年,征集天下礼书,当时士大夫家把这些资料都送到官府,从而得到了吕氏所传的《孔子家语》,而《孔子家语》与记载各国政事及七十二子的言论相互错杂,不知哪些是《家语》,交付给掌管书籍的人,又与《曲礼》等篇章乱简,一起藏在秘府。

到了元封年间,我在京师做官,恐怕先人典籍泯灭不传,于是我私下向一些公、卿、士大夫送了些礼品募求这些典籍的副本,都收集到了。然后按照事类编次,撰集为四十四篇。还有《曾子问礼》一篇,另外归属《曾子问》,所以不再复录。其他有的弟子所记载的称引孔子言论的资料,原来就没收在《家语》中的,因其已各有所传,也都不收录。将来读《孔子家语》的人不可不了解这些情况。

孔安国,字子国,孔子十二世孙也。孔子生伯鱼,鱼生子思,名伋,伋常遭困于宋,作《中庸》之书四十七篇,以述圣祖之业。授弟子孟轲之徒数百人,年六十二而卒。子思生子上,名白,年四十七而卒。自叔梁纥始出妻,及伯鱼亦出妻,至子思又出妻,故称孔氏三世出妻。子上生子家,名傲,后名永，年四十五而卒。子家生子直，名槵，年四十六而卒。子直生子高，名穿，亦著儒家语十二篇，名曰《□言》，年五十七而卒。子高生武，字子顺，名微，后名斌，为魏文王相，年五十七而卒。子武生子鱼，名鲋；及子襄，名腾；子文，名祔。子鱼后名甲。子襄以好经书，博学，畏秦法峻急，乃壁藏其《家语》、《孝经》、《尚书》及《论语》于夫子之旧堂壁中。子鱼为陈王涉博士太师，卒陈下。生元路，一字符生，名育，后名随。子文生冣，字子产，子产后从高祖，以左司马将军从韩信破楚于垓下，以功封蓼侯，年五十三而卒，谥曰夷侯。长子灭嗣，官至太常；次子襄，字子士，后名让，为孝惠皇帝博士，迁长沙王太傅，年五十七而卒。生季中，名员，年五十七而卒。生武及子国。子国少学《诗》于申公，受《尚书》于伏生，长则博览经传，问无常师。年四十为谏议大夫，迁侍中博士。天汉后，鲁恭王坏夫子故宅，得壁中诗书，悉以归子国。子国乃考论古今文字，撰众师之义，为《古文论语训》十一篇、《孝经传》二篇、《尚书传》五十八篇，皆所得壁中科斗本也。又集录《孔氏家语》为四十四篇，既成，会值巫蛊事[①]，寝不施行[②]。子国由博士为临淮太守，在官六年，以病免，年六十卒于家。其后孝成皇帝诏光禄大夫刘向校定众书[③]，都记录，名《古今文书论语别录》。

子国孙衍[④]，为博士，上书辨之曰："臣闻明王不掩人之功，大圣不遗人小善，所以能其明圣也。陛下发明诏，谘群儒，集天下书籍，无言不悉。命通才大夫校定其义，使遐载之文以大著于今日，立言之士垂于不朽，此则蹈明王之轨，遵大圣之风者也。虽唐帝之焕然，周王之彧彧[5]，未若斯之极也。故述作之士莫不乐测大伦焉[6]。臣祖故临淮太守安国，逮仕于孝武皇帝之世，以经学为名，以儒雅为官，赞明道义见称。前朝时鲁恭王坏孔子故宅[7]，得古文科斗《尚书》[8]、《孝经》、《论语》，世人莫有能言者。安国为之今文读，而训传其义。又撰次《孔子家语》，既毕，值巫蛊事起，遂各废不行于时。然其典雅正实，与世所传者不同日而论也。光禄大夫向，以为其时所未施行，故《尚书》则不记于《别录》，《论语》则不使名家也。臣窃惜之。且百家章句无不毕记，况《孔子家语》古文正实，而疑之哉？又戴圣近世小儒[9]，以《曲礼》不足，而乃取《孔子家语》杂乱者，及子思、孟轲、荀卿之书，以裨益之，总名曰《礼记》。今尚见其已在《礼记》者，则便除《家语》之本篇，是灭其原而存其末，不亦难乎？臣之愚以为，宜如此为例，皆记录别见。故敢冒昧以闻。”

奏上，天子许之。未即论定，而遇帝崩，向又病亡，遂不果立。

**【注释】**

①巫蛊：古代迷信，巫师使用邪术加害于人称巫蛊。此指汉武帝时，江充任直指绣衣使者，诬陷太子刘据用巫术加害武帝。太子起兵捕杀江充，自己也自缢身亡。

②寝：停止。

③刘向：原名更生，字子政。后改名向。任光禄大夫，校阅经传诸子诗赋等书籍，写成《别录》一书。

④子国：孔安国字。孙衍：孔安国的孙子孔衍。

⑤彧彧(yù):茂盛貌。

⑥乐测大伦:愿意以其为准绳。

⑦鲁恭王:汉景帝子,名馀,为鲁王,谥号为恭。曾坏孔子宅,以广其宫,于壁中得古文经传。

⑧科斗:指蝌蚪文字。

⑨戴圣:汉代人,宣帝时博士。曾删定《礼记》四十九篇,即今《礼记》。

**【译文】**

孔安国,字子国,是孔子的十二世孙。孔子生伯鱼,伯鱼生子思,子思名叫伋,伋曾经被困在宋国,作了《中庸》这部书,共四十七篇,用以记述他的祖先圣人孔子的业绩。他教授弟子孟轲等有数百人,年六十二而死。子思生子上,名叫白,年四十七而死。从孔子的父亲叔梁纥开始休妻,到孔子的儿子伯鱼也休妻,至孔子的孙子子思又休妻,所以称孔氏三世出妻。子上生子家,名叫傲,后来又叫永,年四十五而死。子家生子直,名叫樌,年四十六而死。子直生子高,名叫穿,也著儒家语十二篇,书名为《□言》,年五十七而死。子高生武,字子顺,名叫微,后名斌,为魏文王相,年五十七而死。子武生子鱼,名叫鲋;以及子襄,名叫腾;子文,名叫祔。子鱼后来改名甲。子襄喜好经书,博学,畏惧秦法峻急,于是把《家语》、《孝经》、《尚书》及《论语》藏在孔子旧宅堂壁中。子鱼任楚王陈涉的博士太师,死于陈下。子鱼生元路,一字符生,名叫育,后又名随。子文生冣,字子产,子产后来跟从汉高祖,以左司马将军的官职和韩信一起在垓下打败了项羽,因功封蓼侯,年五十三而死,谥号为夷侯。长子灭嗣,官至太常;次子襄,字子士,后名让,为孝惠皇帝博士,升任长沙王太傅,年五十七而死。子襄生季中,名叫员,年五十七而死。生武及子国。子国年少时学《诗》于申公,学《尚书》于伏生,长大后则博览经传,问无常师。四十岁时为谏议大夫,升任侍中博士。天汉年以后,鲁恭王毁坏孔子故宅,得到壁中所藏诗书,全都给了子国。子国于是考证论述古今文字，聚集众多经师释经之义，编辑为《古文论语训》十一篇、《孝经传》二篇、《尚书传》五十八篇，都是得之孔壁中的科斗文字本。又集录《孔氏家语》为四十四篇。书成，遇到巫蛊这件事，停下来不能施行。子国由博士担任临淮太守，在官六年，后因病免官，年六十死于家中。其后孝成皇帝下诏让光禄大夫刘向校定群书，都记录下来，定名《古今文书论语别录》。

子国的孙子孔衍，为博士，向皇帝上书辨白说："臣听说圣明的君王不掩盖别人的功劳，道德高尚完备的人不会看不到别人的小善，所以能成就明君大圣的称号。陛下发布圣明的诏书，向群儒咨询，征集天下书籍，所有古代先哲遗言都收藏了。命令博学多识的大夫校定其义，以使久远年代的典籍在今天广泛流传，让那些创立学说的人垂于不朽，这正是沿着圣明君王的大道，遵循大圣遗风的做法。即使唐尧时代帝王的兴盛，周代文王武王的兴旺，也没有达到现在的程度。所以那些愿意阐释古代典籍和创作的人都愿意以其为准绳。我的祖先孔安国曾任临淮太守，在孝武皇帝之世为官，以精通经学出名，以博学儒雅为官，以佐助彰明道义见称。汉景帝时，鲁恭王坏孔子故宅，得古文科斗《尚书》、《孝经》、《论语》，当时人没有会读。安国用今文来读，并解释其义。又编撰《孔子家语》一书，书成后，正遇到巫蛊这件事，于是搁置下来，在当时没有流行。然而其书内容典雅真实，与世上所流传的不可同日而论。光禄大夫刘向，认为当时未流行，所以《尚书》没有记载在《别录》里，《论语》也没有赋予重要地位。我很为此感到惋惜。况且《别录》对百家章句无不毕记，何况《孔子家语》是用古文记录史实，言论真实，而要怀疑吗？又戴圣是近世的小儒，因为编辑《曲礼》的材料不足，就取《孔子家语》杂乱的部分以及子思、孟轲、荀子的书，来增加篇幅，总名为《礼记》。而现今尚存在于《礼记》的文字，便将《家语》中相关的内容删除，这是灭其原而存其末，这是很难达到目的啊！以臣的愚见，应当以此为例，把这种情况都另外记录下来。故敢冒昧上书。"

奏章上达后，天子准许了。但没等下令，汉成帝驾崩，刘向又病亡，因此《孔子家语》没有列在学官。

嗟乎！是书之亡久矣，一亡于胜国王氏[①]，其病在割裂；一亡于包山陆氏[②]，其病在倒颠。先辈每庆是书未遭秦熖，至于今日，何异与焦炬同烟销耶？予每展读，即长跪宣尼像前，誓愿遘止。及见郴阳何燕泉叙中云云[③]，不觉泣涕如雨。夫燕泉生于正德间，又极稽古[④]，尚未获一见，余又何望哉！余又何望哉！抚卷浩叹，愈久愈痛。

忽丁卯秋，吴兴贾人持一编至，乃北宋板王肃注本子，大书深刻，与今本迥异。惜二卷十六叶已前皆已蠹蚀，因复向先圣焚香叩首，愿窥全豹。幸己卯春从锡山酒家复觏一函，冠冕岿然[⑤]，亦宋刻王氏注也。所逸者，仅末二卷，余不觉合掌顿足，急倩能书者，一补其首，一补其尾，二册俨然双璧矣。纵未必夫子旧堂壁中故物，已不失王肃本注矣。三百年割裂颠倒之纷纷，一旦而垂绅正笏于夫子庙堂之上矣[⑥]。是书幸矣？余幸矣？亟公之同好。凡架上王氏、陆氏本，俱可覆诸酱瓿矣。即何氏所注，亦是暗中摸索，疵病甚多，未必贤于王、陆二家也。但其一序亦可参考，因缀旒于跋之下[⑦]。虞山毛晋识[⑧]。

**【注释】**

①胜国：被灭亡的国家，这里指元朝。王氏：即王广谋，字景猷，元人，著《孔子家语句解》四卷。

②包山陆氏：名陆治，字叔平，号包山子，明吴县（今江苏吴县）人。

国家图书馆今藏:“《孔子家语》十卷,题魏王肃注,明嘉靖四十三年陆治抄本,清惠栋评点,王鸣盛跋。”

③郴阳:地名,今属湖南。何燕泉:即何孟春。详见下注。

④稽古:研习古事。

⑤冠冕:都是戴在头上的帽子,此指书的装帧和开端。岿然:屹立的样子。此指书完整地摆放着。

⑥垂绅正笏:绅为大带,垂绅,是恭敬肃立的意思。笏,朝会时手里拿的记事手板。正笏即严肃端正持笏的意思。这里是指书而言。

⑦缀旒(liú):表率,归依。这里是附录的意思。

⑧虞山毛晋:虞山,山名,在江苏常熟境内,这里是指毛晋故里。毛晋,字子晋,号潜在。原名凤苞,字子久。明末著名藏书家。

**【译文】**

唉!《孔子家语》亡佚已经很久了,一是亡佚在元代王氏的整理,他的毛病在割裂文字;一是亡佚在包山陆氏手里,他的毛病在倒颠篇章。先辈每每庆幸此书在秦朝未遭到焚烧,但至于今日,与被秦火焚烧飞灰湮灭有什么不同呢?我每展读此书,即长跪于孔子像前,誓愿《家语》的恶运能够停止。等看到郴阳何燕泉的叙,不觉泣涕如雨。何燕泉生于明正德年间,又极爱研究古代的事,他尚未见到《孔子家语》,我又有什么希望呢!我又有什么希望呢!手抚书卷浩叹,愈久愈痛。

忽然,在丁卯秋,吴兴的商人拿一典籍来,竟是北宋板王肃注的《孔子家语》,此书字大深刻,与现今的流行本迥异。只可惜第二卷十六页以前都被虫子蠹蚀,因此我又向先圣焚香叩首,希望能看到全本。幸运的是,己卯春从锡山酒家又购得一函,书的封套装帧齐全,也是宋刻王氏注本。所逸失的,仅最后二卷。我不觉高兴地合掌顿足,急忙请善于书法的人书写,一补其首,一补其尾,二册俨然成为双璧了。纵然未必是夫子旧堂壁中故物,但已不失为王肃注本了。三百年割裂颠倒之纷乱情况，一个早晨就可以端正严肃地摆放在夫子庙堂之上了。这是书的幸运呢？还是我的幸运呢？赶快把这事告诉同样喜好此书的人。凡是书架上王氏本、陆氏本，都可以用来盖酱坛子了。即使何孟春所注的《家语》，也是暗中摸索，疵病甚多，未必比王、陆二家的本子好。但何孟春的序可以参考，因此附录于我的跋文之下。虞山毛晋识。

何孟春曰[①]：《孔子家语》，如孔衍言，则壁藏之余，实孔安国为之，而王肃代安国序未始及焉，不知何谓。此书源委流传，肃序详矣。愚考《汉书·艺文志》载《家语》二十七卷，颜师古曰"非今所有《家语》也"[②]。《唐书·艺文志》有王肃注《家语》十卷，然则师古所谓今之《家语》者欤？班史所志大都刘向较录已定之书，肃序称四十四篇，乃先圣二十一世孙猛之所传者。肃辟郑氏学，猛尝学于肃，肃从猛得此书，遂行于世。然则肃之所注《家语》也非安国之所撰次及向之所较者明矣。虞舜《南风》之诗，玄注《乐记》云："其辞未闻。"今《家语》有之。马昭谓王肃增加[③]，非郑玄所见，其言岂无据耶？肃之□异于玄，盖每如此。既于《曾子问》篇不录，又言诸弟子所称引皆不取，而胡为赘此？此自有为云尔。

肃之注愚不获见，而见其序。今世相传《家语》殆非肃本，非师古所谓今之所有者。安国本世远不复可得，今于何取正哉？司马贞与师古同代人也[④]，贞作《史记索隐》，引及《家语》，今本或有或无，有亦不同。愚有以知其非肃之全书矣。今《家语》，胜国王广谋所句解也。注庸陋荒昧，无所发明，何足与语于述作家？而其本使正文漏略，复不满人意，可恨哉！今本而不同于唐，未必非广谋之妄庸有所删除而致然也。《史记》传颜何字冉，《索隐》曰：《家语》字称。仁山金氏考七十二子姓氏[5]，以颜何不载于《家语》，《论语》"仲弓问子桑伯子"朱子注："《家语》记伯子不衣冠而处。"张存中取《说苑》中语为证颜何暨伯子事[6]，广谋本所无者，盖金、张二人所见已是今本。以此而推，此书同事异辞，灭源存末，乱于人手不啻在汉而已。安国及向之旧，至肃凡几变，而今重乱而失真矣，今何所取正？而愚重为之注，不亦广谋之比乎？

嗟夫！先民有言：见称圣人，圣有遗训，谁其弗循！书莫古于三代，古莫圣于孔子。吾夫子之言，如雷霆之洞人耳，如日月之启人目，六经外，《孝经》、《论语》后幸存此书，奈之何使其汶汶而可也？此书肃谓其烦而不要，大儒者朱子亦曰杂而不纯，然实自夫子本旨，固当时书也，而吾何可焉而莫之重耶？《论语》出圣门高弟记录，正实而切事者。颜回死，颜路请子之车，子曰："鲤也死有棺而无椁[7]。"校以《家语》所纪岁年，子渊死时[8]，伯鱼盖无恙也[9]。或以《论语》为设事之辞，《论语》且有不可信者矣，吾又何得于此书之不可信者而并疑其余之可信者哉！学者就其所见而求其论于至当之地，斯善学者之益也。春谨即他书有明著《家语》而今本缺略者以补缀之，今本不少概见，则不知旧本为在何篇而不敢以入焉。分四十四篇为八卷，他书所记事同语异者笺其下，而一二愚得附焉。其不敢以入者，仍别录之，并春秋、战国、秦、汉间文字载有孔子语者，录为《家语外集》，存之私塾，以俟博雅君子或得肃旧本而是正焉。是岂独春之幸哉！时大明正德二年，岁次丁卯仲春二月壬寅日识。

**【注释】**

①何孟春：字子元，郴州（今属湖南）人，明弘治癸丑进士，授兵部主事，累官右副都御史，巡抚云南，入为吏部左侍郎，以争大礼左迁南京工部左侍郎，寻削籍。隆庆初，赠礼部尚书，谥文简。事绩具《明史》本传。

②颜师古：字籀，以字行，祖籍琅邪临沂（今属山东）人。后迁往京兆万年（今陕西西安），唐初儒家学者，曾为《汉书》作注。

③马昭：魏博士，主郑玄学，与王肃论辩。

④司马贞：字子正，唐河内（今河南沁阳）人。开元中官至朝散大夫，弘文馆学士。唐代著名史学家，著《史记索隐》三十卷。

⑤仁山金氏：即金履祥，字吉甫，号仁山，兰溪（今属浙江）人，从学于王柏，德祐初以史馆编修召，不赴。入元隐居教授以终，事迹具《元史·儒学传》。

⑥张存中：字德庸，元新安人。著有《四书通证》六卷。

⑦“颜回死”四句：事见《论语·先进》。

⑧子渊：颜回字。

⑨伯鱼：孔鲤字。

**【译文】**

何孟春序说：《孔子家语》一书如孔衍所说，是孔子故宅壁中所藏之物，实际是孔安国编辑的，而在王肃代孔安国所写的序中没讲到这事，不知是为什么。此书的源委流传，王肃的序已叙述得很详细了。我考证《汉书·艺文志》记载《家语》二十七卷，唐颜师古说“不是今天所看到的《家语》”。《唐书·艺文志》有王肃注《家语》十卷，难道这个本子是颜师古所谓的今之《家语》吗？班固《汉书·艺文志》所著录的大都是刘向校定的书，王肃序称《孔子家语》四十四篇，乃是孔子二十一世孙孔猛所传。王肃曾批评郑玄的学说，孔猛曾经就学于王肃，王肃从孔猛那里得到此书，《孔子家语》才流行于世。这样看来，王肃所注《家语》也不是孔安国所撰次及刘向所校定之书，这是很明显的了。虞舜《南风》之诗，郑玄注《乐记》说："没听说过歌辞。"现在流行的《家语》有歌辞。马昭说是王肃增加的，不是郑玄所见的《家语》，这个说法难道没有根据吗？王肃的本子和郑玄不同的，每每如此。既然《曾子问》篇不收录，又说诸弟子所称引的都不取，而为什么还有此多余的东西呢？这大概是有目的的。

王肃的注我没有看到，只看到他的序。现今世上流传的《家语》大概不是王肃本，也不是颜师古所说的"今之所有者"。孔安国本世代久远不复可得，现今用什么来取正呢？司马贞与颜师古是同时代的人，司马贞作《史记索隐》，引用了《家语》，今本《家语》或有或无，即使有文字也有不同。我因此推知今本《家语》不是王肃的全本。现今流行的《家语》，是元朝的王广谋做的句解。他的注庸陋荒昧，无所发明，怎么同著作家相比呢？而他这个本子正文遗漏简略，更让人不满意，真让人遗憾啊！现今流行的版本和唐代的不同，未必不是由王广谋的狂妄无知有所删除而造成的。《史记·七十二弟子列传》记载，颜何，字冉。《索隐》说：《家语》以字称。仁山金氏考证七十二子的姓氏，说颜何在《家语》中没有记载。《论语》"仲弓问子桑伯子"句下，朱子注："《家语》记伯子不衣冠而处。"张存中采用《说苑》中的话证明颜何和伯子的事，这是王广谋本没有的，看来金、张二人所见的已是今本。以此而推，此书同事异辞，灭源存末，乱于人手，不只是在汉代开始。孔安国以及刘向的本子，至王肃已经过多次变动，现今更加混乱而失真，现在用什么来取正呢？而我再为之作注，不也和王广谋一样吗？

唉！先民有言，被称为圣人的人，圣人留有遗训，哪个不遵循呢！书没有古于三代的，古人没有比孔子更圣明的。我们先师孔子的言论，如雷霆之贯耳，如日月之耀眼，六经以外，在《孝经》、《论语》之后幸存此书，为何要使其蒙垢呢？此书王肃说它烦而不要，大儒者朱熹也说它杂而不纯，然而实际都来自孔子的本来要旨，确实是当时的书，而我们怎么可以不重视呢？《论语》出自圣门高弟的记录，是平实而又合乎事理的。颜回死，他的父亲颜路请求孔子卖掉车来替颜回办外椁，孔子说："我的儿子鲤死了，也只有内棺而无外椁。"校以《家语》所纪岁年，颜回死时，孔子的儿子鲤还健在呢。有人认为《论语》是假设之辞，《论语》都有不可信的事，我又何能以此书不可信的事而怀疑其余可信的事呢！学者应当根据他所看见的资料把自己的立论做到最为恰当，这对善学者才是有益的。我谨就他书有明确著明为《家语》的文字而今本又缺略的，加以补缀，今本有不少概略的记载，但不知在旧本的何篇的，则不敢加进去。分四十四篇为八卷。他书所记，事同语异的，作为笺注置于正文之下，我的一些心得也附在下面。有些篇章不敢编入集中的，仍加以别录，与春秋、战国、秦、汉时期载有有关孔子文字的，录为《家语外集》，存在私塾，等待那些博雅君子中有得到王肃旧本的人来校正。这难道只是我何孟春的幸运吗！大明正德二年，岁次丁卯仲春二月壬寅日识。

# 中华经典名著
# 全本全注全译丛书
（已出书目）

周易
尚书
诗经
周礼
仪礼
礼记
左传
韩诗外传
春秋公羊传
春秋穀梁传
孝经·忠经
论语·大学·中庸
尔雅
孟子
春秋繁露
说文解字
释名
国语
晏子春秋
穆天子传
战国策
史记
吴越春秋
越绝书
华阳国志
水经注
洛阳伽蓝记
大唐西域记
史通
贞观政要
营造法式
东京梦华录
唐才子传
大明律
廉吏传
徐霞客游记

读通鉴论
宋论
文史通义
老子
道德经
帛书老子
鹖冠子
黄帝四经·关尹子·尸子
孙子兵法
墨子
管子
孔子家语
吴子·司马法
商君书
慎子·太白阴经
列子
鬼谷子
庄子
公孙龙子(外三种)
荀子
六韬
吕氏春秋
韩非子
山海经
黄帝内经
素书

新书
淮南子
九章算术(附海岛算经)
新序
说苑
列仙传
盐铁论
法言
方言
白虎通义
论衡
潜夫论
政论·昌言
风俗通义
申鉴·中论
太平经
伤寒论
周易参同契
人物志
博物志
抱朴子内篇
抱朴子外篇
西京杂记
神仙传
搜神记
拾遗记

世说新语
弘明集
齐民要术
刘子
颜氏家训
中说
群书治要
帝范·臣轨·庭训格言
坛经
大慈恩寺三藏法师传
长短经
蒙求·童蒙须知
茶经·续茶经
玄怪录·续玄怪录
酉阳杂俎
历代名画记
化书·无能子
梦溪笔谈
北山酒经（外二种）
容斋随笔
近思录
洗冤集录
传习录
焚书
菜根谭
增广贤文

呻吟语
了凡四训
龙文鞭影
长物志
智囊全集
天工开物
溪山琴况·琴声十六法
温疫论
明夷待访录·破邪论
陶庵梦忆
西湖梦寻
幼学琼林
笠翁对韵
声律启蒙
老老恒言
随园食单
阅微草堂笔记
格言联璧
曾国藩家书
曾国藩家训
劝学篇
楚辞
文心雕龙
文选
玉台新咏
二十四诗品·续诗品

词品

闲情偶寄

古文观止

聊斋志异

唐宋八大家文钞

浮生六记

三字经·百家姓·千字文·弟子规·千家诗

经史百家杂钞